KB275372

한국어 농업어휘 낱말밭 I

김응모

한국어 농업어휘 낱말밭 I

김응모

한국어 농업어휘 낱말밭 I

- 겸업, 경작, 논밭, 담배, 인삼, 방적농업 -

김응모

도서출판 박이정

【 김응모 】

충북 옥천 출생
고려대학교 문과대학 국어국문학과 졸업
동 대학원 석사박사과정 졸업. 문학박사
휘문고등학교 교사
고려대학교 문과대학 강사
부산외국어대학교 인문사회대학 국어국문학과 교수
현 부산외국어대학교 인문사회대학 국어국문학과 명예교수

한국어 농업어휘 낱말밭 I
- 겸업, 경작, 논밭, 담배, 인삼, 방적농업 -

초판 1쇄 인쇄 2006년 4월 15일
초판 1쇄 발행 2006년 4월 25일

지은이 김응모
펴낸이 박찬익
펴낸곳 도서출판 **박이정**

130-070 서울 동대문구 용두동 129-162
전화 922-1192~3, 팩스 928-4683
http://www.pjbook.com
e-mail book@pjbook.com
온라인 (국민)729-21-0137-159
등 록 1991년 3월 12일 제1-1182호
ISBN 89-7878-856-4 (세트)
        89-7878-857-2 93710
ⓒ김응모, 2006   값 30,000 원

*저자와 협의하여 인지는 생략합니다.

머리말

학계에 입문한 후 줄곧 자동사의 낱말밭만 연구하여 자동사의 낱말밭 사전을 편찬하는 것이 궁극적 목표이었다. 그러나 자동사의 어휘가 방대하여 필자의 능력으로는 불가능함을 깨달았다. 그리고 하나의 자동사의 낱말밭만 연구하고 보니, 명사, 타동사, 형용사 등이 누락됨으로 그 밭의 총괄적인 내용을 파악할 수 없어 늘 아쉬움이 남았다.

오늘날 우리의 농촌은 열악한 환경으로 이농이 많아지면서 유휴지가 많아지며, 또 기계화로 전환됨에 따라 재래식 농업이 점차 살아짐으로 그와 관련된 낱말도 사어화되고 있어 우리언어공동체서 멀어지고 있는 형편이다. 충북 옥천 시골에서 16세까지 자란 필자는 남다르게 농사에 관심을 가지게 되었다. 그래서 정년퇴임 마지막 학기 강의가 끝나면서 농사에 관련된 어휘 모두를 하나의 낱말밭으로 연구하여 남기려고 어휘를 발췌하기 시작하였으나 그 어휘의 수가 예상외로 많았다. 그래서 농업에 관련된 낱말을 세 권의 책에 묶고, 양축·양잠·양봉을 한 책으로 엮었으며, 산림업과 과수의 재배를 한데 묶어 5권의 책으로 출판하게 되었다. 명사, 동사, 형용사 등 모든 어휘를 발췌하여 내용을 논의함으로써 농업과 산림업의 어휘가 모두 수록되도록 노력하였다. 농사에 대한 사전이 없는 현실에서 이 연구는 『농사어휘 사전』을 대신하게 될 것이다.

낱말밭 연구는 Ergon적 연구보다 우리언어공동체가 실생활에 쓰고 있는 낱말을 발췌하여 Energeia적으로 연구하는 것이 정도라고 허 발 선생님께서 누누이 강조하셨다. 그러나 이 연구는 국어사전에서 어휘를 발췌하여 연구하였기 때문이 결국 에르곤적 연구가 되고 말았다.

어린시절 농사일을 도우며 보고 배우기는 하였으나 농사에 관련된 낱말을 이해하기가 어려웠고, 또 농업사전이 없는 현실에서 농업의 개론서만을 의존하게 됨으로써 많은 아쉬움이 남는다. 농업의 분야에 각론서는 많이 있으나 그것을 모두 섭렵할 수 없어 안타깝기도 하였다. 그리고『표준국어사대사전』에는 북한어가 많이 수록되어 있어 외래어는 남한의 발음으로 고쳐서 수록하였다.

필자의 연구를 옆에서 지켜보시며 미비한 점을 일깨워주시고 심지에 독일어 철자의 오류까지 고쳐주시며, 앞으로 연구할 과제와 방향을 제시해주시는 허 발 선생님께 깊이 감사를 드리며 아울러 선생님 내외분의 건강을 손 모아 기원한다.

나의 회갑기념논문집을 발간하여 주셨고, 거의 나의 모든 저서를 출판해 주신 박이정출판사 박찬익 사장님께서 열악한 출판사의 여건에도 불구하고 이 책을 출간해주시니 이루 말할 수 없을 만큼 고마운 마음을 드린다. 내용보다 아름답게 편집해주신 편집과장 김미자 선생님과 이우경 선생님께 깊은 감사를 드린다.

"할아버지! 정년퇴임하셨으면서 왜 공부만 하셔"하는 막내 손녀와 함께 놀아주는 시간도 가지며, 평생 고생만 한 혜집, 혜원이 할머니와 여행도 하면서 꾸준히 소걸음으로 연구하며 여생을 보낼까 한다.

2005. 12. 25. 수지 일암 서재에서

지은이 씀.

차 례

Ⅲ. 결론_389

그림 목차

Ⅰ. 서론

1.1. 연구의 대상과 목적

언어내용연구(Sprachinhaltsforchung)는 언어를 에르곤(Ergon) 작품-정적인 존재)이 아니라, 에네르게이아(Energeia) 활동-동정인 존재)로 이해한 훔볼트(M.V.Humboldt)의 언어의 동적이론에 토대를 두고 있다. 훔볼트는 언어가 다른 것은 단순히 음운이나 문자가 다른 것이 아니라, 모국어 화자의 세계관이 다른 데에 있으며, 언어는 인간들의 의사교환 수단이라기보다는 오히려 인간의 정신활동을 통하여 형성되는 그 민족의 세계관을 발견하는 것으로 보았다. 특히 훔볼트는 언어 전체를 통한 지배적 원리를 분절(Artikulation)[1]로 인식하고, 언어에 있어서 개별적인 존재를 부인하고, 개개의 낱말들은 그 낱말이 속해 있는 낱말밭(Wortfeld)[2] 전체의 하위 영역으로 그 존재

---

1) 홍승우(1989:271)는 "언어 전체를 통한 지배적 원리는 분절이다(Das durch die ganze Sprache herrchende Prinzip ist Artikulation). 각 언어의 가장 중요한 장점은 확고하고 용이한 분절이다. 그러나 분절은 단순하고, 그 자체 내에서 분리될 수 없는 요소를 전제한다. 언어의 본질은 현상의 재료를(실체) 사유의 형식으로 만드는 데 있다."고 하였다.

2) Leo Weisgerber(1964:70)는 ein sprachliches Feld ist ein Ausschnitt aus der muttersprachlichen Zwisschenwelt, der durch die Ganzheit einer in organischer Gliederung zusammenwirkenden Gruppe von Sprachzeichen aufgebaut wird." 라고 하였다.

가치가 있다. 이러한 훔볼트의 언어철학이 바탕이되어 20세기에 이르러 낱말밭이론이 대두되었다. 따라서 낱말의 의미연구에 새로운 국면을 열게 되었다.

1924년에 G.Ipsen이 어휘연구에의 분야에 밭이라는 개념을 제기한 이래로 벌써 일세기에 접근하고 있다. Ipsen 이후 1931년에 J.Trier는 F.de Saussure와 L.Weisgerber의 언어이론을 터전으로 밭의 이론을 구상하고, 이것으로써 중세 독일어의 지성의 의의영역에 있어서 어휘의 분절성과 그 구조를 명확하게 했다. Trier의 이 연구는 본격적인 밭의 이론의 출발점이 되는 것이며 동시에 밭이라는 어휘구조의 연구사에 있어서 최초의 정점을 형성하는 커다란 성과였다. 그 후 Trier의 밭의 개념은 1950년에 와서 Weisgerber의 내용문법 안에 대폭으로 역수입되어서, 언어적 세계상을 해명하기 위한 수단으로 중요한 역할을 수행하기에 이르렀다. 그리하여 밭의 이론은 Weisgerber의 형태, 내용, 기능, 작용 -이 가운데 앞의 두 개는 Humboldt가 말하는 이른바 Ergon으로서 언어에 관계하고, 뒤의 두 개는 Energeia로서의 언어에 관계하고 있다- 이라는 언어고찰의 4단계 가운데서 내용적 고찰의 중핵을 이루는 것으로서 자리를 차지하고 있다. 이 밭의 이론은 점차적으로 수정되어 오늘에 이르게 되었다.[3]

1957년 Oslo에서 세계언어학자회의[4]를 전후해서 의미의 구조라는 문제가 크게 대두되고 있으며, 또 같은 해를 출발점으로 하는 생

---

3) 허 발(1977:25) "Coseriu의 언어연구와 낱말밭" 『언어학』 제2호. 한국언어학회 참조.

4) 의미 문제에 다하여 "To what extent can meaning be said to be strutured" 라는 주제 아래 토론이 행해졌다. L.Hielmslev와 R.Wells가 보고자가 되고, 토론자에는 H.Glinz, S.Ullmann, B.Potter, H.Seiler, E.Coseriu 등이 참가하였다.

성문법과 그것과는 계보를 달리하는 성층문법에 있어서도, 의미연구는 장족의 발전을 하고 있다. 이러한 의미연구의 방향은 각각 밭의 이론에 대하여 그 나름대로의 관심을 표시하고 있다. 이렇게 해서 밭의 이론은 내용문법이라는 관점과는 다른 각도에서 연구가 진행되고 있다. 구조적 의미론의 분야에서는 E.Coseriu의 연구가 있으며, 생성문법의 입장에서는 K. Baumgärtner의 연구 또 H.Seiler, R.Hoberg 등의 연구가 주목되고 있다.[5)]

특히 Coseriu는 구조주의 이전의 사상마저 섭취하면서 기능적 구조적인 입장에서 언어연구를 진행시켰다. 그는 의미의 구조를 음운구조에서의 유추에 기인해서 연구하였다. 그 때 의미분석을 하기 위한 중심이 되는 수단은 변별적 특징과 대립이라는 음운론에 있어서와 똑 같은 개념이다.[6)]

낱말밭연구의 최대 결함의 하나는 방법(언어에 알맞은 조작에 의한 언어학적인 기술)이 결여되어 있다는 것이다. 완성된 밭의 방법론이 없기 때문에 밭의 연구는 직관적인 토대 위에서 행해져 왔다. 낱말밭이론이 언어학적으로 타당성을 인정받기 위해서는 하나의 보편타당한 방법론이 필요하다.[7)]

이 연구는 낱말밭 이론에 의거하여 현대국어 중 농사에 관련된 어휘들이 하나의 낱말밭 속에서 차지하고 있는 위치가치를 우리언어공동체(Sprachigemeinschaft)의 세계관(Weltansicht)와 관련시켜 고찰하려 한다. 이 연구에서는 개별 낱말들이 다른 낱말과 변별되는 특성을 밝히는 데 주안점을 두고 논의하였다.

---

5) 허 발(1977) 앞의 논문 26쪽 참조.
6) 허 발(1977) 앞의 논문 26쪽 참조.
7) 허 발(1985:173) 『낱말밭의 이론』. 고려대학교 출판부.

언어의 내용연구는 언어공동체가 일상생활에서 실제로 사용하는 언어를 대상으로 연구하거나, 어느 텍스트를 대상으로 하여 어휘를 발췌하여 연구하여야 모국어 속에 내재해 있는 민족의 세계상을 보다 정확히 고찰할 수 있다.8)

어휘의 발췌는 국립국어연구원(1999)『표준국어대사전』9) 한글학회 지음(1992)『우리말큰사전』, 신기철·신용철(1980)『새우리말 큰사전』, 운평어문연구소(1997)『국어대사전』에서 어휘를 발췌하였다.

농사에 관련된 명사, 동사, 형용사 등 어휘는 그 수가 방대하다. 그래서 5권의 책으로 분리하여 논의하게 되었다.

①『한국어 농업어휘 낱말밭 (Ⅰ)』에는 "1.농사와 겸업, 2.농사, 3.경작, 4.작황, 5.논농사, 6.밭농사, 7.담배농사, 8.인삼농사, 9.방적"의 내용이 수록되었다.

②『한국어 농업어휘 낱말밭 (Ⅱ)』에는 "1.곡식, 2.쌀, 3.각종 농작물, 4.원예작물, 5.거름, 6.농지, 7.땅임자"의 내용을 담았다.

③『한국어 농업어휘 낱말밭 (Ⅲ)』에는 "1.농민, 2.농사짓는 시설과 농기구, 3.농작물의 병·곤충(해충·익충)·동물, 4.농업정책, 5.농촌민속"의 내용을 담았다.

④『한국어 농업어휘 낱말밭 (Ⅳ)』에는 "1.목축업, 2.양잠업, 3.양봉업" 등 농가에서 기르는 동물의 내용은 담았다.

⑤『한국어 농업어휘 낱말밭 (Ⅴ)』에는 "1.삼림업, 2.과수업"의 어

---

8) 허 발(1985:173)은 "언어의 내용연구는 문헌학적 조작이 낱말밭 연구에 있어서 가장 믿을만한 방법이다"고 하였다. 필자에게도 사전에서 어휘를 찾아 연구하는 것은 Ergon적 연구이므로 Energeia적 연구를 하라고 누차 권유하셨다.
9) 이 사전에는 북한어가 많이 수록되어 있어 '북한어'가 많이 발췌되어 연구의 대상이 되었다.

휘를 담아 하나의 책으로 묶었다.

　논의의 방법은 낱말의 내용(Inhalt)에 따라 원어휘소(Archilexem)를 중심으로 하여 부분밭(Teilfled)으로 분류하고, 먼저 큰밭(Gro β feld)[10]의 공통 특성을 논의한 후 여기에서 분절되어 나온 작은 밭의 공통 특성의 부가하였다. 그리고 개별 낱말의 변별적 특성(Unterscheidende Züge)를 추가함으로써 논의의 중복을 줄였다. 농사의 낱말의 어휘체계를 나무그림으로 체계화하고, 결론에서는 내용을 중심으로 분절의 관점을 논의한 후, 주체적 역할을 하는 내용과 내용의 설명에 등장하는 객체, 내용에서 바람직한 긍정적인 내용과 부정적인 내용, 어종별의 분포를 통계로 보임으로써, 내용의 이해를 도우려 하였다.

　우리는 농업 어휘의 분절구조를 고찰함으로써 농업 어휘의 의미요소가 우리민족의 정신적 중간세계(die geistige Zwischenwelt)[11]

---

10) 李益煥(1986:66-68)은 "color : red, black, yellow 등에서 color는 포괄적인 단어이며, red는 부분장이다. 부분장들은 그 단계에서는 하나의 독립된 역할을 하고, 그 장은 다시 자신이 거느리는 부분장들을 갖게 된다. 이렇게 하여 장이론은 계층적(hierachical) 성격을 띠게 된다. 보다 일반적이고 포괄적인 어휘는 상위어(superordinate)라 하고, 의미적으로 보다 특수한 어휘는 하위어(subordinate)라 한다."고 하였다.

11) 허 발(1985:14)은 "외계의 사상(Sache)은 정신적인 여러 가지 형성과 변형의 과정을 겪은 뒤에 인간의 의식 속에서 하나의 존재적 위치를 획득하게 되는데, 여기에 개입하는 것이 정신적 중간세계이다."고 하였다. 그리고 다음과 같이 도시하였다.

Lautformen	geistige Zwischenwelt Gedankengebilde	Au β enwelt Erscheinungsfülle
Baum　----->　 Tisch　----->	Baum　----------->　 Tisch　----------->	<---------Dinge <---------Sachen

에서 어떻게 분절되어 있는가를 밝히게 되고, 농사 어휘의 체계를 수립하는 데 기여하게 되며, 한국어 어휘교육과 외국어 어휘교육에 기여하게 된다.

1.2. 농사의 개념12)

농업(agriculture)내용과 의의를 포괄적으로 간결하게 표현함은 농업 내용을 옳게 이해하고 농업의 가치를 옳게 평가할 수 있다. 여러 학자들의 정의를 살펴보자.

인간과 대상물로서 작물과 가축과의 관계를 중요시한 학자로서 Krzynowski는 "농업은 인간과 재배식물 및 가축과의 공생관계로서 단순한 영업일 뿐만 아니라 하나의 자연현상"이라고 하였다.

토지의 중요성을 강조한 학자로서 Balley는 "농업이란 토지에서 생산을 올리는 생업으로 토지에서 직접 생산되는 식물과 간접 생산되는 축산물이 있다"고 하였다. 한편 Kraft는 "농업은 토지와 공기에 결합되어 있는 물질 및 에너지를 작물과 가축을 이용해 만들어 인류 욕망을 만족시키는 작업이다"라고 하였다.

토지 및 자연의 중요성과 경제성을 함께 중요시한 학자로서 Sanger는 "농업은 토지로부터 인류에게 필요한 것을 가장 이익이 많게 생산하는 기술"이라고 하였고, Johnson은 "농업을 인간과 가축이 생존하기 위해 토지로부터 적은 비용으로 많은 식물을 생산하는 기술"이라고 하였으며, Settegast는 "농업은 자연의 힘과 물질에 작용하여 재

---

12) "농사의 개념" 부분은 趙章煥 외 4인(1993:15-16)『農學槪論』.先進文化社. 에서 발췌한 내용이다.

물을 생산하고 이는 경제적 목적을 달성하는 생업"이라고 하였다.

생산대상과 경제성을 강조한 학자로서 Thaer는 "농업은 동식물적 물질을 생산함으로써 이익을 얻고 금전을 얻는 것을 목적으로 하는 영업"이라고 하였고, Goltz는 "농업이란 토지에 함유되어 있고 자연력을 이용해 경제재, 특히 식료품, 기호품, 그리고 방직공업을 첫째로 하는 각종 공업원료를 생산하는 영업"이라고 하였다.

인간 목적적 영위성을 강조한 학자로서 Bernard는 "농업은 유기적 자연을 매개로 한 인간의 목적적 영위체계"라고 하였고, 백(柏)도 "농업은 유기적 생명체의 경제적인 획득이란 인간의 목적적 영위의 질서 또는 체계"라고 하였다.

이들을 전체적으로 요약하면 농업생산의 대상은 작물, 가축 등의 유기생명체이고 공장은 광활한 토지와 자연환경이며 목적은 농산물의 합리적·경제적 획득이고, 그 질서는 자연 생명력이 자연에 적응하여 합리적으로 전개되도록 하는 인간의 목적적 영위체계라고 할 수 있다. 따라서 농업은 토지를 이용하여 경작함으로써 농작물을 생산하고 또 가축을 사육하는 유기적인 생산업으로서 결국 경종(耕種)을 중심으로 하여 축산, 농산물가공 등을 가미한 산업이라고 할 수 있다. 그러므로 농업은 의식주에 소용되는 여러 가지 물질을 얻으려고 토지를 이용해 유용한 동식물을 육성해 나가는 산업이라 할 수 있다.

농업은 인간이 생존하기 위한 기본적인 식물을 생산하기 때문에 인류역사와 더불어 오늘날까지 함께 하고 있으며, 국가산업발달 과정에서도 농업 발달의 바탕 없이는 불가능하였고, 공업과 상업 등 다른 산업은 농업보다 훨씬 늦게 발달하였다. 산업발달과정도 초기에는 농산물의 가공·수송·배급과 같은 일로 시작되었으며, 근세까지만 해도 우리들 생활에 필요한 모든 물품은 거의 모두가 농업 생산물이었다. 농산물 가공은 농업 내부에서 생산된 소규모 형태에서 대량 생산을 위한 대자본가의 공장생산과 같은 형태로 농업을 떠나 독립적으로 영위되는 방향으로 발달하게 되었다.

농업은 국가존립의 뿌리를 이루고 있고 옛날에는 식량생산만을 중요시하던 생각에서 최근에는 인간에게 쾌적한 환경과 심신의 편안함을 주는 관상용 식물생산과 자연보호적 입장에서도 중요시하고 있다.

문화수준이 높은 나라일수록 농업인구는 점차 감소되어가고 있고, 선진국일수록 농산 가공에 종사하는 인구가 농업생산에 종사하는 인구보다 늘어가고 있으며, 과학의 발달로 인한 생태계의 파괴로부터 국민을 보호하기 위한 쪽에서도 농업을 이해하고 있다. 예컨대 벼의 생산은 쌀 생산 외에 인간의 심적, 산소 생산 등의 다른 면도 무시할 수 없다는 것이다.

농업은 다른 산업에 비하여 여러 가지 특색을 지니고 있는데, 그 중 가장 중요한 특색은 토지가 자연의 힘을 이용해 식물을 직접 생산하거나 가축에게 먹여 간접적으로 생산하기 때문에 자연의 힘이 가장 크게 영향을 받고 있어 이와 관련된 각종 문제점이 제기되는 것이다.

넓은 의미에서 농업이란 식량작물의 생산과 관상식물의 생산 등 경종과 축산은 물론 임업과 수산업과 같은 것도 망라해서 말하고 있으나, 일반적으로 이러한 뜻으로 쓰는 경우는 매우 드물고 좁은 의미의 농경과 양축, 그리고 농산 가공을 가미한 농업을 의미한다.

Ⅱ. 농사의 내용

농사의 내용에는 농업과 겸업, 영농, 경작, 작황, 논농사, 밭농사, 담배농사, 인삼농사, 방적농사 등으로 분절하여 논의한다. 농사의 상위 낱말밭은 다음과 같다.

〈그림1〉 농사의 상위 낱말밭 모형

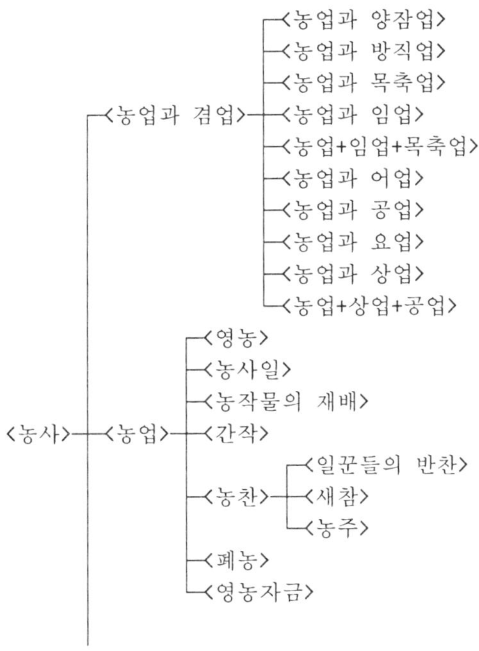

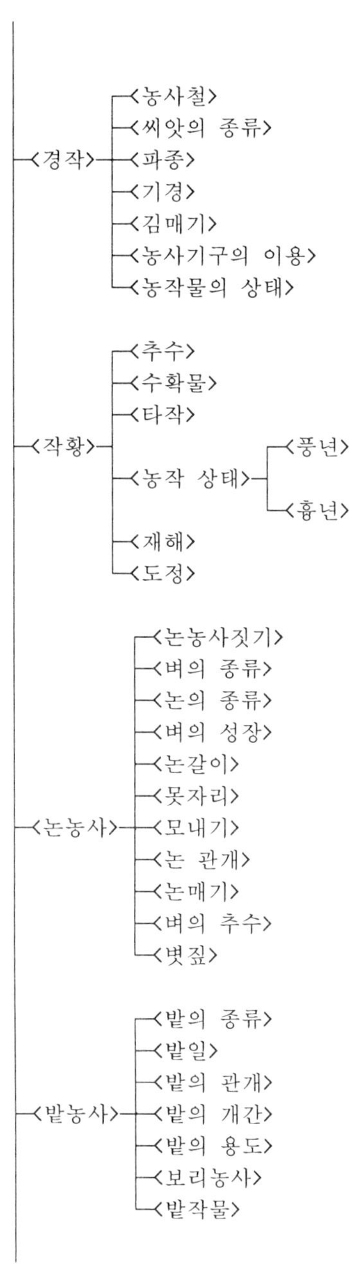
〈경작〉〈농사철〉
〈씨앗의 종류〉
〈파종〉
〈기경〉
〈김매기〉
〈농사기구의 이용〉
〈농작물의 상태〉
〈작황〉〈추수〉
〈수확물〉
〈타작〉
〈농작 상태〉〈풍년〉
〈흉년〉
〈재해〉
〈도정〉
〈논농사〉〈논농사짓기〉
〈벼의 종류〉
〈논의 종류〉
〈벼의 성장〉
〈논갈이〉
〈못자리〉
〈모내기〉
〈논 관개〉
〈논매기〉
〈벼의 추수〉
〈볏짚〉
〈밭농사〉〈밭의 종류〉
〈밭일〉
〈밭의 관개〉
〈밭의 개간〉
〈밭의 용도〉
〈보리농사〉
〈밭작물〉

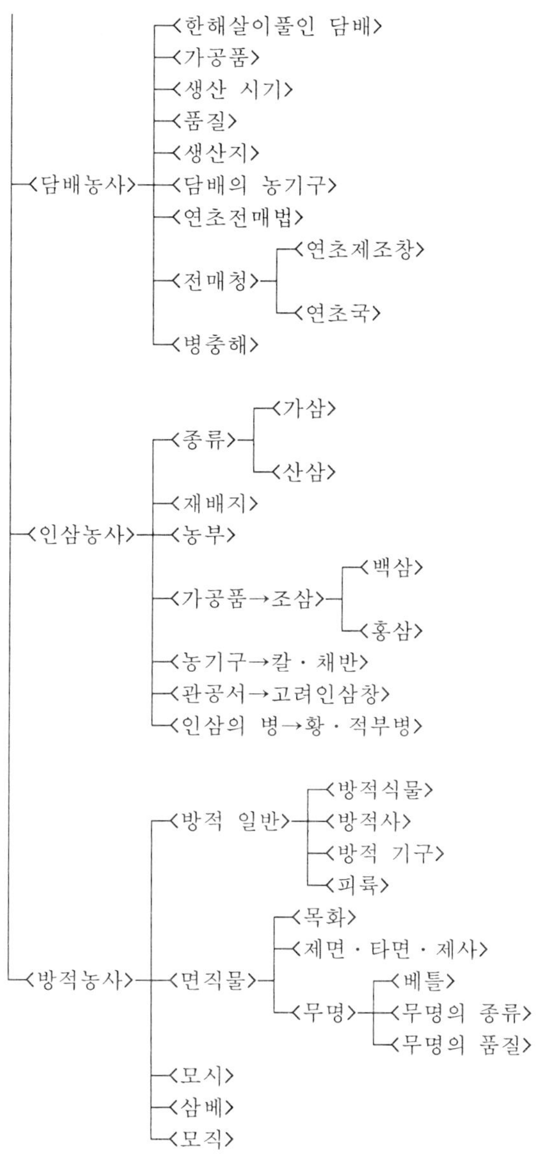

〈담배농사〉
〈한해살이풀인 담배〉
〈가공품〉
〈생산 시기〉
〈품질〉
〈생산지〉
〈담배의 농기구〉
〈연초전매법〉
〈전매청〉
〈연초제조창〉
〈연초국〉
〈병충해〉
〈인삼농사〉
〈종류〉
〈가삼〉
〈산삼〉
〈재배지〉
〈농부〉
〈가공품→조삼〉
〈백삼〉
〈홍삼〉
〈농기구→칼·채반〉
〈관공서→고려인삼창〉
〈인삼의 병→황·적부병〉
〈방적농사〉
〈방적 일반〉
〈방적식물〉
〈방적사〉
〈방적 기구〉
〈피륙〉
〈면직물〉
〈목화〉
〈제면·타면·제사〉
〈무명〉
〈베틀〉
〈무명의 종류〉
〈무명의 품질〉
〈모시〉
〈삼베〉
〈모직〉

2.1. 농업과 겸업

2.1.1. 농업과 겸업의 내용

이 부분밭은 농업과 다른 직업을 겸하고 있는 내용이므로 <농업과 겸업>이 공통으로 부가된다.

    (1) 겸업농가(兼業農家)   (2) 농상(農桑)
    (3) 농잠(農蠶)   (4) 상가(桑稼)
    (5) 전잠(田蠶)

위의 (1)은 '농업 외에 다른 직업을 겸하여 가진 농가'의 개념이니 <농업에 다른 직업을 겸한 농가>가 추가되며, 이 낱말은 이 부분밭의 원어휘소(Archilexeme)13)가 된다. 그리고 (2-5)는 '농사일과 누에를 치는 일'의 개념을 공유하고 있으므로, 양잠업14)이 분절의 관점이 되어 <농업과 양잠업을 겸하는 일>이 공통으로 추가된다.

    (6) 직경(織耕)   (7) 경직(耕織)
    (8) 경목(耕牧)   (9) 종목(種牧)

위의 (6)은 '밭갈기와 베짜기'의 개념(concept)15)이니, 베짜기가 분

---

13) Nida,E.A(1979:187)는 "Generic meanings are nomally listed at the beginning of a set, either as constituting a separate domain or as fulfilling the function of a title for a domain. Such generic terms may be called archilexemes in hierarchical classifications."라고 하였다.

14) 조장환 외4인(1993:331)에서 "잠사업은 누에를 쳐서 생사를 생산하는 생산업이고, 뽕나무를 재배하여 누에를 쳐서 고치를 생산하는 것을 양잠업이라 한다."고 하였다.

절성이 되어 <밭농사와 방적의 겸업>이 추가되고, (7)은 '농사짓는 일과 길쌈하는 일'의 개념이므로, 길쌈하는 것이 분절성이 되어 <농업과 길쌈의 겸업>이 추가되며, (8-9)는 '농작물을 심어 재배하는 일과 가축을 기르는 일'의 개념이니, 목축업16)이 분절성이 되어 <농업과 목축업의 겸업>이 공통으로 추가된다.

(10) 반농반목(半農半牧)   (11) 반목반농(半牧半農)
(12) 반목(半牧)   (13) 농목(農牧)

위의 (10)은 '농사를 지으면서 목축업을 겸하는 일'의 개념이니, 농사를 위주로 하고 목축업을 부업으로 하는 것이 분절성이 되어 <농업이 주업→목축업이 부업>이 추가되고, (11)은 '목축업을 하면서 농사철에 농사를 짓는 일'의 개념이므로, 목축업이 주업이고 농업이 부업인 것이 분절성이 되어 <목축업이 주업→농업이 부업>이 추가된다. 그리고 (12)는 '다른 일도 하면서 목축업을 하는 일'의 개념이니, 목축업이 주업이고 곁들여 다른 일도 하는 것이 분절성이 되어 <목축업에 다른 일도 하는 일>이 추가되고, (13)은 '농업과 목축업'의 개념이므로 <농업과 목축업>이 추가된다.

---

15) R.M.Kempson(1977:21)은 "언어는 전적으로 동시에 존재하는 다른 용어들로부터 기인하는 상호 의존적 용어들의 한 체계이다. bachelor는 spinter, woman, husband, boy와 같은 단어들에 의하여 의미를 갖게 된다. 이와 같이 주변의 여러 가지 어휘를 통해서 올바른 의미가 부여되는 것이다."고 하였다.

16) 조장환 외4인(1993:288)은 "축산은 가축을 길러 인간생활에 필요한 물질을 생산하고 이용하는 산업이다. 가축 생산은 젖소를 사육하여 우유를 생산하는 낙농업, 소와 돼지를 기르는 육우업과 양돈업, 닭을 기르는 양계업 등이 있다."고 하였다

(14) 혼동농업(混同農業)   (15) 혼합농업(混合農業)
(16) 농목장(農牧場)   (17) 농목민(農牧民)

위의 (14)는 '농업과 목축업을 겸하는 농업경영의 방법'의 개념이
니, 농목을 겸하는 농업경영 방법이 분절성이 되어 <농업과 목축업
을 겸하는 농업경영의 방법>이 추가되고, (15)는 '곡물 경작과 목축
을 겸하는 농업. 보통 식용과 사료용 곡물을 가꾸어 곡물을 자급하고
가축을 길러 상품화함'의 개념이므로, 식용과 사료용 곡물을 재배하
여 식량을 자급하고 사료로 가축을 사육하여 상품화함이 분절성이
되므로 <식용과 사료용 곡물을 재배함→양식을 자급하고 가축을 사
육하여 상품화함→농목을 겸하는 농업>이 추가된다. 그리고 (16)은
'농장과 목장'의 개념이니 <농장과 목장>이 추가되고, (17)은 '농업
과 목축업을 생업으로 하는 사람'의 개념이므로, 직업인이 분절성이
되어 <농민과 목축업자>가 추가된다.

(18) 수축(樹畜)   (19) 상마잠적(桑麻蠶績)

위의 (18)은 '뽕나무와 삼을 심고 가축을 기르는 농업경영의 방법'
의 개념이니, 잠업과 목축 및 삼을 재배하는 것을 겸한 농업경영의
방법이 분절성이 되어 <잠업+목축업+삼을 재배하는 농업경영 방법>
이 추가되고, (19)는 '뽕을 따서 누에를 기르고 삼을 심어 실을 뽑아
길쌈하는 일'의 개념이므로, 양잠과 삼베 길쌈이 분절성이 되어 <양
잠+삼베 길쌈을 하는 일>이 추가된다.

(20) 농림(農林)   (21) 농림업(農林業)
(22) 혼농림(混農林)   (23) 혼목림(混牧林)

위의 (20-21)은 '농업과 임업'의 개념을 공유하고 있어 <농업과 임업>이 공통으로 추가되고, (22)는 '한 곳에서 농업과 임업을 동시에 경영하는 방법'의 개념이니 <한 곳에서 농업과 임업을 동시에 경영하는 방법>이 추가되며, (23)은 '임업과 목축을 함께 하는 농업경영의 방법'의 개념이니, 임업과 목축업의 겸업이 분절성이 되어 <임업과 목축업의 겸업>이 추가된다.

    (24) 어농(漁農)   (25) 어목(漁牧)
    (26) 농공업(農工業)   (27) 농공(農工)
    (28) 반농반공(半農半工)

위의 (24)는 '어업과 농업'의 개념이니 <어업과 농업>이 추가되고, (25)는 '어업과 목축업'의 개념이므로 <어업과 목축업>이 추가되며, 또 '어부와 목자'의 개념도 가지고 있어 <어부와 목자>의 개념을 가지고 어부와 목자의 낱말밭에서도 분절한다. 그리고 (26-27)은 '농업과 공업'의 개념을 공유하고 있어 <농업과 공업>이 공통으로 추가되나 다만 (27)은 '농부와 직공'의 개념도 가지고 있어 <농부와 직공>의 개념을 가지고 직업인의 낱말밭에서도 분절한다. (28)은 '공장 등에서 일하는 가족의 수입으로 생계를 보충하는 농가'의 개념이니, 농업이 주업이나 가족 중 직공이 일을 하여 생계를 돕는 것이 분절성이 되어 <직공인 가족의 수입으로 생계를 보충하는 농가>가 추가된다.

    (29) 반농(半農)   (30) 반농가(半農家)
    (31) 반농반도(半農半陶)

위의 (29)는 '생업의 반이 농업인 사람. 농업을 하는 한편 다른

일도 하면서 생계를 세우는 일'의 개념이니, 농업을 하면서 다른 일
로 생계를 유지하는 것이 분절성이 되어 <농업이 주업+다른 일도 하
여 생계를 유지함>이 추가되고, (30)은 '반농의 농가'의 개념이므로
<반농인 농가>가 추가되며, (31)은 '농사도 짓고 또 농사철이 아닌
때를 이용하여 도자기를 만드는 요업에 종사하는 일'의 개념이니, 농
업에 요업을 부업으로 하는 것이 분절성이 되어 <농업이 주업→요업
이 부업>이 추가된다.

    (32) 농상(農商)   (33) 농상공(農商工)

  위의 (32)는 '농업과 상업'의 개념이니 <농업과 상업>이 추가되고,
또 '농민과 상인'의 개념도 가지고 있어 <농민과 상인>을 가지고 직
업인의 낱말밭에서도 분절하며, (33)은 '농업과 상업과 공업'의 개념
이므로 <농업+상업+공업>이 추가되어 분절한다. 앞에서 논의한 겸
업의 분절을 나무그림(tree diagram)으로 그려보면 다음과 같다.

<그림2> 농업과 겸업의 낱말밭 모형

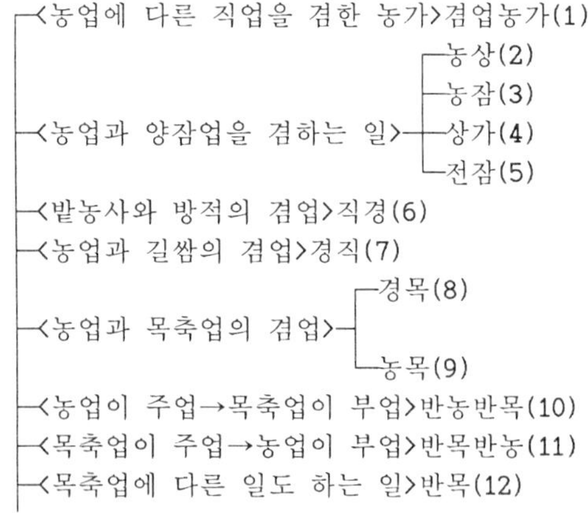

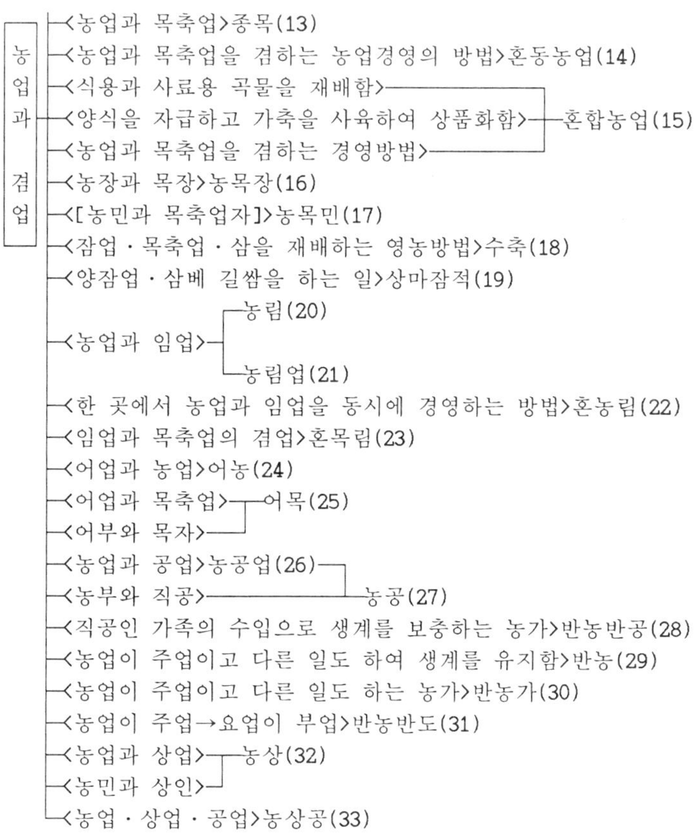

2.1.2. 마무리

(1) 농업과 겸업의 내용 33개에서 중복되는 내용을 제외하면 내용의 수는 모두 30개이다. 이들의 내용을 많이 분포된 순으로 고찰하면 다음과 같다.

농업과 목축업의 겸업이 4개(13.33%)로 가장 많고, 농업과 임업의 겸업과 농업을 하며 다른 일도 하는 내용이 각각 2개씩(6.67%)이며,

농업과 양잠업의 겸업, 밭농사와 방적의 겸업, 농업과 길쌈의 겸업, 농업이 주업이고 목축업이 부업인 내용, 목축업이 주업이고 농업이 부업인 내용, 목축업에 다른 일도 하는 내용, 농장과 목장, 농업·목축업에 삼을 재배하는 영농방법, 양잠업에 길쌈을 하는 일, 임업과 목축업의 겸업, 농업과 어업의 겸업, 목축업과 어업의 겸업, 농업과 공업, 직공인 가족의 수입으로 생계를 보충하는 농가, 농업이 주업이고 요업을 겸하는 내용, 농업과 상업, 농업·상업·공업의 내용, 농민과 목축업자, 어부와 목자, 농민과 상인, 농부와 직공이 각각 1개씩 (3.33%)이다.

(2) 농업과 겸업의 주체는 중복되는 내용이 많아 그 수는 58개로 늘어난다. 이들도 많이 분포된 순으로 고찰하면 다음과 같다.
농부가 24개(41.38%)로 가장 많고, 목축업자가 13개(22.41%)로 두 번째로 많으며, 방적업자와 공업인이 각각 4개씩(13.79%)이다. 그리고 양잠업자, 임업업자, 어부, 상인이 각각 3개씩(5.17%)이고, 요업업자가 1개(1.72%)이다.

(3) 농업과 겸업에 등장하는 객체는 모두 63개이다. 이들의 객체는 농업이 19개(30.16%), 목축업이 10개(15.87%), 농업 외의 다른 일이 4개(6.35%), 양잠업과 농부 및 임업이 각각 3개씩(4.76%), 방적, 목축업자, 삼, 어업, 직공, 공업, 농가, 상업이 각각 2개씩(3.17%), 요업, 상인, 어부, 농장, 목장이 각각 1개 씩(1.59%)이다.
(4) 농업과 겸업의 내용은 모두 바람직한 긍정적인 내용이다.

(5) 어종별로 살펴보면 33개의 낱말 모두가 한자어이다.

2.2 농사

2.2.1. 농사의 내용

농사의 내용에는 하위 분절에 농업, 영농, 농사일, 농작물 재배, 간작, 농찬, 폐농, 영농자금의 내용으로 되어 있다. 농사의 상위 분절은 다음 그림과 같다.

<그림3> 농사짓는 상위 낱말밭 모형

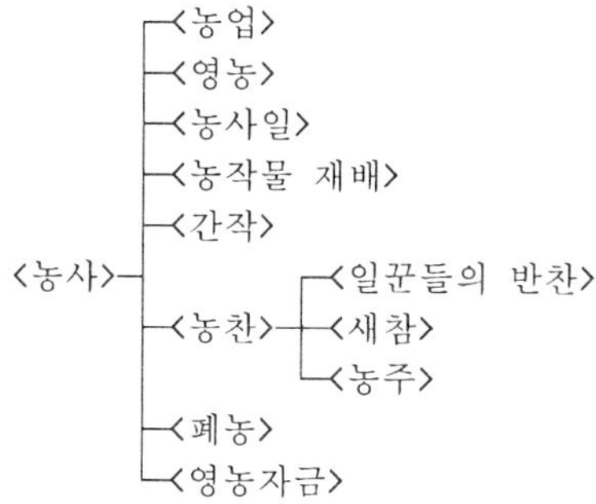

2.2.1.1 농업의 내용

이 부분밭은 직업으로서의 농업과 산업으로서 농업을 내용으로 하고 있으므로 <직업으로서의 농업>이 공통으로 부가된다.

    (1) 농업(農業)   (2) 경업(耕業)
    (3) 농사업(農事業)   (4) 전업(田業)

위의 낱말들은 '농사짓는 직업'의 개념을 공유하고 있어 <농사짓

는 직업>이 공통으로 추가되고, 또 '땅을 이용하여 농작물과 그 밖의 유용한 식물을 가꾸어 심고, 가축 또는 유용한 동물을 먹이어 늘리는 유기적 생산업. 넓은 뜻으로는 농산 가공이나 임업도 포함된다'의 개념도 공유하고 있으므로, 농작물과 유용한 식물의 재배, 농산물 가공, 가축의 사육, 임업에 종사함이 분절성이 되어 <땅을 이용성→농작물과 유용한 식물을 재배하는 직업+농산물 가공업+축산업+임업>도 공통으로 추가된다. 다만 (4)는 '농사일'의 개념도 가지고 있어 <농사 일>이 더 추가된다.

    (5) 농본(農本)   (6) 농본주의(農本主義)

위의 (5)는 '농업을 산업의 기본으로 삼는 일'의 개념이니, 농업에 대한 사조가 분절성이 되어 <농업을 산업의 기본으로 삼는 주의>가 추가되고, (6)은 '농업으로써 입국의 기본으로 삼으며 따라서 농민과 농촌이 사회조직의 기초가 된다는 사고 방식'의 개념이므로, 농업을 입국의 기본으로 삼는 사조가 분절성이 되어 <농업을 입국의 기본으로 삼는 일→농민과 농촌을 사회조직의 기초가 된다는 사고 방식>이 추가된다.

    (7) 농사(農事)   (8) 신농유업(神農遺業)
    (9) 전작(佃作)

위의 (7)은 '어떠한 소출을 얻기 위하여 논밭을 갈아 농작물을 가꾸거나 또는 유익한 농작물을 길러 생산작업을 하는 일'의 개념이니, 농사짓는 것이 분절성이 되어 <논밭을 갈아 농작물·유익한 식물을 재배하는 생산작업을 하는 일>이 추가되고, (8)은 '신농씨가 끼쳐 놓은 일이라는 뜻으로 농사를 이르는 말'의 개념이므로 <신농씨가 끼쳐 놓은 유업=농사>가 추가되며, (9)는 '농업에 종사하는 일'의 개념이므로 <농업에 종사하는 일>이 추가된다.

(10) 농법(農法)
(12) 경농(經農)
(14) 농예(農藝)
(16) 영농법(營農法)

(11) 농사법(農事法)
(13) 영농(營農)
(15) 영농방법(營農方法)

위의 (10-11)은 '농사짓는 방법'의 개념을 공유하고 있어 <농사짓는 방법>이 공통으로 추가되고, (12-13)은 '농업을 경영하는 일'의 개념을 공유하고 있으므로 <농업을 경영하는 일>이 공통으로 추가된다. 그리고 (14)는 '농사에 관한 기술'의 개념이니 <농사에 관한 기술>이 추가되고, 또 '농업과 원예'의 개념도 가지고 있으므로 <농업과 원예>가 더 추가되며, (15-16)은 '농업을 경영하는 방법'의 개념을 공유하고 있어 <농업을 경영하는 방법>이 공통으로 추가된다.

(17) 영농공정(營農工程)
(19) 경종(耕種)
(21) 경종방식(耕種方式)

(18) 경종농업(耕種農業)
(20) 경종법(耕種法)

위의 (17)은 '농사를 지을 때에 거치는 일정한 과정. 논밭갈이에서부터 가을걷이까지의 과정'의 개념이니, 영농의 과정이 분절성이 되어 <농사짓는 일정한 과정=논밭갈이에서부터 추수까지의 과정>이 추가되고, (18)은 '갈고 심고 하는 농업'의 개념이므로 <갈고 심는 농업>이 추가되며, (19)는 '논밭을 갈아서 씨를 뿌리고 농작물을 가꾸는 일'의 개념이니, 경작하여 농작물을 파종하고 재배하는 것이 분절성이 되어 <논밭을 기경함→파종하여 재배함>이 추가된다. 그리고 (20)은 '논밭갈기, 씨뿌리기, 거름주기, 가꾸기 따위로 토질이나 농작물을 관리하는 방법'의 개념이니, 농작물을 관리하는 것이 분절성이 되어 <논밭갈기·씨뿌리기·거름주기·가꾸기·토질과 농작물을 관리하는 방법>이 추가되고, (21)은 '농장에서 가꿀 작물 종류의 선택과 배치 및 심는 순서 등을 자연적 또는 경제적 조건에 맞도록 하는 방법. 화전식(火田式), 혼작식(混作式)[17], 체대식(遞代式) 등의 방법이 있다'의 개념이므로 <재배 작물 종류의 선택과 배치→파종 순서[18]를 자연적 경제적 조건에 맞도록 하는 방법>이 추가된다. 앞에서 논의한 농사의 낱말밭은 다음과 같다.

<그림4> 농사의 낱말밭 모형(1)

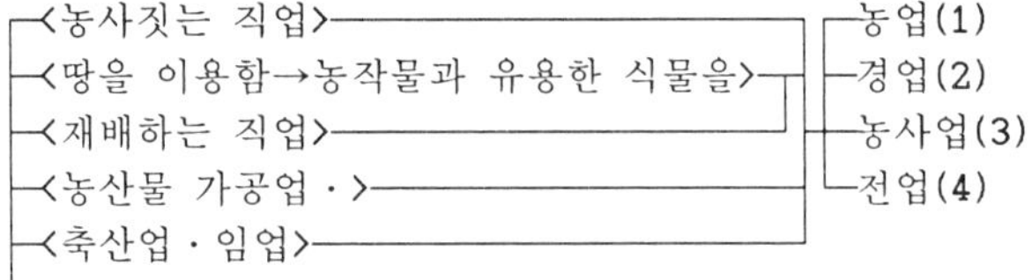

---

17) 조장환 외4인(1993:119)에서 혼작의 효과를 다음과 같이 말하고 있다.
　① 두 작물이 토양과 기상에 약한 점을 서로 보완할 수 있다.
　② 재해 및 병충해를 분산하고 경감시킬 수 있다.
　③ 합리적인 공간 이용과 비료를 절약할 수 있다.
　④ 두 작물의 합계 수량이 개별적으로 재배한 수량보다 많아진다.

18) 조재영 외 8인(1994:85)에서 파종절차를 다음과 같이 말하고 있다.
　"정지(整地)와 시비를 한 다음에는 파종에 앞서서 비료가 종자에 직접 닿지 않도록 비료를 준 위에 약간의 흙을 넣어주는 것이 좋은데, 이것을 간토(間土)라고 하며, 간토한 다음에 파종하고 진압(鎭壓)한 후 복토하거나, 복토하고 나서 진압하거나 한다. 파종 후에 종자 위에 흙을 덮어서 흙속에 묻히게 하는 것을 복토라 하는데, 복토의 깊이는 작물에 따라 다르다"고 하였다.

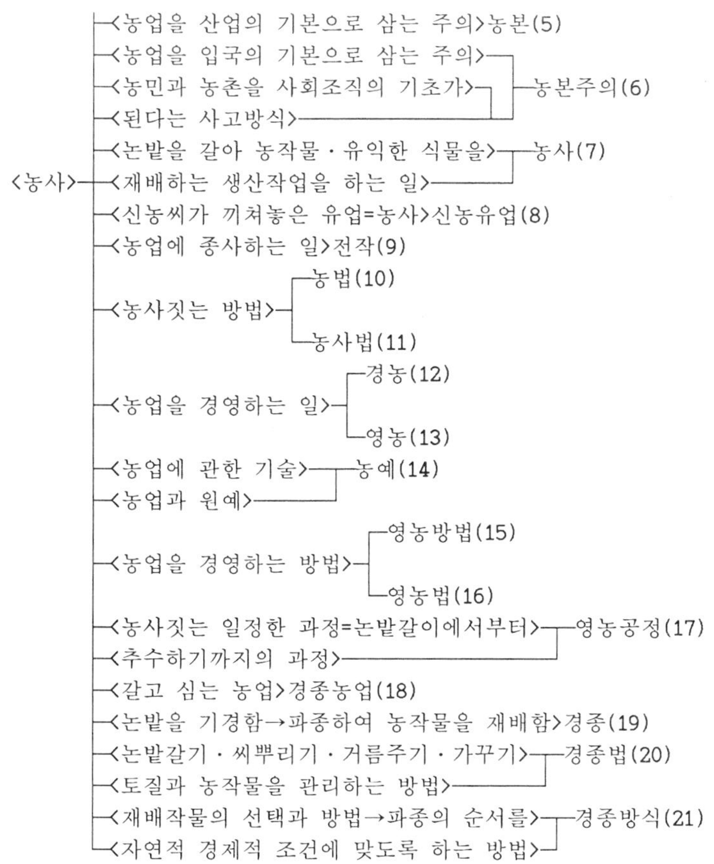

(22) 화전식(火田式)　　　　(23) 화전농(火田農)

(24) 유농(遊農)　　　　　(25) 이동경작(移動耕作)

(26) 누농(耨農)

위의 (22)는 '화전을 일구어 농사짓는 것과 같은 뒤떨어진 영농방식'의 개념이니, 화전식[19] 영농이 분절성이 되어 <화전을 일구어 농

---

19) 조재영 외 8인(1994:12)는 "원시임야를 불태운 다음에 메밀 같은 곡류나

사짓는 영농방식>이 추가되고, (23)은 '화전을 일구어 짓는 농사'의
개념이므로 <화전을 일구어 짓는 농사>가 추가되며, (24-26)은 '가
장 원시적인 농업 현상. 비료를 쓰지 않고, 한 곳에서 여러 해 농사를
지어서 지력[20]이 쇠퇴해지면 다른 곳으로 옮기어 짓는 경작방법. 이
동 범위가 일정한 경우에는 폐기한 경지로 다시 돌아오는 수도 있으
나 화전을 일구는 것이 보통이다'의 개념을 공유하고 있어, 지력이
쇠퇴하면 옮겨 경작하는 방법이 분절성이 되어 <비료를 쓰지 않고
한 곳에서 여러 해 농사를 지음→지력이 쇠약해 짐→다른 곳으로 옮
겨 경작함+폐기한 경지로 다시 돌아오거나 화전을 일구어 경작함>
이 공통으로 추가된다.

(27) 약탈농업(掠奪農業)   (28) 탈략농업(奪掠農業)
(29) 다각농(多角農)   (30) 다각농업(多角農業)
(31) 다각영농(多角營農)

　　위의 (27-28)은 '경작 토지에 대하여 필요한 시비 등 아무런 처치
도 하지 아니하고 농작물을 경영하는 원시적인 영농방법. 지력의 쇠
퇴에 따르는 경작 불능으로 2-5년마다 딴 곳으로 옮긴다. 화전이 그
대표적인 예이다'의 개념을 공유하고 있어, 지력이 쇠퇴하여 경작이
불가능 할 때에 딴 곳으로 옮겨 경작하는 것이 분절성이 되어 <시비
나 아무런 처치도 하지 않고 농작물을 경작하는 원시적인 영농방법

무 같은 채소를 심어 먹고 지력이 약해지면 이동하는 경작방법을 화전경작
　　이라 한다"고 하였다.

20) 조장환 외 4인(1993:95)는 지력에 대하여 "지력이란 토양의 물리 화학적
　　성질 및 생물학적 성질을 종합한 말로서, 작물생산에 여러 가지 영양을 미
　　치는 땅의 힘을 말한다"고 하였다.

→지력이 쇠퇴하여 경작이 불가능하면 2-5년마다 딴 곳으로 옮겨 경작함=화전이 대표적임>이 공통으로 추가되고, (29-31)은 '노동력을 합리적으로 배분하여 여러 가지 종류의 농작물을 심어서 수익을 올리도록 경영하는 농업. 몇 가지의 야채 재배, 밭농사와 낙농21), 쌀·보리 농사와 양계 등의 복합 경영의 농업'의 개념을 공유하고 있으므로, 여러 가지 농작물을 재배하는 것이 분절성이 되어 <노동력의 합리적인 배분→여러 종류의 농작물을 재배하여 수익을 올리는 농업→몇 가지 야채의 재배·밭농사와 낙농·쌀·보리 농사와 양계 등을 복합 경영>이 공통으로 추가된다.

(32) 입체농업(立體農業)   (33) 단작농업(單作農業)
(34) 전천후농업(全天候農業)   (35) 집약농업(集約農業)

위의 (32)는 '축산·농산물 가공 따위를 결합한 종합화된 농업'의 개념이니, 종합적인 농업이 분절성이 되어 <축산·농산물의 가공 등 종합화된 농업>이 추가되고, (33)은 '한 종류의 농작물만을 재배하는 영농방법'의 개념이므로, 한 종류만 재배하는 것이 분절성이 되어 <한 종류의 농작물만 재배하는 영농방법>이 추가된다. 그리고 (34)는 '어떠한 기상 상태에서도 지장 없이 영위할 수 있는 농사. 가물 없는 농사'의 개념이니, 어떤 조건에도 지장 없이 농사지을 수 있음이 분절성이 되어 <전천후 농사를 지을 수 있는 농업>이 추가되고, (35)는 '일정한 면적의 토지에 대하여 많은 자본이나 노동력을 이용하여 토지를 고도로 이용하는 영농방법'의 개념이니, 토지를 고도로 이용하

---

21) 조재영 외8인(1994:154)는 "낙농업(dairy farming)은 유우(乳牛)를 사육하고 우유를 생산하는 업종을 말하며, 축산에서 가장 비중이 큰 분야이다"라고 하였다.

는 영농방법이 분절성이 되어 <많은 자본과 노동력의 이용→토지를 고도로 이용하는 영농방법>이 추가된다. 앞에서 논의한 농사의 낱말밭은 다음과 같다.

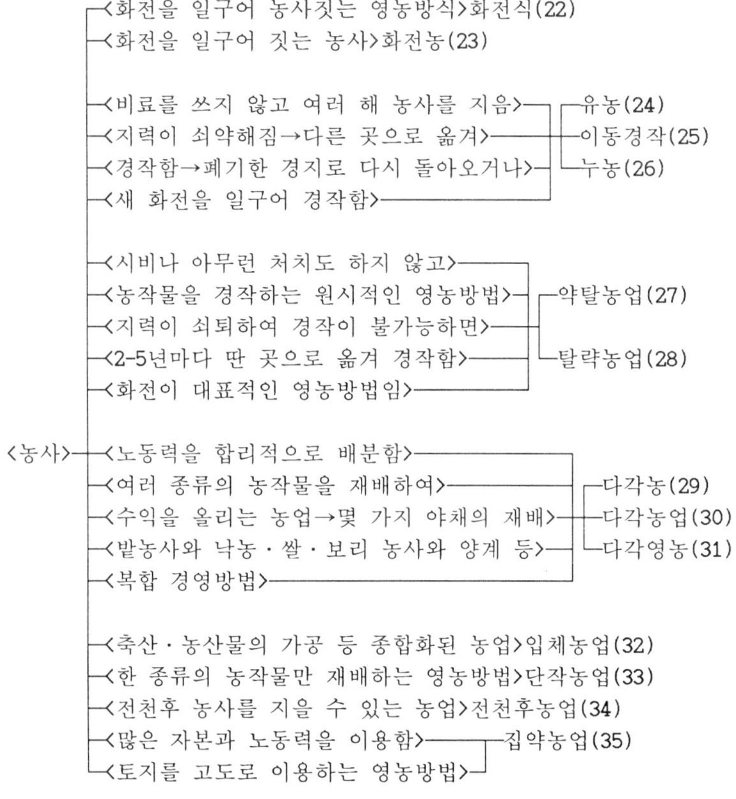

<그림5> 농사의 낱말밭 모형(2)

(36) 조방농업(粗放農業)   (37) 다비농업(多肥農業)

(38) 생력농업(省力農業)   (39) 건조농업(乾燥農業)

위의 (36)은 '일정 면적의 땅에 대하여 자연물, 자연력의 작용을 주로 하여 자본과 노동력을 적게 들어서 짓는 영농방법. 자본적 집약·자본의 조방 또는 노동력의 집약·노력의 조방 따위로 나눈다'의 개념이니, 자본과 노동력을 적게 들여 짓는 영농방법이 분절성이 되어 <일정 면적의 경작지에 자연물·자연력의 활용→자본과 노동력을 적게 들이는 영농방법→자본적 집약·자본의 조방+노동력 집약·노력의 조방 등이 있음>이 추가되고, (37)은 '농업 생산량을 늘리기 위하여 일정한 경지에 다량의 비료, 주로 깻묵이나 화학비료 등을 주는 소규모적인 농업 생산 방법'의 개념이므로, 다량의 비료를 주어 생산량을 늘리는 영농방법이 분절성이 되어 <일정한 경지에 다량의 깻묵·화학비료의 사용→농업 생산량을 늘리는 소규모의 영농방법>이 추가된다. 그리고 (38)은 '기계화·집단화·화학화 등에 의하여 노동력을 절약하는 농업'의 개념이니, 노동력을 절약하는 영농방법이 분절성이 되어 <기계화·집단화·화학화 등으로 노동력을 절약하는 영농방법>이 추가되고, (39)는 '강우량이 적은 지방에서 활용되는 농사법. 작물의 선택, 물의 증발의 방지, 소량의 비의 효과적인 이용 등이 중요한 방법이다'의 개념이므로, 강우량이 적은 지역에서 농사짓는 방법이 분절성이 되어 <강우량이 적은 지역에서의 농사법→작물의 선택·물의 증발 방지·소량의 비를 효과적으로 이용>이 추가된다.

    (40) 삼포식농업(三浦式農業)   (41) 삼포농업(三浦農業)[22]
    (42) 개량삼포식(改良三浦式)   (43) 휴작(休作)
    (44) 휴한(休閑)

---

22) 조장환 외4인(1993:116)은 "3포식 농법에서는 경작지를 3분하여 1/3에는 夏穀, 1/3에는 冬穀, 나머지 1/3은 休閑을 하므로 전 경작지가 3년에 한 번 휴한이 된다."고 하였다.

위의 (40-41)은 '토지의 비옥도를 유지하기 위하여 온 농지를 셋으로 나누어 해마다 2·3분지 1씩을 휴경지로 하여 3년 2작을 되풀이하는 농사법'의 개념을 공유하고 있어, 토지의 지력을 고려하여 휴경 기간을 두는 것이 분절성이 되어 <토지의 비옥도를 유지하기 위하여 온 농지를 셋으로 나누어 2,3분지 1씩 휴경지를 두어 3년 2작을 되풀이하는 농사법>이 공통으로 추가되고, (42)는 '토지의 지력 쇠퇴를 방지하고 노력의 분배를 합리화하려는 윤작 농업 방법. 토지의 경작을 3등분하여 어느 한 구간도 놀리지 않고 클로우버 따위 작물을 가꾸는 등 토지개량을 꾀하는 농사법'의 개념이므로, 토지의 지력을 유지하기 위해 윤작하는 영농방법이 분절성이 되어 <토지의 지력의 쇠퇴를 방지하고 노력의 분배를 합리화하려는 윤작 농업방법→토지의 경작을 3등분함→한 구간도 놀리지 않고 클로우버 작물 등을 재배함→토지개량을 꾀하는 영농방법>이 추가되며, (43-44)는 '토양을 개량하기 위하여 어느 기간 재배를 중지하는 일'의 개념을 공유하고 있어, 일정 기간을 휴간하여 토양을 개량하는 것이 분절성이 되어 <어느 기간 동안 재배를 중지함→토양을 개량하기 위함>이 공통으로 추가된다. 앞에서 논의한 농사의 낱말밭은 다음과 같다.

〈그림6〉 농사의 낱말밭 모형(3)

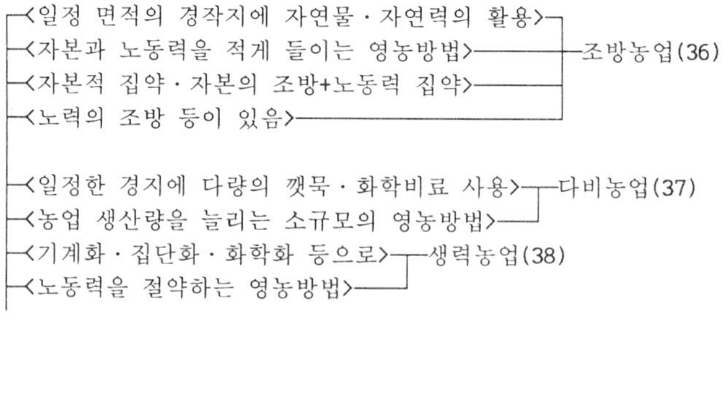

```
┌─<일정 면적의 경작지에 자연물·자연력의 활용>─┐
├─<자본과 노동력을 적게 들이는 영농방법>──────┼─조방농업(36)
├─<자본적 집약·자본의 조방+노동력 집약>────┤
├─<노력의 조방 등이 있음>───────────────┘

├─<일정한 경지에 다량의 깻묵·화학비료 사용>─┬─다비농업(37)
├─<농업 생산량을 늘리는 소규모의 영농방법>──┘
├─<기계화·집단화·화학화 등으로>────┬─생력농업(38)
├─<노동력을 절약하는 영농방법>─────┘
```

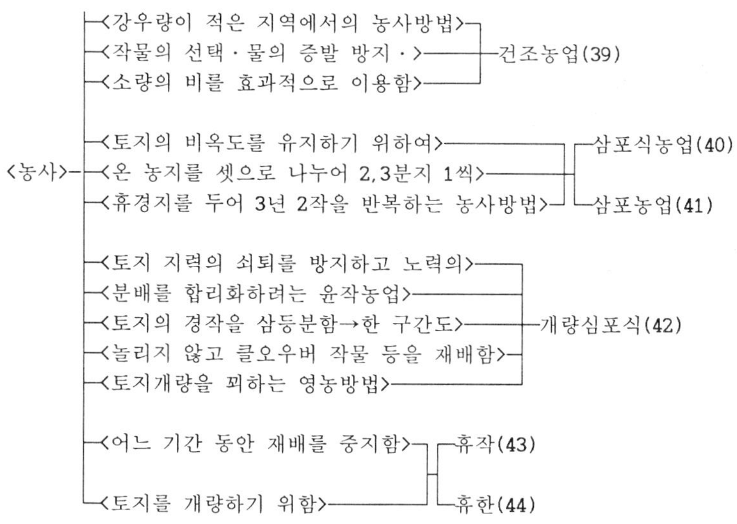

(45) 곡초식(穀草式)　　　　　(46) 야로비농법(Jarovi農法)
(47) 미추린농법(Michurin農法)　(48) 계통육종법(系統育種法)

　위의 (45)는 '목장을 개척하여 곡식을 심다가 지력이 감퇴되면 다시 목장으로 하는 영농방법'의 개념이니, 목장을 개척하여 농사를 짓다가 지력이 감퇴되면 다시 목장으로 하는 영농방법이 분절성이 되어 <목장을 개척하여 곡식을 재배함→지력이 감퇴되면 다시 목장으로 함>이 추가되고, (46-47)은 '소련의 루생코(Lysenko)가 그의 발육 단계론에 따라 제창한 농사법. 이를테면 가을에 뿌리는 농작물의 씨앗을 저장한 대로 저온처리하여 봄철에 뿌려서 결실시키는 것'의 개념을 공유하고 있으므로, 가을에 파종할 씨앗을 저온처리하여 봄철에 파종하는 농사법이 분절성이 되어 <류생코의 발육 단계론에 따른 농사법→가을에 파종할 농작물의 씨앗을 저장한 대로 저온처리하여 두었다가 봄철에 파종하는 농사법>이 공통으로 추가되고, (48)은 '자가수분하는 농작물에서 교배잡종의 자손으로부터 새 품종을 육성하는 방법. 멘델의 유전원리를 품종 개량에 응용한 교배육종법의 전형적인 방법으로 계통 선발을 거듭하여 우량종을 만드는 방법이다'의 개념이니, <교배잡종의 자손으로부터 새 품종을 육성하는 방법→멘델의 유전원리를 품종 개량에 응용한 교배육종법→계통 선발을 거듭하여 우량종을 만드는 방법>이 추가된다.

   (49) 식물육종(植物育種)   (50) 수경법(水耕法)
   (51) 물가꾸기   (52) 수중배양(水中培養)
   (53) 물재배(-栽培)   (54) 수경(水耕)

위의 (49)는 '식물의 유전 물질을 개량하여 새로운 품종을 만드는 일. 변이의 탐구, 선택, 고정과 새 품종의 증식 따위의 단계를 거친다'의 개념이니, 식물의 유전 물질을 개량하여 품종을 개량하는 것이 분절성이 되어 <식물의 유전 물질을 개량함→새로운 품종을 만듦=변이의 탐구→선택→고정→새 품종의 증식 단계를 거침>이 추가되고, (50)은 '흙을 전혀 사용하지 않고, 식물의 생장에 필요한 물질을 녹인 물 속에서 식물을 배양하는 방법. 물에는 질소·인·칼리·칼슘·마그네슘·철·유황의 일곱 가지를 녹인다. 작물의 양분 흡수의 경과나 비료 등을 연구하는데 이용된다'의 개념이므로, 식물에 필요한 배양액만 녹인 물에서 식물을 재배하는 것이 분절성이 되어 <흙을 전혀 사용하지 않고 식물의 생장에 필요한 물질(질소·인·칼리·칼슘·마그네슘·철·유황)을 녹인 물 속에서 식물을 배양하는 방법→작물의 영양 흡수 과정과 비료 연구에 이용됨>이 추가되며, (51-54)는 '수경법으로 식물을 재배하는 일'의 개념을 공유하고 있어 <수경법으로 식물을 재배하는 일>이 공통으로 추가된다.

(55) 사경법(砂耕法)   (56) 모래가꾸기
(57) 사경(砂耕)

위의 (55)는 '불순물을 완전히 없앤 모래에 식물의 생장에 필요한 양분을 주어 어린 식물을 기르는 방법. 양분의 식물에 대한 효과를 실험할 수 있다'의 개념이니, 모래에 식물의 생장에 필요한 양분만 주어 재배하는 방법이 분절성이 되어 <모래 속의 불순물을 완전히 제거함→식물의 생장에 필요한 양분을 주어 식물을 재배함=식물의 양분 효과를 실험할 수 있음>이 추가되고, (56-57)은 '사경법으로 식물을 재배하는 일'의 개념을 공유하고 있으므로 <사경법으로 식물을 재배하는 일>이 공통으로 추가된다. 앞에서 논의한 농사의 낱말밭은 다음과 같다.

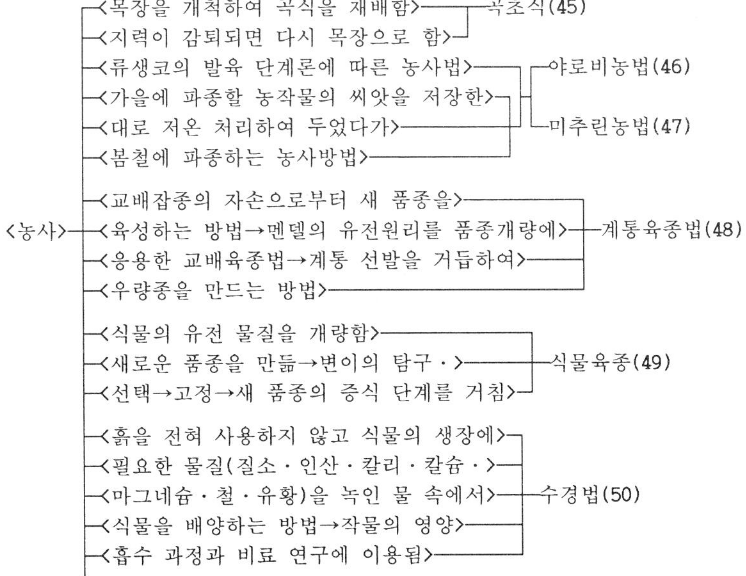

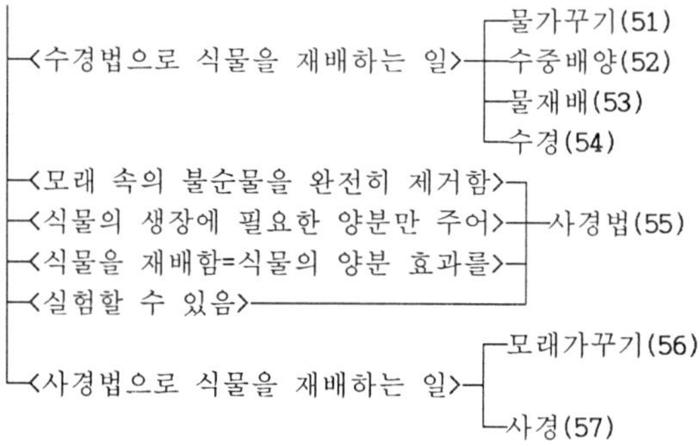

```
                                                   ┌물가꾸기(51)
        ┌<수경법으로 식물을 재배하는 일>┼수중배양(52)
        │                                           ├물재배(53)
        │                                           └수경(54)
        ├<모래 속의 불순물을 완전히 제거함>┐
        ├<식물의 생장에 필요한 양분만 주어>┼사경법(55)
        ├<식물을 재배함=식물의 양분 효과를>┤
        ├<실험할 수 있음>────────────┘
        │                                           ┌모래가꾸기(56)
        └<사경법으로 식물을 재배하는 일>┤
                                                    └사경(57)
```

(58) 상업적농업(商業的農業)   (59) 계단농업(階段農業)
(60) 계단갈이(階段--)   (61) 계단경작(階段耕作)
(62) 비탈갈이   (63) 사면경작(斜面耕作)

　위의 (58)은 '일반적으로 상품 생산을 목적으로 하는 농업'의 개념
이니, 상품의 생산을 목적으로 하는 농업이 분절성이 되어 <상품을
생산할 목으로 하는 농업>이 추가되고, 또 '양잠·채소·과실·축
산 등과 같이 생산물의 대부분을 상품으로 처리하는 농업 생산 부문'
의 개념도 가지고 있어 <양잠·채소·과실·축산 등 생산물의 대부
분을 상품으로 처리하는 농업>이 더 추가되며, (59)는 '비탈진 땅에
계단 모양으로 층층이 논밭을 만들어 경작하는 일. 인구가 많고 경지
로 할 만한 평지가 귀한 지방이나 산악지대에서 많이 이용하는 농업'
의 개념이므로 비탈진 땅에 계단식으로 짓는 농사가 분절성이 되어
<농업인구가 많고 평지의 농지가 적은 지방·산악지대에서 비탈진
땅에 계단 모양으로 층층이 논밭을 개간하여 짓는 농업>이 추가되
며, (60-61)은 '계단식으로 짓는 농사일'의 개념을 공유하고 있어 <계
단식으로 짓는 농사일>이 공통으로 추가된다. 그리고 (62-63)은 '몹
시 비탈진 땅을 이용하여 농사를 짓는 일'의 개념을 공유하고 있어,

비탈진 땅에서의 농사짓는 것이 분절성이 되어 <몹시 비탈진 땅에서 짓는 농사>가 공통으로 추가된다.

    (64) 등고선가꾸기(等高線---)　　(65) 등고선재배(登高線栽培)
    (66) 협농(峽農)　　　　　　　　(67) 산농(山農)
    (68) 고랭지농업(高冷地農業)

위의 (64-65)는 '토양의 침식을 방지하기 위하여 등고선식으로 농작물을 재배하는 일'의 개념을 공유하고 있어, 등고선식 재배가 분절성이 되어 <토양의 침식을 방지하기 위해 등고선식으로 농작물을 재배하는 일>이 공통으로 추가되고, (66)은 '두메에서 짓는 농사'의 개념이니, 농사짓는 곳이 두메인 것이 분절성이 되어 <두메에서 짓는 농사>가 추가된다. 그리고 (67)은 '산지에서 짓는 농사'의 개념이므로, 산지가 분절성이 되어 <산지에서 짓는 농사>가 추가되며, 또 '산전에 짓는 농사'의 개념도 가지고 있으므로 <산전에 짓는 농사>가 더 추가되며, (68)은 '고원이나 산지 등의 여름철 서늘한 토지에서 경영하는 농업. 감자·메밀을 비롯하여 잡곡류나 올벼 또는 배추 따위 야채를 가꾼다'의 개념이니, 고랭지에서 짓는 농사가 분절성이 되어 <고원·산지에서 여름철 서늘한 토지에서 짓는 농사=감자·메밀·잡곡·올벼·배추 등을 재배함>이 추가된다.

    (69) 주곡식(主穀式)　　　　　　(70) 주곡농업(主穀農業)
    (71) 주곡농사(主穀農事)　　　　(72) 곡물식(穀物式)

위의 (69)는 '곡식의 생산을 주목적으로 하는 영농방식'의 개념이니, 곡식의 생산이 분절성이 되어 <곡식의 생산이 주목적인 영농방

식>이 추가되고, (70-71)은 '주곡식에 의하여 경영하는 농업'의 개념
을 공유하고 있으므로 <주곡식으로 경영하는 농업>이 공통으로 추
가되며, (72)는 '주로 벼 · 보리 등의 곡물을 재배하는 경종방식'의 개
념이니, 벼 · 보리 농사가 분절성이 되어 <주로 벼 · 보리의 곡물을
재배하는 경종방식>이 추가된다.

(73) 관리농(管理農)   (74) 대농조직(大農組織)

위의 (73)은 '농지 소유자가 직접 경영하지 않고 유급관리자를 두
어 경영 관리하는 농업'의 개념이니, 관리인을 두고 짓는 농사가 분
절성이 되어 <지주가 유급관리자를 두고 짓는 영농방법>이 추가되
고, (74)는 '경작지가 광대하여 대규모로 경영하는 농업'의 개념이므
로, 대규모로 짓는 농업이 분절성이 되어 <경작지가 광대하여 대규
모로 경영하는 농업>이 추가된다. 앞에서 논의한 농사에 관련된 낱
말밭은 다음과 같다.

<그림8> 농사의 낱말밭 모형(5)

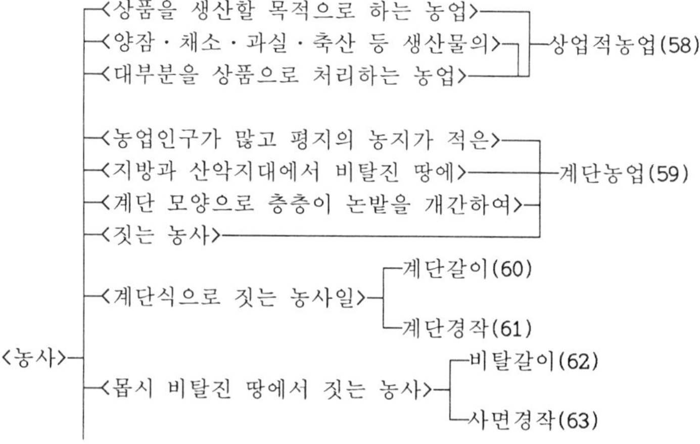

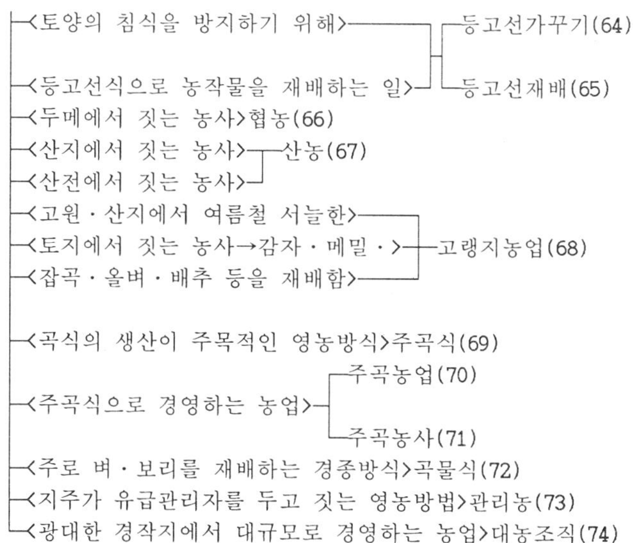

2.2.1.2. 농사일의 내용

이 부분밭은 농사일하는 내용을 함유하고 있으므로 <농사일>이
공통으로 부가된다.

(75) 농사일하다(農事---)   (76) 농사짓다(農事--)
(77) 작농하다(作農--)   (78) 부치다
(79) 땅파다

이들은 '농사를 짓다'의 개념을 공유하고 있어 <농사를 짓는 일>
이 공통으로 추가되고, 또 '농사를 업으로 삼아 일을 하다'의 개념도
공유하고 있으므로 <농업을 생업으로 삼아 하는 일>도 공통으로 추
가된다.

(80) 경작(耕作)   (81) 경가(耕稼)
(82) 농경(農耕)   (83) 농경작(農耕作)
(84) 가색(稼穡)

위의 (80-83)은 '논밭을 갈아서 농사를 짓는 일'의 개념을 공유하고 있어, 논밭을 갈아 농사짓는 일이 분절성이 되어 <논밭을 갈아서 농사짓는 일>이 공통으로 추가되고, (84)는 '곡식을 농사짓는 일'의 개념이므로, 곡식 농사가 분절성이 되어 <곡식을 농사짓는 일>이 추가된다.

(85) 동작(東作)   (86) 동작서성(東作西成)
(87) 춘경추락(春耕秋落)

위의 (85)는 '봄철에 농사를 짓는 일. 또는 그 농사'의 개념이니, 봄철의 농사가 분절성이 되어 <봄철에 농사짓는 일+봄철에 짓는 농사>가 추가되고, (86)은 '봄철에 농사를 지어 가을에 거두어들임'의 개념이므로, 봄에 파종하여 가을에 추수하는 것이 분절성이 되므로 <봄철에 파종하여 가을에 거두어들이는 일>이 추가되므로 (85)와는 계단대립(Graduelle Opposition)[23]을 이루고 있으며, (87)은 '봄에

---

23) Horst Geckeler.(1973:25)는 "Graduelle Opposition sind solche Glieder durch verschiedene Grade oder Abstufungen derselben Eigenschaft gekennzeichnet sind...."라고 하였다.
　　허 발(1997:453)은 이탈리아말 온도 형용사의 단계적 대립을 다음과 같이 보여주고 있다.

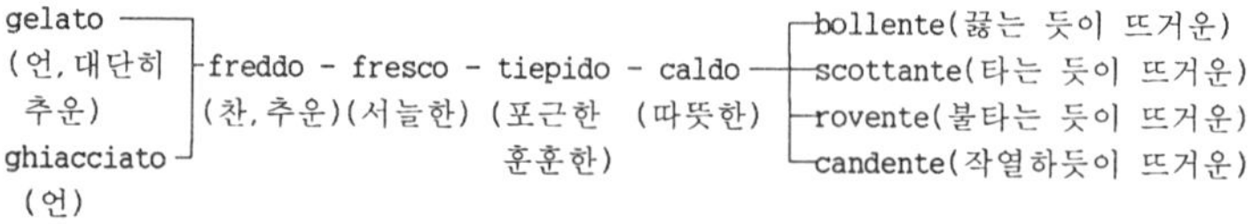

```
gelato ─────┐                                      ┌─bollente(끓는 듯이 뜨거운)
(언, 대단히  ├─freddo - fresco - tiepido - caldo ─┼─scottante(타는 듯이 뜨거운)
 추운)       │  (찬, 추운)(서늘한) (포근한  (따뜻한) ├─rovente(불타는 듯이 뜨거운)
ghiacciato ─┘                    훈훈한)            └─candente(작열하듯이 뜨거운)
 (언)
```

밭을 갈고 가을에 추수를 함'의 개념이니, 밭갈이가 분절성이 되어
<봄에 밭을 갈아 가을에 추수하는 일>이 추가된다.

      (88) 농무(農務)   (89) 가사(稼事)
      (90) 농공(農功)   (91) 농근(農勤)
      (92) 들일   (93) 야업(野業)

위의 (88)은 '농사짓는 일'의 개념이니 <농사짓는 일>이 추가되고,
또 '농업에 관한 사무 또는 정무'의 개념도 가지고 있으므로 <농업에
관한 사무+정무>도 추가되며, (89-91)은 '농사짓는 일'의 개념을 공
유하고 있어 <농사짓는 일>이 공통으로 추가되고, 또 '농사와 관계
되는 일'의 개념도 공유하고 있으므로 <농사와 관계된 일>도 공통으
로 추가된다. 그리고 (92-93)은 '들에서 하는 일'의 개념을 공유하고
있어, 들일이 분절성이 되어 <들에서 하는 일>이 공통으로 추가된다.

      (94) 간식(墾植)   (95) 경간(耕墾)
      (96) 두텅이

이들은 개간하여 경작하는 내용을 함유하고 있어 <개간하여 경작
함>이 공통으로 부가된다. 따라서 (94)는 '개간하여 농작물을 심는
일'의 개념이니 <개간하여 농작물을 재배하는 일>이 추가되고, (95)
는 '논이나 밭을 개간하여 가는 일'의 개념이므로 <논이나 밭을 개간
하여 경작하는 일>이 추가되며, (96)은 '거친 땅에 논밭을 일구어 곡
식을 심는 일'의 개념이니 <거친 땅에 논밭을 개간함→곡식을 심는
일>이 추가된다.

      (97) 경독(耕讀)   (98) 경농(耕農)

위의 (97)은 '농사를 지으며 책을 보는 일'의 개념이니, 책을 보는 것이 분절성이 되어 <농사를 지으며 책을 읽는 일>이 추가되고, (98)은 '제 스스로 논밭을 갈아 농사를 짓는 일'의 개념이므로, 몸소 농사 짓는 것이 분절성이 되어 <몸소 논밭을 갈아 농사를 짓는 일>이 추가된다. 앞에서 논의한 농사일의 낱말밭은 다음과 같다.

<그림9> 농사일의 낱말밭 모형(1)

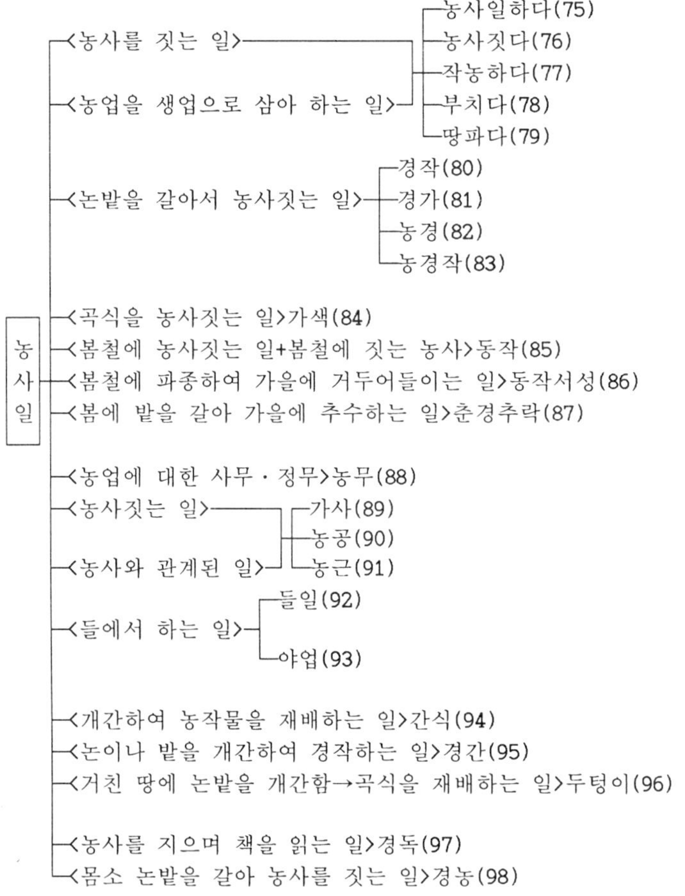

(99) 자작(自作)   (100) 가작(家作)
(101) 궁경(躬耕)   (102) 분작(分作)

위의 (99-100)은 '제 땅을 소작인에게 시키지 않고 자기 집에서 직접 갈아 농사짓는 일'의 개념을 공유하고 있어, 스스로 농사지음이 분절성이 되어 <제 땅을 소작인에게 주지 않고 직접 농사짓는 일>이 공통으로 추가되고, (101)은 '자기 스스로 농사일을 하는 일'의 개념이니, 몸소 농사일을 하는 것이 분절성이 되어 <몸소 농사일을 하는 일>이 추가되고, 또 '임금이 몸소 적전(籍田)[24]하는 일'의 개념도 가지고 있으므로 <임금이 몸소 적전하는 일>이 더 추가된다. 그리고 (102)는 '한 뙈기의 논밭을 서로 나누어 농사를 짓는 일'의 개념이니, 작은 농지를 나누어 농사짓는 것이 분절성이 되어 <한 뙈기의 논밭을 서로 나누어 농사짓는 일>이 추가된다.

(103) 농장관리(農場管理)   (104) 모경(冒耕)
(105) 할경(割耕)   (106) 월경(越耕)
(107) 침경(侵耕)

위의 (103)은 '농장의 일을 맡아서 처리하는 일'의 개념이니, 농장을 관리하는 것이 분절성이 되어 <농장의 일을 맡아서 처리하는 일>이 추가되고, (104)는 '임자의 승낙 없이 남의 땅에 농사를 짓는 일'의 개념이므로, 불법으로 남의 땅에 농사지음이 분절성이 되어 <불법으로 남의 땅에 농사짓는 일>이 추가된다. 그리고 (105)는 '인접한 남의 논밭을 침범하여 경작하는 일'의 개념이니, 남의 땅을 침범하는

---

24) '적전'은 '임금이 몸소 농민을 두고 농사를 지어 거두어들인 곡식으로 신에게 제사를 드리다'의 개념이다.

것이 분절성이 되어 <인접한 남의 논밭을 침범하여 경작하는 일>이 추가되고, (106)은 '경계를 벗어나 남의 땅을 갈아 농사를 짓는 일'의 개념이므로, 경계를 벗어나는 것이 분절성이 되므로 <경계를 벗어나 남의 땅에 농사짓는 일>이 추가되며, (107)은 '국유지나 다른 사람의 땅을 불법으로 개간하거나 경작하는 일'의 개념이니, 불법으로 개간하거나 남의 땅에 경작하는 것이 분절성이 되어 <국유지나 남의 땅을 불법으로 개간하거나 경작하는 일>이 추가된다.

(108) 역농(力農)   (109) 역전(力田)
(110) 근농(勤農)   (111) 권경(勸耕)

위의 (108-109)는 '힘써 농사를 짓는 일'의 개념을 공유하고 있어, 근면하게 농사짓는 것이 분절성이 되어 <힘써 농사짓는 일>이 공통으로 추가되고, (110)은 '부지런히 농사를 짓는 일'의 개념이므로 <부지런히 농사를 짓는 일>이 추가된다. 그리고 (111)은 '경작에 힘쓰는 일'의 개념이니 <경작에 힘쓰는 일>이 추가되고, 또 '경작을 권하는 일'의 개념도 가지고 있어 <경작을 권하는 일>이 추가된다.

(112) 나농(懶農)   (113) 태농(怠農)

이들은 '농사일을 게을리 하는 일'의 개념을 공유하고 있어 <농사일을 개을리 하는 일>이 공통으로 추가된다.

(114) 두레   (115) 두레농사(--農事)
(116) 두렛일   (117) 농활(農活)
(118) 농촌활동(農村活動)

위의 (114)는 '농촌에서 농사일, 길쌈 등에 서로 협력하여 공동작업을 하기 위해 부락이나 리 단위로 된 조직'의 개념이니, 협동하여 농사일하는 조직이 분절성이 되어 <농사일·길쌈 등에 상호 협력하여 공동작업을 하기 위해 농촌의 부락·리 단위로 된 조직>이 추가되고, (115-116)은 '여러 사람이 두레를 짜 가지고 협력하여 하는 농사일'의 개념을 공유하고 있으므로 <여러 사람이 두레를 조직하여 상호 협력하여 하는 농사일>이 공통으로 추가된다. 다만 (115)는 '두레에 관계되는 일'의 개념도 가지고 있어 <두레에 관계되는 일>이 더 추가된다. 그리고 (117-118)은 '학생들이 방학을 이용하여 농촌에 들어가 일을 거들면서 노동의 의미와 농민의 실정을 체험하는 봉사활동. 주로 농사일이 바쁜 여름에 이루어진다'의 개념을 공유하고 있어, 학생들의 농촌 봉사활동이 분절성이 되어 <[학생들]-여름방학 동안의 농번기에 농촌에 들어가 농사일을 돕고 노동의 의미와 농촌의 실정을 체험하는 봉사활동>이 공통으로 추가된다.

    (119) 가색지간난(稼穡之艱難)　　(120) 실농(失農)
    (121) 헛농사(-農事)

위의 (119)는 '농사짓기의 어려움'의 개념이니 <농사짓기의 어려움>이 추가되고, (120)은 '농사에 실패함'의 개념이니 <농사에 실패함>이 추가되며, 또 '농사지을 시기를 잃음'의 개념도 가지고 있으므로 <농사지을 시기를 실기함>이 더 추가된다. 그리고 (121)은 '농사를 지어 수확이 없거나 차지하는 것이 거의 없게 되는 농사'의 개념이니, 농사에 실패한 것이 분절성이 되어 <농사지은 소출이 없거나 거의 없게 된 농사>가 추가된다. 앞에서 논의한 농사일의 낱말밭은 다음과 같다.

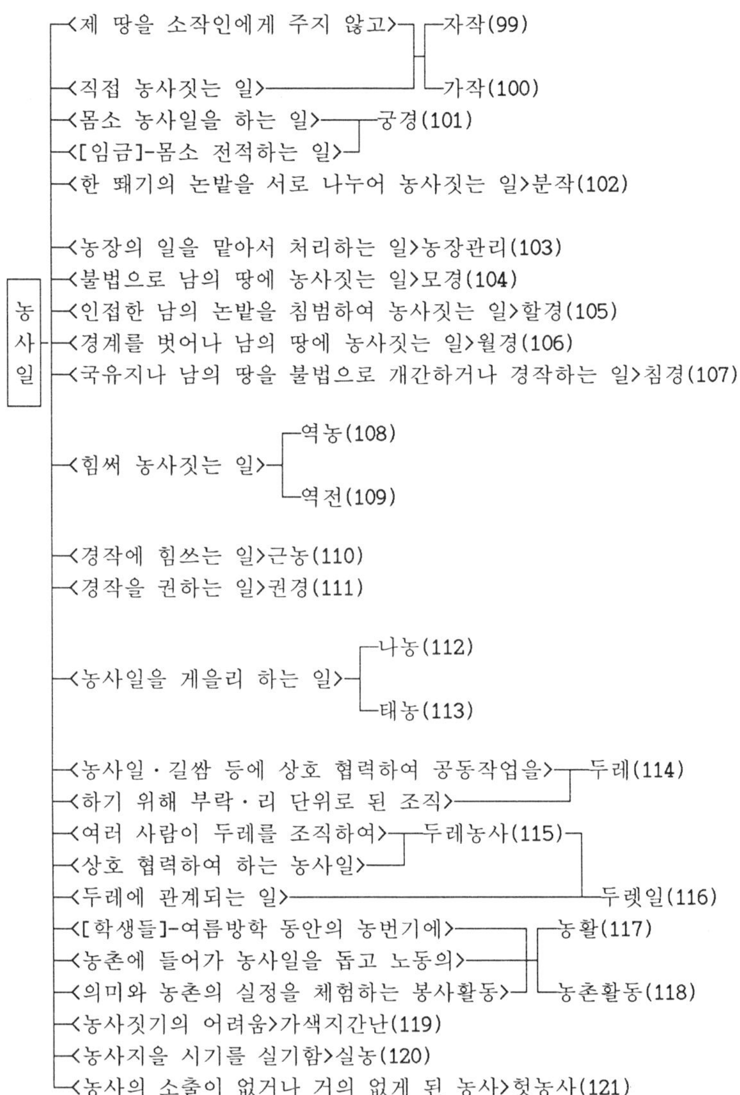

〈그림10〉 농사일의 낱말밭 모형(2)

2.2.1.3. 농작물을 재배하는 내용

이 부분은 일반적이고 총체적인 농작물을 재배하는 내용이므로 <농작물의 재배>가 공통으로 부가된다.

    (122) 종예(種藝)   (123) 재배(栽培)
    (124) 배재(培栽)   (125) 가꾸다

위의 (122)는 '갖가지 식물을 심어서 기르는 일'의 개념이니, 온갖 식물의 재배가 분절성이 되어 <온갖 식물을 재배하는 일>이 추가되고, (123-124)는 '식용·약용·관상용에 이용할 목적으로 식물을 심어 가꿈'의 개념을 공유하고 있으므로 <식용·약용·관상용 식물을 재배함>이 공통으로 추가되며, (125)는 '식물이 잘 자라도록 보살피거나 매만져 주는 일'의 개념이니, 식물을 가꾸는 일이 분절성이 되어 <식물이 잘 자라도록 가꾸는 일>이 추가되고, 또 '몸을 잘 매만지거나 꾸미는 일'의 개념도 가지고 있어 <몸을 잘 매만져 꾸미는 일>을 가지고 몸치장의 낱말밭에서도 분절한다.

    (126) 농작(農作)   (127) 재배법(栽培法)
    (128) 수예(樹藝)   (129) 식예(植藝)

위의 (126)은 '곡식이나 채소 같은 것을 재배하는 일'의 개념이니, 곡식과 채소가 분절성이 되어 <곡식·채소 등을 재배하는 일>이 추가되고, 또 '농사를 짓는 일'의 개념도 가지고 있어 <농사짓는 일>이 추가되기도 하고, '농작물'의 개념도 가지고 있으므로 <농작물>이 추가되기고 한다. 그리고 (127)은 '식물을 재배하는 방법'의 개념이니,

재배방법이 분절성이 되어 <식물을 재배하는 방법>이 추가되고, (128-129)는 '곡식이나 나무 따위를 가꾸는 일'의 개념을 공유하고 있으므로 <곡식·나무를 심어 가꾸는 일>이 공통으로 추가된다.

(130) 곡경(穀耕)   (131) 경식(耕植)
(132) 비배(肥培)

위의 (130)은 '벼·밀·옥수수 등의 곡류가 넓은 지역에 걸치어 재배되는 일'의 개념이니, 넓은 지역이 분절성이 되어 <곡류가 넓은 지역에 걸쳐 재배되는 일>이 추가되고, (131)은 '토지를 경작하여 농작물을 재배함'의 개념이므로, 토지의 개간이 분절성이 되어 <토지를 개간하여 농작물을 재배하는 일>이 추가되며, (132)는 '곡물에 거름을 주어 가꾸는 일'의 개념이니, 거름을 주는 것이 분절성이 되어 <식물에 거름을 주어 재배하는 일>이 추가된다.

(133) 노지재배(露地栽培)   (134) 온상가꿈(溫床--)
(135) 온상재배(溫床栽培)

위의 (133)은 '다른 시설이 없는 보통의 밭이나 화단에서 가꿈'의 개념이니, 보통의 밭에서 재배하는 것이 분절성이 되어 <보통의 밭·화단에서 재배하는 일>이 추가되고, (134-135)는 '식물이나 화초 따위를 온상에서 기르는 일'의 개념을 공유하고 있으므로, 온상에서 재배하는 것이 분절성이 되어 <식물·화초 등을 온상에서 재배하는 일>이 공통으로 추가된다.

(136) 조숙재배(早熟栽培)   (137) 조기재배(早期栽培)

(138) 그늘가꾸기   (139) 차광재배(遮光栽培)
(140) 차폐재배(遮蔽栽培)

위의 (136)은 '온상에서 모종을 길러 가지고, 맨땅에서 가꾸는 방법. 경비가 많이 드나 수확 시기가 빠르므로 비싼 값에 팔 수 있다. 촉성재배보다 그 방법이 쉽고 비교적 그 결과가 안전하므로 대도시의 교외에서 영리 재배로 많이 이용된다'의 개념이니, 온상을 이용하여 조숙하게 재배하는 것이 분절성이 되어 <온상에서 모종을 재배함→맨땅에 이식하는 방법→경비가 많이 드나 조기재배로 고가로 판매할 수 있음+재배법이 용이하고 안전함+대도시 근교에서 영리 재배로 많이 이용함>이 추가되고, (137)은 '농작물을 보통보다 1-2개월 일찍 심어 거두어들이는 일. 근래 토지 이용의 고도화를 꾀하는 경영방법으로 보급되고 있다'의 개념이므로, 일찍 심어 거두어들임으로 토지를 고도로 활용하는 방법이 분절성이 되어 <작물을 보통보다 1-2개월 일찍 심어 거두어들이는 재배방법→토지를 고도로 활용하는 영농방법>이 추가되며, (138-140)은 '단일성(短日性) 작물의 꽃이 피는 시기를 빨리 하기 위하여, 자연의 일장(日長) 시간을 제한하여서 작물을 가꾸는 일. 국화, 벼, 콩 등에 이용한다'의 개념을 공유하고 있어, 일장시간을 제한하여 재배하는 것이 분절성이 되어 <자연의 일장시간을 제한하는 재배방법→단일성 작물의 꽃피는 시기를 단축하기 위함+벼·콩·국화의 재배에 이용함>이 공통으로 추가된다.

(141) 이랑재배(--栽培)   (142) 평작(平作)

이들은 이랑의 유무가 분절의 관점이 된다. 따라서 (141)은 '이랑을 만들어 곡식을 재배하는 일'의 개념이니, 이랑을 만드는 것이 분절성이 되어 <이랑을 만들어 곡식을 재배하는 방법>이 추가되고, (142)는 '고랑을 치지 않고 작물을 가꾸는 방법'의 개념이므로, 고랑을 만들지 않는 것이 분절성이 되어 <고랑을 치지 않고 작물을 가꾸는 재배방법>이 추가된다.

(143) 재배한계(栽培限界)

이는 '지구상에서 재배되고 있는 모든 작물이 각기 다른 환경 조건의 제약을 받아 재배 가능성이 지역적으로 한정되어 있는 한계'의 개념이니, 작물의 재배가 한계가 있는 것이 분절성이 되어 <지구상의 모든 재배작물이 각기 다른 환경조건에 제약을 받아 재배 가능성이 지역적으로 한정되어 있는 한계>가 추가된다.

(144) 씨솎음하다   (145) 입종(入種)하다
(146) 솎다   (147) 솎음하다[25]
(148) 솎음질하다

이들은 작물을 솎아주는 내용이므로 <작물을 솎아주는 일>이 공통으로 추가된다. 따라서 (144)는 '촘촘하게 나온 싹을 듬성듬성하게 솎아주다'의 개념이니, 싹을 솎아주는 것이 분절성이 되어 <촘촘하게 나온 싹을 솎아주는 일>이 추가되고, (145) '뿌린 씨앗에서 싹이

---

25) 조장환 외4인(1993:144)는 "발아 후 밀생(密生)한 곳의 일부 개체를 제거하는 것을 솎기(thinning)라고 한다. 감자는 여러 개의 싹에서 건실한 1-2분만 남기고 나머지 싹을 솎아주고, 종자가 작고 발아율이 떨어지는 조·기장·배추·무 등은 직파할 때에 넉넉히 뿌려 빈곳이 없게 하고 밀생한 곳은 솎아준다"고 하였다.

튼 다음 모종이 잘 자라도록 적당하게 솎아주다'의 개념이므로, 모종을 솎아주는 것이 분절성이 되므로 <파종한 모종이 잘 자라도록 적당하게 솎아주는 일>이 추가된다. 그리고 (146-148)은 '배게 난 푸성귀나 곡식 따위를 군데군데 솎아내다'의 개념을 공유하고 있어, 듬성듬성 솎아주는 것이 분절성이 되어 <배게 난 푸성귀·곡식을 군데군데 솎아주는 일>이 공통으로 추가된다. 앞에서 논의한 농작물을 재배하는 낱말밭은 다음과 같다.

<그림11> 농작물을 재배하는 낱말밭 모형(1)

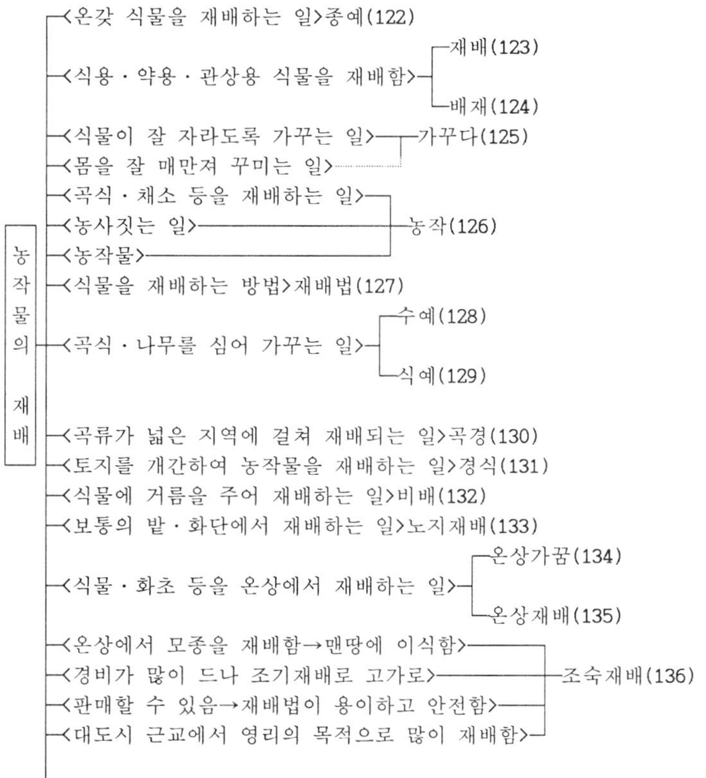

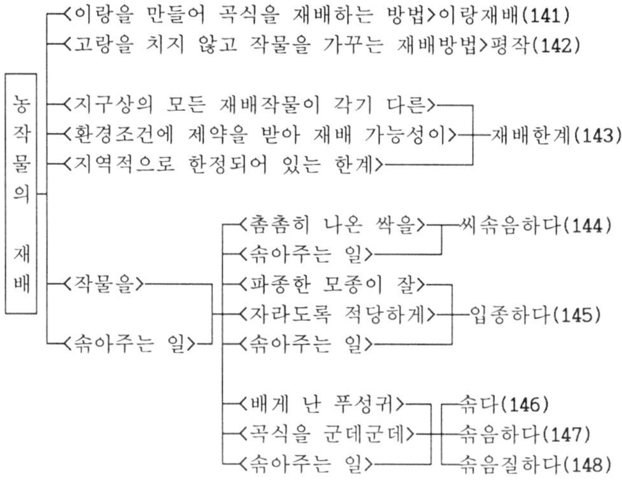

〈그림12〉 농작물을 재배하는 낱말밭 모형(2)

2.2.1.4. 그루갈이하는 내용

한 가지 작물이 생육하고 있는 고랑 사이에 다른 작물을 재배하는 것을 간작(intercropping)이라 한다. 뽕나무밭의 골 사이에 콩을 심을 때에는 뽕나무가 주작물이 되고 콩은 간작물이 된다. 이러한 간작은 두 작물이 전 생육기간 동안에 같이 자라게 되며, 주작물에 피해 없이 간작물을 생산하는데 있다. 또한 맥류를 재배하는 밭의 이랑 사이에 콩·목화 따위를 간작할 때에는 맥류가 주작물이 되고 콩과 목화는 간작물이 된다.26)

　이 부분은 어떤 농작물을 심은 사이사이에 다른 농작물을 심는 내용이므로 <간작>이 공통으로 부가되며, 농사지을 때 일꾼들의 먹거리와 영농자금의 내용도 약간 있어 <농사지을 때 일꾼들의 먹거리>와 <영농자금>이 내용에 따라 부가된다.

　　(149) 그루차례

　이는 '그루갈이의 횟수'의 개념이니 <그루갈이의 횟수>가 추가된다.

　　(150) 한그루짓기　　　　　(151) 일모작(一毛作)
　　(152) 단작(單作)　　　　　(153) 그루뜨기
　　(154) 그루부치기　　　　　(155) 양그루짓기(兩----)
　　(156) 이모작(二毛作)　　　(157) 근경(根耕)
　　(158) 근종(根種)

　위의 (150-152)은 '한 해 동안에 같은 논밭에 한번 농작물을 심어 가꾸는 일. 기후의 한랭·적설·건조·지질의 불량·노동력의 부족 등에 기인한다'의 개념을 공유하고 있어, 일모작이 분절성이 되어 <한 해에 같은 농지에서 한번만 농작물을 재배하는 일→한랭지역·적설·건조·토질의 불량·노동력의 부족 때문>이 공통으로 추가되고, (153-158)은 '한 경작지에 일년에 두 가지 농작물을 차례로 심어 거두는 일. 또는 그 방법. 보통 여름에는 벼, 겨울에는 보리·밀·야채류 따위를 경작한다'의 개념을 공유하고 있으므로, 이모작이 분절성이 되어 <한 경작지에 1년에 두 가지 작물을 차례로 심어 재배

---

26) 趙章煥 외 4인(1993:118)「農學槪論」.先進文化社 참조.

하는 일이나 방법→여름에는 벼+겨울에는 보리·밀·채소 등을 경
작하는 일>이 공통으로 추가된다.

(159) 세그루짓기   (160) 삼모작(三毛作)
(161) 여러그루짓기   (162) 다모작(多毛作)

위의 (159-160)은 '일년에 같은 논밭에서 세 가지 농작물을 차례로
심어 거두는 일'의 개념을 공유하고 있어, 삼모작이 분절성이 되어
<1년에 한 경작지에서 세 가지 농작물을 차례로 재배하는 방법>이
공통으로 추가되고, (161-162)는 '일년에 한 경작지에서 여러 차례
심어 가꾸고 수확하는 영농방법'의 개념을 공유하고 있으므로, 다모
작이 분절성이 되어 <1년에 한 경작지에서 농작물을 여러 차례 재배
하는 영농방법>이 공통으로 추가된다.

(163) 앞그루   (164) 전작물(前作物)
(165) 전작(前作)   (166) 뒷그루
(167) 후작물(後作物)   (168) 후작(後作)

위의 (163-165)는 '그루갈이를 할 때에 먼저 재배하는 농작물'의
개념을 공유하고 있어, 먼저 재배하는 농작물이 분절성이 되어 <그
루갈이를 할 때 먼저 재배하는 농작물>이 공통으로 추가되고,
(166-168)은 '그루갈이를 할 때에 나중 번의 농작물'의 개념을 공유
하고 있으므로, 나중 번의 농작물이 분절성이 되어 <그루갈이를 할
때에 나중 번의 농작물>이 공통으로 추가된다.

(169) 이년삼작(二年三作)   (170) 간년경(間年耕)
(171) 간년작(間年作)[27]

위의 (169)는 '2년 동안에 같은 경작지에서 세 번 농사를 짓는 일'
의 개념이니, 2년 간의 농사짓는 횟수가 분절성이 되어 <2년 동안에
같은 경작지에서 세 번 농사짓는 재배방법>이 추가되고, (170-171)
은 '한 해씩 걸러 경작하는 일'의 개념을 공유하고 있으므로, 격년제
로 경작하는 것이 분절성이 되어 <격년제로 경작하는 재배방법>이
공통으로 추가된다. 앞에서 논의한 그루갈이하는 낱말밭은 다음과
같다.

<그림13> 그루갈이하는 낱말밭 모형(1)

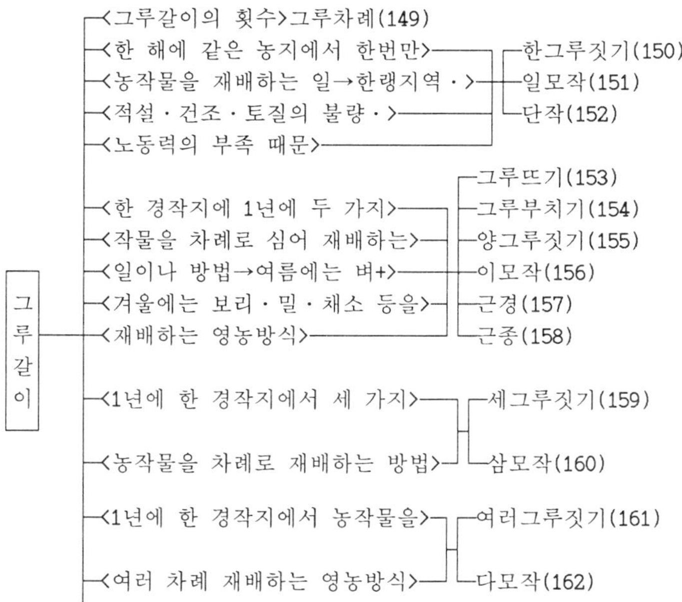

27) 趙章煥 외 4인(1993:114)「農學槪論」.先進文化社에서
　　① 1년 휴작이 필요한 작물-쪽파, 시금치, 콩, 파 생강 등.
　　② 2년 휴작이 필요한 작물-마, 감자, 오이, 땅콩 등.
　　③ 3년 휴작이 필요한 작물-쑥갓, 토란, 참외, 강낭콩 등.
　　④ 10년 이상 휴작이 필요한 작물-인삼, 아마 등.

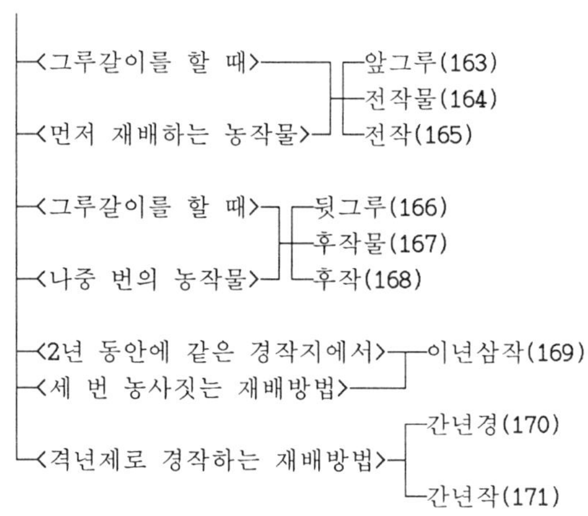

(172) 홑그루　　　　　　　　　　(173) 단작(單作)

(174) 단일경작(單一耕作)　　　　(175) 단일재배(單一栽培)

(176) 이어갈이　　　　　　　　　(177) 이어짓기

(178) 거푸짓기　　　　　　　　　(179) 연작(連作)[28]

　위의 (172-175)는 '농경지에 한 종류의 농작물만 재배하는 일'의 개념을 공유하고 있어, 농작물의 종류가 분절성이 되어 <한 종류의 농작물만 재배하는 일>이 공통으로 추가되고, (176-179)는 '한 경작지에 같은 농작물을 해마다 이어서 재배하는 일'의 개념을 공유하고 있으므로, 동일 작물만 연작하는 것이 분절성이 되어 <한 경작지에 같은 농작물을 계속 재배하는 일>이 공통으로 추가된다.

(180) 윤작법(輪作法)　　　　　　(181) 윤작제(輪作制)

---

28) 趙章煥 외 4인(1993:114)「農學槪論」.先進文化社에서 "동일한 경작지에 같은 종류의 작물을 계속해서 재배하는 것을 연작(one crop system)이라고 하고, 연작을 할 때에는 작물의 생육이 뚜렷이 나빠지는 일이 있는데, 이것을 기지현상(忌地現象, soil sickness)이라고 한다.

(182) 돌려짓기　　　　　　(183) 해걸러짓기
(184) 그루바꿈　　　　　　(185) 윤작(輪作)
(186) 윤재(輪栽)

위의 (180-181)은 '곡식, 야채 따위 여러 가지 작물을 같은 경지에 일정한 순서에 따라 일정한 햇수마다 순환하여 재배하는 방법'의 개념을 공유하고 있어, 순환재배의 방법이 분절성이 되어 <다양한 농작물을 같은 경지에 일정한 순서에 따라 일정한 햇수마다 순환하여 재배하는 방법>이 공통으로 추가되고, (182-186)은 '윤작법으로 재배하는 일'의 개념을 공유하고 있으므로, 윤작하는 것이 분절성이 되어 <윤작으로 재배하는 일>이 공통으로 추가된다.

(187) 혼작식(混作式)　　　　(188) 복작식(複作植)
(189) 혼성재배(混成栽培)　　(190) 혼식(混植)
(191) 혼작(混作)

위의 (187-188)은 '한 밭에 두 가지 이상의 곡식이나 과수를 섞어서 심어 가꾸는 방법. 땅콩을 심은 사잇골에 참깨나 녹두를 심거나 과수와 과수 사이에 강낭콩을 심는 것과 같은 방법'의 개념을 공유하고 있어, 한 밭에 두 가지 이상의 작물을 재배하는 방법이 분절성이 되어 <한 밭에 두 가지 이상의 곡식·과수를 섞어 심어 재배하는 방법→땅콩을 심은 사이에 참깨나 녹두를 심음+과수와 과수 사이에 강낭콩을 심음 등>이 공통으로 추가되고, (189-191)은 '혼작식으로 농작물을 재배하는 일'의 개념을 공유하고 있으므로, 혼작식의 재배가 분절성이 되어 <혼작식으로 농작물을 재배하는 일>이 공통으로 추가된다. 앞에서 논의한 그루갈이하는 낱말밭은 다음과 같다.

<그림14> 그루갈이하는 낱말밭 모형(2)

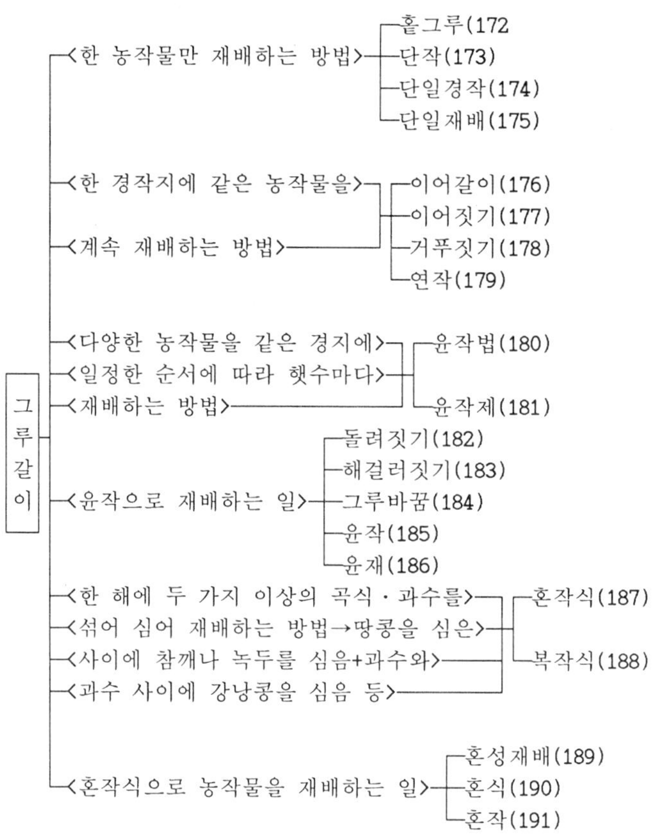

(192) 간혼작(間混作)   (193) 사이짓기

(194) 간작(間作)[29]   (195) 부룩

---

29) 趙章煥 외 4인(1993:118)「農學槪論」.先進文化社에서 간작의 장점을 다음과 같이 말하고 있다.
   ① 토지의 이용률을 높게 한다.
   ② 노력의 분배가 잘 조절된다.
   ③ 비료를 경제적으로 이용할 수 있다.
   ④ 병충해를 경감시킬 수 있다.

(196) 대우하다   (197) 대우파다
(198) 대우내다

　위의 (192)는 '간작과 혼작을 섞어서 재배하는 일'의 개념이니, 간작과 혼작의 혼합이 분절성이 되어 <간작과 혼작을 혼합하여 재배하는 일>이 추가되고, (193-194)는 '한 농작물을 심은 이랑 사이에 다른 농작물을 재배하는 일'의 개념을 공유하고 있으므로, 간작하는 것이 분절성이 되어 <한 농작물을 심은 이랑 사이에 다른 농작물을 재배하는 일>이 공통으로 추가되며, 또 '어떤 농작물을 수확하고 다음 농작물을 파종하기까지 중간의 짧은 기간을 이용하여 채소 따위를 재배하는 일'의 개념도 공통으로 가지고 있어, 추수하고 파종하는 기간에 다른 농작물을 재배하는 것이 분절성이 되어 <농작물을 수확하고 다음 농작물을 파종하기까지의 중간의 짧은 기간을 이용하여 채소 따위를 재배하는 일>도 공통으로 추가된다. 그리고 (195)는 '보리밭 두둑 사이에 콩팥 따위의 잡곡을 재배하는 일'의 개념이니, 보리밭 사이에 간작하는 것이 분절성이 되어 <보리밭 사이에 콩팥 따위의 잡곡을 재배하는 일>이 추가되고, (196-198)은 '보리나 밀, 조 따위를 심은 밭의 이랑이나 이랑 사이에 콩이나 팥 같은 것을 심는 일'의 개념을 공유하고 있어, 이랑과 이랑 사이에 간작하는 것이 분절성이 되어 <보리·밀·조 등을 심은 밭의 이랑이나 이랑 사이에 콩이나 팥 따위를 심는 일>이 공통으로 추가된다.

(199) 대우콩   (200) 콩대우
(201) 대우팥   (202) 팥대우
(203) 그루조

---

⑤ 잡초의 발생 및 무성한 것을 경감시킬 수 있다.

위의 (199-200)은 '보리나 밀, 조 따위를 심은 밭이랑이나 이랑 사이에 심은 콩'의 개념을 공유하고 있어, 간작으로 심은 콩이 분절성이 되어 <간작으로 심은 콩>이 공통으로 추가되고, (201-202)는 '보리나 밀, 조 따위를 심은 밭이랑이나 이랑 사이에 심은 팥'의 개념을 공유하고 있으므로, 간작으로 심은 팥이 분절성이 되어 <간작으로 심은 팥>이 공통으로 추가되며, (203)은 '어떤 농작물의 뒤에 심은 조'의 개념이니, 간작으로 심은 조가 분절성이 되어 <간작으로 심은 조>가 추가된다.

(204) 부룩박다   (205) 부룩치다

이들은 '곡식이나 채소 따위를 심은 밭의 사이사이에 다른 곡식이나 채소 따위를 듬성듬성 심다'의 개념을 공유하고 있어, 곡식·채소를 심은 밭에 다른 농작물을 심는 것이 분절성이 되어 <곡식·채소를 심은 밭의 사이사이에 다른 곡식·채소를 듬성듬성 심는 일>이 공통으로 추가된다. 앞에서 논의한 간작하는 낱말밭은 다음과 같다.

<그림15> 간작하는 낱말밭 모형

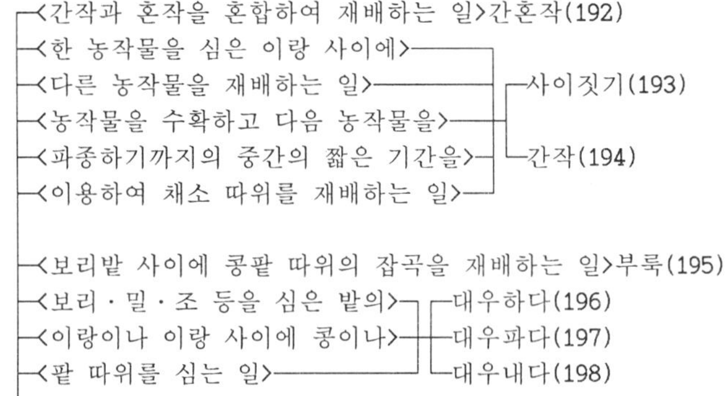

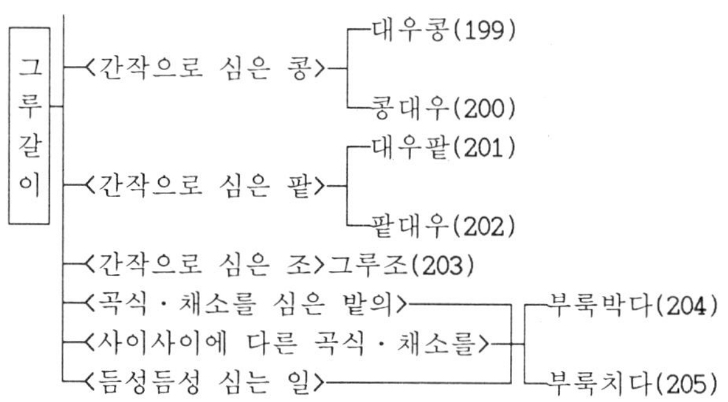

(206) 작물한계(作物限界)

이는 '지형이나 기후 따위에 의하여 제한 재배되는 작물 재배의 한
계'의 개념이니, 작물 재배의 한계가 분절성이 되어 <지형·기후에
따라 제한 재배되는 작물 재배의 한계>가 추가된다.

(207) 농찬(農饌)   (208) 곁두리
(209) 새참   (210) 농주(農酒)
(211) 농찬(農饌)

이들은 농사일을 할 때에 일꾼들의 먹거리의 내용이므로 <농사일
할 때 일꾼들의 먹거리>가 공통으로 부가된다. 따라서 (207)은 '농사
일 할 때에 일꾼들에게 먹이기 위한 반찬'의 개념이니 <농사일 할
때에 일꾼들에게 먹일 반찬>이 추가되고, (208-209)는 '농사꾼이나
일꾼들이 주로 힘드는 일을 할 때에 끼니 밖에 참참이 먹는 음식'의
개념을 공유하고 있으므로, 새참으로 먹는 음식이 분절성이 되어 <농
사꾼·일꾼들이 먹는 새참>이 공통으로 추가되며, (210-211)은 '농
사일 할 때에 일꾼들에게 주기 위한 막걸리'의 개념을 공유하고 있
어, 일꾼들이 마시는 농주가 분절성이 되어 <농사일 할 때에 농군들

이 마시는 농주>가 공통으로 추가된다.

(212) 철경(輟耕)   (213) 폐농(廢農)

위의 (212)는 '경작을 하다 중도에서 그치는 일'의 개념이니, 농사
짓기를 중도에 포기하는 것이 분절성이 되어 <농사를 짓다가 중도에
서 포기하는 일>이 추가되고, (213)은 '농사를 그만두는 일'의 개념
이므로, 농사짓는 것을 포기하는 것이 분절성이 되어 <농사짓기를
포기하는 일>이 추가된다.

(214) 영농자금(營農資金)   (215) 농업자금(農業資金)[30]
(216) 농자금(農資金)   (217) 농자(農資)
(218) 영농비(營農費)

위의 (214-217)은 '농사짓는 데 쓰이는 자금. 토지비, 비료비, 관개
배수비, 농기구 구입비, 노동비 등 농업자본'의 개념을 공유하고 있
어, 농업자본이 분절성이 되어 <농업경영에 쓰이는 자금→토지비·
비료비·관개배수비·농기구 구입비·노동비 등 농업자본>이 공통
으로 추가되고, (218)은 '농업을 경영하는 데 드는 비용'의 개념이므
로, 농사짓는 데 드는 비용이 분절성이 되어 <농업경영에 드는 비용>
이 추가된다. 앞에서 논의한 농사와 관계된 일의 낱말밭은 다음과 같다.

---

30) 조장환 외4인(1993:362)은 "농업금융은 농업생산을 위한 자금을 일정기간
     대부하고 이자와 원금을 받는 것을 말한다. 영농 경영에 필요한 비료·농
     약·농기계 등 영농자재의 구입과 축사·농사·토지 등 농업시설의 설치
     및 노임지불 등에 사용되는 자금의 대차를 말하는 것이다."라고 하였다.

〈그림16〉 농사와 관계된 일의 낱말밭 모형

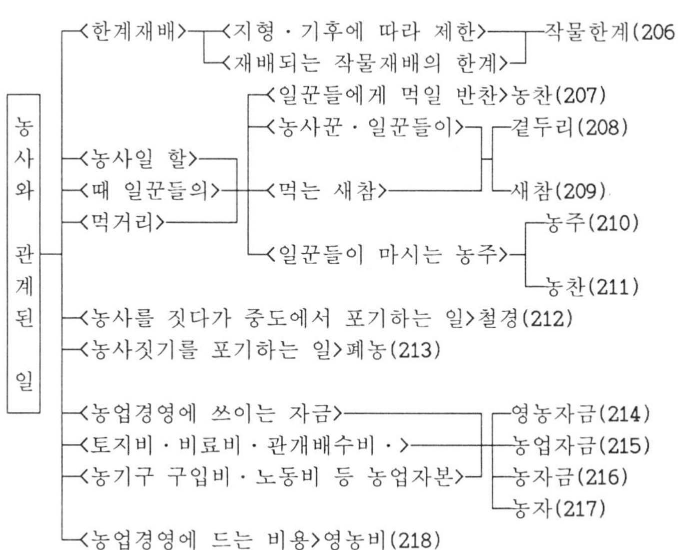

2.2.2. 마무리

(1) 앞에서 농사에 관련된 낱말 218개에 대하여 분절성을 논의하였다. 이것을 바탕으로 하여 분절내용을 고찰하면 다음과 같다. 농사의 내용에는 중복되는 것이 있어 내용의 수는 142개가 된다. 이들의 내용을 표로 보이면 다음과 같다.

〈표1〉 농사 내용의 분포도

내용	농업	농사일	그루갈이	작물재배	농사보조	계
어휘수	55	33	24	22	8	142
백분율	38.74%	23.24%	16.9%	15.49%	5.63%	100%

위의 표로 보아 농업이 가장 많고, 농사일을 하는 내용이 두 번째로 많으며, 그루갈이하는 내용에 세 번째로 많다. 그리고 작물을 재배하는 내용과 농사를 보조하는 내용은 적은 편이다. 이들의 구체적인 내용은 다음과 같다.

① 농업의 내용은 농사짓는 직업, 농산물 가공업, 축산업, 임업, 농업을 산업의 기본으로 삼는 주의, 농업을 입국의 기본으로 하는 주의, 농작물과 유용한 식물을 재배하는 일, 신농씨가 끼쳐놓은 유업인 농업, 농업에 종사하는 일, 농사짓는 방법, 농업에 관한 기술, 농업과 원예, 영농방법, 영농공정, 갈고 심는 농사, 갈고 심어 농작물을 재배하는 일, 갈고 심어 농작물을 재배하고 토질과 농작물을 관리하는 방법, 농작물의 선택과 파종의 순서를 자연적 경제적 조건에 맞도록 하는 방법, 화전을 경작하는 영농방식, 화전농사, 비료를 쓰지 않고 농사를 짓다가 지력이 약해지면 옮겨 농사짓는 방법, 비료도 쓰지 않고 아무런 처치도 하지 않고 농사짓는 원시적인 영농방법, 노동력을 합리적으로 배분하여 다각적으로 경영하는 영농방법, 축산과 농산물의 가공 등 종합화된 농업, 한 종류의 농작물만 재배하는 영농방법, 전천후농업, 많은 자본과 노동력을 이용하여 토지를 고도로 이용하는 영농방법, 일정한 경지면적에 자연물과 자연력을 이용하여 자본과 노동력을 적게 들이는 영농방법, 일정한 경지면적에 다량의 비료를 주어 생산력을 증대시키는 소규모의 영농방법, 기계화・집단화・화학화 등으로 노동력을 절약하는 영농방법, 건조지역에서 소량의 비를 효과적으로 이용하는 영농방법, 휴경지를 두어 3년 2작을 하는 영농방법, 지력의 쇠퇴를 방지하기 위하여 윤작으로 토지개량을 꾀하는 영농방법, 일정기간 휴작하여 토질을 개량하는 영농방법, 목장을 개척하여 경작하다가 지력이 감퇴되면 다시 목장으로 하는 영농

방법, 가을에 심을 씨앗을 저온으로 저장하였다가 봄철에 파종하는 영농방법, 교배잡종의 자손으로부터 새 품종을 육성하는 영농방법, 식물의 유전물질을 개량하여 새로운 품종을 만드는 육종방법, 영양물질을 녹인 물에서 식물을 재배하는 방법, 수경법으로 식물을 재배하는 일, 모래에 불순물을 제거하고 영양물질을 주어 식물을 재배하는 방법, 사경법으로 식물을 재배하는 일, 상품을 생산하는 영농방법, 계단 모양으로 층층이 논밭을 개간하여 경작하는 영농방법, 계단식으로 농사짓는 일, 몹시 비탈진 경작지에서 농사짓는 일, 토양의 침식을 방지하기 위해 등고선식으로 경작하는 영농방법, 두메에서 짓는 농사, 산지에서 짓는 농사, 고랭지농업, 곡식 생산이 주목적인 영농방법, 주곡식을 경작하는 영농방법, 주로 벼와 보리를 재배하는 경종방식, 지주가 관리인을 두고 농사짓는 영농방법, 대규모로 영농하는 조직 등이 각각 1개씩(0.7%)이다.

② 농사일을 하는 내용은 모두 33개이다. 이들의 내용은 다음과 같다.

농업을 생업으로 하는 일, 논밭을 갈아 농사짓는 일, 곡식농사를 짓는 일, 봄철에 농사짓는 일, 봄철에 파종하여 가을에 거두어들이는 일, 봄에 밭을 갈아 가을에 추수하는 일, 농업에 대한 사무, 농사와 관계된 일, 들에서 하는 일, 개간하여 농사짓는 일, 논밭을 개간하여 경작하는 일, 거친 땅에 논밭을 개간하여 곡식을 재배하는 일, 농사를 지으며 책을 읽는 일, 몸소 농사짓는 일, 몸소 농사일을 하는 일, 제 땅에 자기가 농사짓는 일, 임금이 몸소 적전하는 일, 한 떼기의 논밭을 서로 나누어 농사짓는 일, 농장을 관리하는 일, 불법으로 남의 땅에 농사짓는 일, 경계를 침범하여 남의 땅에 농사짓는 일, 국유지나 남의 땅을 개간하여 농사짓는 일, 힘써 농사짓는 일, 경작에 힘

쓰는 일, 경작을 권하는 일, 농사일을 게을리 하는 일, 조직된 두레, 두레농사, 두레에 관계된 일, 학생들이 농촌봉사활동하는 일, 농사짓기의 어려움, 농사짓는 시기를 실기하는 일, 농사의 소출이 거의 없는 상태 등이 각각 1개씩(3.03%)이다.

③ 농작물을 재배하는 내용은 22개이다. 이들의 내용은 다음과 같다.

온갖 식물을 재배하는 일, 식용·약용·관상용 식물을 재배하는 일, 식물이 잘 자라도록 가꾸는 일, 곡식과 채소를 재배하는 일, 농사에 종사하는 일, 농작물, 식물을 재배하는 방법, 곡식과 나무를 심어 가꾸는 일, 넓은 지역에 걸쳐 곡식이 재배되는 일, 개간하여 농작물을 재배하는 일, 식물에 거름을 주어 재배하는 일, 보통의 밭이나 화단에서 재배하는 일, 온상에서 재배하는 일, 온상에서 모종을 길러 이식하여 일찍 수확하는 일, 햇빛을 차단하여 그늘에서 재배하는 일, 고랑을 만들어 곡식을 재배하는 일, 고랑을 만들지 않고 작물을 가꾸는 재배방법, 작물이 환경조건에 제약을 받는 일, 작물의 싹을 솎아주는 일, 모종을 적당히 솎아주는 일, 배게 난 곡식이나 채소를 군데군데 솎아주는 일이 각각 1개씩(4.55%)이다.

④ 그루갈이로 농사짓는 내용은 24개이다. 이들의 내용은 다음과 같다.

그루갈이의 횟수, 일모작, 이모작, 삼모작, 다모작, 그루갈이에서 먼저 재배하는 작물, 그루갈이에서 나중 번에 재배하는 작물, 1년에 세 번 농사짓는 방법, 격년제로 경작하는 방법, 한 종류의 작물만 재배하는 방법, 한 경작지에 같은 농작물만 계속 재배하는 방법, 다양한 농작물을 일정한 순서에 따라 재배하는 윤작방법, 윤작으로 농작물을 재배하는 일, 한 경작지에 여러 작물을 섞어 심어 재배하는 방

법, 혼작식으로 재배하는 일, 간작과 혼작을 혼합한 경작법, 심은 농
작물의 사이사이에 다른 농작물을 심어 가꾸는 일, 농작물을 수확하
고 다음 농작물을 심는 사이에 짧은 기간에 채소 따위를 재배하는
일, 보리밭 사이에 콩이나 팥을 재배하는 일, 이랑과 이랑 사이에 콩
이나 팥을 심는 일, 간작으로 심은 콩, 간작으로 심은 팥, 간작으로
심은 조, 곡식이나 채소를 심은 밭의 사이사이에 다른 곡식이나 채소
를 심는 일 등이 각각 1개씩(4.17)이다.

⑤ 농사와 관계가 있고 농사를 보조하는 내용은 모두 8개이다. 이
들의 내용은 다음과 같다.

지형과 기후에 따라 제한을 받아 재배되는 작물재배의 한계, 농군
에게 먹일 반찬, 농군이 먹는 새참, 농군들이 마시는 농주, 농사짓는
일을 중도에 포기하는 일, 농사짓기를 포기하는 일, 영농자금, 영농
비 등이 각각 1개씩(12.5%)이다.

(2) 농사를 경영하는 주체는 142개이다.

농부가 117개(82.39%)로 가장 많고, 화전민이 4개(2.82%)로 두
번째로 많으며, 축산업자와 농본주의가 각각 2개씩(1.41%)로 세 번
째로 많다. 그리고 산림업자, 농업에 관한 기술, 영농공정, 농장관리
인, 경작을 권고하는 사람, 두레, 학생, 재배한계, 작물한계, 앞그루, 뒷
그루, 대우콩, 대우팥, 대우조, 반찬, 새참, 농주가 각각 1개씩(0.7%)
이다.

(3) 농사짓는 낱말밭에 등장하는 객체의 수는 372개이다. 이들 객
체는 다음과 같다.

농작물이 35개(9.41%), 농사가 23개(6.18%), 경작지가 12개(3.23%),

곡식이 11개(2.96%), 논밭이 10개(2.69%), 유용한 식물과 재배 및 채소가 각각 9개씩(2.42%), 농업이 8개(2.15%), 노동력과 영농방법이 각각 7개씩(1.88%), 파종과 농사일이 각각 5개씩(1.34%), 이랑, 화전, 비료, 보리, 개간, 콩, 토질, 지력이 각각 4개씩(1.08%), 축산업, 농촌, 추수, 벼, 팥, 남의 땅, 여름철, 봄철이 각각 3개씩(0.81%)이다.

그리고 농본주의, 사고방식, 논밭갈이, 자본, 노력, 물, 토질개량, 목장, 새 품종, 영양분, 산지, 밀, 잡곡, 밭, 농장관리인, 공동작업, 두레, 모종, 조, 과실나무, 일꾼이 각각 2개씩(0.54%)이다.

임업, 산업, 생산작업, 신농씨, 농업기술, 원예, 영농공정, 거름주기, 가꾸기, 수익, 낙농, 쌀, 양계, 자연물, 자연력, 깻묵, 화학비료, 생산량, 기계, 집단, 화학, 강우량, 비, 휴경지, 클로우버, 씨앗, 교배잡종, 멘델의 유전원리, 품종개량, 교배육종법, 우량종, 유전물질, 소작인, 흙, 질소, 인산, 칼리, 칼슘, 마그네슘, 철, 유황, 수경법, 모래, 불순물, 사경법, 상품, 양잠, 과실, 농업인구, 산악지대, 계단식, 비탈, 등고선식, 두메, 산전, 고원, 감자, 메밀, 올벼, 배추, 주곡식, 지주, 생업, 농무, 들, 책, 전적, 한 뙈기, 농장, 국유지, 길쌈, 노동, 농활, 농사철, 소출, 식용, 약용, 관상용, 나무, 화단, 화초, 온상, 일장시간, 개화시기, 국화, 환경조건, 싹, 그루차례, 한랭지역, 적설, 건조, 땅콩, 참깨, 강낭콩, 혼작식, 간작, 혼작, 보리밭, 지형, 기후, 반찬, 새참, 농주, 영농자금, 영농자본, 영농비, 토지비, 비료비, 관개배수비, 농기구 구입비가 각각 1개씩(0.27%)이다.

(4) 낱말의 내용 142개 중 바람직한 긍정적인 내용은 133개(93.66%)이고, 바람직하지 못한 부정적인 내용은 9개(6.34%)이므로 긍정적인 내용이 매우 우세하다.

부정적인 내용은 '불법으로 남의 땅에 농사짓는 일, 인접한 남의 땅을 침범하여 농사짓는 일, 경계를 벗어나 남의 땅에 농사짓는 일, 국유지나 남의 땅을 개간하여 경작하는 일, 농사일을 게을리 하는 일, 농사철을 실기하는 일, 소출이 거의 없는 헛농사, 농사를 짓다가 중도에서 포기하는 일, 농사짓기를 아예 포기하는 일' 등이다.

(5) 우리나라는 지리적으로 한문화권에 위치하여 일찌기 역사 전후를 통하여 한자 한문을 받아들여 거의 1,500년에 걸쳐 오직 한자를 매개로하여 문자생활을 해오는 동안 많은 한어가 국어 속에 스며들었으며, 조선조에 들어 비로소 국자인 한글이 창제된 뒤에도 계속 침투하여 수많은 한어가 국어와 다름없이 우리의 개념세계를 차지하여 왔고, 현재도 역시 극히 자연스럽게 사용되고 있다(朴炳采,1973:353).
총 어휘 218개의 어종별의 분포를 보면 한자어가 160개(73.3%)이고, 토박이말은 45개(20.64%)이며, 고유어와 한자어의 융합과 한자어와 서구외래어의 융합으로 형성된 혼종어는 13개(5.96%)이다.

2.3. 경작

이 부분밭은 농사철의 내용과 농지를 갈아 씨앗을 심고 김매기를 하며, 농기구로 일하는 내용이다. 그리고 농작물이 자라는 생태의 내용이다. 경작하는 상위 낱말밭은 다음과 같다.

〈그림17〉 경작하는 상위 낱말밭 모형

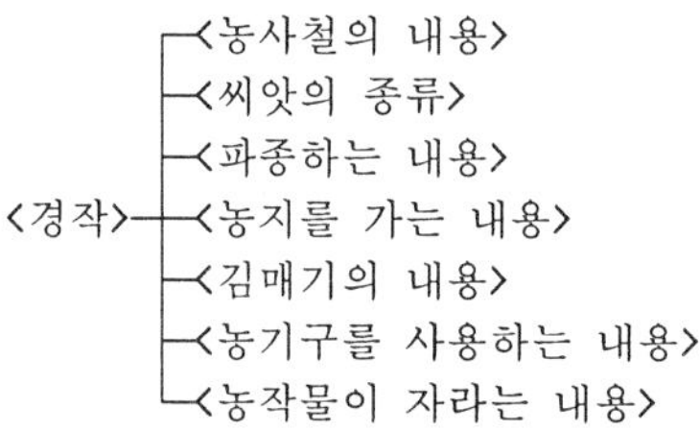

2.3.1. 경작하는 내용

2.3.1.1. 농사철의 내용

이 부분은 농사를 짓는 시기에 대한 내용이므로 〈농사철〉이 공통으로 부가된다.

(1) 임농기(臨農期)　　　　(2) 임농(臨農)
(3) 농사철(農事-)　　　　(4) 농기(農期)
(5) 농시(農時)　　　　　 (6) 농절(農節)
(7) 영농기(營農期)

위의 (1)은 '농사지을 철에 들어설 무렵'의 개념이니, 농사철이 닦아오는 것이 분절성이 되어 〈농사철이 임박한 시기〉가 추가되고, (2)는 '농사지을 때가 이름'의 개념이므로, 농사철이 되었음이 분절성이 되므로 〈농사철에 이름〉이 추가되며, (3-7)은 '농사를 짓는 시기'의 개념을 공유하고 있어, 농사철이 분절성이 되어 〈농사를 짓는 시기〉가 공통으로 추가된다.

(8) 농경기(農耕期)　　　　　(9) 춘경기(春耕期)
(10) 파종기(播種期)　　　　　(11) 파종시기(播種時期)

위의 (8)은 '농사를 짓기 위해 논이나 밭을 갈거나 다루는 시기'의 개념이니, 논밭을 가는 시기가 분절성이 되어 <농사짓기 위해 논밭을 갈거나 다루는 시기>가 추가되고, (9)는 '봄갈이를 할 시기'의 개념이므로, 봄에 논밭을 가는 것이 분절성이 되어 <봄갈이를 할 시기>가 추가되며, (10-11)은 '파종하는 시기'의 개념을 공유하고 있어, 파종하는 것이 분절성이 되어 <파종하는 시기>가 공통으로 추가된다.

(12) 농시방극(農時方劇)　　　　(13) 농시방장(農時方張)
(14) 농번기(農繁期)　　　　　　(15) 농한(農閑)
(16) 농극(農隙)　　　　　　　　(17) 농한기(農閑期)

위의 (12-13)은 '농사철이 되어 일이 한창 바쁘다'의 개념을 공유하고 있어, 한창 바쁜 상태가 분절성이 되어 <농사철이 되어 일이 한창 바쁜 상태>가 공통으로 추가되고, (14)는 '농사일에 가장 바쁜 철. 김매기, 추수 때'의 개념이니, 가장 바쁜 농사철이 분절성이 되므로 <농사일에 가장 바쁜 철→김매기 때·추수할 때 등>이 추가되며, (15-17)은 '농사일에 비교적 바쁘지 않은 시기. 보통 추수 후부터 이듬해 모내기까지의 기간. 특히 벼농사 중심의 영농에서 생기는 계절적인 특성에서 오는 현상이다'의 개념을 공유하고 있어, 비교적 바쁘지 않은 시기가 분절성이 되어 <농사일이 비교적 바쁘지 않은 시기→추수 후부터 이듬해 모내기까지의 기간+벼농사 중심의 영농에서 생기는 계절적인 특성에서 오는 현상>이 공통으로 추가된다.

(18) 가을걷이철   (19) 추수철(秋收-)
(20) 추수기(秋收期)

이들은 '추수하는 시기'의 개념을 공유하고 있어, 추수하는 것이
분절성이 되어 <추수하는 시기>가 공통으로 추가된다.

(21) 희우(喜雨)   (22) 농불실시(農不失時)

위의 (21)은 '농사철에 알맞게 내리는 반가운 비'의 개념이니, 반가
운 단비가 내리는 것이 분절성이 되어 <농사철에 알맞게 내리는 단
비>가 추가되고, (22)는 '농사짓는 일은 제 때를 놓치지 말아야 한다
는 뜻'의 개념이므로, 농사짓는 시기를 실기하지 말아야 하는 것이
분절성이 되어 <농사짓는 시기를 실기하지 말아야 된다는 뜻>이 추
가된다. 앞에서 논의한 농사철의 낱말밭은 다음과 같다.

<그림18> 농사철의 낱말밭 모형

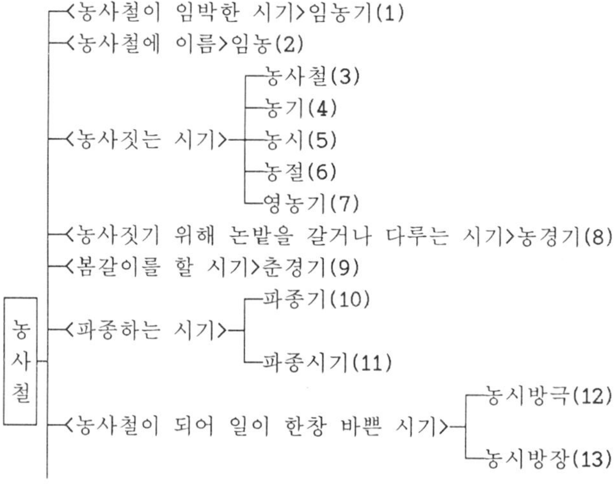

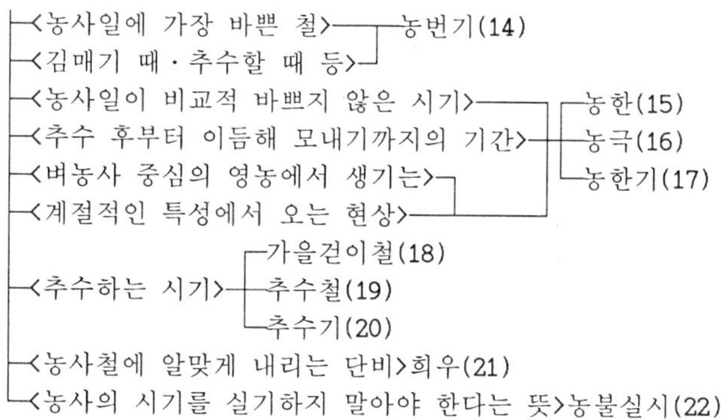

2.3.1.2. 씨앗의 종류

이 부분은 농작물의 씨앗에 대한 내용이므로 <농작물의 씨앗>이 공통으로 부가된다.

(23) 씨   (24) 종핵(種核)
(25) 원종(原種)   (26) 씨앗
(27) 종자(種子)[31]

위의 (23)은 '식물의 열매 속에 있는 장차 싹이 터서 새로운 개체가 될 단단한 물질'의 개념이니, 식물의 씨가 분절성이 되어 <식물의 열매 속에 있는 장차 싹이 터서 새로운 개체가 될 단단한 물질>이 추가되고 또 '새로운 동물을 낳아 번식시키는 근원이 되는 것'의 개념도 가지고 있으므로, 동물의 씨가 분절성이 되어 <새로운 동물을

31) 조장환 외4인(1993:122)는 종자의 형태와 구조에 대하여 다음과 같이 기술하고 있다.
  "배유종자는 배와 배유의 두 부분으로 형성되며, 배와 배유 사이에 흡수층이 있다. 이 배유에는 양분이 저장되어 있고 배는 잎·생장점·줄기·뿌리의 어린 조직이 모두 구비되어 있다."고 하였다.

낳아 번식시키는 근원이 되는 것>을 가지고 동물의 낱말밭에서도 분절한다. 그리고 (24)는 '다음 대(代)의 식물이 될 작은 배(胚)가 들어 있는 씨앗의 알갱이'의 개념이니, 씨앗의 알갱이가 분절성이 되어 <다음 대에 식물이 될 작은 배가 들어 있는 씨앗의 알갱이>가 추가되고, (25)는 '어떤 품종에 대하여 그 선조가 되는 종자'의 개념이므로, 어떤 품종의 선조가 되는 것이 분절성이 되어 <어떤 품종의 선조가 되는 종자>가 공통으로 추가되며, (26-27)은 '심기 위한 곡식, 채소의 씨'의 개념을 공유하고 있어, 심기 위한 것이 분절성이 되어 <심기 위한 곡식·채소의 씨>가 공통으로 추가된다.

(28) 곡종(穀種)   (29) 씨곡(-穀)
(30) 종곡(種穀)   (31) 원종(原種)

위의 (28)은 '곡식의 종자'의 개념이니, 곡식이 분절성이 되어 <곡식의 종자>가 추가되고, 또 '곡식의 종류'의 개념도 가지고 있어 <곡식의 종류>를 가지고 곡식의 낱말밭에서 분절하며, (29-30)은 '씨앗으로 쓸 곡식'의 개념을 공유하고 있으므로, 씨앗으로 쓰는 곡식이 분절성이 되어 <씨앗으로 쓸 곡식>이 공통으로 추가된다. 그리고 (31)은 '많이 가꾸는 식물의 씨를 받기 위하여 특별히 가려 받은 씨'의 개념이니, 특별히 선별하여 받은 씨앗이 분절성이 되어 <많이 재배하는 식물의 씨를 선별하여 받은 씨앗>이 추가된다.

(32) 씨받다   (33) 씨받기하다
(34) 취종(取種)   (35) 씨받이
(36) 채종(採種)   (37) 씨고르기
(38) 선종(選種)

위의 (32-35)는 '동식물의 씨를 거두어 마련하다'의 개념을 공유하고 있어, 씨를 받는 것이 분절성이 되어 <동식물의 씨를 거두어 마련하는 일>이 공통으로 추가된다. 다만 (35)는 '집안의 혈통을 이을 아이를 다른 여자가 대신 낳아 주는 일'의 개념도 가지고 있어 <집안의 혈통을 이을 아이를 다른 여자가 낳아 주는 일>을 가지고 가족의 낱말밭에서도 분절한다. 그리고 (36)은 '좋은 씨를 골라서 받는 일. 또는 그 받은 씨'의 개념이니, 좋은 씨를 고르는 것이 부절성이 되어 <좋은 씨를 골라서 받는 일+그 씨앗>이 추가되고, (37-38)은 '충실한 씨를 고르는 일'의 개념을 공유하고 있으므로, 씨를 고르는 것이 분절성이 되어 <충실한 씨를 고르는 일>이 공통으로 추가된다.

(39) 발수(拔穗)   (40) 종묘업(種苗業)

위의 (39)는 '벼, 보리, 밀, 조 등의 좋은 씨앗을 받으려고, 그 이삭의 잘된 것을 골라서 뽑는 일. 또는 그 이삭'의 개념이니, 씨앗을 받으려고 좋은 이삭을 골라서 뽑는 것이 분절성이 되어 <벼·보리·밀·조 등의 좋은 씨앗을 받으려고 잘된 이삭을 골라 뽑는 일+그 이삭>이 추가되고, (40)은 '작물의 씨앗을 생산하는 기업'의 개념이므로, 기업이 분절성이 되어 <농작물의 씨앗을 생산하는 기업>이 추가된다. 앞에서 논의한 씨앗에 대한 낱말밭은 다음과 같다.

<그림19> 씨앗 종류의 낱말밭 모형

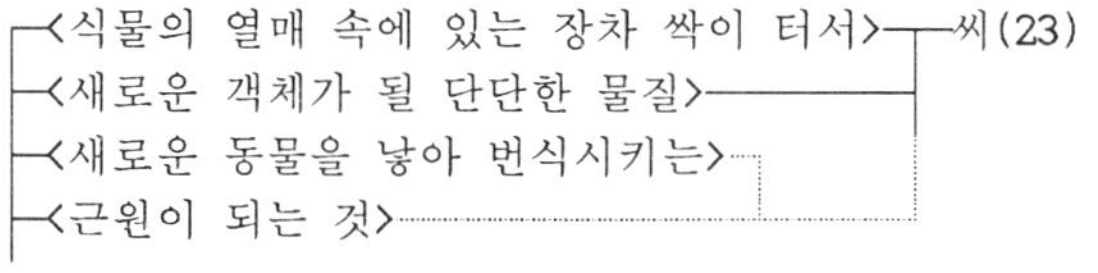

```
┌─<식물의 열매 속에 있는 장차 싹이 터서>─┬─씨(23)
├─<새로운 객체가 될 단단한 물질>──────┤
├─<새로운 동물을 낳아 번식시키는>──────┤
└─<근원이 되는 것>────────────┘
```

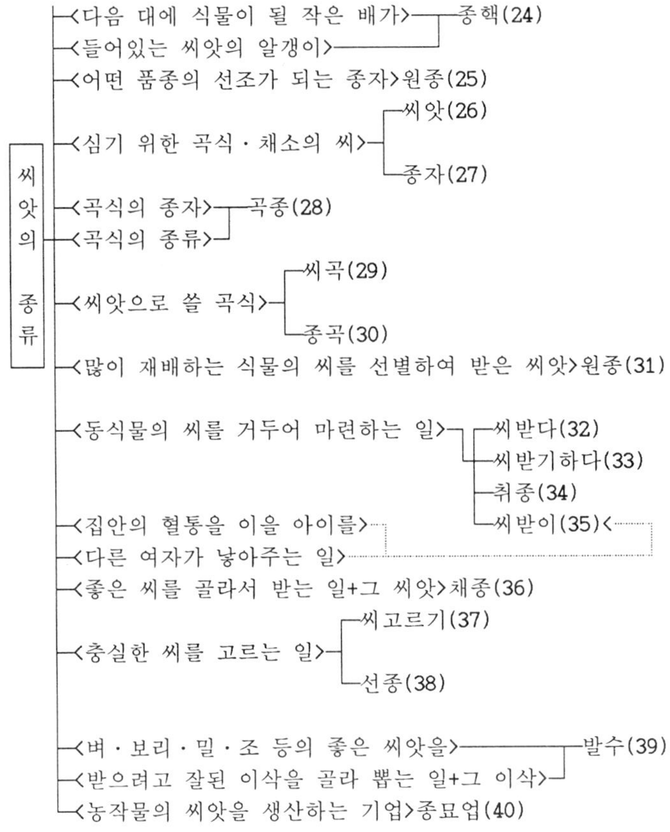

2.3.1.3. 파종하는 내용

이 부분은 경작지에 곡식의 씨앗을 뿌리는 내용을 함유하고 있어
<파종>이 공통으로 부가된다.

  (41) 파종법(播種法)[32]   (42) 씨심기

---

32) 趙章煥 외 4인(1993:142)「農學槪論」.先進文化社에서 작물의 생육습성

(43) 실생법(實生法)

위의 (41)은 '씨를 뿌리는 방법'의 개념이니 <씨를 뿌리는 방법>이 추가되고, (42-43)은 '종자로써 일반 식물 또는 작물을 번식시키는 방법'의 개념을 공유하고 있으므로, 번식시키는 방법이 분절성이 되어 <종자로 일반 식물·농작물을 번식시키는 방법>이 공통으로 추가된다.

(44) 씨뿌리기	(45) 파종(播種)
(46) 종파(種播)	(47) 부종(付種)
(48) 파식(播植)	(49) 침종(浸種)

위의 (44-48)은 '논밭에 곡식의 씨앗을 뿌리는 일'의 개념을 공유하고 있어, 씨를 뿌리는 것이 분절성이 되어 <논밭에 곡식의 씨앗을 뿌리는 일>이 공통으로 추가되고, (49)는 '농작물의 씨를 뿌리기에 앞서, 씨를 물에 담가서 수분을 흡수시키는 작업. 빠른 시일 내에 또는 일제히 발아시키는 효과가 있다. 농작물이나 꽃을 가꾸는 데에 이

이나 노동력에 따라 다음과 같이 파종한다.
① 산파(broadcast seeding)-경작지 전면에 종자를 흩어 뿌리는 방식이다. 노력이 적게 들며 목초, 자운영 등은 주로 산파한다. 제초와 관리작업이 불편하다.
② 조파(drilling)-작조(作條)하여 씨를 뿌린다. 골 사이가 비어 있어 수분·양분의 공급과 통풍이 좋고 관리하기에 편리하다.
③ 점파(dibbling)-일정한 간격을 두고 1-여러 개씩 떼어서 파종한다. 콩과 식물, 감자 등과 같이 개체가 평면 공간으로 많이 퍼지는 작물에 적용된다. 노력이 많이 소요된다.
④ 적파(seeding of group)-점파를 할 때에 한 곳에 여러 개의 씨를 파종한다. 목초, 맥류와 같이 개체가 평면으로 좁게 퍼지는 작물에 적용된다. 노력이 많이 소요된다

용된다'의 개념이므로, 파종하기 전에 씨앗을 물에 담그는 것이 분절성이 되어 <파종 전에 씨를 물에 담가서 물을 흡수시키는 작업→빠르게 일제히 발아시키는 효과가 있음→농작물·꽃의 재배에 이용함>이 추가된다.

    (50) 싹틔우기   (51) 최아법(催芽法)
    (52) 최아(催芽)   (53) 낙종(落種)
    (54) 실파(實播)

위의 (50-52)는 '심기 전에 알맞은 조건(온도·수분·산소·빛)을 주어 싹을 빨리 틔우는 일'의 개념을 공유하고 있어, 싹을 빨리 틔우는 것이 분절성이 되어 <파종 전에 온도·수분·산소·빛을 알맞게 주어 싹을 빨리 틔우는 일>이 공통으로 추가되고, (53)은 '논밭에 곡식의 씨앗을 떨어뜨려 심는 일'의 개념이므로, 떨어뜨려 파종하는 것이 분절성이 되어 <논밭에 곡식의 씨앗을 떨어뜨려 심는 일>이 추가되며, (54)는 '실제로 씨앗을 뿌리어 심는 일'의 개념이니, 실제로 파종하는 것이 분절성이 되어 <실제로 씨앗을 파종하는 일>이 추가된다.

    (55) 흩어뿌리기   (56) 산파(散播)
    (57) 노가리   (58) 자욱심기
    (59) 모아심기   (60) 점뿌림(點--)
    (61) 점파(點播)

위의 (55-57)은 '씨를 흩어 뿌리어 심는 일'의 개념을 공유하고 있어, 흩어 뿌리어 파종하는 방법이 분절성이 되어 <씨를 흩어 뿌리는

파종법>이 공통으로 추가된다. 다만 (57)은 '거짓말의 은유적 표현'의 개념도 가지고 있어 <거짓말의 은유적 표현>을 가지고 언어 표현의 낱말밭에서도 분절한다. 그리고 (58-61)은 '씨앗 한 개 또는 몇 개씩을 한 곳에 일정한 사이를 두고 뿌리어 심는 파종법. 품은 많이 드나 파종량이 적게 들고 시비(施肥)의 관리가 편하며 잘 자란다'의 개념을 공유하고 있어, 모아 심는 파종법이 분절성이 되어 <씨앗의 한 개ㆍ몇 개씩을 한 곳에 일정한 사이를 두고 뿌리어 심는 파종법 →품이 많이 드나 파종량이 적게 들고 시비의 관리가 편리하며 농작물이 잘 자람>이 공통으로 추가된다. 앞에서 논의한 파종하는 낱말밭은 다음과 같다.

<그림20> 파종하는 낱말밭 모형(1)

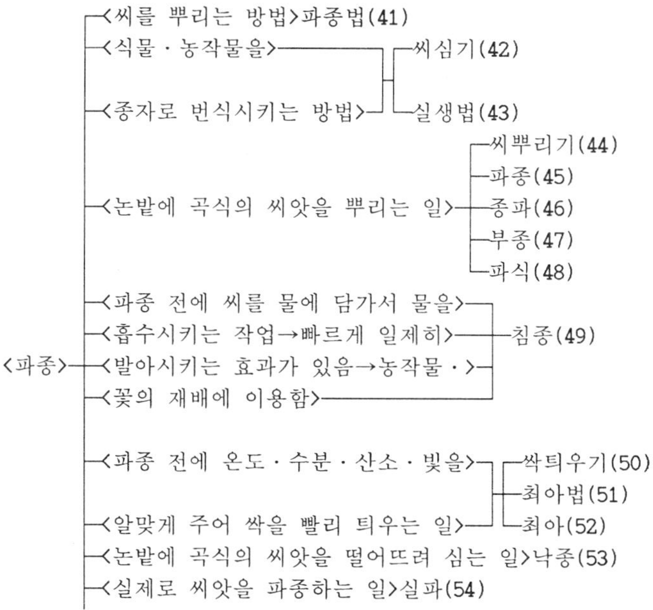

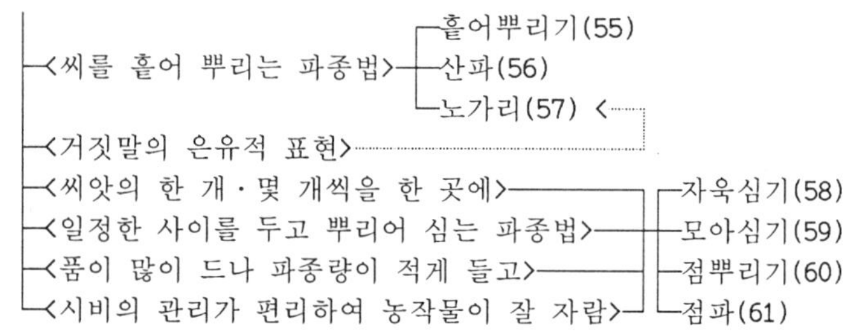

(62) 적파(摘播)   (63) 직파(直播)

(64) 취파(取播)   (65) 밀파(密播)

위의 (62)는 '씨앗을 몇 알씩 모아 군데군데 뿌리는 일'의 개념이
니, 몇 알씩 군데군데 파종하는 방법이 분절성이 되어 <씨앗을 몇
알씩 군데군데 파종하는 방법>이 추가되고, (63)은 '이식하지 않고
제자리에 바로 뿌리는 일'의 개념이므로, 제자리에 바로 파종하는 방
법이 분절성이 되어 <이식하지 않고 제자리에 바로 파종하는 방법>
이 추가된다. 그리고 (64)는 '씨앗을 받아서 곧 뿌리는 방법'의 개념
이니, 씨앗을 받은 즉시 파종하는 방법이 분절성이 되어 <씨앗을 받
는 즉시 파종하는 방법>이 추가되고, (65)는 '씨앗을 빈틈없이 배게
뿌리는 방법'의 개념이므로, 배게 파종하는 것이 분절성이 되어 <씨
앗을 빈틈없이 배게 파종하는 방법>이 추가된다.

(66) 상파(床播)   (67) 궁가(躬稼)

(68) 백파(白播)   (69) 잡식(雜植)

위의 (66)은 '묘상에 씨를 뿌리는 일'의 개념이니, 파종하는 장소가
묘상인 것이 분절성이 되어 <묘상에 파종하는 방법>이 추가되고,
(67)은 '몸소 곡물을 심은 일'의 개념이니, 파종하는 사람이 분절성이

되어 <몸소 곡물을 파종하는 일>이 추가된다. 그리고 (68)은 '거름을 주지 않은 맨땅에 씨를 뿌리는 일'의 개념이니, 맨땅에 파종하는 것이 분절성이 되어 <거름을 주지 않은 맨땅에 파종하는 일>이 추가되고, (69)는 '줄을 맞추어 심지 않고 되는 대로 막 심는 일'의 개념이므로, 아무렇게나 파종하는 것이 분절성이 되어 <줄을 맞추지 않고 되는 대로 파종하는 방법>이 추가된다.

(70) 평규식(平畦植)   (71) 골뿌림
(72) 줄뿌림   (73) 조파(條播)
(74) 조파식(條播式)

위의 (70)은 '이랑을 만들지 않고 파종하는 방식'의 개념이니, 이랑을 만들지 않음이 분절성이 되어 <이랑을 만들지 않고 파종하는 방식>이 추가되고, (71-74)는 '밭에 고랑을 치고 줄을 만들어 파종하는 방법'의 개념을 공유하고 있어, 고랑을 만드는 것이 분절성이 되어 <밭에 고랑을 만들어 줄이 지게 파종하는 방법>이 공통으로 추가된다.

(75) 줄심기   (76) 정조식(正條植)
(77) 병목식(竝木植)   (78) 사각식(四角式)

위의 (75-76)은 '농작물을 옮겨 심는데 그 간격이 고르게 하여 줄이 바르게 파종하는 방식'의 개념을 공유하고 있어, 일정한 간격으로 줄이 바르게 파종하는 것이 분절성이 되어 <일정한 간격으로 줄이 바르게 파종하는 방식>이 공통으로 추가되고, (77)은 '가로수처럼 농작물을 두 줄로 나란히 심는 방식'의 개념이므로, 두 줄로 나란히 파종하는 방식이 분절성이 되어 <가로수처럼 두 줄로 나란히 파종하는

방식>이 추가되며, (78)은 '논밭에 사각형으로 곡식이나 나무를 심는
일'의 개념이니, 사각형으로 심는 것이 분절성이 되어 <사각형으로
곡식·나무를 심는 방식>이 추가된다.

(79) 갈아뿌리기 　　　　(80) 대파(代播)
(81) 대용작(代用作)　　　(82) 그루들이다
(83) 뒷갈이 　　　　　　(84) 이작(裏作)

위의 (79-81) '논밭에다 뿌려 심으려던 곡식의 씨앗을 못 뿌리게
되었을 때 대신 다른 곡식의 씨앗을 뿌려 심는 일'의 개념을 공유하
고 있어, 애초에 파종하려던 씨앗을 못 뿌리게 되어 대파는 것이 분
절성이 되어 <애초에 파종하려던 씨앗을 못 뿌리게 되어 대신 다른
씨앗을 파종하는 일>이 공통으로 추가되고, (82)는 '땅을 갈아 그루
를 뒤엎고 새로 곡식을 심다'의 개념이므로, 심은 그루를 뒤엎고 새
로 파종하는 것이 분절성이 되어 <그루를 갈아엎고 새로 곡식을 파
종하는 일>이 추가되며, (83-84)는 '벼를 베고 난 논에 보리나 채소
따위를 심는 일'의 개념을 공유하고 있어, 벼 벤 논에 보리·채소 따
위를 파종하는 것이 분절성이 되어 <벼를 베고 난 논에 보리·채소
따위를 파종하는 일>이 공통으로 추가된다.

(85) 이른씨 　　　　　　(86) 올파종(-播種)
(87) 늦심기 　　　　　　(88) 만식(晚植)
(89) 늦갈이

위의 (85)는 '일찍 심은 종자'의 개념이니, 일찍 파종한 것이 분절
성이 되어 <일찍 파종한 종자>가 추가되고, (86)은 '보통 파종보다
이르게 하는 파종'의 개념이므로, 보통보다 이르게 파종하는 것이 분

절성이 되어 <보통 파종보다 이르게 하는 파종>이 추가된다. 그리고 (87-88)은 '제철보다 늦게 곡식이나 식물을 심는 일'의 개념이므로, 제철보다 늦게 파종하는 것이 분절성이 되어 <제철보다 늦게 곡식·식물을 심는 일>이 공통으로 추가되고, (89)는 '논밭을 제철보다 늦게 갈고 씨를 뿌리는 일'의 개념이므로, 늦게 갈고 파종하는 것이 분절성이 되어 <논밭을 제철보다 늦게 갈고 파종하는 일>이 추가된다. 앞에서 논의한 파종하는 낱말밭은 다음과 같다.

<그림21> 파종하는 낱말밭 모형(2)

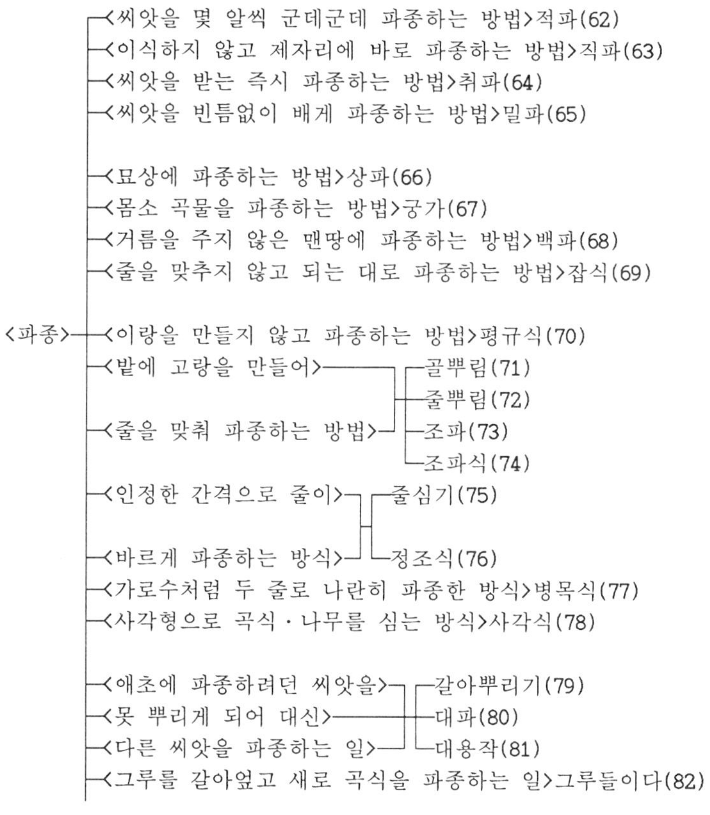

```
                    ┌<씨앗을 몇 알씩 군데군데 파종하는 방법>적파(62)
                    ├<이식하지 않고 제자리에 바로 파종하는 방법>직파(63)
                    ├<씨앗을 받는 즉시 파종하는 방법>취파(64)
                    ├<씨앗을 빈틈없이 배게 파종하는 방법>밀파(65)
                    │
                    ├<묘상에 파종하는 방법>상파(66)
                    ├<몸소 곡물을 파종하는 방법>궁가(67)
                    ├<거름을 주지 않은 맨땅에 파종하는 방법>백파(68)
                    ├<줄을 맞추지 않고 되는 대로 파종하는 방법>잡식(69)
                    │
  <파종>────────────├<이랑을 만들지 않고 파종하는 방법>평규식(70)
                    ├<밭에 고랑을 만들어>──────────┬골뿌림(71)
                    │                          ├줄뿌림(72)
                    ├<줄을 맞춰 파종하는 방법>─────┼조파(73)
                    │                          └조파식(74)
                    ├<인정한 간격으로 줄이>──┬줄심기(75)
                    │                     │
                    ├<바르게 파종하는 방식>──┴정조식(76)
                    ├<가로수처럼 두 줄로 나란히 파종한 방식>병목식(77)
                    ├<사각형으로 곡식·나무를 심는 방식>사각식(78)
                    │
                    ├<애초에 파종하려던 씨앗을>──┬갈아뿌리기(79)
                    ├<못 뿌리게 되어 대신>──────┼대파(80)
                    ├<다른 씨앗을 파종하는 일>───┴대용작(81)
                    └<그루를 갈아엎고 새로 곡식을 파종하는 일>그루들이다(82)
```

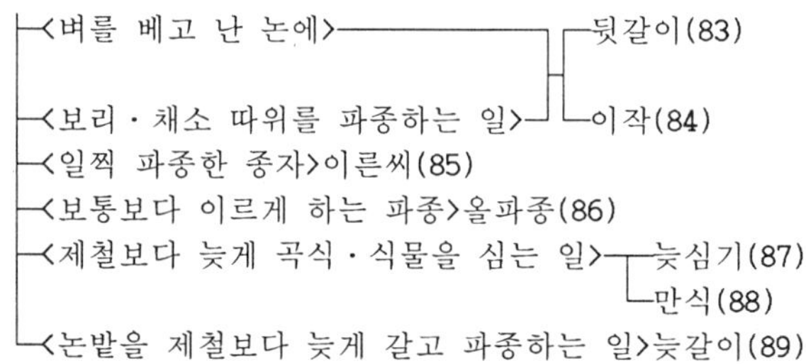

(90) 봄파종(-播種)   (91) 춘파(春播)

(92) 하파(夏播)   (93) 가을심기

(94) 추식(秋植)   (95) 가을뿌림

(96) 추파(秋播)

위의 낱말들은 계절에 따른 파종의 내용이므로 <사계절의 파종>
이 공통으로 부가된다. 따라서 (90-91)은 '봄에 씨를 뿌리는 일'의 개
념을 공유하고 있어, 봄이 분절성이 되어 <봄에 파종하는 일>이 공
통으로 추가되고, (92)는 '여름에 심음'의 개념이므로, 여름이 분절성
이 되어 <여름에 파종하는 일>이 추가된다. 그리고 (93-94)는 '가을
에 심음'의 개념을 공유하고 있어, 가을이 분절성이 되어 <가을에 심
는 일>이 공통으로 추가되고, (95-96)은 '가을철에 씨를 뿌리는 일'의
개념이므로, 가을철의 파종이 분절성이 되어 <가을철에 파종하는 일>
이 공통으로 추가된다.

(97) 적지적작(適地適作)   (98) 흙덮기

(99) 복토(覆土)   (100) 피토(被土)

(101) 복고(覆藁)

위의 (97)은 '알맞은 땅에 알맞은 작물을 심는 일'의 개념이니, 적

재적소에 심는 것이 분절성이 되어 <적재적소에 작물을 심는 일>이 추가되고, (98-100)은 '씨를 뿌리고 흙을 덮는 일'의 개념을 공유하고 있으므로, 파종 후에 흙을 덮는 일이 분절성이 되어 <파종 후에 흙을 덮는 일>이 공통으로 추가되며, (101)은 '파종한 두둑의 습기 및 온도를 보장하고 지표면이 굳어지지 않도록 볏짚을 덮어주는 일'의 개념이니, 파종한 두둑에 볏짚을 덮는 일이 분절성이 되어 <파종한 두둑에 볏짚을 덮어주는 일→습기·온도의 보장+지표면이 굳어지지 않게 하기 위함>이 추가된다.

<table>
<tr><td>(102) 청묘(靑苗)</td><td>(103) 옮겨심기</td></tr>
<tr><td>(104) 이식(移植)</td><td>(105) 이종(移種)</td></tr>
<tr><td>(106) 모종(苗種)</td><td></td></tr>
</table>

위의 (102)는 '어린 모종'의 개념이니 <어린 모종>이 추가되고, (103-106)은 '식물을 옮겨 심는 일'의 개념을 공유하고 있으므로 <식물을 옮겨 심는 일>이 공통으로 추가된다. 다만(106)은 '옮기어 심기 위하여 가꾼 벼 이외의 온갖 어린 식물'의 개념도 가지고 있으므로 <이식하기 위하여 재배한 벼 이외의 온갖 어린 식물>이 더 추가된다.

<table>
<tr><td>(107) 재식(栽植)</td><td>(108) 재삽(栽揷)</td></tr>
<tr><td>(109) 반달꽂이</td><td>(110) 배식(培植)</td></tr>
</table>

위의 (107)은 '농작물이나 묘목 따위를 심는 일'의 개념이니 <농작물·묘목 따위를 심는 일>이 추가되고, (108)은 '꽂아서 심는 일'의 개념이므로, 꽂아서 심는 방법이 분절성이 되어 <꽂아서 심는 일>이 추가된다. 그리고 (109)는 '고구마 따위의 줄기를 반달 모양으로 휘

어지게 묻어서 꽂아 심는 방법'의 개념이니, 반달처럼 휘어서 꽂아
심는 방법이 분절성이 되어 <고구마 따위의 줄기를 반달처럼 휘어지
게 묻어서 꽂아 심는 방법>이 추가되고, (110)은 '식물을 거꾸로 심
는 일'의 개념이므로, 거꾸로 심는 방법이 분절성이 되어 <식물을 거
꾸로 심는 방법>이 추가되며, 또 '북돋아 심는 일'의 개념도 가지고
있어 <북돋아 심는 일>이 더 추가된다.

(111) 식상(植傷)　　　　　(112) 포기나누기
(113) 포기가르기　　　　　(114) 그루가르기
(115) 분주(分株)

위의 (111)은 '옮겨 심을 때에 생기는 모의 상처'의 개념이니, 이식
할 때에 모의 상처가 분절성이 되어 <이식할 때에 모에 생기는 상처>
가 추가되고, (112-115)는 '원뿌리에서 발생한 많은 움을 잘라서 나
누어 새 개체를 만드는 일'의 개념을 공유하고 있으므로, 포기를 나
누어 심는 것이 분절성이 되어 <원뿌리에서 발생한 많은 움을 잘라
나누어 심어서 새 개체를 만드는 일>이 공통으로 추가된다. 앞에서
논의한 파종하는 낱말밭은 다음과 같다.

<그림22> 파종하는 낱말밭 모형(3)

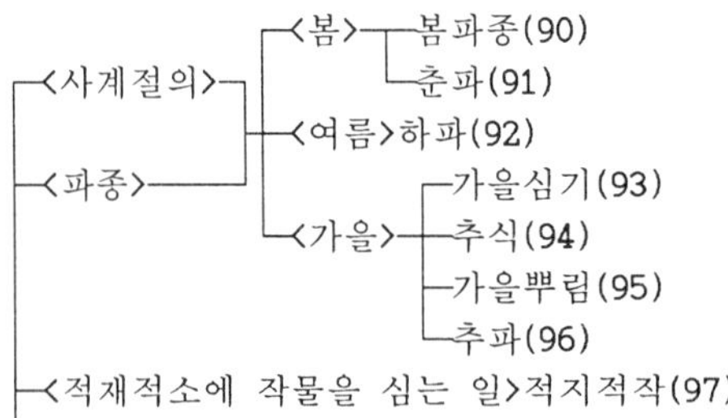

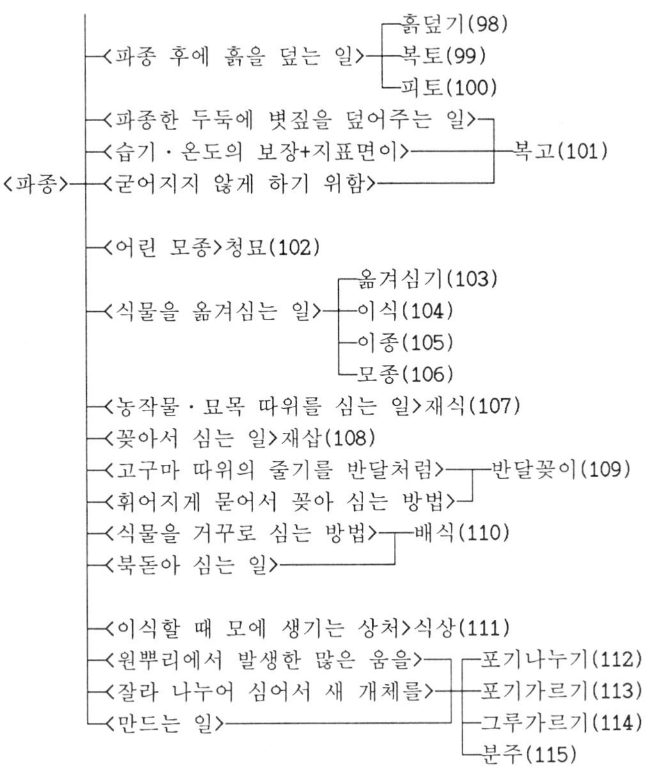

2.3.1.4. 기경하는 내용

이 부분밭은 논밭을 가는 내용을 함유하고 있으므로 <논밭을 가는 일>이 공통으로 부가된다.

(116) 기경법(起耕法) (117) 기경(起耕)

(118) 경기(耕起) (119) 갈다

(120) 갈이하다 (121) 갈이질하다

(122) 가루다

위의 (116)은 '논밭을 가는 방법'의 개념이니, 가는 방법이 분절성이 되어 <논밭을 가는 방법>이 추가되고, (117)은 '논밭을 가는 일'의 개념이므로 <논밭을 가는 일>이 추가되며, 또 '생땅이나 묵힌 땅을 일구어 논밭을 만드는 일'의 개념도 가지고 있어 <생땅·묵힌 땅을 일구어 논밭을 만드는 일>의 개념을 가지고 개간의 부분밭에서도 분절한다. 그리고 (118)은 '곡식을 심기 위하여 땅을 파는 일'의 개념이니, 땅을 파는 것이 분절성이 되어 <곡식을 심기 위하여 땅을 파는 일>이 추가되고, (119-121)은 '농기구로 논밭을 가는 일'의 개념을 공유하고 있어, 농기구의 사용이 분절성이 되어 <농기구로 논밭을 가는 일>이 공통으로 추가되며, (122)는 '논밭을 갈아 다루는 일'의 개념이니, 갈아서 다루는 일이 분절성이 되어 <논밭을 갈아 다루는 일>이 추가된다.

    (123) 연경(軟耕)   (124) 전경(全耕)
    (125) 소갈이   (126) 우경(牛耕)
    (127) 마경(馬耕)

위의 (123)은 '경작하고 있던 논밭을 가는 일'의 개념이니, 가는 대상이 경작하고 있던 논밭이 분절성이 되어 <경작하던 논밭을 가는 일>이 추가되고, (124)는 '논이나 밭을 모조리 가는 일'의 개념이므로, 모조리 가는 것이 분절성이 되어 <논·밭을 모조리 가는 일>이 추가된다. 그리고 (125-126)은 '소로 논밭을 가는 일'의 개념을 공유하고 있어, 소를 이용하는 것이 분절성이 되어 <소로 논밭을 가는 일>이 공통으로 추가되고, (127)은 '말을 부리어 논밭을 가는 일'의 개념이므로 말을 이용하는 것이 분절성이 되어 <말로 논밭을 가는

일>이 추가된다.

(128) 쟁기질   (129) 겨리질
(130) 우경(耦耕)

위의 (128)은 '쟁기를 부리어 논밭을 가는 일'의 개념이니, 쟁기의 사용이 분절성이 되어 <쟁기로 논밭을 가는 일>이 추가되고, (129)는 '소 두 마리가 끄는 쟁기로 논밭을 가는 일'의 개념이므로, 소 두 마리가 끄는 쟁기가 분절성이 되어 <소 두 마리가 끄는 쟁기로 논밭을 가는 일>이 공통으로 추가되며, (130)은 '두 사람이 쟁기를 나란히 하여 함께 논밭을 가는 일'의 개념이니, 두 사람이 나란히 가는 것이 분절성이 되어 <두 사람이 쟁기를 나란히 하여 함께 논밭을 가는 일>이 추가된다.

(131) 곧추갈이   (132) 원형갈이(圓形--)

위의 (131)은 '논밭을 곧바로 갈아 나가는 방법'의 개념이니, 가는 방향이 분절성이 되어 <논밭을 곧바로 갈아 나가는 방법>이 추가되고, (132)는 '돌려세우는 수고가 없도록 논밭을 둥근 모양으로 가는 일'의 개념이므로, 원형으로 가는 것이 분절성이 되어 <돌려세우는 수고가 없도록 논밭을 원형으로 가는 일>이 추가된다.

(133) 갈아엎다   (134) 그루되다
(135) 갈묻이하다   (136) 뒷갈이하다
(137) 개똥갈이하다

위의 (133)은 '보습이나 트랙터 따위로 땅을 갈아 뒤집어엎다'의

개념이니, 땅을 갈아 뒤집어엎는 것이 분절성이 되어 <보습·트랙터 따위로 땅을 갈아 뒤집어엎는 일>이 추가되고, (134)는 '땅을 갈아 그루를 뒤엎다'의 개념이므로, 그루를 뒤엎는 것이 분절성이 되어 <땅을 갈아 그루를 뒤엎는 일>이 추가되며, (135)는 '논밭을 갈아엎어 묵은 끄트러기 따위를 묻히게 하다'의 개념이니, 묵은 끄트러기를 갈아엎는 것이 분절성이 되어 <논밭의 묵은 끄트러기를 갈아엎어 묻히게 하는 일>이 추가된다. 그리고 (136)은 '벼 따위의 농작물을 베거나 뽑은 뒤에 논밭을 갈다'의 개념이니, 추수 후의 논밭을 가는 일이 분절성이 되어 <농작물을 베거나 뽑은 후에 논밭을 가는 일>이 추가되고, (137)은 '개똥걸음을 주어 밭을 갈다'의 개념이니, 개똥거름을 주는 것이 분절성이 되어 <개똥거름을 주어 밭을 가는 일>이 추가된다. 앞에서 논의한 논밭을 가는 낱말밭은 다음과 같다.

<그림23> 기경하는 낱말밭 모형(1)

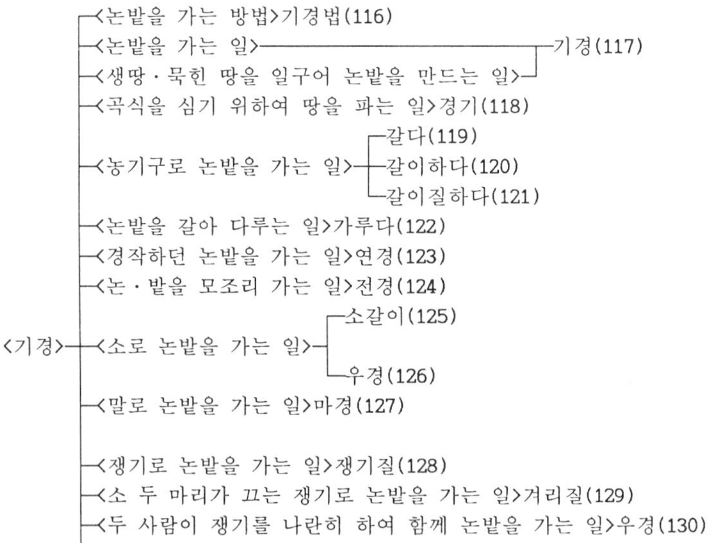

─<논밭을 곧바로 갈아 나가는 방법>곧추갈이(131)
─<돌려세우는 수고가 없도록 논밭을 원형으로 가는 일>원형갈이(132)

─<보습·트랙터 따위로 땅을 갈아 뒤엎는 일>갈아엎다(133)
─<땅을 갈아 그루를 뒤엎는 일>그루되다(134)
─<논밭의 묵은 끄트러기를 갈아엎어>──갈묻이하다(135)
─<묻히게 하는 일>────────
─<농작물을 베거나 뽑은 후에 논밭을 가는 일>뒷갈이하다(136)
─<개똥거름을 주어 밭을 가는 일>개똥갈이하다(137)

(138) 애벌갈이   (139) 애갈이
(140) 초경(初耕)   (141) 두벌갈이
(142) 재경(再耕)   (143) 되갈다
(144) 세벌갈이   (145) 삼경(三耕)
(146) 골지르다

위의 낱말들은 논밭을 가는 횟수가 분절의 관점이 되어 <논밭을 가는 횟수>가 공통으로 부가된다. 따라서 (139-140)은 '논밭을 첫 번째 가는 일'의 개념을 공유하고 있어, 첫 번째가 분절성이 되어 <논밭을 첫 번째 가는 일>이 공통으로 추가되고, 또 '첫농사 곧 그루갈이에서 보리를 거두고 콩을 갈았을 때에 보리갈이를 가리킴'의 개념도 공통으로 가지고 있으므로 <그루갈이에서 첫 번째 경작을 가리킴>의 개념도 공통으로 추가되며, (141-142)는 '논이나 밭을 두 번째로 가는 일'의 개념을 공유하고 있어, 두 번째가 분절성이 되어 <논밭을 두 번째로 가는 일>이 공통으로 추가된다. 그리고 (143)은 '논밭을 다시 갈다'의 개념이니, 다시 가는 것이 분절성이 되어 <논밭을 다시 가는 일>이 추가되고, 또 '가루 등을 다시 갈다'의 개념도 가지고 있어 <가루 등을 다시 가는 일>을 가지고 도정의 낱말밭에서도 분절하며, (144-145)는 '논밭을 봄갈이, 가을갈이, 애벌갈이로 세 번 가는 일'의 개념을 공유하고 있어, 세 번 가는 것이 분절성이 되어 <논밭을 봄갈이·가을갈이·애벌갈이로 세 번 가는 일>이 공통으로 추가되며, (146)은 '밭을 세 번 갈다'의 개념이니, 밭을 가는 것이 분절성이 되어 <밭을 세 번 가는 일>이 추가된다.

(147) 봄갈이   (148) 춘경(春耕)

(149) 가을갈이   (150) 추경(秋耕)

(151) 겉갈이   (152) 갈바래다

(153) 얼갈이

이들은 논밭을 가는 계절이 분절성이 되어 <계절에 따른 논밭의 갈이>가 공통으로 부가된다. 따라서 (147-148)은 '봄철에 논밭을 가는 일'의 개념을 공유하고 있어, 봄철이 분절성이 되어 <봄철에 논밭을 가는 일>이 공통으로 추가되고, (149-150)은 '가을철에 논밭을 가는 일'의 개념이므로, 가을철이 분절성이 되어 <가을철에 논밭을 가는 일>이 공통으로 추가되며, (151)은 '잡초나 해로운 벌레를 없애려고 추수가 끝난 후에 논밭을 갈아엎는 일'의 개념이니, 계절은 가을이고, 목적은 잡초와 해충을 없애기 위함이므로 <추수가 끝난 후 논밭을 갈아엎는 일→잡초·해충을 없애기 위함>이 추가된다. 그리고 (152)는 '흙 속의 벌레 알을 죽게 하려고 논밭을 갈아엎어서 볕과 바람을 쐬어 바래다'의 개념이니, 해충의 알을 죽게 하려는 것이 분절성이 되어 <논밭을 갈아엎어 볕과 바람을 쐬어 바래는 일→흙 속의 해충의 알을 죽게 하기 위함>이 추가되고, (153)은 '논이나 밭을 겨울에 대강 가는 일'의 개념이므로, 겨울이 분절성이 되어 <논밭을 겨울에 대강 가는 일>이 추가된다.

(154) 골타다　　　　　　　(155) 생갈이하다
(156) 홍두깨생갈이하다　　　(157) 거웃

　위의 (154)는 '밭을 갈아서 고랑을 만들다'의 개념이니, 고랑을 만
드는 것이 분절성이 되어 <밭을 갈아서 고랑을 만드는 일>이 추가되
고, (155-156)은 '서투른 일꾼이 논밭을 갈 때, 잘 갈리지 않는 거웃
사이를 억지로 갈다'의 개념을 공유하고 있으므로, 거웃 사이를 억지
로 가는 것이 분절성이 되어 <[서투른 일꾼]-잘 갈리지 않는 논밭의
거웃 사이를 억지로 가는 일>이 공통으로 추가되며, (157)은 '논밭을
갈아 넘긴 고랑'의 개념이니, 고랑이 분절성이 되어 <논밭을 갈아 넘
긴 고랑>이 추가된다. 앞에서 논의한 논밭을 가는 낱말밭은 다음과
같다.

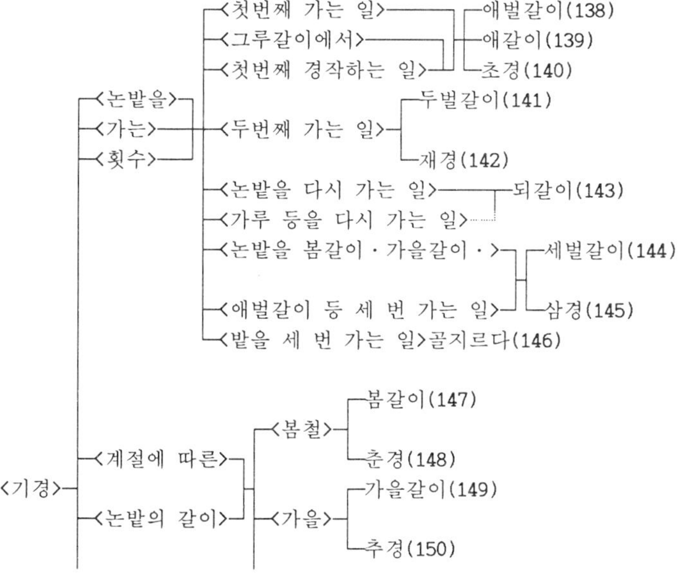

〈그림24〉 기경하는 낱말밭 모형(2)

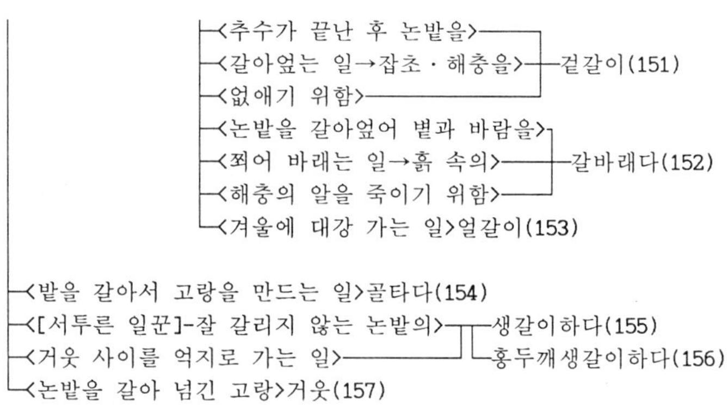

(158) 갈이깊이	(159) 경심(耕深)
(160) 얕이갈이	(161) 천경(淺耕)

위의 (158-159)는 '논밭을 갈 때의 깊이'의 개념을 공유하고 있어, 가는 깊이가 분절성이 되어 <논밭을 갈 때의 깊이>가 공통으로 추가되고, (160-161)은 '논밭을 얕게 가는 일'의 개념을 공유하고 있어, 얕게 가는 것이 분절성이 되어 <논밭을 얕게 가는 일>이 공통으로 추가된다.

(162) 깊이갈기	(163) 심경(深耕)
(164) 갈이나비	(165) 경폭(耕幅)

위의 (162-163)은 '논밭을 깊이 가는 일'의 개념을 공유하고 있어, 깊이 가는 것이 분절성이 되어 <논밭을 깊이 가는 일>이 공통으로 추가되고, (164-165)는 '논밭을 갈 때의 그 폭'의 개념이므로, 가는 폭이 분절성이 되어 <논밭을 갈 때의 그 폭>이 공통으로 추가된다.

(166) 흙밥	(167) 볏밥

(168) 볏밥덩이   (169) 볏덩이

위의 (166)은 '가래, 괭이, 호미, 삽, 연장 따위로 한 번 떠서 올리는 흙'의 개념이니, 연장으로 떠올리는 흙이 분절성이 되어 <가래·괭이·삽·호미·연장 따위로 한 번 떠올리는 흙>이 추가되고, 또 '쟁기, 극쟁이 등에서 갈려 넘어가는 흙'의 개념도 가지고 있으므로 <쟁기·극쟁이 등에서 갈려 넘어가는 흙>도 더 추가되며, (167-169)는 '논밭을 보습으로 갈 때, 보습의 볏으로 받아 뒤집어 놓는 흙덩이'의 개념을 공유하고 있어, 보습에 갈려 뒤집어 놓은 흙덩이가 분절성이 되어 <보습의 볏으로 받아 뒤집어 놓은 흙덩이>가 공통으로 추가된다.

(170) 쟁기밥   (171) 불경(不耕)

위의 (170)은 '쟁기질할 때에 쟁기날에 깎이어 나오는 흙'의 개념이니, 쟁기날에 깎이어 나온 흙이 분절성이 되어 <쟁기날에 깎이어 나온 흙>이 추가되고, (171)은 '논이나 밭을 갈지 않는 일'의 개념이므로, 갈지 않는 것이 분절성이 되어 <논·밭을 갈지 않는 일>이 추가된다.

(172) 땅고르기   (173) 정지(整地)[33]
(174) 교토(攪土)

---

[33] 조장환 외4인(1993:136)은 "파종 또는 이식에 앞서서 알맞은 토양상태로 조성하기 위하여 토양에 가해지는 경기(耕起)·쇄토(碎土)·진압(鎭壓) 등과 같은 처리를 하는 것을 정지(soil preparation)라고 한다."고 하였다.

위의 (172-173)은 '농작물을 심기 전에 땅을 고르고 부드럽게 하는 일'의 개념을 공유하고 있어, 땅을 고르는 것이 분절성이 되어 <농작물을 심기 전에 땅을 고르고 부드럽게 하는 일>이 공통으로 추가되고, (174)는 '흙덩이를 부스러뜨리는 일'의 개념이므로 <흙덩이를 부스러뜨리는 일>이 추가된다.

(175) 고무래질   (176) 번지질
(177) 나래치기   (178) 나래질
(179) 거사(擧沙)

위의 (175)는 '고무래로 무엇을 펴거나 그러모으거나 하는 일'의 개념이니, 고무래의 사용이 분절성이 되어 <고무래로 무엇을 펴거나 그러모으는 일>이 추가되고, (176)은 '번지로 논밭의 흙을 고르는 일'의 개념이므로, 번지의 사용이 분절성이 되어 <번지로 논밭의 흙을 고르는 일>이 추가된다. 그리고 (177-178)은 '나래로 땅을 반반하게 고르며 흙을 부서뜨리는 일'의 개념을 공유하고 있어, 나래의 사용이 분절성이 되어 <나래로 흙을 부서뜨려 반반하게 고르는 일>이 공통으로 추가되고, (179)는 '논밭에 든 복사를 드러내는 일'의 개념이니, 물의 작용으로 모래가 논밭에 덮여 있는 것을 드러내는 것이 분절성이 되어 <논밭에 든 복사를 드러내는 일>이 추가된다. 앞에서 논의한 논밭을 가는 낱말밭은 다음과 같다.

<그림25> 기경하는 낱말밭 모형(3)

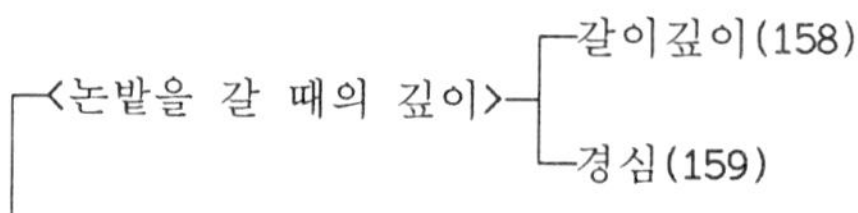

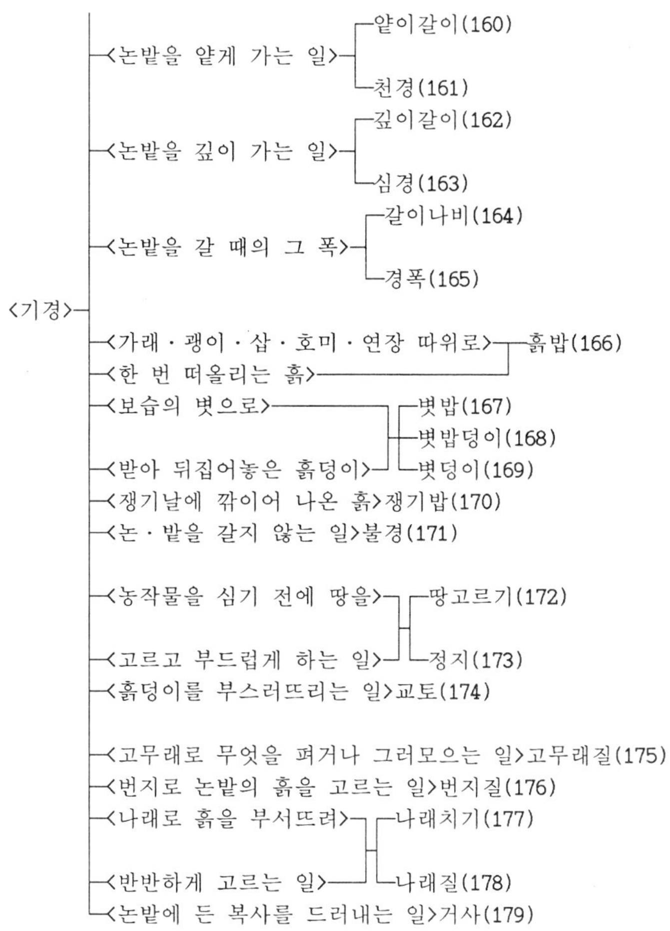

2.3.1.5. 김매는 내용

이 부분은 논밭의 김을 매는 내용이므로 <김매기>가 공통으로 부
가된다.

(180) 기음매다   (181) 김매기하다

(182) 풀매기하다   (183) 골걷이하다

위의 (180-181)은 '논밭의 잡풀을 뽑거나 묻어 없애다'의 개념을 공유하고 있어 <논밭의 잡풀을 뽑거나 묻어 없애는 일>이 공통으로 추가되고, (182)는 '잡초를 뽑아 없애는 일'의 개념이니 <잡초를 뽑아 없애는 일>이 추가되며, (183)은 '곡식을 심은 밭고랑의 잡초를 뽑아 없애는 일'의 개념이니, 밭고랑의 잡초가 분절성이 되어 <곡식을 심은 밭고랑의 잡초를 뽑아 없애는 일>이 추가된다.

(184) 애벌김   (185) 두벌김
(186) 이듬하다

이들은 김매는 횟수가 분절의 관점이 되어 <김매는 횟수>가 분절성이 된다. 따라서 (184)는 '논밭을 첫 번째 매는 일'의 개념이니, 첫 번째가 분절성이 되어 <논밭을 첫 번째 매는 일>이 추가되고, (185)는 '논밭을 두 번째 매는 일'의 개념이므로, 두 번째가 분절성이 되어 <논밭을 두 번째 매는 일>이 추가되며, (186)은 '논이나 밭을 두 번째 갈거나 매다'의 개념이니, 갈거나 매는 것이 분절성이 되어 <논이나 밭을 두 번째 갈거나 매는 일>이 추가된다.

(187) 사이갈이   (188) 중경(中耕)
(189) 경누(耕耨)   (190) 경운(耕耘)

위의 (187-188)은 '농작물이 자라는 도중에 김을 매어 두둑 사이의 골, 그루 사이의 흙을 부드럽게 하다. 태양열, 공기의 소통을 좋게 하며 비료의 분해, 뿌리의 흡수, 호흡작용을 촉진하며 발육을 돕고

잡초를 없애게 된다'의 개념을 공유하고 있어, 두둑 사이와 그루 사이의 흙을 부드럽게 하는 것이 분절성이 되어 <농작물의 성장 과정에 김매기를 함→고랑의 사이·그루의 사이의 흙을 부드럽게 함→태양열·공기의 소통을 좋게 함·비료의 분해·뿌리의 흡수·호흡 작용을 촉진시킴→발육을 돕고 잡초를 없애게 됨>이 공통으로 추가되고, (189-190)은 '논밭을 갈고 김을 매는 일'의 개념을 공유하고 있으므로, 갈고 매는 것이 분절성이 되어 <논밭을 갈고 김을 매는 일>이 공통으로 추가된다.

(191) 북주다   (192) 북주기하다
(193) 북돋우다   (194) 북돋음하다
(195) 가토(加土)   (196) 배토(培土)
(197) 운자(耘耔)

위의 (191-196)은 '흙을 긁어 올리어 식물의 뿌리를 덮어주다'의 개념을 공유하고 있어, 식물에 북을 주는 것이 분절성이 되어 <흙을 긁어 올리어 식물의 뿌리를 덮어주는 일>이 공통으로 추가되고, (197)은 '김을 매고 북을 주는 일'의 개념이므로, 김을 매며 북을 주는 것이 분절성이 되어 <김을 매고 북을 주는 일>이 추가된다. 앞에서 논의한 김매기하는 낱말밭은 다음과 같다.

<그림26> 김매는 낱말밭 모형(1)

```
                                        ┌기음매다(180)
 ┌<논밭의 잡풀을 뽑거나 묻어 없애는 일>─┤
 │                                      └김매기하다(181)
 ├<잡초를 뽑아 없애는 일>풀매기하다(182)
 ├<곡식을 심은 밭고랑의 잡초를 뽑아 없애는 일>골걷이하다(183)
 │
```

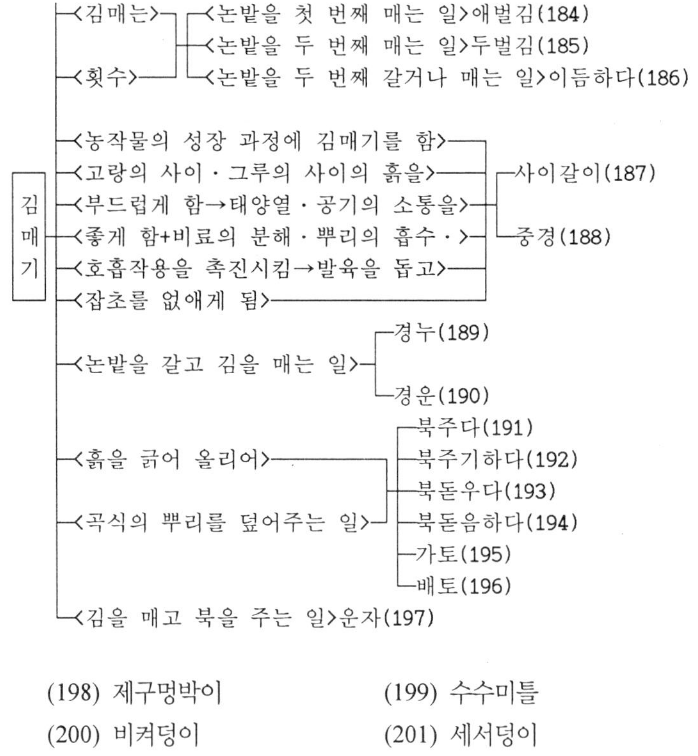

(198) 제구멍박이   (199) 수수미틀
(200) 비켜덩이   (201) 세서덩이
(202) 세섯덩이   (203) 맹꽁이덩이
(204) 홑이불덩이

위의 (198)은 '김맬 때에 흙덩이를 떠서 도로 그 자리에 덮는 일'의
개념이니, 뜬 흙을 제 자리에 덮는 것이 분절성이 되어 <흙덩이를
떠서 도로 그 자리에 덮는 김매는 방법>이 추가되고, (199)는 '김맬
때 흙덩이를 떠서 들다가 반을 꺾어 누이는 일'의 개념이므로, 뜬 흙
덩이의 반을 꺾어 누이는 김매는 방법이 분절성이 되어 <흙덩이를
떠서 들다가 반을 꺾어 누이는 김매는 방법>이 추가된다. 그리고
(200)은 '김맬 때 흙덩이를 옆으로 빼내는 일. 또는 그 흙'의 개념이

니, 흙덩이를 옆으로 빼내는 김매는 방법이 분절성이 되어 <흙덩이
를 옆으로 빼내는 김매는 방법+그 흙>이 추가되고, (201-202)는 ‘김
맬 때에 흙을 떠서 앞으로 엎은 덩어리’의 개념을 공유하고 있으므
로, 앞으로 엎은 덩어리가 분절성이 되어 <김맬 때에 흙을 떠서 앞으
로 엎은 덩어리>가 공통으로 추가되며, (203-204)는 ‘김맬 때에 호미
로 떠서 덮는 흙덩이’의 개념을 공유하고 있어, 호미로 떠서 덮는 흙
덩이가 분절성이 되어 <김맬 때에 호미로 떠서 덮는 흙덩이>가 공통
으로 추가된다.

    (205) 삯김   (206) 기계김(機械-)

위의 (205)는 ‘삯을 받고 매어주는 김’의 개념이니, 삯을 받는 것이
분절성이 되어 <삯을 받고 매어주는 김>이 추가되고, (206)은 ‘기계
로 매는 김을 손으로 매는 김에 상대하여 이르는 말’의 개념이므로,
기계로 매는 김이 분절성이 되어 <기계로 매는 김>이 추가된다.

    (207) 제초(除草)[34]   (208) 무예(蕪穢)
    (209) 무예불치(蕪穢不治)

위의 (207)은 ‘잡초를 뽑아 없애는 일’의 개념이니, 제초하는 것이
분절성이 되어 <잡초를 뽑아 없애는 일>이 추가되고 (208)은 ‘잡초
가 무성하여 거칠고 지저분하다’의 개념이므로, 김매기를 하지 않아
잡초가 우거진 상태가 분절성이 되어 <김매기를 하지 않음→잡초가

---

34) 조장환 외4인(1993:144)은 “작물의 생육 중에 있는 경지의 잡초를 없애는
    것을 제초(weed control)라고 한다. 우리나라의 중경(中耕)은 제초를 겸하
    고 있으며 제초의 효과가 대부분이다.”고 하였다.

무성하여 거칠고 지저분한 상태>가 추가되며, (209)는 '잡초가 무성하여 거칠고 어지러운 전원을 손질하지 아니하다'의 개념이므로, 전원을 손질하지 않는 것이 분절성이 되어 <잡초가 무성하여 거칠고 어지러운 전원을 방치하는 일>이 추가된다. 앞에서 논의한 김매기의 낱말밭은 다음과 같다.

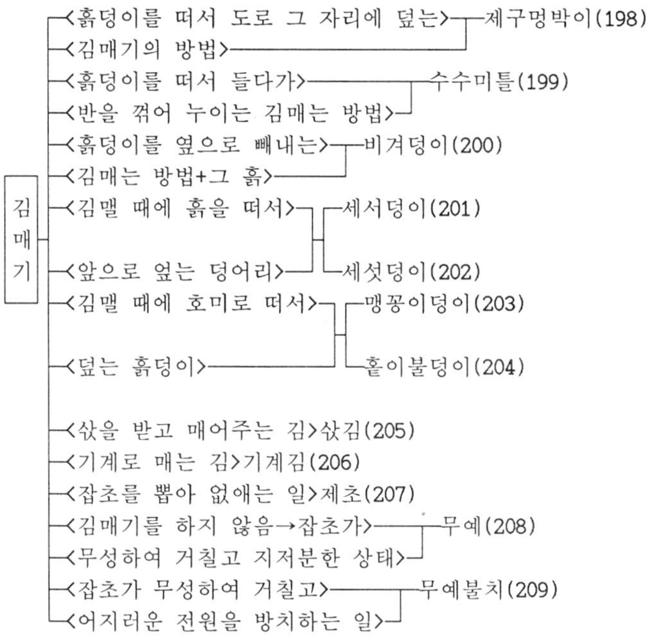

2.3.1.6. 농기구를 사용하는 내용

농업을 하는 데 사용되는 기구 및 기계를 농기구(farm implement and machinery)라고 하는데, 이것은 농업 경영에 있어서 무생고정자본(無生固定資本)으로 토지, 건물 다음가는 요소이다. 넓은 뜻으로는 경종용 농기구는 물론 양축(養畜), 양잠, 농산물가공, 운반용 및 농사작업에 사용되는 모든 기구와 기계가 포함되고, 좁은 뜻으로는 경종용 농기구만을 가리킨다.35)

이 부분은 작은 연장을 사용하여 농사일을 하는 내용이므로 <연장을 사용하는 농사일>이 공통으로 부가된다.

    (210) 갈퀴질하다   (211) 낫질하다
    (212) 괭이질하다   (213) 삽질하다

위의 (210)은 '낙엽이나 솔가리, 검불 따위를 갈퀴로 긁어모으다'의 개념이니, 갈퀴질이 분절성이 되어 <낙엽·솔가리·검불 따위를 갈퀴로 긁어모으는 일>이 추가되고, (211)은 '낫을 가지고 풀이나 나무, 곡식 따위를 베다'의 개념이므로, 낫질하는 것이 분절성이 되어 <낫으로 풀·나무·곡식 따위를 베는 일>이 추가된다. 그리고 (212)는 '괭이로 땅을 파거나 잡초를 없애다'의 개념이니, 괭이질하는 것이 분절성이 되어 <괭이로 땅을 파거나 잡초를 없애는 일>이 추가되고, (213)은 '삽으로 땅을 파거나 흙을 떠내다'의 개념이므로, 삽질하는 것이 분절성이 되어 <삽으로 땅을 파거나 흙을 떠내는 일>이 추가된다.

다음 (214-224)까지는 가래질하는 내용이므로 <가래질>이 공통으로 부가된다.

    (214) 가래질하다   (215) 마른가래질하다

---

35) 조재영 외8인(1994:54-55) 참조.

(216) 건가래질하다(乾----)　　　(217) 칼가래질하다

위의 (214)는 '가래로 흙이나 그 밖의 물건을 떠 옮기거나 파헤치다'의 개념이니 <가래로 흙·물건을 떠 옮기거나 파헤치는 일>이 추가되고, (215-216)은 '바싹 마른 땅에서 가래질하다'의 개념을 공유하고 있어, 마른 땅이 분절성이 되어 <바싹 마른 땅에서 하는 가래질>이 공통으로 추가되며, (217)은 '가래를 모로 세워 흙을 깎다'의 개념이니, 가래를 모로 세우는 것이 분절성이 되어 <가래를 모로 세워 깎는 일>이 추가된다.

(218) 후릿가래질하다　　　(219) 큰가래질하다
(220) 먼가래질하다

위의 (218)은 '밭둑이나 논둑 따위를 후리어 깎는 가래질'의 개념이니, 후리어 깎는 것이 분절성이 되어 <밭둑·논둑을 후리어 깎는 가래질>이 추가되며, (219)는 '큰가래로 흙이나 그 밖의 다른 물건을 떠서 옮기다'의 개념이므로, 큰가래가 분절성이 되어 <큰가래로 흙·물건을 떠서 옮기는 일>이 추가되며, (220)은 '가랫밥이 멀리 가도록 던지다'의 개념이니, 가랫밥을 멀리 던지는 것이 분절성이 되어 <가랫밥을 멀리 던지는 일>이 추가된다.

(221) 다섯목가래질하다　　　(222) 일곱목한가래질하다

위의 (221)은 '다섯 사람이 하는 가래질. 한 사람은 가랫장부를 잡고 양쪽에서 두 사람씩 잡아당긴다'의 개념이니, 5명이 하는 가래질이 분절성이 되어 <다섯 사람이 하는 가래질→한 사람이 가랫장부를

잡고 양쪽에서 두 사람씩 잡아당기는 가래질>이 추가되고, (222)는 '일곱 사람이 하는 가래질. 한 사람이 가랫장부를 잡고 양쪽에서 줄 꾼 여섯 사람이 잡아당긴다'의 개념이므로, 7명이 하는 가래질이 분절성이 되어 <일곱 명이 하는 가래질→한 사람이 가랫장부를 잡고 양쪽에서 여섯 사람이 줄을 잡아당기는 가래질>이 추가된다.

(223) 가랫밥   (224) 지게질하다

위의 (223)는 '가래로 뜬 흙덩이'의 개념이니, 가랫밥이 분절성이 되어 <가래로 뜬 흙덩이>가 추가되고, (224)는 '지게를 지고 짐을 나르다'의 개념이므로, 지게질하는 것이 분절성이 되어 <지게로 짐을 나르는 일>이 추가된다. 앞에서 논의한 농기구를 사용하는 낱말밭은 다음과 같다.

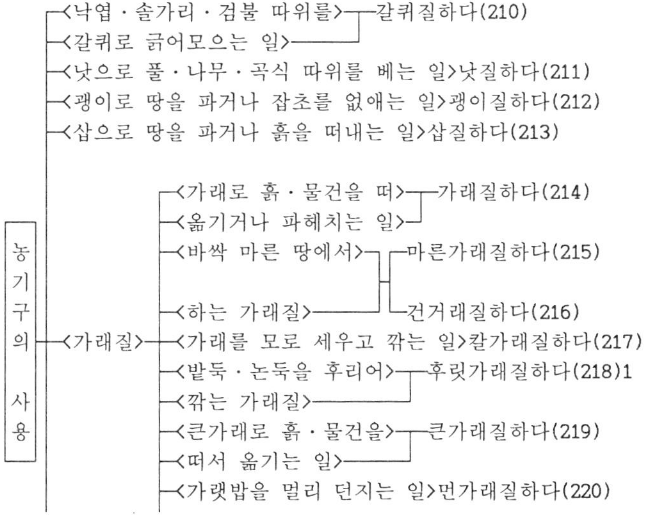

〈그림28〉 농기구를 사용하는 낱말밭 모형

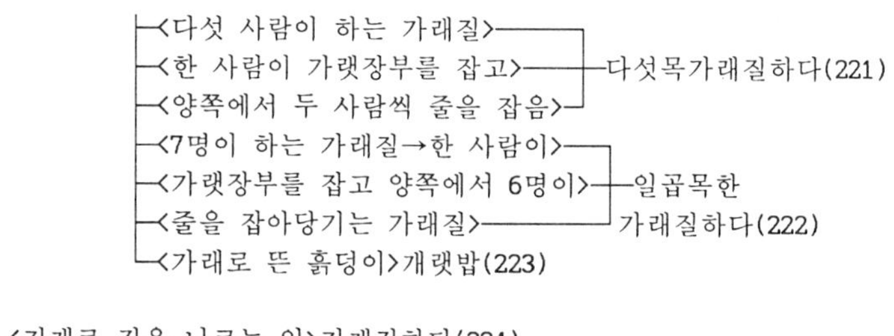

2.3.1.7. 농작물이 자라는 내용

이 부분밭은 농작물이 자라는 상태가 분절의 관점이 되어 <농작물이 자라는 상태>가 공통으로 부가된다.

(225) 발아력(發芽力)   (226) 발아세(發芽勢)[36]
(227) 싹   (228) 싹눈

위의 (225-226)은 '씨앗이 싹트는 힘. 씨앗이 좋고 나쁨을 평가하는 기준이 된다'의 개념을 공유하고 있어, 발아의 힘이 분절성이 되

---

36) 조재영 외8인(1994:77-78)에서 종자의 발아에 대하여 다음과 같이 기술하고 있다.

"종자가 알맞은 환경조건에 놓이면 배(胚)의 유근(幼根)과 유아(幼芽)가 생장하여 밖으로 나오게 되는데, 이것이 종자의 발아(germination of seed)라고 한다. 발아시 종자가 흡수하면 배유에 저장되었던 전분은 아밀라아제(amylase) · 디아스타제(diastase) 등의 효소작용에 의해 맥아당으로 변화되고, 유지(油脂)는 리파아제(lipase)의 작용에 의해 분해되어 글리세린(glycerin) · 지방산 등으로 변화되며, 단백질은 프로테아제(protease)의 작용에 의해 아미노산 및 그 밖의 것으로 분해되고, 각각 물에 용해되어 배로 운반되며, 이들은 호흡기질 또는 유식물(幼植物)의 구성재료로 이용된다. 유식물은 처음에는 배유의 양분으로 생장하지만 나중에는 이것이 소진되고 광합성이나 그 밖의 동화작용에 의하여 양분을 합성해서 생장하는 시기로 옮아가게 되는데, 이 전환기를 이유기라 한다."고 하였다.

어 <씨앗이 싹트는 힘→씨앗의 평가 기준이 됨>이 공통으로 추가되고, (227-228)은 '씨, 줄기, 뿌리 따위에서 처음 돋아나는 어린잎이나 줄기'의 개념을 공유하고 있으므로, 식물의 싹이 분절성이 되어 <씨·줄기·뿌리 따위에서 돋아나는 어린잎이나 줄기>가 공통으로 추가된다.

    (229) 싹트기   (230) 발아(發芽)
    (231) 아생(芽生)   (232) 출아(出芽)
    (233) 싹나기   (234) 입종(入種)

위의 (229-232)는 '씨앗의 어귀가 터서 싹이 나오다. 싹이 씨앗의 외부로 나타나기 시작하는 현상이다'의 개념을 공유하고 있어, 싹이 트는 것이 분절성이 되어 <씨앗의 어귀가 터서 싹이 나오는 일→싹이 씨앗의 외부로 나타나기 시작하는 현상>이 공통으로 추가되고, (233)은 '종자, 뿌리, 줄기, 잎에서 움이 나오는 일'의 개념이므로 <종자·뿌리·줄기·잎에서 움이 나오는 일>이 추가되며, (234)는 '밭에 뿌린 씨가 고르게 싹이 서다'의 개념이니, 고르게 싹이 서는 것이 분절성이 되어 <밭에 파종한 씨가 고르게 싹이 서는 일>이 추가된다.

    (235) 뿌리내림   (236) 착근(着根)
    (237) 땅내맡다

위의 (235-236)은 '옮겨 심은 식물이 뿌리를 내리다'의 개념을 공유하고 있어, 뿌리를 내리는 것이 분절성이 되어 <옮겨 심은 식물이 뿌리를 내리는 일>이 공통으로 추가되고, (237)은 '옮겨 심은 식물이 뿌리가 완전히 내려 땅속의 양분을 빨아들여 싱싱하게 살기 시작하다'의 개념이니, 완전히 착생하여 싱싱하게 사는 것이 분절성이 되어 <이식한 식물이 완전히 착생하여 싱싱하게 살기 시작하는 상태>가 추가된다.

  (238) 헛자라기   (239) 도장(徒長)
  (240) 이삭   (241) 모개
  (242) 모개미

 위의 (238-239)는 '농작물이 무르고 부드럽게 키만 크는 일'의 개념을 공유하고 있어, 농작물이 헛자라는 것이 분절성이 되어 <농작물이 무르고 부드럽게 키만 크는 일>이 공통으로 추가되고, (240)은 '벼, 보리 따위 곡식의 꽃이 피고 꽃대의 끝에 열매가 더부룩하게 열리는 부분'의 개념이니, 곡식의 이삭이 분절성이 되어 <곡식의 꽃이 피고 꽃대의 끝에 열매가 더부룩하게 열리는 부분>이 추가되며, 또 '곡식, 채소 따위 농사지은 것을 거두어 간 뒤에 땅에 흘리어 처져 흩어진 지스러기'의 개념도 가지고 있으므로 <농작물을 거두어 간 뒤에 땅에 떨어진 지스러기>의 개념도 가지고 있다. 그리고 (241-242)는 '곡식의 이삭이 달린 부분'의 개념을 공유하고 있어 <곡식의 이삭이 달린 부분>이 공통으로 추가된다.

  (243) 패다   (244) 패암
  (245) 발수(發穗)   (246) 출수(出穗)

 위의 (243-244)는 '곡식의 이삭 따위가 생겨 나오다'의 개념을 공유하고 있어, 이삭이 나오는 것이 분절성이 되어 <곡식의 이삭이 생겨 나오는 일>이 공통으로 추가되고, (245-246)은 '벼, 보리 따위의

이삭이 패다'의 개념을 공유하고 있으므로, 이삭이 패는 것이 분절성
이 되어 <벼·보리 따위의 이삭이 패는 일>이 공통으로 추가된다.
앞에서 논의한 농작물이 자라는 낱말밭은 다음과 같다.

<그림29> 농작물이 자라는 낱말밭 모형(1)

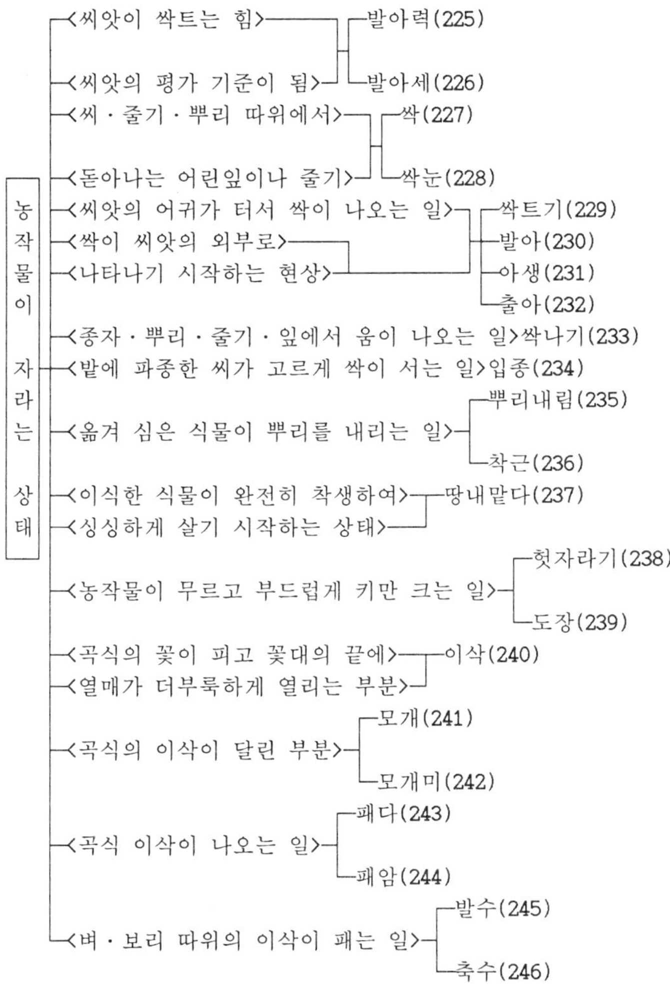

(247) 성실(成實)   (248) 열매맺이
(249) 결실(結實)   (250) 물알

위의 (247)은 '곡식 따위가 다 자라서 열매를 맺다'의 개념이니, 열매를 맺는 것이 분절성이 되어 <곡식이 다 자라서 열매를 맺는 일>이 추가되고, (248-249)는 '식물이 열매를 맺거나 맺은 열매가 여물다'의 개념을 공유하고 있으므로, 열매를 맺거나 여무는 것이 분절성이 되어 <식물이 열매를 맺는 일>과 <식물의 열매가 여무는 일>이 공통으로 추가되며, (250)은 '아직 덜 여물어서 물기가 많고 말랑한 곡식 알'의 개념이니, 덜 여문 것이 분절성이 되어 <아직 덜 여물어서 물기가 많고 말랑한 곡식 알>이 추가된다.

(251) 물알들다   (252) 풋곡식(-穀食)
(253) 풋곡(-穀)   (254) 고개숙이다

위의 (251)은 '햇곡식에 물알이 생기다'의 개념이니, 물알이 생기는 것이 분절성이 되어 <햇곡식에 물알이 생기는 일>이 추가되고, (252-253)은 '완전히 다 익지 않은 곡식'의 개념을 공유하고 있으므로, 덜 익은 곡식이 분절성이 되어 <완전히 다 익지 않은 곡식>이 공통으로 추가되고, (254)는 '곡식의 이삭이 여물어 수그러지다'의 개념이니, 곡식이 익는 것이 분절성이 되어 <곡식의 이삭이 여물어 수그러지는 일>이 추가된다.

(255) 익다   (256) 추성(秋成)[37]

---

37) 조장환 외4인(1993:148)에서 과곡류의 성숙과정을 다음과 같이 말하고 있다.
　　① 유숙기(乳熟期) : 종자의 내용물이 아직 유상(乳狀)인 과정이다.

(257) 황숙(黃熟)

위의 (255)는 '씨, 열매, 낱알 따위가 다 자라서 완전히 여물다'의
개념이니, 완전히 여무는 것이 분절성이 되어 <씨·열매·낱알 등
이 다 자라서 완전히 여무는 일>이 추가되고, (256)은 '가을철에 모
든 곡식이 익다'의 개념이므로, 가을철에 곡식이 익는 것이 분절성이
되어 <가을철에 모든 곡식이 익는 일>이 추가되며, (257)은 '곡식이
나 과실이 누렇게 익다'의 개념이니, 곡식과 과실이 누렇게 익는 것
이 분절성이 되어 <곡식·과실 등이 누렇게 익는 일>이 추가된다.

(258) 올되다   (259) 늦되다
(260) 지르되다   (261) 수영(秀潁)

위의 (258)은 '곡식 따위가 제철보다 일찍 익다'의 개념이니, 일찍
익는 것이 분절성이 되어 <곡식 따위가 제철보다 일찍 익는 일>이
추가되고, 또 '나이보다 일찍 철이 들다'의 개념도 가지고 있어 <나
이보다 철이 일찍 드는 일>을 가지고 사람의 낱말밭에서도 분절한
다. 그리고 (259-260)은 '열매나 곡식 따위가 제철보다 늦게 익다'의
개념을 공유하고 있어, 늦게 익는 것이 분절성이 되어 <열매·곡식

---

② 호숙기(糊熟期) : 종자의 내용물이 된 풀모양인 과정이다.
③ 황숙기(黃熟期) : 이삭이 황변하고 종자의 내용물이 밀상(蜜狀)인 과
   정으로 수확이 가능하다.
④ 완숙기(完熟期) : 전 식물체가 황변(黃變)하고 종자의 내용물이 경화
   하여 손톱으로 파괴되지 않는 과정이며, 보통 완숙에 도달하면 성숙된
   것으로 본다.
⑤ 고숙기(枯熟期) : 식물체가 갈색으로 변하고 내용물이 더욱 경화하여
   탈립(脫粒)·동활(胴割) 등이 발생하기 쉽다.

따위가 제철보다 늦게 익는 일>이 공통으로 추가되고, (261)은 '벼, 수수 따위의 이삭이 잘 여문 것'의 개념이므로, 잘 여문 것이 분절성이 되어 <벼·수수 따위의 이삭이 잘 여문 상태>가 추가되며, 또 '사람의 재능이 뛰어나고 훌륭함'의 개념도 가지고 있어 <재능이 뛰어나고 훌륭함>의 개념을 가지고 사람의 낱말밭에서도 분절한다.

(262) 겉여물다　　　　　　(263) 결립(缺粒)하다
(264) 쭉정이　　　　　　　(265) 공각(空殼)

위의 (262)는 '곡식의 낟알이 속은 덜 여물고 겉으로 보기에만 여물다'의 개념이니, 겉보기에만 여문 것이 분절성이 되어 <곡식의 낟알이 속은 덜 여물고 겉보기에만 여물어 보이는 것>이 추가되고, (263)은 '이삭의 알이 잘 배지 아니하다'의 개념이므로, 결실이 부실한 것이 분절성이 되어 <결실이 부실한 상태>가 추가된다. 그리고 (264)는 '알맹이가 들지 않고 껍질만 있는 곡식의 열매'의 개념이니, 열매가 쭉정이인 것이 분절성이 되어 <알맹이가 들지 않고 껍질만 있는 곡식>이 추가되고, (265)는 '곡식, 열매 따위가 속이 빈 껍데기'의 개념이므로, 빈 껍데기가 분절성이 되어 <곡식·열매 따위가 속이 빈 껍데기>가 추가된다.

(266) 황숙기(黃熟期)　　　　　(267) 태치다

위의 (266)은 '곡식이 누렇게 익는 시기'의 개념이니, 곡식이 익는 시기가 분절성이 되어 <곡식이 누렇게 익는 시기>가 추가되고, (267)은 '새를 쫓기 위하여 태를 휘둘러서 딱 소리를 내다'의 개념이므로, 곡식이 익을 무렵에 새를 쫓는 것이 분절성이 되어 <새를 쫓기

위하여 태를 쳐서 딱 소리를 내는 일>이 추가된다. 앞에서 논의한 농작물이 자라는 낱말밭은 다음과 같다.

<그림30> 농작물이 자라는 낱말밭 모형(2)

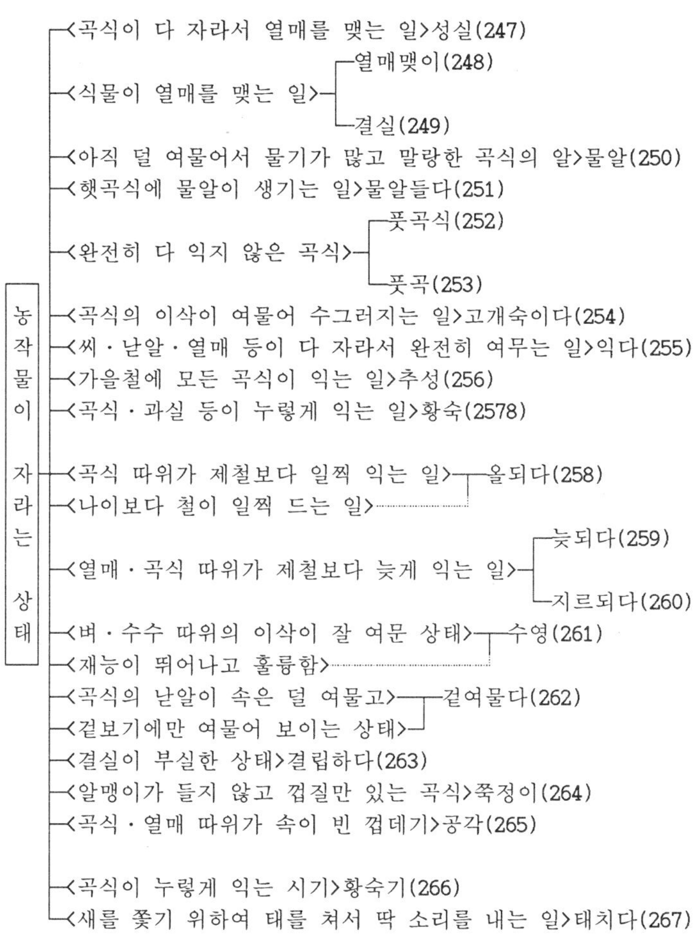

2.3.2. 마무리

(1) 앞에서 농사에 관련된 낱말 267개에 대하여 분절성을 논의하였다. 이것을 바탕으로 하여 분절의 내용을 고찰하면 다음과 같다. 경작하는 내용에는 중복되는 것을 빼고 실제적인 내용의 수는 177개가 된다. 이들의 내용을 표로 보이면 다음과 같다.

〈표2〉 경작하는 내용별 분포도

내용	기경	파종	곡물성장	김매기	기구이용	농사철	씨앗	계
어휘수	46	43	30	20	14	12	12	177
백분율	25.99%	24.29%	16.95%	11.3%	7.91%	6.78%	6.78%	100%

위의 분포로 보아 논밭을 가는 내용이 가장 많고, 파종하는 내용이 두 번째로 많으며, 농작물이 성장하는 내용이 세 번째로 많다. 그리고 김을 매는 내용, 농기구를 이용하는 내용, 농사철, 씨앗의 내용은 비교적 적은 정도이다.

① 농사철의 내용 12개의 구체적인 내용은 다음과 같다.

농사철이 임박한 상태, 농사철에 이른 때, 농사철, 논밭을 갈거나 다루는 시기, 춘경기, 파종기, 농번기, 농한기, 추수기, 농사철이 되어 한창 바쁜 시기, 농사철에 알맞게 내리는 비, 농사시기를 실기하지 말라는 내용이 각각 1개씩(8.33%)이다.

② 씨앗에 대한 내용 12개의 구체적인 내용은 다음과 같다.

씨, 씨앗의 알갱이, 곡식의 종자, 곡식의 종류, 씨앗으로 쓸 곡식, 씨앗을 받는 일, 씨앗을 선별하여 받는 일, 좋은 씨를 고르는 일이나 그 씨앗, 충실한 씨를 고르는 일, 좋은 이삭을 골라 씨앗을 받거나 그 씨앗, 씨앗을 생산하는 기업체가 각각 1개씩(8.33%)이다.

③ 파종하는 내용 43개의 내용은 다음과 같다.

파종하는 방법, 식물의 종자로 번식시키는 실생법, 파종하는 일, 파종 전에 씨앗을 물에 담갔다가 파종하는 방법, 싹을 빨리 틔우는 일, 씨앗을 떨어뜨려 심는 일, 실제로 씨앗을 파종하는 일, 씨를 흩어 뿌리는 파종법, 씨앗을 한 개나 몇 개씩 모아 심는 방법, 씨앗을 몇 알씩 군데군데 파종하는 방법, 본 경작지에 바로 파종하는 방법, 씨앗을 받은 즉시 파종하는 방법, 배게 파종하는 방법, 모판에 파종하는 방법, 맨땅에 파종하는 일, 몸소 씨앗을 파종하는 일, 줄을 맞추지 않고 되는 대로 파종하는 방법, 이랑을 만들지 않고 파종하는 방법, 고랑을 만들어 파종하는 방법, 줄을 맞추어 파종하는 방법, 두 줄로 나란히 파종하는 방법, 사각형으로 파종하는 방법, 파종하려던 씨앗을 심을 수 없을 때 대신 다른 씨를 파종하는 일, 그루를 갈아엎고 새로 파종하는 일, 벼를 베어낸 논에 보리나 채소를 심는 일, 일찍 심은 종자, 보통보다 이르게 파종하는 일, 철늦게 심는 일, 늦게 갈고 파종하는 일, 봄파종, 여름파종, 가을파종, 적재적소에 작물을 심는 일, 파종 후에 흙을 덮는 일, 파종 후에 볏짚을 덮어주는 일, 어린 모종, 옮겨심기, 식물을 심는 일, 농작물을 꽂아서 심는 일, 줄기를 반달처럼 휘어서 꽂아 심는 일, 거꾸로 심는 방법, 이식할 때 모에 생기는 상처, 포기를 나누어 심어 새 개체를 재배하는 일이 각각 1개씩(2.33%)이다.

④ 논밭을 가는 내용 46개는 다음과 같다.

논밭을 가는 방법, 논밭을 가는 일, 곡식을 심기 위하여 땅을 파는 일, 농기구로 땅을 가는 일, 논밭을 갈아 다루는 일, 경작하던 논밭을 가는 일, 논이나 밭을 모조리 가는 일, 소로 논밭을 가는 일, 말로 논밭을 가는 일, 쟁기질, 겨리질, 두 사람이 나란히 쟁기로 논밭을 가는 일, 곧바로 갈아 나가는 일, 원형으로 논밭을 가는 일, 땅을 갈아엎는 일, 땅을 갈아 그루를 뒤엎는 일, 묵은 끄트러기를 갈아엎어 묻히게 하는 일, 농작물을 거두어들인 후 논밭을 가는 일, 개똥거름을 주고 밭을 가는 일, 애벌갈이, 두벌갈이, 세벌갈이, 논밭을 다시 가는 일, 밭을 세 번 가는 일, 봄갈이, 가을갈이, 추수 후에 논밭을 갈아엎는 일, 논밭을 갈아 흙 속에 볕과 바람을 쬐어 바래는 일, 겨울에 논밭을 대강 가는 일, 밭을 갈아서 고랑을 만드는 일, 서투른 일꾼이 잘 갈리지 않는 논밭을 억지로 가는 일, 논밭을 갈아 넘긴 고랑, 논밭을 얇게 가는 일, 논밭을 깊게 가는 일, 논밭을 갈 때에 그 폭, 연장으로 한 번 떠올리는 흙밥, 보습의 볏으로 받아 뒤집어놓은 흙덩이, 쟁기날에 깎이어 나온 흙, 논밭을 갈지 않는 일, 땅을 부드럽게 고르는 일, 고무래질, 번지질, 나래질, 논밭의 복사를 드러내는 일이 각각 1개씩(2.18%)이다.

⑤ 김을 매는 내용 20개는 다음과 같다.

김매기, 풀매기, 골걷이, 애벌김, 두벌김, 논밭을 두 번째 갈거나 매는 일, 농작물의 성장과정에 김을 매어 주는 일, 밭을 갈고 난 후 김을 매는 일, 농작물을 북돋아주는 일, 김맬 때 흙덩이를 떠서 그 자리에 덮는 김매기의 방법, 흙덩이를 옆으로 빼내는 김매기의 방법, 김맬 때에 흙을 떠서 앞으로 엎는 흙덩이, 김맬 때에 호미로 떠서 덮는 흙덩이, 삯을 받고 매어주는 김, 기계로 매는 김, 잡초를 뽑는 일, 김을 매지 않아 잡초가 무성한 상태, 잡초가 무성한 전원을 방치하는 일이 각각 1개씩(5%)이다.

⑥ 농기구를 사용하는 내용 14개는 다음과 같다.

갈퀴질하는 내용, 낫질하는 내용, 괭이질하는 내용, 삽질하는 내용,

가래질하는 내용, 마른 땅에서 가래질하는 내용, 가래를 모로 세우고 깎는 일, 밭둑이나 논둑을 후리어 깎는 가래질, 큰가래질하는 내용, 먼가래질하는 내용, 다섯목가래질하는 내용, 일곱목가래질하는 내용, 가래로 떠내는 흙덩이, 지게질하는 내용이 각각 1개씩(7.14%)이다.

⑦ 농작물이 자라는 내용 30개의 내용은 다음과 같다.

씨앗이 싹트는 힘, 식물의 싹, 식물이 싹트는 내용, 싹이 나오는 상태, 씨가 고르게 싹이 나오는 상태, 식물이 뿌리를 내리는 상태, 농작물이 무르고 부드럽게 키만 크는 일, 곡식의 이삭, 곡식의 이삭이 달린 부분, 이삭이 패는 일, 벼나 보리의 이삭이 패는 일, 식물이 열매를 맺는 일, 곡식이 다 자라서 열매를 맺는 일, 아직 덜 여물어서 물기가 많고 말랑한 곡식의 알, 햇곡식에 물알이 생기는 일, 파랗게 자라고 있는 풋곡식, 곡식이 익어 고개를 숙이는 일, 곡식이 익는 일, 가을철에 모든 곡식이 익는 일, 농작물이 누렇게 익는 일, 곡식이 제철보다 일찍 익는 일, 곡식이 제철보다 늦게 익는 일, 벼나 수수의 이삭이 잘 여문 상태, 곡식의 낟알이 겉보기에만 여물어 보이는 상태, 결실이 부실한 상태, 곡식의 쭉정이, 곡식의 속이 빈 껍데기, 곡식이 누렇게 익는 시기, 새를 쫓기 위해 태를 치는 일이 각각 1개씩(2.33%)이다.

(2) 경작하는 내용에서 주체적인 역할을 하는 177개는 다음과 같다.

농부가 98개(55.37%)로 가장 많고, 농작물이 27개(15.25%)로 두 번째로 많으며, 파종법이 14개(7.91%)로 세 번째로 많다. 그리고 씨앗이 9개(5.08%)이고, 논밭을 갈고 김맬 때의 흙덩이가 7개(3.95%)이며, 농사철이 6개(3.39%)이다. 농번기와 김매는 방법 및 잡초가 각각 2개씩(1.13%)이고, 황숙기, 파종시기, 농한기, 추수기, 단비, 어린 모종, 모, 땅을 가는 방법, 논밭을 갈 때의 깊이, 논밭을 갈 때의 폭이 각각 1개씩(0.56%)이다.

(3) 경작하는 내용에 등장하는 객체 342개의 내용은 다음과 같다. 씨앗이 50개(14.62%), 논밭이 42개(12.28%), 농사철과 김매기가 각각 17개씩(4.97%), 농작물이 13개(3.8%), 흙덩이와 곡식이 각각 11개씩(3.22%), 가래가 10개(2.92%), 잡초가 9개(2.63%), 밭과 곡식 알 및 땅이 각각 7개씩(2.05%), 식물, 싹, 이랑, 벼가 각각 5개씩 (1.46%), 추수, 봄, 가을, 식물의 줄기, 뿌리, 쟁기가 각각 4개씩 (1.17%), 논, 보리, 비료, 그루가 각각 3개씩(0.88%), 꽃, 온도, 산소, 나무, 움, 소, 해충, 볕, 괭이, 삽, 호미, 논둑, 식물의 잎, 농사, 모종이 각각 2개씩(0.58%)이다.

그리고 채소, 밀, 조, 고구마, 수수, 단비, 씨앗을 재배하는 기업체, 물, 수분, 빛, 묘상, 맨땅, 가로수, 사각형모양, 볏짚, 습기, 생땅, 묵힌 땅, 말, 사람, 보습, 트랙터, 끄트러기, 개똥거름, 바람, 고무래, 번지, 나래, 복사, 품삯, 기계, 전원, 낙엽, 솔가리, 검불, 갈퀴, 낫, 풀, 밭둑, 과실, 새, 태, 모내기, 여름, 농기구가 각각 1개씩(0.29%)이다.

(4) 경작하는 내용 177개 중에서 바람직한 긍정적인 내용은 169개 (95.48%)이고, 바람직하지 못한 부정적인 내용은 '이식할 때 모에 생 기는 상처, 서투른 일꾼이 잘 갈리지 않는 논밭을 억지로 가는 일, 김매기를 하지 않아 잡초가 무성한 상태, 잡초가 무성하여 거칠고 어 지러운 전원을 방치하는 일, 농작물이 무르고 부드럽게 키만 자라는 상태, 곡식이 겉여무는 상태, 쭉정이로 된 곡식, 곡식의 열매가 속이 비어 있는 상태' 등 8개(4.52%)이다. 따라서 긍정적인 내용이 절대

우세하다.

(5) 총 어휘 267개 중에서 어종별로 살펴보면 토박이말이 129개 (48.31%)이고, 한자말이 127개(45.7%)이며, 토박이말과 한자어가 융합된 혼종어는 11개(4.12%)이다. 여기에서 한자어보다 토박이말 이 많은 것이 특이하다.

2.4. 작황

2.4.1. 작황의 내용

이 부분밭은 농사를 지어 추수를 하고 추수한 수확물과 타작하는 내용 및 풍년, 흉년, 농작물이 입은 재해, 방아를 찧는 내용으로 되어 있다. 이 부분밭의 상위 분절은 다음과 같다.

〈그림31〉 작황의 상위 낱말밭 모형

```
                  ┌〈추수하는 내용〉
                  ├〈거두어들인 수확물〉
                  ├〈타작하는 내용〉
〈작황〉──┼〈풍년〉
                  ├〈흉년〉
                  ├〈농작물의 재해〉
                  └〈방아찧는 내용〉
```

2.4.1.1. 추수하는 내용

趙章煥 외4인(1993:148)「農學槪論」先進文化社에서 농작물의 성 숙과정을 다음과 같이 서술하고 있다.

종자나 과실의 외관이 갖추어지고 내용물이 충실해지며 발아력도 완전하여 수확하기에 알맞은 상태를 성숙(ripeness)이라고 한다. 화곡류와 십자화과작물의 성숙과정을 보면 다음과 같다.

(1) 화곡류의 성숙과정
① 유숙기 : 종자의 내용물이 아직 유상(乳狀)인 과정이다.
② 호숙기 : 종자의 내용물이 된 풀 모양인 과정이다.
③ 황숙기 : 이삭이 누렇게 변하고 종자의 내용물이 납상(蠟狀)인 과정이다.
④ 완숙기 : 전 식물체가 누렇게 변하고 종자의 내용물이 단단해지는 과정이다.
⑤ 고숙기 : 식물체가 갈색으로 되고 내용물이 더욱 단단해지는 과정이다.

(2) 십자화과작물의 성숙과정
① 백숙기 : 종자가 백색이고 내용물이 물과 같은 상태의 과정이다.
② 녹숙기 : 농자가 녹색이고 내용물을 손톱으로 눌러서 쉽게 압출되는 과정이다.
③ 갈숙기 : 꼬투리가 녹색을 상실해가며 종자도 성숙색이 되는 과정이다.
④ 고숙기 : 종자는 더욱 굳어지고 꼬투리가 담갈색이 되어 약해지는 과정이다.
이 부분밭은 농작물을 거두어들이는 내용이므로 <추수>가 공통으로 부가된다.

(1) 추수기(秋收期)   (2) 추수철(秋收-)[38]
(3) 추수때(秋收-)   (4) 신곡머리(新穀--)

이들은 추수하는 시기의 내용이므로 <추수철>이 공통으로 추가된다. 따라서 (1-3)은 '추수하는 시기'의 개념을 공유하고 있어 <추수하는 시기>가 공통으로 추가되고, (4)는 '햇곡식이 날 무렵'의 개념이므로 햇곡식이 분절성이 되어 <햇곡식이 날 무렵>이 추가된다.

(5) 수확(收穫)   (6) 거둠질하다
(7) 경확(耕穫)   (8) 예취(刈取)

위의 (5)는 '논밭의 농작물을 거두어들이다'의 개념이니, 추수하는 일이 분절성이 되어 <논밭의 농작물을 거두어들이는 일>이 추가되고, 또 '어떤 일을 해서 얻은 좋은 성과'의 개념도 가지고 있어 <어떤 일을 해서 얻은 좋은 성과>를 가지고 업무의 낱말밭에서도 분절하며, (6)은 '농작물을 거두어들이다'의 개념이므로 <농작물을 거두어들이는 일>이 추가된다. 그리고 (7)은 '농작물을 가꾸어 곡식을 거두어들이다'의 개념이니, 곡식을 거두어들이는 것이 분절성이 되어 <농작물을 재배하여 곡식을 거두어들이는 일>이 추가되고, (8)은 '곡식이나 풀을 베다'의 개념이므로, 베는 것이 분절성이 되어 <곡식·풀을 베는 일>이 추가된다.

(9) 운확(耘穫)   (10) 덩굴걷이하다

---

38) 조장환 외4인(1993:148)은 "작물의 수확기를 결정하는 중요한 요인은 작물의 발육정도(성숙정도·기관의 발육량·기관의 충실도·조직의 조숙도·함유성분량), 재배조건(전후작관계·노력관계), 시장조건, 기상조건 등이다."고 하였다.

(11) 자타작(自打作)   (12) 조예(早刈)

위의 (9)는 '풀을 베고 곡식을 거두어들이다'의 개념이니, 곡식을 베어들이는 것이 분절성이 되어 <풀·곡식을 베어 거두어들이는 일>이 추가되고, (10)은 '밭에 심은 덩굴진 식물을 걷어치우다. 또는 그 때 따낸 열매'의 개념이므로, 덩굴걷이와 열매를 따내는 것이 분절성이 되어 <밭작물의 덩굴을 걷어치우는 일>과 <밭작물의 열매를 따내는 일>이 추가된다. 그리고 (11)은 '자기의 논밭을 자기 스스로 농사지어 추수하다'의 개념이니, 자작하여 추수하는 것이 분절성이 되어 <자작하여 몸소 추수하는 일>이 추가되고, (12)는 '곡식류를 제철보다 일찍 베다'의 개념이므로, 제철보다 일찍 추수하는 것이 분절성이 되어 <곡식류를 제철보다 일찍 추수하는 일>이 추가된다.

(13) 추숙(追熟)   (14) 오사리
(15) 늦사리

위의 (13)은 '수확기의 탈락 손실을 막기 위하여 적기보다 일찍 거두어들여서 뒤에 완숙시키다'의 개념이니, 일찍 수확하여 뒤에 완숙시키는 일이 분절성이 되어 <적기보다 일찍 수확함→수확기의 탈락 손실을 막기 위함→수확 후에 완숙시키는 일>이 추가되고, (14)는 '이른 철에 농작물을 거두는 일'의 개념이므로, 이른 철에 추수하는 것이 분절성이 되어 <이른 철에 농작물을 거두어들이는 일>이 추가되며, (15)는 '늦은 철에 농작물을 거두어들이는 일'의 개념이니, 늦은 철에 추수하는 것이 분절성이 되어 <늦은 철에 농작물을 거두어들이는 일>이 추가된다.

(16) 가을걷이하다   (17) 가을하다[39]

(18) 가을일하다   (19) 서수(西收)하다

(20) 추수(秋收)하다   (21) 추가(秋稼)하다

위의 (16-21)은 '가을에 농작물을 거두어들이다'의 개념을 공유하고 있어, 가을에 추수하는 것이 분절성이 되어 <가을에 농작물을 추수하는 일>이 공통으로 추가된다. 앞에서 논의한 추수하는 낱말밭은 다음과 같다.

<그림32> 추수하는 낱말밭 모형

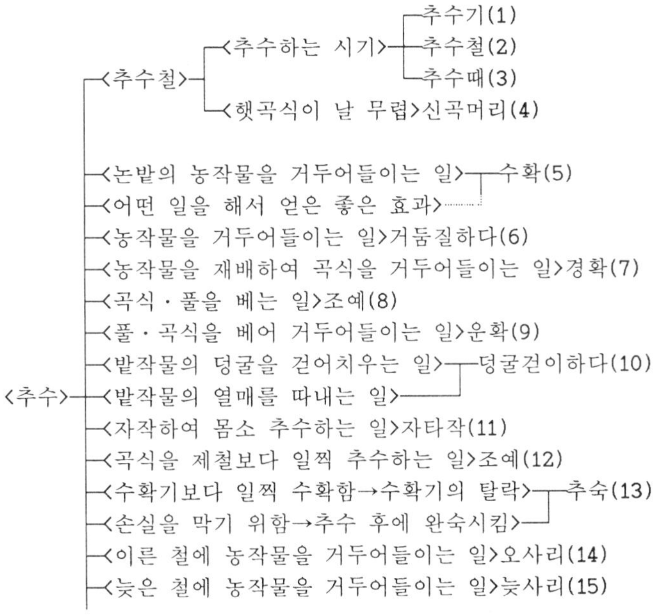

39) 조장환 외4인(1993:148)은 "화곡류·목초 등은 예취(刈取)하고, 감자·고구마 등은 굴취(掘取)하며, 과실·뽕 등은 적취(摘取)한다. 또한 무·배추 등은 발취(拔取)한다. 수확용 농기구는 낫·바인더·콤바인·굴취기(掘取機)·도예기(稻刈器) 등 여러 가지가 있다."고 하였다.

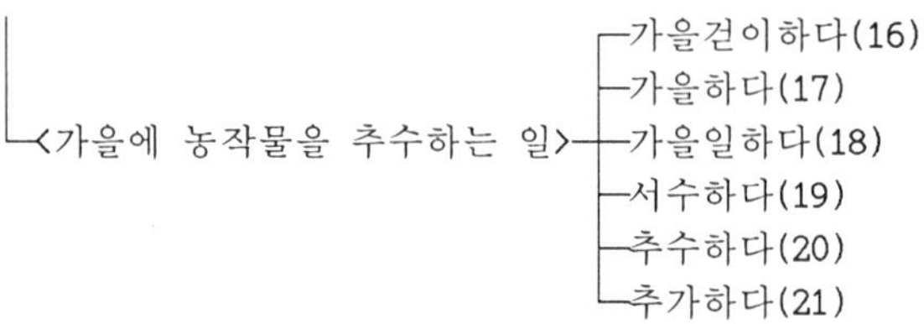

2.4.1.2. 거두어들인 수확물

이 부분밭은 농사를 지어 농작물을 거두어들인 수확물의 내용이므로 <수확물>이 공통으로 추가된다.

　(22) 수확물(收穫物)　　　　(23) 수확고(收穫高)
　(24) 수확량(收穫量)　　　　(25) 곡수(穀數)

위의 (22)는 '거두어들인 농작물'의 개념이니 <거두어들인 농작물>이 추가되고, (23-24)는 '농작물을 거두어들인 양'의 개념을 공유하고 있으므로, 거두어들인 양이 분절성이 되어 <농작물을 거두어들인 양>이 공통으로 추가되며, (25)는 '곡식의 소출 수량'의 개념이니, 곡식이 분절성이 되어 <곡식의 수확량>이 추가된다.

　(26) 분곡(分穀)　　　　(27) 추곡(秋穀)
　(28) 추확(秋穫)　　　　(29) 마바리

위의 (26)은 '추수한 곡식을 몫몫이 나누다'의 개념이니, 나누어 가지는 것이 분절성이 되어 <추수한 곡식을 몫몫이 나누는 일>이 추가되고, (27)은 '가을에 추수한 곡식'의 개념이므로, 가을에 추수한 것이 분절성이 되어 <가을에 추수한 곡식>이 추가된다. 그리고 (28)은

'가을철의 수확'의 개념이니 <가을철의 수확>이 추가되고, (29)는 '한 마지기에 두 섬 곡식이 나다'의 개념이므로, 한 마지기의 소출의 양이 분절성이 되어 <한 마지기에 두 섬의 곡식이 생산됨>이 추가된다.

    (30) 다작(多作)   (31) 소수나다
    (32) 증수(增收)되다

위의 (30)은 '농산물이나 물건을 많이 생산하다'의 개념이니, 대량 생산이 분절성이 되어 <농작물·물건을 대량으로 생산함>이 추가되고, 또 '작품 같은 것을 많이 창작하다'의 개념도 가지고 있어 <작품을 많이 창작함>을 가지고 작품 창작의 낱말밭에서도 분절한다. 그리고 (31)은 '땅의 농작물의 소출이 늘다'의 개념이니, 증산되는 것이 분절성이 되어 <땅의 농산물이 증산되는 일>이 추가되고, (32)는 '수입이나 수확이 많아지다'의 개념이므로, 증수되는 것이 분절성이 되어 <수입·수확이 증가되는 일>이 추가된다.

    (33) 다수확(多收穫)   (34) 다수확왕(多收穫王)
    (35) 감작(減作)   (36) 감수(減收)

위의 (33)은 '많은 수확'의 개념이니 <많은 수확>이 추가되고, (34)는 '일정한 경지에서 같은 작물로 어느 누구보다 제일 많은 수확을 낸 사람'의 개념이므로 <일정한 경지에서 같은 작물의 재배에서 제일 많은 수확을 낸 사람>이 추가된다. 그리고 (35)는 '작물의 수확이 감소되다'의 개념이니, 수확의 감소가 분절성이 되어 <작물의 수확이 감소되는 일>이 추가되고, (36)은 '수입이나 수확이 줄어지다'의

개념이므로, 감수되는 것이 분절성이 되어 <수입·수확이 감소되는 일>이 추가된다.

(37) 가을줄이   (38) 가을내림
(39) 추락(秋落)   (40) 반타작(半打作)
(41) 이삭줍다

위의 (37-39)는 '예상했던 풍작이 가을에 와서 수확이 줄어지다'의 개념을 공유하고 있어, 예상외로 가을의 수확이 감소되는 것이 분절성이 되어 <예상보다 가을에 와서 수확이 감소되는 일>이 공통으로 추가되고, (40)은 '예상보다 소득이 절반 정도밖에 되지 못하는 일을 이르는 말'의 개념이므로, 예상의 절반 정도의 소득이 분절성이 되어 <예상보다 소득이 절반 정도밖에 못 미치는 일>이 추가되며, (41)은 '곡식을 거두어 간 뒤 논밭에 떨어진 이삭을 주어 모으다'의 개념이니, 이삭을 줍는 것이 분절성이 되어 <추수 후 논밭에 떨어진 이삭을 줍는 일>이 추가된다. 앞에서 논의한 수확물의 낱말밭은 다음과 같다.

<그림33> 농작 수확물의 낱말밭 모형

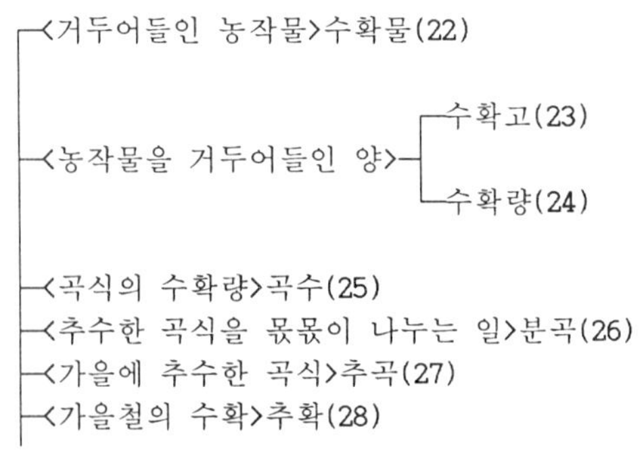

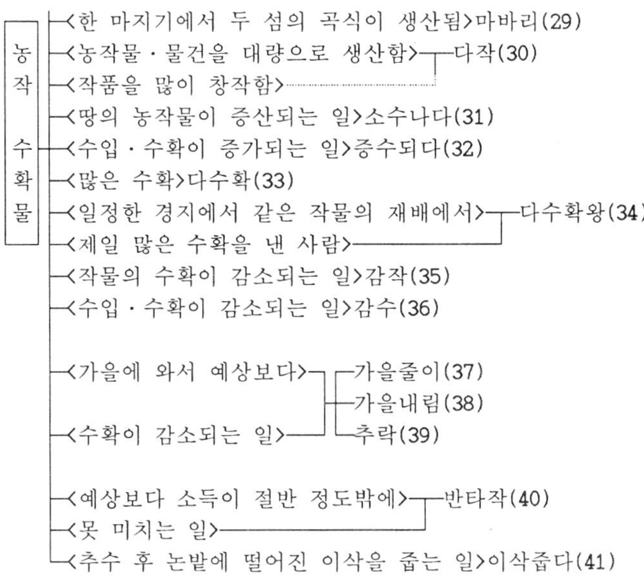

2.4.1.3. 타작하는 내용

곡식의 낟알을 모체로부터 분리하는 것을 탈곡(threshing)이라고 한다. 일반 곡류에서는 회전탈곡기를 많이 사용하고, 옥수수는 코온셸러(corn sheller)로 탈곡한다. 각 작물별로 적정 회전속도 이상이 되면 낟알이 상할 우려가 있다.[40]

이 부분밭은 타작하는 내용이므로 <타작>이 공통으로 부가된다.

(42) 마당맥질   (43) 탈곡장(脫穀場)
(44) 타곡장(打穀場)   (45) 타작마당(打作--)
(46) 텃마당

---

40) 趙章煥 외4인(1993:149)「農學槪論」先進文化社. 참조.

   이들은 타작하는 장소가 분절의 관점이 되므로 <탈곡장>이 공통으로 추가된다. 따라서 (42)는 '농가에서 마당질하기 위하여 여름에 팬 우툴두툴한 마당에 흙을 갖다가 이겨서 고르게 바르다'의 개념이니, 타작하기 위해 마당을 손질하는 것이 분절성이 되어 <타작하기 위하여 여름에 팬 마당을 흙을 이겨 고르게 바르는 일>이 추가되고, (43-44)는 '탈곡하는 장소'의 개념을 공유하고 있으므로 <탈곡하는 장소>가 공통으로 추가된다. 그리고 (45)는 '타작하는 마당'의 개념이니, 마당이 분절성이 되어 <타작하는 마당>이 추가되고, (46)은 '타작할 때에 공동으로 쓰려고 닦아놓은 마당'의 개념이므로, 공동탈곡장이 분절성이 되어 <공동탈곡장으로 쓰려고 닦아놓은 마당>이 추가된다.

   (47) 타작꾼(打作-)   (48) 마당질
   (49) 타작(打作)   (50) 탈곡(脫穀)
   (51) 타곡(打穀)   (52) 들타작(-打作)

   위의 (47)은 '타작하는 일꾼'의 개념이니, 일꾼이 분절성이 되어 <타작하는 일꾼>이 추가되고, (48-51)은 '기계를 쓰거나 두드려서 곡식의 이삭을 털어 알곡을 거두다'의 개념을 공유하고 있으므로, 타작하는 것이 분절성이 되어 <기계를 쓰거나 두드려서 곡식의 이삭을 털어 낟알을 거두는 일>이 공통으로 추가되며, (52)는 '들에서 하는 타작'의 개념이니, 타작하는 장소가 들인 것이 분절성이 되어 <들에서 하는 타작>이 추가된다.

   (53) 도리깨질   (54) 발바심

위의 (53)은 '도리깨로 곡식이삭을 두드려 알갱이를 떨다'의 개념
이니, 도리깨의 사용이 분절성이 되어 <도리깨로 곡식이삭을 두드려
알갱이를 떠는 일>이 추가되고, (54)는 '곡식이삭을 발로 짓밟아서
알을 떨어내다'의 개념이므로, 발로 짓밟는 것이 분절성이 되므로
<곡식이삭을 발로 짓밟아서 알을 떨어내는 일>이 추가된다.

(55) 볏가을하다   (56) 볏갈하다
(57) 벼마당질하다   (58) 물타작하다(-打作--)
(59) 진타작하다(-打作--)   (60) 마른타작하다(--打作--)
(61) 벼훑이질하다   (62) 풋벼바심하다

이들을 벼를 타작하는 내용이므로 <벼를 타작하는 일>이 공통으
로 추가된다. 따라서 (55-57)은 '익은 벼를 거두어들이어 타작하다'
의 개념을 공유하고 있어 <익은 벼를 거두어들여 타작하는 일>이 공
통으로 추가되고, (58-59)는 '벼를 베어 미처 말리지 않은 물벼 채로
타작하다'의 개념을 공유하고 있으므로 <베어낸 벼가 채 마르기 전
에 타작하는 일>이 추가되며, (60)은 '빈 벼를 바싹 말린 뒤에 타작하
다'의 개념이니, 바싹 말린 벼가 분절성이 되어 <빈 벼를 바싹 말려
타작하는 일>이 추가된다. 그리고 (61)은 '두 나뭇가지의 한 끝을 동
여매어 집게처럼 만들고 그 틈에 벼이삭을 넣고 벼의 알을 훑다'의
개념이니, 벼훑이로 벼이삭을 터는 것이 분절성이 되어 <벼훑이로
벼이삭의 알을 훑는 일>이 추가되고, (62)는 '채 여물기 전의 벼를
지레 베어 떨거나 훑다'의 개념이므로, 덜 익은 벼를 타작하는 것이
분절성이 되어 <풋벼를 베어 떨거나 훑는 일>이 추가된다. 앞에서
논의한 타작하는 낱말밭은 다음과 같다.

〈그림34〉 타작하는 낱말밭 모형(1)

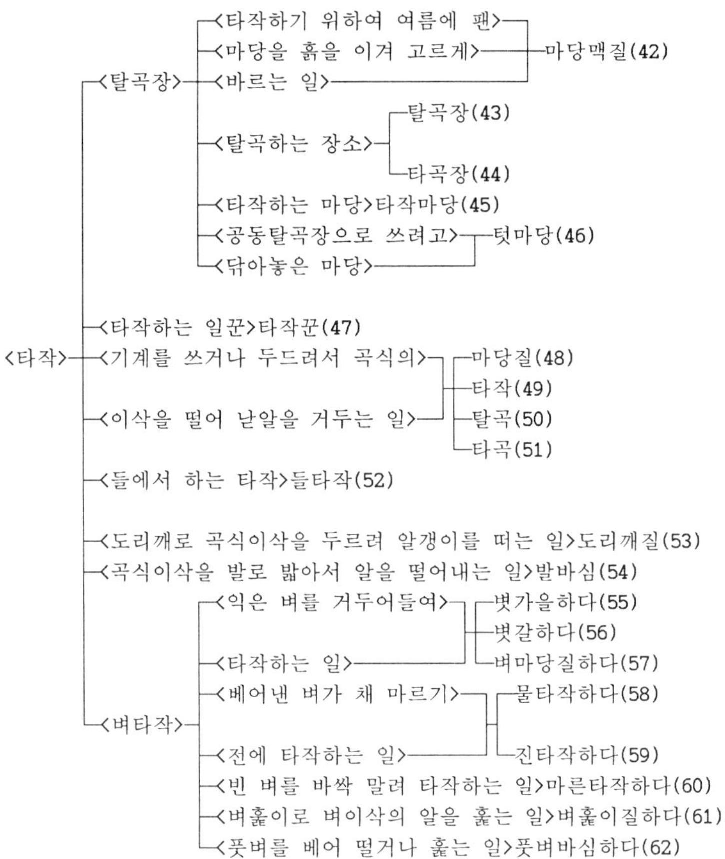

(63) 보리마당질하다   (64) 보리타작하다(--打作-)

(65) 타맥(打麥)하다   (66) 풋바심하다

(67) 개상질하다(-床---)   (68) 태질하다

(69) 타맥장(打麥場)

이들은 보리타작하는 내용이므로 〈보리타작〉이 공통으로 추가된다. 따라서 (63-65)는 '보릿단을 태질쳐 보리이삭에서 알곡을 떨어내다'의 개념을 공유하고 있어 <보릿단을 태질쳐 보리이삭에서 알곡을 떨어내는 일>이 공통으로 추가되고, (66)은 '채 여물기 전에 보리를 베어 떨거나 훑다'의 개념이므로, 풋보리를 타작하는 것이 분절성이 되어 <덜 익은 보리를 베어 떨거나 훑는 일>이 추가된다. 그리고 (67-68)은 '개상에 보릿단을 쳐서 이삭에서 알곡을 떨어내다'의 개념을 공유하고 있어, 개상질하는 것이 분절성이 되어 <개상질로 보리를 타작하는 일>이 공통으로 추가되고, (69)는 '보리를 타작하는 곳'의 개념이므로, 타작하는 장소가 분절성이 되어 <보리를 타작하는 곳>이 추가된다.

(70) 조바심하다

이는 '조의 이삭을 떨어서 좁쌀을 만들어 내다'의 개념이니, 조를 타작하는 것이 분절성이 되어 <조의 이삭을 떨어서 좁쌀을 거두는 일>이 추가된다.

(71) 날려고르기하다   (72) 풍선(風選)하다
(73) 넉가래질하다   (74) 키내림하다
(75) 키질하다   (76) 까붐질하다
(77) 부뚜질하다   (78) 풍구질하다(風----)

이들은 곡식 낟알에 섞인 쭉정이, 검불, 먼지 따위를 날려버리는 내용이므로 <낟알에 섞인 잡것을 날려버리는 일>이 공통으로 추가된다. 따라서 (71-72)는 '바람을 이용하여 가볍고 불량한 종자를 날려버리고 무거운 종자만 채취하다'의 개념을 공유하고 있어 <불량한

종자를 바람에 날려버려 무거운 종자만 채취하는 일>이 공통으로 추가되고, (73)은 '낟알을 넉가래로 떠서 공중에 뿌리어 티끌이나 쭉정이 따위를 바람에 날리다'의 개념이므로, 넉가래를 사용하는 것이 분절성이 되어 <낟알을 넉가래로 떠서 공중에 뿌리어 티끌·쭉정이 따위를 바람에 날리는 일>이 추가되며, (74)는 '곡식의 낟알에 섞인 쭉정이나 검불, 먼지 따위를 바람에 날리려고, 곡식을 키에 담아 높이 들고 천천히 쏟아 내리다'의 개념이니, 키를 사용하는 것이 분절성이 되어 <곡식을 키에 담아 높이 들고 천천히 쏟아 내림→쭉정이·검불·먼지 따위를 바람에 날려버림>이 추가된다. 그리고 (75-76)은 '키로 곡식이나 다른 것들을 까불다'의 개념을 공유하고 있어, 키질하는 것이 분절성이 되어 <키로 곡식이나 다른 것들을 까부는 일>이 공통으로 추가되고, 또 '어떤 감정이나 일을 부추기어 더욱 더 커지게 하다'의 개념도 가지고 있으므로 <감정이나 일을 부추기어 더욱 커지게 하는 일>을 가지고 감정이나 사건의 낱말밭에서도 분절한다. (77)은 '곡식에 섞인 쭉정이나 검부러기 따위를 날려버리려고 한 사람은 곡식을 그릇에 담아 높이 들고 쏟아 내리고 한 사람은 부뚜를 펴서 중턱을 밟고 두 끝을 쥐고 흔들어 바람을 일으키다'의 개념이니, 부뚜질하는 것이 분절성이 되어 <한 사람은 곡식을 그릇에 담아 높이 들고 쏟아 내림→한 사람은 부뚜를 펴서 중턱을 밟고 두 끝을 쥐고 흔들어 바람을 일으킴→쭉정이·검부러기를 날려버림>이 추가되고, (78)은 '풍구로 곡식에 섞인 쭉정이, 겨, 먼지 따위를 날리다'의 개념이니, 풍구질하는 것이 분절성이 되어 <풍구로 곡식에 섞인 쭉정이·겨·먼지 따위를 날리는 일>이 추가된다. 앞에서 논의한 타작하는 낱말밭은 다음과 같다.

〈그림35〉 타작하는 낱말밭 모형(2)

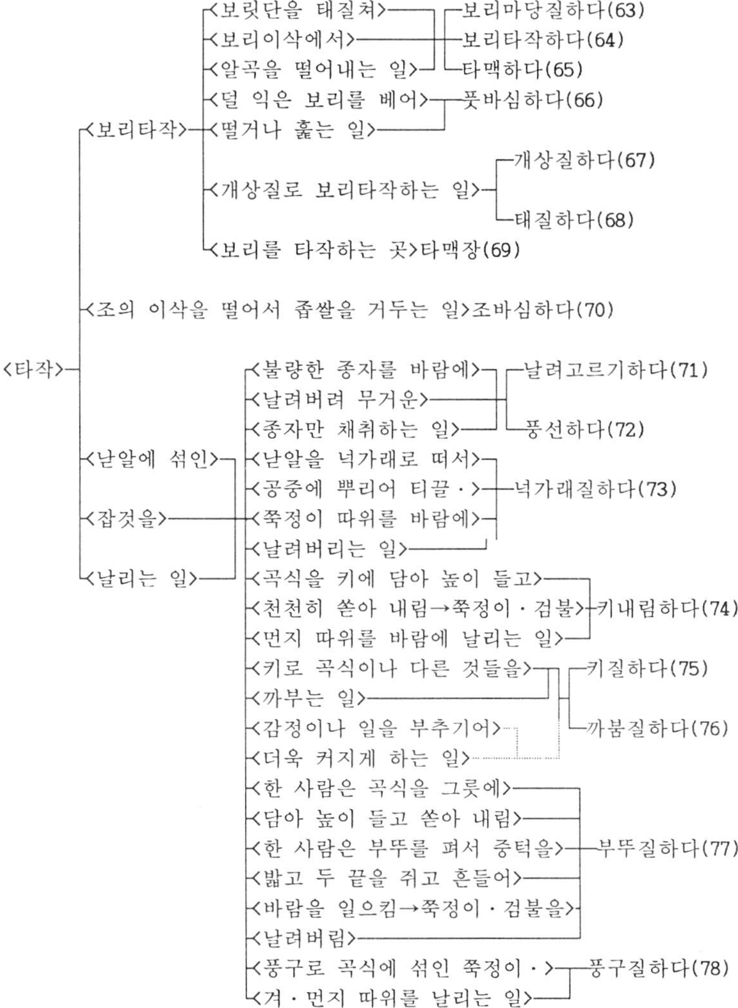

2.4.1.4 풍년의 내용

이 부분밭은 농사가 잘되고 못된 형편의 내용이므로 <농사의 형편>

이 분절의 관점이 된다.

(79) 연사(年事)　　　　(80) 농형(農形)
(81) 작황(作況)　　　　(82) 작황예보(作況豫報)
(83) 작황지수(作況指數)

위의 (79-80)은 '농사가 잘되고 못된 형편'의 개념을 공유하고 있어, 농사의 형편이 분절성이 되어 <풍작과 흉작의 형편>이 공통으로 추가되고, (81)은 '농작이 잘되고 못된 상황'의 개념이므로 <풍작과 흉작의 상황>이 추가된다. 그리고 (82)는 '농사의 수확고를 수확기 이전에 추정하여 공포하다. 농가의 경제 계획에 있어서 중요하다'의 개념이니, 작황의 예보가 분절성이 되어 <농작물의 수확고를 수확기 이전에 추정하여 공포하는 일→농가의 경제계획에 중요함>이 추가되고, (83)은 '농작물의 작황을 예상하여 평년에 비하여 어떠한 상태에 있는 지를 나타낸 지수'의 개념이므로, 작황을 예상한 지수가 분절성이 되어 <농작물의 작황을 예상하여 평년에 비하여 어떠한 상태인가를 나타낸 지수>가 추가된다.

(84) 풍년(豊年)　　　　(85) 세풍(歲豊)
(86) 강년(康年)　　　　(87) 영세(寧歲)
(88) 유년(有年)　　　　(89) 연풍(年豐)
(90) 등풍(登豐)　　　　(91) 봉년(逢年)
(92) 봉풍(逢豐)

위의 (84-90)은 '곡식이 잘 자라고 잘 여물어 평년보다 수확이 많은 해'의 개념을 공유하고 있어, 평년보다 수확 많은 것이 분절성이 되어 <곡식이 잘 되어 평년보다 수확이 많은 해>가 공통으로 추가되

고, (91-92)는 '풍년을 만남'의 개념을 공유하고 있어 <풍년을 만남>
이 공통으로 추가된다.

      (93) 대풍년(大豊年)   (94) 만풍년(滿豊年)
      (95) 대풍(大豊)   (96) 어거리풍년(---豊年)

    위의 (93-95)는 '크게 든 풍년'의 개념을 공유하고 있어, 대풍년이
분절성이 되어 <크게 든 풍년>이 공통으로 추가되고, (96)은 '아주
드물게 곡식이 잘된 해'의 개념이므로, 아주 대풍년이 분절성이 되어
<아주 드물게 곡식이 잘된 해>가 추가된다.

      (97) 상작(上作)   (98) 풍작(豊作)
      (99) 풍숙(豊熟)   (100) 풍양(豊陽)

    위의 (97)은 '곡식이 썩 잘되다'의 개념이니, <곡식이 썩 잘된 상태>
가 추가되고, (98-100)은 '곡식이 잘 익음'의 개념을 공유하고 있으므
로 <곡식이 잘 익은 상태>가 공통으로 추가된다.

      (101) 연풍민락(年豐民樂)   (102) 구메농사(--農事)
      (103) 혈농(穴農)   (104) 독흉년(獨凶年)
      (105) 독흉(獨凶)

    위의 (101)은 '풍년이 들어 백성들이 즐거워하다'의 개념이니, 백
성들이 즐거워하는 것이 분절성이 되어 <풍년이 들어 백성들이 즐거
워하는 일>이 추가되고, (102-103)은 '연사(年事)[41]가 고르지 아니
하여 곳에 따라 풍작과 흉작이 같지 않다'의 개념을 공유하고 있어,

____

41) 연사'는 농사가 잘되고 못된 형편이다.

연사가 곳에 따라 다른 것이 분절성이 되어 <연사가 고르지 못함→
곳에 따라 풍작과 흉작이 같지 않은 농사>가 공통으로 추가되며,
(104-105)는 '풍년에 한 지방이나 한 사람의 논밭만이 농사가 잘 안
되다'의 개념을 공유하고 있어, 풍년이 들었으나 한 지방, 한 개인만
흉작인 것이 분절성이 되어 <풍년에 한 지방·한 개인만 흉작인 상
태>가 공통으로 추가된다.

  (106) 풍년기근(豊年飢饉) (107) 농업공황(農業恐慌)
  (108) 평년작(平年作)   (109) 보통농사(普通農事)

 위의 (106)은 '풍년이 들었으나 곡식 값이 생산비를 저하되어 도리
어 농민에게 타격이 심하여 곤궁을 당하는 형편'의 개념이니, 곡가가
생산비에 못 미침이 분절성이 되어 <풍년에 곡식 값이 생산비에 저
하함→농민에 타격이 심하여 곤궁을 당하는 형편>이 추가되고,
(197)은 '농작물이 과잉 생산되고, 가격이 생산비 이하로 떨어져서
농민이 궁핍해지고 몰락하는 현상'의 개념이므로, 농작물의 과잉 생
산으로 곡가가 생산비 이하로 떨어져 농민이 몰락하는 것이 분절성
이 되어 <농산물의 과잉 생산→곡가가 생산비 이하로 하락함→농민
이 몰락하는 현상>이 추가되며, (108-109)는 '풍작도 흉작도 아닌 보
통으로 된 농작물의 수확. 과거 5개년의 수확고 중 최고와 최저의
해를 제한 3개년의 수확고의 평균 수확량이다'의 개념을 공유하고
있어, 평년작이 분절성이 되어 <풍년도 흉년도 아닌 보통으로 된 농
작물의 수확→과거 5개년의 수확고 중 최고와 최저를 제한 3개년의
수확고의 평균 수확량>이 추가된다. 앞에서 논의한 풍년의 낱말밭은
다음과 같다.

〈그림36〉 풍년의 낱말밭 모형

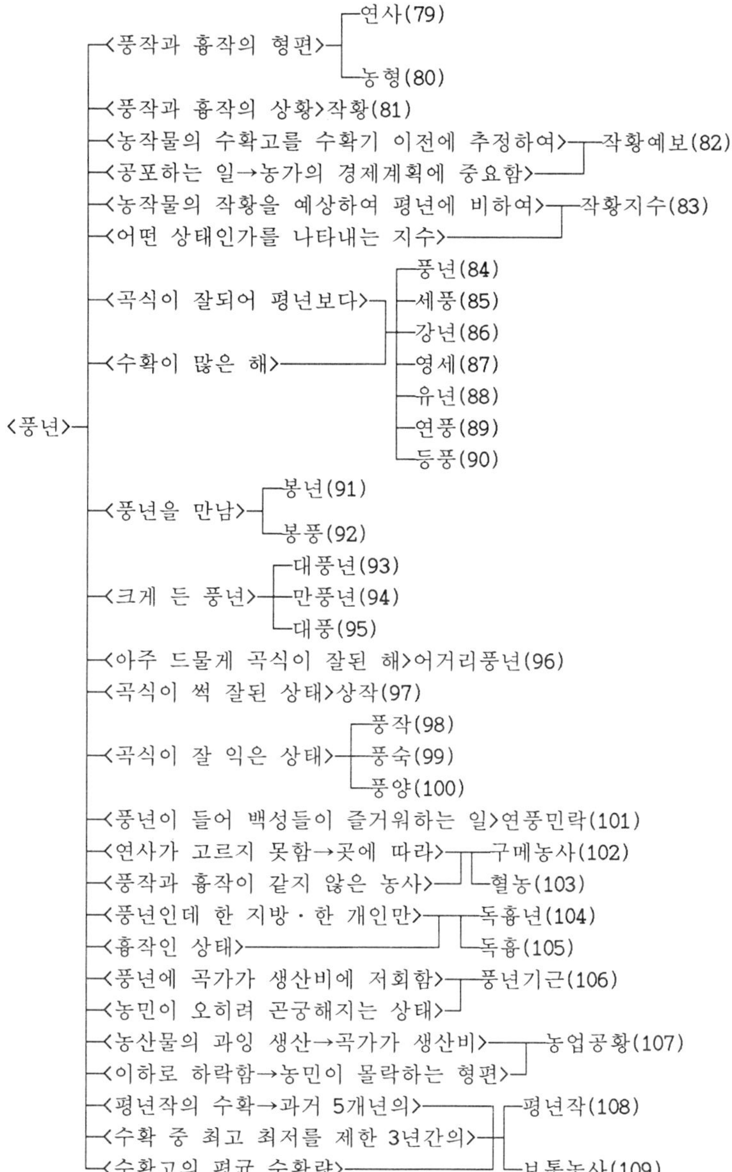

2.4.1.5. 흉년의 내용

이 부분밭은 농작물이 매우 못된 해의 내용이므로 <흉년>이 공통
으로 추가된다.

(110) 흉년(凶年)   (111) 검년(儉年)
(112) 겸년(謙年)   (113) 기세(饑歲)
(114) 재년(災年)   (115) 황년(荒年)
(116) 겸황지년(歉荒之年)   (117) 흉작(凶作)

위의 (110-116)은 '농작물이 매우 못된 해'의 개념을 공유하고 있
어, 흉년이 분절성이 되어 <농작물이 매우 못된 해>가 공통으로 추
가되고, (117)은 '흉년이 들어 농작물의 소출이 썩 적다'의 개념이므
로, 농작물의 소출이 적은 것이 분절성이 되어 <흉년이 들어 농작물
의 소출이 매우 적은 상태>가 추가된다.

(118) 흉년들다(凶年--)   (119) 겸황(歉荒)
(120) 겸폐(歉幣)   (121) 대흉년(大凶年)
(122) 대살년(大殺年)

위의 (118)은 '어떤 해 어떤 지방에 곡식이 잘되지 아니하여 주리
게 되다'의 개념이니, 흉년이 들어 주리게 되는 것이 분절성이 되어
<흉년이 들어 주리게 되는 일>이 추가되고, (119)는 '흉년이 들어 논
밭에서 난 곡식이 마련이 없음'의 개념이므로 <흉년이 들어 논밭의
소출이 없는 상태>가 추가된다. 그리고 (120)은 '흉년이 들고 농사가
잘되지 않아 식량이 부족하다'의 개념이니 <흉년이 들고 농사가 잘
안되어 식량이 부족한 상태>가 추가되며, (121-122)는 '크게 든 흉년'

의 개념을 공유하고 있으므로 <크게 든 흉년>이 공통으로 추가된다.

    (123) 대흉(大凶)   (124) 흉황(凶荒)
    (125) 흉근(凶饉)   (126) 황흉(荒凶)

위의 (123)은 '큰 흉년. 큰 흉작'의 개념이니 <큰 흉년·큰 흉작>이 추가되고, (124)는 '곡식이 잘못되어 농사가 결딴나다'의 개념이므로 <흉작이라 농사가 결딴난 상태>가 추가되며, (125-126)은 '흉작으로 인하여 기근이 들다'의 개념을 공유하고 있어 <흉작으로 인한 기근>이 공통으로 추가된다.

    (127) 연흉(連凶)   (128) 비황(備荒)

위의 (127)은 '계속하여 드는 흉년'의 개념이니, 흉년이 계속되는 것이 분절성이 되어 <계속하여 드는 흉년>이 추가되고, (128)은 '기근이나 흉년 또는 재액에 대비하여 준비를 미리 해두다'의 개념이니, 재액에 대한 대비가 분절성이 되어 <기근·흉년·재액 등에 대한 준비를 미리 해두는 일>이 추가된다. 앞에서 논의한 흉년의 낱말밭은 다음과 같다.

<그림37> 흉년의 낱말밭 모형

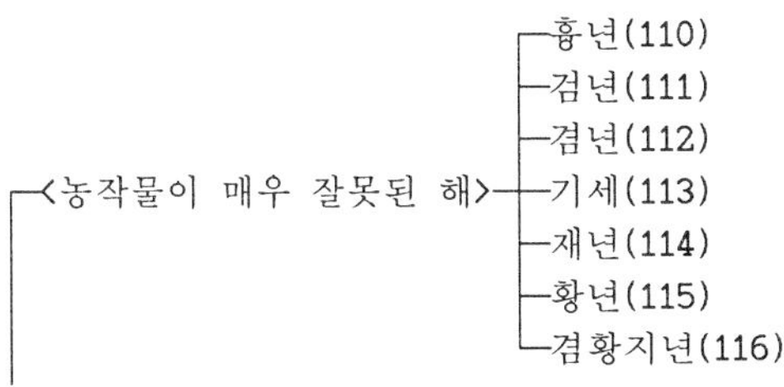

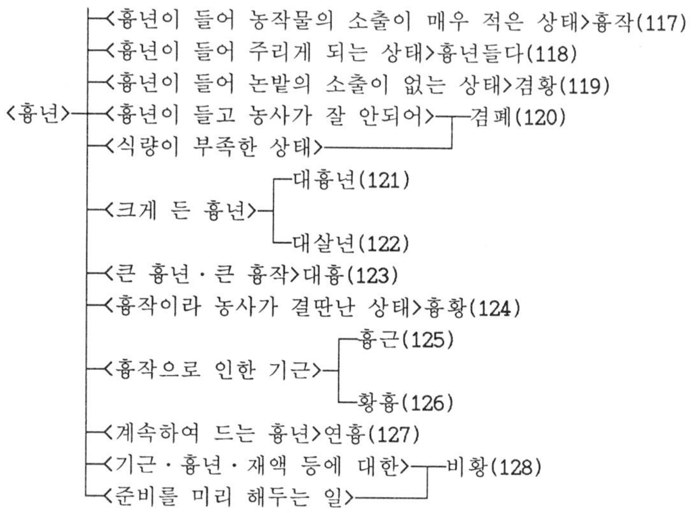

2.4.1.6. 농작물이 입은 피해

이 부분밭은 농작물이 받는 피해[42]의 내용이므로 <농작물의 피
해>가 공통으로 추가된다.

(129) 수해(水害)　　　　　(130) 수재(水災)
(131) 수화(水禍)　　　　　(132) 관수해(冠水害)
(133) 물손받다

위의 (129-131)은 '장마나 큰물로 농작물이 받은 피해'의 개념을

---

42) 趙章煥 외4인(1993:145) 「農學槪論」 先進文化社에서 작물재해의 종류를
　　다음과 같이 서술하고 있다.
　　① 기상적 재해 : 동상해, 상주해, 설해, 냉해, 열해, 풍해, 한해, 습해, 수해 등.
　　② 기타 재해 : 연기해, 염해, 잡초해, 도복해, 동물해 등
　　③ 병충해 : 병해, 충해 등

공유하고 있어 <장마 · 큰물로 농작물이 받은 피해>가 공통으로 추가되고, (132)는 '논밭이 침수되어 농작물이 전부 물 속에 잠겨서 발생하는 농작물의 피해'의 개념이므로, 침수의 피해가 분절성이 되어 <논밭이 침수되어 농작물이 전부 물 속에 잠겨서 농작물이 받은 피해>가 추가되며, (133)은 '밭곡식이 물의 피해를 받다'의 개념이니 <밭곡식이 물의 피해를 받는 일>이 추가된다.

    (134) 움해(-害)   (135) 천반포락(川反浦落)
    (136) 성천포락(成川浦落)

위의 (134)는 '이른봄이나 가을에 심은 농작물이 눈섞임물에 잠겨 생기는 피해'의 개념이니, 눈섞임물의 피해가 분절성이 되어 <이른봄 · 가을에 파종한 농작물이 눈섞임물에 잠겨 생기는 피해>가 추가되고, (135-136)은 '내가 다른 길로 터져 흘러서 논밭이 떨어져 나가다'의 개념을 공유하고 있어 <내가 터져 논밭이 떨어져 나가는 일>이 공통으로 추가된다.

    (137) 풍재(風災)   (138) 풍해(風害)
    (139) 풍난(風難)   (140) 풍손(風損)
    (141) 한재(旱災)   (142) 재한(災旱)

위의 (137-140)은 '심한 바람으로 농작물이 받은 피해'의 개념을 공유하고 있어, 풍해가 분절성이 되어 <강풍으로 농작물이 받은 피해>가 공통으로 추가되고, (141-142)는 '가물로 말미암아 생기는 재앙'의 개념을 공유하고 있어, 가뭄의 피해가 분절성이 되어 <가뭄으로 생기는 재앙>이 공통으로 추가된다.

(143) 가물들다   (144) 가물타다
(145) 땅가물

　위의 (143)은 '농작물 따위가 가물로 인하여 배틀어지거나 마르거나 하여 해를 입다'의 개념이니, 가뭄으로 인해 농작물이 배틀어지는 피해가 분절성이 되어 <가물로 인하여 농작물이 배틀어지거나 마르는 피해>가 추가되고, (144)는 '농작물이 가뭄에 견디는 힘이 약해 그 영향을 많이 입다'의 개념이므로, 가뭄에 못 견디는 농작물의 피해가 분절성이 되어 <가뭄에 저항력이 약한 농작물이 많은 피해를 입는 일>이 추가되며, (145)는 '오랫동안 가물어서 곡식이나 채소 따위의 푸성귀들이 시들고 마르는 재앙'의 개념이니, 가뭄으로 시들고 마르는 재앙이 분절성이 되어 <오랫동안 가물어서 곡식·채소 따위가 시들고 마르는 재앙>이 추가된다.

(146) 한해(寒害)   (147) 재겸(災歉)

　위의 (146)은 '겨울에 갑자기 몹시 기온이 내리거나 또는 오랫동안 계속되는 추위로 농작물이 입는 피해'의 개념이니, 추위로 인한 피해가 분절성이 되어 <겨울에 갑자기 심한 기온의 저하·계속되는 추위로 농작물이 입은 피해>가 추가되고, (147)은 '재해로 인하여 곡식이 잘 여물지 않는 현상'의 개념이니, 곡식이 잘 여물지 않는 재해가 분절성이 되어 <재해로 인하여 곡식이 잘 여물지 않는 현상>이 추가된다. 앞에서 논의한 농작물이 받는 피해의 낱말밭은 다음과 같다.

<그림38> 농작물이 입는 피해의 낱말밭 모형

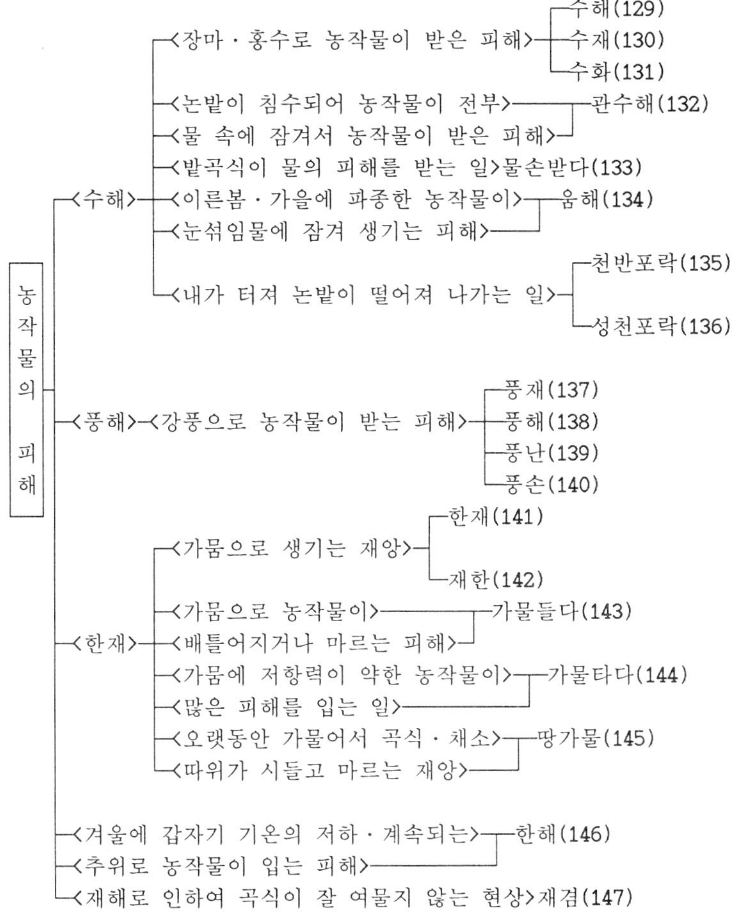

2.4.1.7. 방아찧는 내용

수확한 그대로의 곡식을 찧고 겨층·호분층 등을 제거하여 식용할 수 있는 정곡으로 만드는 것을 도정이라고 하며, 조곡에 대한 정곡의 비율을 도정률이라 한다.

  벼에서는 조곡인 정조의 껍질을 벗겨서 현미를 만드는 것을 제현이라 하고 제현률은 중량으로 74-80%, 용량으로 약 55%가 된다. 현미를 찧어서 겨를 제거하여 백미를 만드는 것을 정백이라 하며, 정백률은 중량으로 92-95%, 용량으로 92-96%가 된다. 중량으로서 정백률이 92% 정도로 되도록 정백한 것을 정백미라 하고, 92-96% 내외로 정백한 것을 칠분도미라 하며, 96% 내외로 정백한 것을 오분도미라 한다.[43]

  이 부분밭은 곡식을 찧거나 쓿는 내용이므로 <곡식을 찧는 일>이 공통으로 추가된다.

  (148) 도정(搗精)　　　　　(149) 용정(舂精)
  (150) 도정업(搗精業)　　　(151) 탈각(脫殼)

  위의 (148-149)는 '곡식 등을 찧거나 쓿는 일'의 개념을 공유하고 있어 <곡식을 찧거나 쓿는 일>이 공통으로 추가되고, (150)은 '도정하는 영업'의 개념이므로, 영업이 분절성이 되어 <도정하는 영업>이 추가되며, (151)은 '씨앗의 꼬투리나 껍질을 벗기다'의 개념이니, 방아찧는 내용이 분절성이 되어 <씨앗의 꼬투리나 껍질을 벗기는 일>이 추가된다.

  (152) 방아질하다　　　　　(153) 맞방아찧다
  (154) 애벌방아　　　　　　(155) 연자매질하다(研子---)
  (156) 연자질하다(研子---)

---

43) 趙章煥 외4인(1993:149)「農學槪論」先進文化社 참조.

위의 (152)는 '방아를 찧다'의 개념이니 <방아를 찧는 일>이 추가되고, (153)은 '둘이 마주서서 서로 번갈아 가며 방아를 찧다'의 개념이니, 두 사람이 마주서서 방아찧는 것이 분절성이 되어 <둘이 마주서서 서로 번갈아 가며 방아를 찧는 일>이 추가된다. 그리고 (154)는 '첫번 대강 찧는 방아'의 개념이니, 애벌방아가 분절성이 되어 <첫번 대강 찧는 방아>가 추가되며, (155-156)은 '연자매로 곡식을 찧다'의 개념을 공유하고 있어, 연자방아의 이용이 분절성이 되어 <연자매로 곡식을 찧는 일>이 공통으로 추가된다.

    (157) 삯방아   (158) 방아꾼
    (159) 절구질

위의 (157)은 '삯을 받고 찧어주는 방아'의 개념이니, 품삯을 받는 것이 분절성이 되어 <삯을 받고 찧어주는 방아>가 추가되고, (158)은 '방아를 찧기 위해 일을 맡은 사람'의 개념이므로, 방아찧는 일을 하는 사람이 분절성이 되어 <방아찧는 일을 하는 사람>이 추가되며, 또 '방아를 찧기 위해 방앗간을 찾아온 사람'의 개념도 가지고 있어 <방아를 찧으려고 방앗간에 온 사람>이 추가된다, 그리고 (159)는 '절구에 곡식을 넣고 찧거나 빻다'의 개념이니, 절구로 찧는 것이 분절성이 되어 <절구에 곡식을 넣고 찧거나 빻는 일>이 추가된다.

    (160) 맷돌질   (161) 먹다
    (162) 물매질   (163) 타개질

위의 (160)은 '맷돌을 돌려서 곡식을 갈다'의 개념이니, 맷돌의 이용이 분절성이 되어 <맷돌로 곡식을 가는 일>이 추가되고, (161)은

'맷돌이 곡식을 갈다'의 개념이므로 <맷돌이 곡식을 가는 일>이 추가된다. 그리고 (162)는 '물매로 곡식을 갈다'의 개념이니, 곡식에 물을 섞어서 맷돌로 가는 것이 분절성이 되어 <물매로 곡식을 가는 일>이 추가되고, (163)은 '콩, 팥 따위의 낟알을 맷돌 따위에 타서 굵게 부서뜨리다'의 개념이므로, 콩이나 팥 따위를 굵게 타는 것이 분절성이 되어 <콩·팥 따위의 낟알을 맷돌로 타서 굵게 부서뜨리는 일>이 추가된다.

  (164) 곡분(穀粉)   (165) 매갈이꾼
  (166) 매조이   (167) 매조이꾼

위의 (164) '곡물을 갈아서 만든 가루'의 개념이니, 갈아놓은 가루가 분절성이 되어 <곡물을 간 가루>가 추가되고, (165)는 '매갈이를 하는 사람'의 개념이므로, 사람이 분절성이 되어 <매갈이를 하는 사람>이 추가된다. 그리고 (166)은 '매통이나 맷돌의 닳은 이를 징으로 쪼아서 날카롭게 만들다'의 개념이니, 매통이나 맷돌의 무딘 이를 쪼는 것이 분절성이 되어 <매통·맷돌의 닳은 이를 징으로 쪼아 날카롭게 만드는 일>이 추가되고, (167)은 '매조이를 업으로 하는 사람'의 개념이므로 <매조이를 업으로 하는 사람>이 추가된다.

  (168) 체질   (169) 분토(粉土)

위의 (168)은 '체로 가루를 치거나 액체를 거르거나 받거나 하다'의 개념이므로 체질하는 것이 분절성이 되어 <체로 가루를 치는 일·액체를 거르거나 받는 일>이 추가되고, (169)는 '방앗간에서 쌀을 찧을 때에 섞는 희고 고운 가루 흙'의 개념이므로, 쌀을 찧을 때에

넣는 가루로 된 흙이 분절성이 되어 <방앗간에서 쌀을 찧을 때에 섞는 희고 고운 가루 흙>이 추가된다. 앞에서 논의한 방아찧는 낱말밭은 다음과 같다

<그림39> 방아찧는 낱말밭 모형

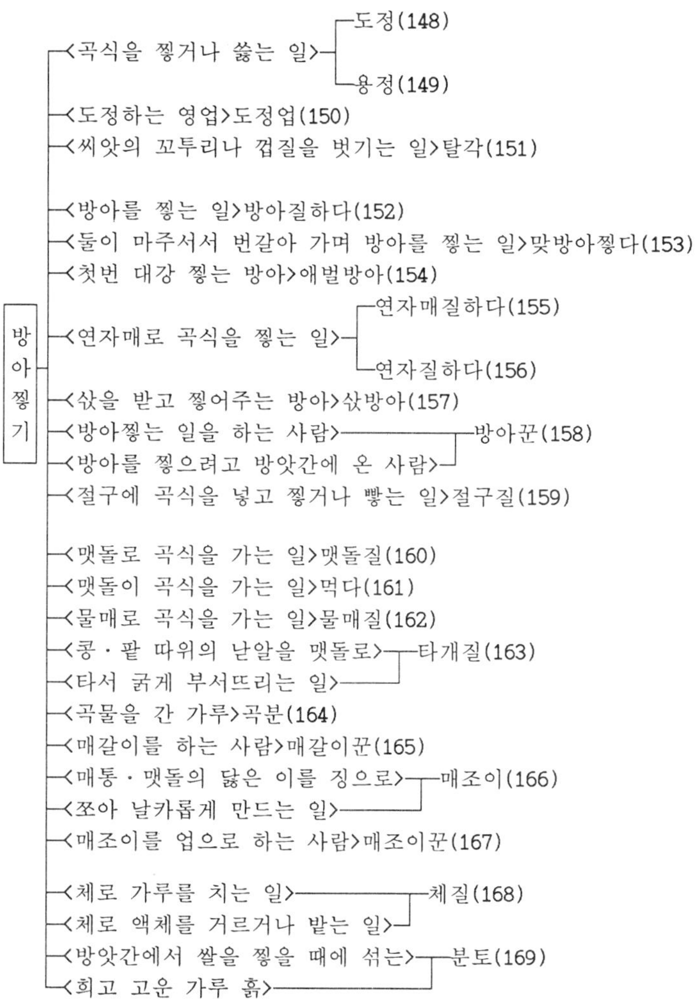

2.4.2. 마무리

(1) 앞에서 작황의 어휘 169개에 대하여 개별적인 낱말의 분절성을 논의하였다. 이들 중에는 중복되는 내용이 있어 이들을 제외한 순수한 내용은 116개이다. 이제 이것을 바탕으로 하여 전체적인 분절 내용을 살펴보려 한다. 작황의 내용별 분포도는 다음 표와 같다.

〈표3〉 작황의 내용별 분포도

내용	타작	도정	수확물	풍년	추수	재해	흉년	계
어휘수	25	20	17	16	15	12	11	116
백분율	21.55%	17.24%	14.66%	13.79%	12.93%	10.34%	9.48%	100%

위의 표로 보아 타작하는 내용이 가장 많고, 곡식의 껍질을 벗기거나 쓿는 내용이 두 번째로 많으며, 농작물을 거두어들인 수확물이 세 번째로 많다. 그리고 풍년과 추수 및 농작물이 입는 피해가 중간 정도로 많고, 흉년의 내용이 가장 적다.

① 추수하는 내용 15개는 다음과 같다.

추수기, 햇곡식이 날 무렵, 농작물의 수확, 농작물을 거두어들이는 일, 곡식을 재배하여 거두어들이는 일, 곡식이나 풀을 베는 일, 곡식이나 풀을 베어 거두어들이는 일, 밭작물의 덩굴을 걷어치우는 일, 밭작물의 열매를 따내는 일, 자작하여 몸소 추수하는 일, 곡식을 제철보다 일찍 추수하는 일, 수확기보다 일찍 추수한 후 완숙시키는 일, 철 이르게 추수하는 일, 철 늦게 추수하는 일, 가을에 추수하는 일이 각각 1개씩(6.67%)이다.

② 농작물을 거두어들인 수확물 17개의 내용은 다음과 같다.

거두어들인 농작물, 농작물의 수확량, 곡식의 수확량, 추수한 곡식을 뭇뭇이 나누는 일, 가을에 추수한 곡식, 가을철의 수확, 한 마지기에서 두 섬의 곡식이 생산되는 내용, 농작물을 대량으로 생산하는 일, 농작물이 증산되는 내용, 수입이나 수확이 증가되는 일, 다수확, 다수확왕, 농작물의 수확이 감소되는 내용, 수입이나 수확이 감소되는 내용, 예상보다 수확이 감소되는 내용, 예상보다 소득이 절반에 이르는 내용, 이삭을 줍는 일이 각각 1개씩(5.88%)이다.

③ 타작하는 25개의 내용은 다음과 같다.

타작마당에 흙을 이겨 고르게 바르는 내용, 탈곡장, 타작마당, 공동탈곡장으로 쓰려고 닦아놓은 마당, 타작하는 일꾼, 타작하는 일, 들에서 하는 타작, 도리깨질하는 내용, 발로 밟아서 낟알을 떨어내는 일, 벼를 타작하는 내용, 마르지 않은 벼를 타작하는 내용, 벼를 말려서 타작하는 내용, 벼훑이로 벼이삭의 알을 훑는 일, 보리타작하는 내용, 풋보리를 떨거나 훑는 일, 개상질하여 보리타작하는 일, 조의 알을 떨어내는 일, 바람에 날려 충실한 낟알을 고르는 일, 넉가래로 낟알에 섞인 잡것을 날려버리는 일, 곡식을 키에 담아 높이 들고 쏟아내려 검불을 날려버리는 일, 키질하는 내용, 부뚜질하는 내용, 풍구질하는 내용이 각각 1개씩(4%)이다.

④ 풍년이 드는 내용 16개는 다음과 같다.

풍작과 흉작의 형편, 풍작과 흉작의 작황, 작황을 예보하는 일, 작황을 예상하여 평년에 비하여 어떤 상태인가를 나타내는 지수, 풍년, 풍년을 만남, 대풍년, 아주 드물게 오는 대풍년, 곡식이 썩 잘된 상태, 곡식이 잘 익은 상태, 풍년을 만나 백성이 즐거워하는 일, 곳에 따라 작황이 다른 상태, 풍년이 들었는데 한곳이나 한 사람에게만 흉작인 상태, 풍년에 곡가의 하락으로 오히려 농민이 곤궁해지는 상태, 곡가가 생산비 이하로 하락하여 농민이 몰락하는 일, 평년작이 각각 1개씩(6.25%)이다.

⑤ 흉년이 드는 11개의 내용은 다음과 같다.

흉년, 흉작, 흉년이 들어 주리게 되는 상태, 흉년이 들어 소출이 없는 상태, 흉년으로 식량이 부족한 상태, 대흉년, 대흉년이 들어 큰 흉작인 상태, 흉작으로 농사가 결딴난 상태, 흉작에 의해 기근이 든 상태, 계속되는 흉년, 흉년에 대비하여 미리 준비를 해두는 일이 각각 1개씩(9.09%)이다.

⑥ 농작물이 입는 피해의 내용 12개는 다음과 같다.

장마나 홍수로 농작물이 입은 피해, 논밭이 침수되어 농작물이 입은 피해, 밭곡식이 물의 피해를 입는 일, 농작물이 눈섞임물에 잠겨 입은 피해, 냇물이 터져 전답이 떨어져 나가는 일, 강풍으로 입는 피해, 가물의 피해, 가물어서 농작물이 마르는 상태, 가뭄에 약한 작물이 입는 피해, 가뭄으로 곡식과 채소가 시들고 마르는 상태, 추위로 농작물이 입는 피해, 재해로 인하여 곡식이 잘 여물지 않은 상태가 각각 1개씩(8.33%)이다.

⑦ 방아찧는 내용 20개는 다음과 같다.

곡식을 찧거나 쓿는 일, 도정업, 곡식의 껍질을 벗기는 일, 디딜방아로 곡식을 찧는 일, 두 사람이 마주 서서 방아를 찧는 일, 애벌방아, 연자매로 곡식을 찧는 일, 삯을 받고 찧어주는 방아, 방아를 찧는 사람, 절구질하는 일, 맷돌질하는 일, 맷돌이 곡식을 가는 일, 물매로 곡식을 가는 일, 콩이나 팥을 맷돌로 가는 일, 곡물을 간 가루, 매갈이하는 사람, 매통과 맷돌이 닳은 이를 징으로 쪼는 사람, 매조이를 직업으로 하는 사람, 체로 가루를 치는 일, 쌀을 찧을 때에 섞는 희고 고운 가루 흙이 각각 1개씩(5%)이다.

(2) 작황의 내용에서 주체가 되는 것은 다음과 같다.

농작의 수확물이 26개(22.41%)로 가장 많고, 농부가 22개(18.97%)로 두 번째로 많으며, 타작꾼이 20개(17.24%)로 세 번째로 많다. 그리고 방아꾼이 9개(7.76%)이고, 풍년이 7개(6.03%)이며, 흉년이 6개(5.17%)이다. 탈곡장과 맷돌질하는 사람이 각각 5개씩(4.31%)이고, 추수철, 매조이꾼, 작황이 각각 2개씩(1.72%)이며, 이삭줍는 사람, 농사의 형편, 농촌문제 연구원, 작황지수, 백성, 논밭, 도정업자, 맷돌, 체질하는 사람, 분토가 각각 1개씩(0.86%)이다.

(3) 작황의 내용 설명에 등장하는 객체는 모두 185개이다. 이 객체를 많이 분포된 순으로 살펴보면 다음과 같다.

농작물이 52개(28.11%), 흉년이 7개(3.78%), 풍년, 타작, 이삭이 각각 6개씩(3.24%), 낟알과 방아가 각각 5개씩(2.7%), 가뭄, 맷돌, 벼가 각각 4개씩(2.16%), 탈곡장, 쭉정이, 수입이 각각 3개씩(1.62%), 보리, 소출, 흉작, 밭작물, 수확기, 마당, 키, 검불, 먼지, 곡가, 생산비, 농민, 방앗간, 수확고가 각각 2개씩(1.08%)이다.

그리고 햇곡식, 풀, 덩굴, 청과물, 경작지, 공동탈곡장, 일꾼, 도리깨, 벼훑이, 보릿단, 보리이삭, 개상, 조, 좁쌀, 불량한 종자, 넉가래, 티끌, 그릇, 부뚜, 바람, 풍구, 겨, 작황, 백성, 기근, 재액, 장마, 홍수, 수해, 눈섞임물, 논밭, 개천, 강풍, 채소, 기온, 추위, 도정업, 곡식의 껍질, 연자매, 삯, 절구, 콩, 팥, 매갈이, 매통, 매조이, 체, 쌀, 고운 흙이 각각 1개씩(0.54%)이다.

(4) 작황의 내용 116개 중에서 바람직한 긍정적인 내용은 87개(75%)이고, 바람직하지 못한 부정적인 내용은 29개(25%)이데, 부정

적인 내용만의 분포는 다음과 같다.

흉년이 10개(34.48%)이고, 수해가 5개(17.24%)이며, 가뭄의 피해가 4개(13.79%)이다. 그리고 '농작물의 수확이 감소되는 일, 수입이 줄어드는 일, 예상보다 수확이 감소되는 일, 풍년에 한 지방 한 사람에게만 흉작인 상태, 풍년에 곡가가 생산비에 못 미쳐 농민이 곤궁에 처하게 된 상태, 곡가가 생산비 이하로 하락하여 농민이 몰락하는 일, 강풍으로 입은 농작물의 피해, 추위로 입은 농작물의 피해, 재해로 곡식이 잘 여물지 않은 상태가 각각 1개씩(3.45%)이다.

(5) 작황의 내용 169개를 어종별로 살펴보면 한자어가 108개(63.91%)이고, 토박이말은 45개(26.63%)이며, 토박이말과 한자어가 융합된 혼종어는 16개(9.47%)이다.

2.5. 논농사

조장환 외4인(1993:55)에서 논 토양에 대하여 다음과 같이 말하고 있다.

담수하여 작물을 재배하는 땅을 논(畓 : paddy field)이라고 하며, 우리나라 전 농지의 반 이상이 논이고 관개가 가능한 곳은 빠짐없이 논으로 이용되고 있다. 논이라도 그 성상에 따라 천차만별로서 10a당 수량이 200kg 내외인 것으로부터 600kg 이상까지 존재한다. 이와 같은 수량차는 주로 토양적 결합에 기인하는 저수답(低收畓)으로서 노후화답·불량습답·화산회토답·이탄답·천수답·염해답·누수답 등을 들 수 있고, 저수답(低收畓)은 어느 것이나 자연적 또는 인위적으로 우량한 토양조건을 가지고 있다.

우리나라 논 토양은 그 성인이나 형태에 따라서 대개 다음과 같이 세 가지로 분류할 수 있다.

첫째, 해성토(海成土)나 하구에 형성되고 있는 충적토(沖積土)로서 남해안에서 서해안에 널리 분포되어 있는 간척지나 큰 강 하구 등 삼각지 등에서 볼 수 있다. 염해 작업을 잘해야 하며, 토양의 장소에 따라 사양토·양토·치양토(値壤土)·치토(値土) 등 여러 가지를 발견할 수 있고 이에 따른 이화학적 성질도 다르다.

둘째, 하천의 작용에 의해 충적된 이른바 하성토(河成土)로서 내륙지방 하천가의 평지가 여기에 해당한다. 그 위치·지형·강물의 유속 등에 따라 사토·사양토·양토·치양토·치토 등이 있으며, 일반적으로 부식을 많이 함유하고 있으며 그 내부의 형태는 다양하다.

셋째, 하천의 충적에 의하지 않은 토양이지만 논으로 이용할 수 있는 천수답으로서 벼를 재배하고 있는 잔적토(殘積土)나 수리시설에 의하여 논으로 지목변화된 밭 토양 등을 들 수 있는데, 일부의 모암의 성질을 가진 것도 있고 내부구조·형태·성질 등이 인정하지 않으며, 충적토 형성답토양보다 척박하고 인산이나 칼리분의 공급량이 적은 편이다.

이 부분밭은 논에서 짓는 농사의 내용이다. 우리나라는 쌀의 생산이 주된 농사이므로 논농사의 내용이 매우 많아 논농사의 분야를 따로 설정하여 논의하게 되었다. 여기에서는 논농사를 짓는 내용, 벼의 종류, 논의 종류·위치·토양·개간·용도, 벼의 부분, 논갈이, 모내기, 관개에서 관개지·봇물·물대기, 논매기, 추수, 짚으로 나누어 논의하게 된다. 논농사의 내용에는 농사 일반에서 이미 논의한 것도

있어 중복되는 내용도 있다. 논농사의 상위 분절의 낱말밭은 다음과
같다.

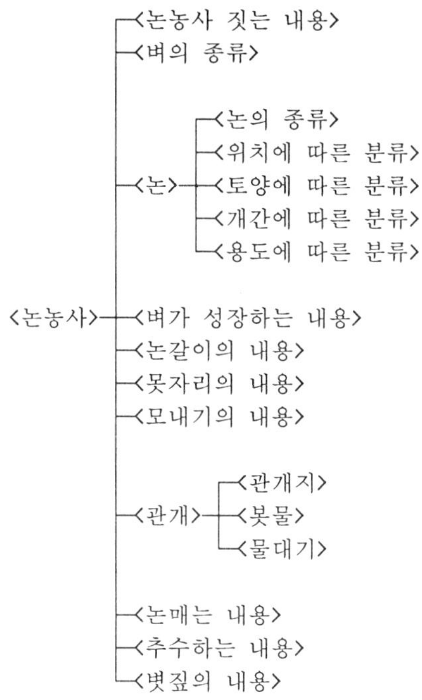

〈그림40〉 논농사의 상위 낱말밭 모형

2.5.1. 논농사의 내용

2.5.1.1. 논농사 짓는 내용

논 토양은 일정기간 담수하여 작물을 재배하게 되므로 밭 토양과
는 다른 특징을 가지게 된다.

(1) 토층 분화

경작지의 표층이 담수 아래 있다고 하더라도 공중 산소가 확산되어 침투수에 녹아서 확산되기 때문에 산소가 부족하지 않은 산화층을 형성하는데, 이 층은 산화철에 의하여 적색을 띠며 몇 mm-1.2cm 정도의 얇은 층을 형성한다. 그러나 경작지 층이라고 하더라도 산화층 밑에 있는 토층은 산소 공급이 불충분하여 산소 부족 상태를 초래하는 환원층을 형성하는데, 이 층은 아산화철로 말미암아 청회색을 띤다.

(2) 탈질현상

질산태 질소가 논 토양의 환원층에 들어가면 점차 환원되어 NO_3 →NO_2→NO→N_2O→N_2로 변화되어 가스 상태로 되어 공기 중으로 날아가는 탈질현상이 일어난다.

또한 암모니아태 질소가 논 토양의 산화층에 들어가면 질화작용에 의하여 아질산을 거쳐 질산으로 변하게 된다. 질산은 음이온이기 때문에 토양 콜로이드에 흡착되기 어렵고 용탈되기 쉬우므로 점차 환원층으로 이행하고, 여기에서는 다시 탈질작용을 일으켜 질소가스로 탈질된다.

(3) 노후화 현상

논 토양에서 작토층의 철분, 망간이 하층으로 용탈되고, 이에 따라 인산, 칼리, 칼슘, 마그네슘 등의 중요한 무기질이 점차 하층으로 용탈되고 작토층에는 이들 양분이 부족하게 되는 현상을 논 토양의 노후화 현상이라 한다. 논 토양의 노후화가 잘 되는 토양은 모암이 화성암 계통으로 화강암, 석영조면암, 석영반암과 수성암 중의 사암,

응회암 등에 유래한 토양에서 심하다. 또한 작토층이 얕고 사토질이며 누수가 심한 토양에서도 노후화가 촉진된다.

노후화된 논 토양은 영양분의 부족으로 영양장애를 일으키고, 그 결과 추락현상을 유발하기 쉽다. 즉 추락답의 대부분은 노후화 답이다.44)

이 부분밭은 논농사를 짓는 내용이므로 <논농사를 짓는 일>이 공통으로 부가된다.

(1) 논농사(-農事)   (2) 답농(畓農)
(3) 논일   (4) 두번짓기
(5) 이기작(二期作)

위의 (1-2)는 '논에서 농사를 짓다'의 개념을 공유하고 있어 <논에서 농사를 짓는 일>이 공통으로 추가되고, (3)은 '논에서 하는 농사일'의 개념이므로 <논에서 하는 농사일>이 추가되며, (4-5)는 '일년에 두 번 벼를 가꾸어 거두어들이다'의 개념을 공유하고 있어, 벼를 이모작하는 것이 분절성이 되어 <일년에 벼를 두 번 재배하여 거두어들이는 일>이 공통으로 추가된다.

(6) 논앞그루   (7) 논뒷그루
(8) 벼농사(-農事)   (9) 쌀농사(-農事)
(10) 미작(米作)   (11) 도작(稻作)

위의 (6)은 '논농사의 그루갈이에서 먼저 심은 농작물'의 개념이니,

___

44) 趙章煥 외4인(1993:94)「農學槪論」. 先進文化社 참조.

그루갈이에서 먼저 심은 것이 분절성이 되어 <논농사의 그루갈이에서 먼저 심은 농작물>이 추가되고, (7)은 '논농사의 그루갈이에서 먼저 심은 것을 거둔 뒤에 심은 농작물'의 개념이므로, 그루갈이에서 뒤에 심은 것이 분절성이 되어 <논농사의 그루갈이에서 먼저 심은 것을 거둔 뒤에 심은 농작물>이 추가되며, (8-11)은 '벼를 가꾸어 거두다'의 개념을 공유하고 있어, 벼농사가 분절성이 되어 <벼를 재배하여 거두는 일>이 공통으로 추가된다. 앞에서 논의한 논농사 짓는 낱말밭은 다음과 같다.

<그림41> 논농사 짓는 낱말밭 모형

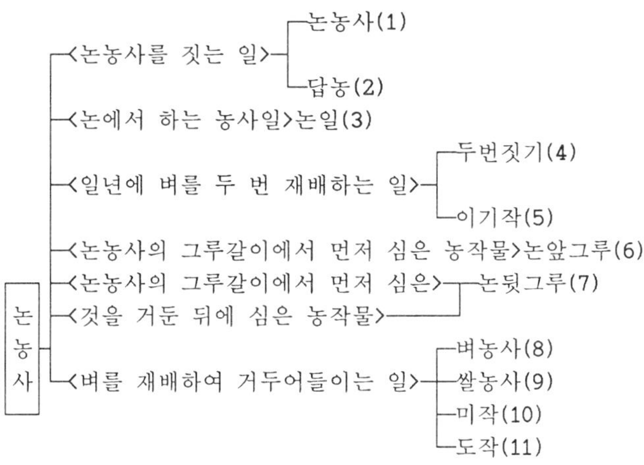

2.5.1.2. 벼의 종류

세계에서 벼(稻:rice)를 재배하고 있는 나라는 많으나, 대부분이 열대아시아에 집중되어 있다. 열대아시아의 벼 재배면적은 전세계의 약 70%에 달한다. 열대아시아 이외의 열대지역에서도 재배하고 있으나 그 면적은 적은 편이다.

벼 품종의 분류는 생육기간이나 재배계절에 따라 이루어지는 것이 많다. 인도의 일부나 방글라데시에 있는 Aus(秋稻), Aman(冬稻), Boro(夏稻)가 세 계절의 품종군이다. Aus품종은 지형이 비교적 높고 11월경 우기가 끝남과 동시에 물이 빠지는 곳에서 재배하는 것이며, 유수형성이 비교적 일장이 길 때에 되므로 감광성(感光性)이 없거나 약한 품종이다. Aman은 저습지에서 우기가 끝나도 물이 오래 남아 있는 것으로 12월에 들어서 물이 빠지면 수확하며, 감광성이 강한 품종이다. Boro는 관개수가 있는 곳에서 1월부터 재배되는 것으로 장일하(長日下)에 유수 형성이 되는 비감광성인 것이다.[45]

이 부분밭은 벼의 종류의 내용이므로 <벼의 종류>가 공통으로 부가된다.

(12) 화곡(禾穀) (13) 벼
(14) 나록(羅綠) (15) 답곡(畓穀)
(16) 논곡식(-穀食)

위의 (12)는 '벼에 딸린 곡식을 통틀어 이르는 말'의 개념이니, 벼의 총칭이 분절성이 되어 <벼의 총칭>이 추가되고, (13-16)은 '포아풀과 벼속의 한해살이풀. 높이 1-1.5m이고 줄기의 속은 비고 몇 개의 마디가 있다. 잎은 어긋매껴 나며 긴 선형에 평행맥이 있고 옆초와 잎사귀로 구분된다. 꽃은 첫가을에 원추꽃차례로 정생하여 피는

---

45) 趙章煥 외4인(1993:210)「農學槪論」. 先進文化社 참조.

데 암술은 한 개, 수술은 세 개, 밑씨는 한 개가 있으며, 꽃잎은 없고 꽃술을 싸주는 안껍질과 속껍질의 영이 있고 가시랭이가 있는 것과 없는 것이 있다. 열매는 가을에 영과로 익은 것을 벼라고 하고, 이것을 찧은 것을 쌀이라고 한다. 대개 6월경에 못자리에서 논이나 밭에 옮겨 심는다'의 개념을 공유하고 있어 벼의 정의가 분절성이 되어 <포아풀과 벼속의 한해살이풀→높이 1-1.5m+줄기의 속은 비었고 몇 개의 마디가 있음+잎은 어긋매껴 나고 긴 선형에 평행맥이 있음·옆초와 잎사귀로 구분됨+꽃은 첫가을에 원추꽃차례로 피고 암술은 1개·수술은 3개·밑씨는 1개·꽃잎은 없음·꽃술을 싸주는 안껍질과 속껍질의 영이 있음+가시랭이가 있는 것과 없는 것이 있음+열매는 가을에 영과로 익은 것을 [벼]·이것을 찧은 것을 [쌀]이라고 함+대개 6월경에 못자리에서 논이나 밭에 옮겨 심음>이 공통으로 추가된다.

(17) 볍씨　　　　　　　(18) 씨벼
(19) 종도(種稻)

이들은 '못자리에 뿌리는 벼의 씨'의 개념을 공유하고 있어, 볍씨가 분절성이 되어 <못자리에 뿌리는 벼의 씨>가 공통으로 추가된다.

(20) 은방주(銀坊主)　　　　(21) 몽근벼
(22) 통일벼(統一-)

이들은 벼의 종류가 분절의 관점이 되므로 <벼의 종류>가 분절성이 된다. 따라서 (20)은 '품질이 좋고 수확이 많으며 도열병에 강한 벼'의 개념이니 <품질이 좋음+수확이 많음+도열병에 강한 벼>가 추가되고, (21)은 '까끄라기가 없는 벼'의 개념이니, 까끄라기가 분절성이 되어 <까끄라기가 없는 벼>가 추가되며, (22)는 '키는 60cm 정도이고, 이삭은 보통 품종보다 40알 정도가 많은 120-130알이 달린다. 분열 각도가 알맞게 벌어져 광합성 능력이 월등하여 목도열병이 발생하지 않는 것이 장점이다. 1965년부터 1972년 농가에 보급되기까지 11세대에 걸쳐 실험 재배 끝에 채택된 품종이다'의 개념이니 <키는 60cm 정도+이삭은 보통 품종보다 40알 정도가 많은 120-130알이 달림+분열 각도가 알맞게 벌어져 광합성 능력이 월등하여 목도열병이 발생치 않음+1965-1972년 농가에 보급되기까지 11세대에 걸쳐 실험 재배 끝에 채택된 품종임>이 추가된다.

(23) 올벼   (24) 조도(早稻)

(25) 조양(早穰)   (26) 조종(早種)

(27) 옥자강이   (28) 버들올벼

위의 (23-26)은 '보통 벼보다 철 이르게 익는 벼'의 개념을 공유하고 있어, 일찍 익는 것이 분절성이 되어 <보통 벼보다 철 이르게 익는 벼>가 공통으로 추가되고, (27)은 '올벼의 한 종류'의 개념이므로 <올벼의 한 종류>가 추가되며, (28)은 '한식이 지난 뒤에 심는데 이삭에 까끄라기가 있고 빛이 미황색인 올벼'의 개념이니, 일찍 심고 일찍 거두는 올벼가 분절성이 되어 <한식이 지난 뒤에 파종함→이삭에 까끄라기가 있음+빛이 미황색인 올벼>가 추가된다. 앞에서 논의한 벼 종류의 낱말밭은 다음과 같다.

〈그림42〉 벼 종류의 낱말밭 모형(1)

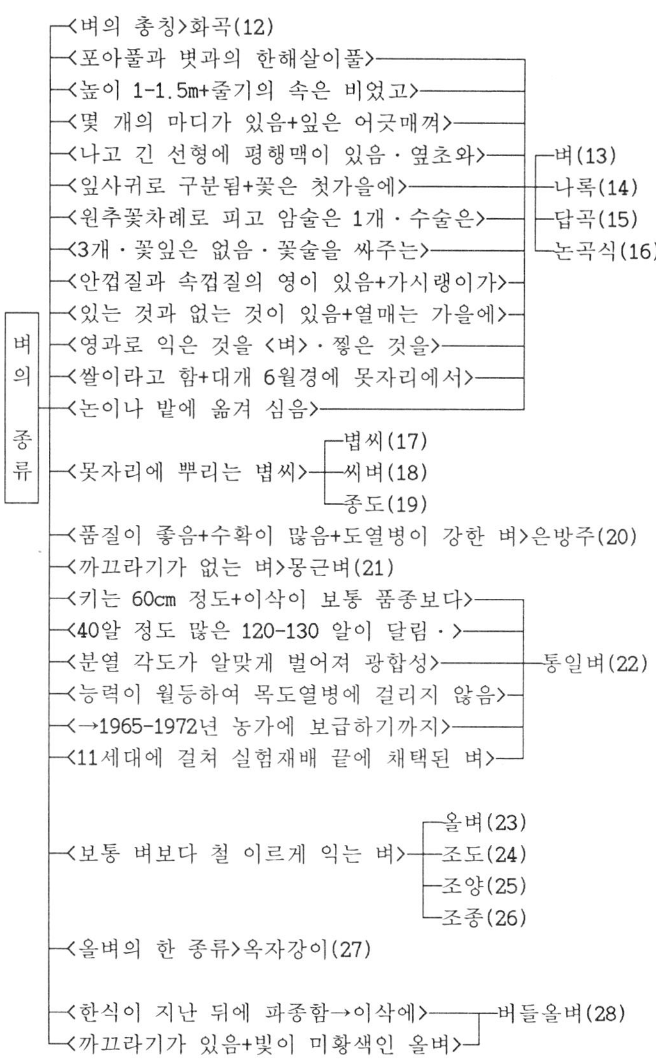

(29) 산올벼   (30) 산올여

(31) 저광이   (32) 얼음걸이

(33) 자채벼   (34) 중도(中稻)

위의 (29-30)은 '쌀알이 잘고 일찍 여무는 올벼'의 개념을 공유하고 있어, 쌀알이 잔 것이 분절성이 되어 <쌀알이 잘고 일찍 익는 벼>가 공통으로 추가되고, (31)은 '까끄라기가 짧고 빛이 검누르며 이른 봄에 익는 올벼'의 개념이므로 <까끄라기가 짧음+빛이 검누름+이른 봄에 익는 올벼>가 추가되며, (32)는 '빛이 누르고 까끄라기가 없고 껍질이 얇은 데 얼음이 풀릴 무렵에 파종하는 올벼'의 개념이니 <누런색에 까끄라기가 없음+껍질이 얇음+얼음이 풀릴 무렵에 파종하는 올벼>가 추가된다. 그리고 (33)은 '빛이 누르고 까끄라기가 있으며 특별히 상답에서만 재배된다. 쌀의 품질이 좋아 밥맛이 좋으므로 상품 쌀로 유명하다. 경기도 이천에서 많이 생산한다'의 개념이니, 상답에서 재배하는 품질이 좋은 올벼가 분절성이 되어 <빛이 누루고 까끄라기가 있음+특별한 상답에서 재배함+품질이 매우 좋음+경기도 이천에서 많이 생산함>이 추가되고, (34)는 '올벼도 늦벼도 아닌 중올벼'의 개념이므로, 중올벼가 분절성이 되어 <올벼도 늦벼도 아닌 중올벼>가 추가된다.

(35) 늦벼   (36) 만도(晩稻)
(37) 만종(晩種)   (38) 대추벼
(39) 밀따리

이들은 익는 시기가 분절의 관점이므로 <늦벼>가 공통으로 추가된다. 따라서 (35-37)은 '보통 품종의 벼보다 늦게 익는 벼'의 개념을 공유하고 있어 <보통의 벼보다 늦게 익는 벼>가 공통으로 추가되고, (38-39)는 '까끄라기가 없고 빛이 붉은 늦벼'의 개념을 공유하고 있

<u>으므로</u> <까끄라기가 없고 빛이 붉은 늦벼>가 공통으로 추가된다.

    (40) 메벼   (41) 갱도(秔稻)

    (42) 찰벼   (43) 나도(糯稻)

    (44) 출도(秫稻)

    이들은 차진 정도가 분절의 관점이 되어 <차진 정도>가 분절성이 된다. 따라서 (40-41)은 '찰기가 없는 벼'의 개념을 공유하고 있어 <찰기가 없는 벼>가 공통으로 추가되고, (42-44)는 '종자의 배유(胚乳)는 불투명한 흰빛이고 열매의 껍데기는 흔히 검은빛을 띤 자줏빛이며 차져 떡 등을 만드는 벼'의 개념을 공유하고 있으므로, 찰기가 있는 것이 분절성이 되어 <찰기가 있는 벼→종자의 배유가 불투명한 흰빛임+열매의 껍데기는 검은빛을 띤 자줏빛임+떡 등을 만드는 데 씀>이 공통으로 추가된다.

    (45) 밭벼   (46) 산두벼

    (47) 산도(山稻)[46]   (48) 한도(旱稻)

    이들은 벼를 심는 경작지가 분절의 관점이 된다. 벼는 보통 논에 심는 데 밭에 심기 때문에 생긴 명칭으로 이해된다. 따라서 '밭에 심는 벼. 밭에 볍씨를 뿌리어 가꾸는 데 알이 굵고 잘 여문다'의 개념을 공유하고 있어 <밭에 심는 벼→밭에 볍씨를 파종하는 데 알이 굵고 잘 여무는 벼>가 공통으로 추가된다. 앞에서 논의한 벼 종류의 낱말 밭은 다음과 같다.

---

46) '산도(山稻)'는 <農事直說>에 "旱稻 鄕名 山稻"라고 하였다.

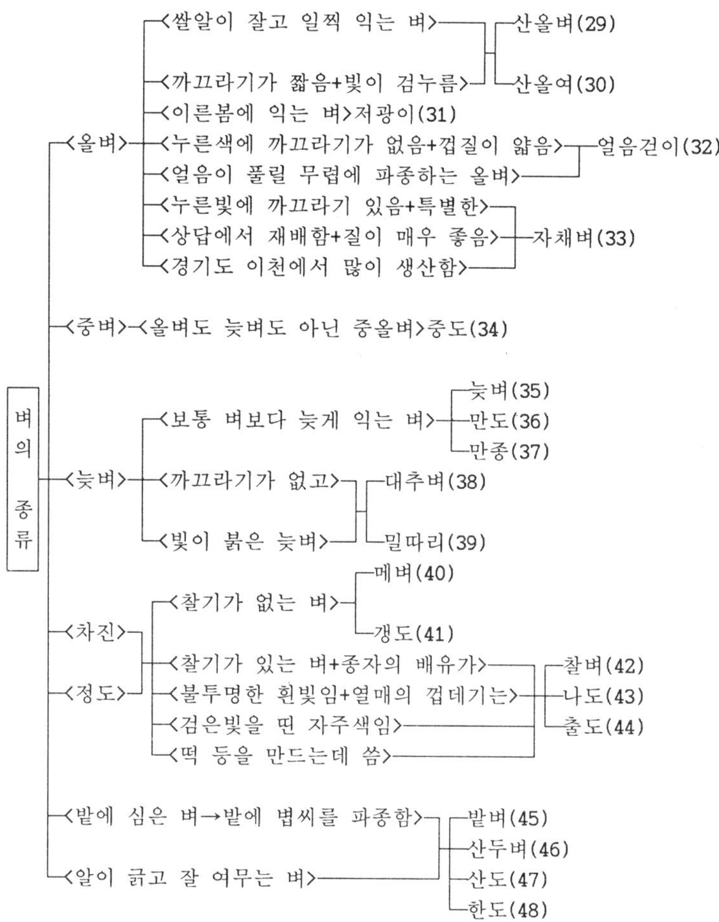

〈그림43〉 벼 종류의 낱말밭 모형(2)

2.5.1.3. 논의 내용

이 부분밭은 벼농사를 짓는 경작지인 논에 대한 내용이므로 <벼농
사를 짓는 논>이 공통으로 추가된다. 여기에는 논의 정의와 논의 위

치·토양·개간·종류 등으로 하위 분류하여 논의하게 된다.

(49) 논   (50) 답(畓)
(51) 수답(水畓)   (52) 답토(畓土)
(53) 원답(原畓)   (54) 구답(舊畓)

위의 (49-52)는 '물을 대어 벼농사를 짓기 위하여 만든 땅. 바닥이 판판하며 가는 흙으로 둘러막고, 물을 대는 곳과 나갈 데를 만든다'의 개념을 공유하고 있어, 논의 정의가 분절성이 되어 <물을 대어서 논농사를 짓기 위해 만든 땅→바닥이 판판하며 가는 흙으로 둘러막음+물을 대는 곳과 빼는 곳을 만듦>이 공통으로 추가되고, (53)은 '원래의 논'의 개념이므로, 처음부터 논의 용도로 쓰인 경작지가 분절성이 되어 <원래의 논>이 추가되며, (54)는 '그 전부터 있던 논'의 개념이니, 새로 개간한 것이 아닌 것이 분절성이 되어 <그 전부터 있던 논>이 추가된다.

(55) 논자리   (56) 논판
(57) 논바닥   (58) 논구덩이

이들은 논을 형성하고 있는 땅이 내용이므로 <논을 구성하고 있는 땅>이 공통으로 추가된다. 따라서 (55)는 '논이 차지하고 있는 자리'의 개념이니, 논을 구성한 땅이 분절성이 되어 <논이 차지하고 있는 땅>이 추가되고, 또 '어떤 논이 있던 자리'의 개념도 가지고 있어, 현재는 논이 아니나 그 전에는 논이었던 것이 분절성이 되어 <이전에 논이 있던 자리>가 더 추가되며, (56)은 '논을 이루고 있는 땅'의 개념이므로, 논을 형성하고 있는 땅이 분절성이 되어 <논을 이루고 있

는 땅>이 추가된다. 그리고 (57)은 '논의 바닥'의 개념이니 <논의 바닥>이 추가되고, (58)은 '구덩이처럼 우묵한 논판'의 개념이므로 논의 위치가 구덩이처럼 우묵한 것이 분절성이 되어 <구덩이처럼 우묵한 논판>이 추가된다.

다음 (59-73)까지는 논의 위치가 분절의 관점이 되어 <논의 위치>가 분절성이 된다.

(59) 텃논   (60) 문전옥답(門前沃畓)[47)]
(61) 내걸   (62) 벌논

위의 (59)는 '마을 가까이에 있거나 집터에 딸려 있는 논'의 개념이니, 집의 근처에 있는 것이 분절성이 되어 <마을 가까이에 있는 논>·<집터에 딸려 있는 논>이 내용에 따라 추가되고, (60)은 '집 가까이에 있는 기름진 논'의 개념이므로, 옥답이 분절성이 되어 <집 가까이에 있는 기름진 논>이 추가된다. 그리고 (61)은 '냇가에 일군 기다란 논'의 개념이니, 냇가에 있는 것이 분절성이 되어 <냇가에 일군 기다란 논>이 추가되고, (62)는 '벌에 있는 논'의 개념이므로 위치가 벌인 것이 분절성이 되어 <벌에 있는 논>이 추가된다.

(63) 논벌   (64) 논들
(65) 논고장   (66) 평야(平野)

위의 (63)은 '주로 논으로 된 벌'의 개념이니, 벌을 형성한 논이 분절성이 되어 <주로 논으로 된 벌>이 추가되고, (64)는 '논으로 된 들

---

47) '문전옥답'과 논의 주인은 <땅임자> 부분에서 다시 논의하게 된다. 따라서 농사의 내용에서는 부분밭에 따라 중복되는 내용이 있게 된다.

판'의 개념이므로 <논으로 된 들판>이 추가된다. 그리고 (65)는 '논이 많은 곳'의 개념이니, 양적으로 많은 것이 분절성이 되어 <논이 많은 곳>이 추가되고, (66)은 '기복이 매우 작고 지표면이 평평한 들'의 개념이므로, 지표면의 모양새가 분절성이 되어 <기복이 매우 작고 지표면이 평평한 들>이 추가된다.

(67) 떼전(-田)   (68) 산답(散畓)
(69) 논뙈기   (70) 다랑논
(71) 다랑이   (72) 다랑전(--田)
(73) 장구배미   (74) 요고전(腰鼓田)

위의 (67)은 '한 물꼬에 딸려 한 집에서 짓는 여러 배미로 크게 떼지어 있는 논'의 개념이니, 한 집의 소유로 된 논이 떼지어 있는 것이 분절성이 되어 <한 물꼬에 딸려 한 집의 논이 여러 배미가 떼지어 있는 논>이 추가되고, (68)은 '한 사람의 소유로 된 논이 여기저기 흩어져 있는 논'의 개념이므로, 논이 산재해 있는 것이 분절성이 되어 <한 사람 소유로 된 논이 여기저기 흩어져 있는 논>이 추가되며, (69)는 '얼마 안되는 좁고 자그마한 논'의 개념이니, 규모가 작은 것이 분절성이 되어 <작고 좁은 논>이 추가된다. 그리고 (70-72)는 '비탈진 산골짜기 같은 곳에 있는, 층층으로 된 좁고 작은 논배미'의 개념을 공유하고 있어, 다랑논이 분절성이 되어 <비탈진 산골에 있는 층층으로 된 좁고 작은 논배미>가 공통으로 추가되고, (73-74)는 '장구 모양으로 가운데가 잘록하게 생긴 논배미'의 개념을 공유하고 있으므로, 장구 모양으로 생긴 것이 분절성이 되어 <장구 모양으로 가운데가 잘록한 논배미>가 공통으로 추가된다. 앞에서 논의한 논의 종류에 대한 낱말밭은 다음과 같다.

〈그림44〉 논의 종류의 낱말밭 모형(1)

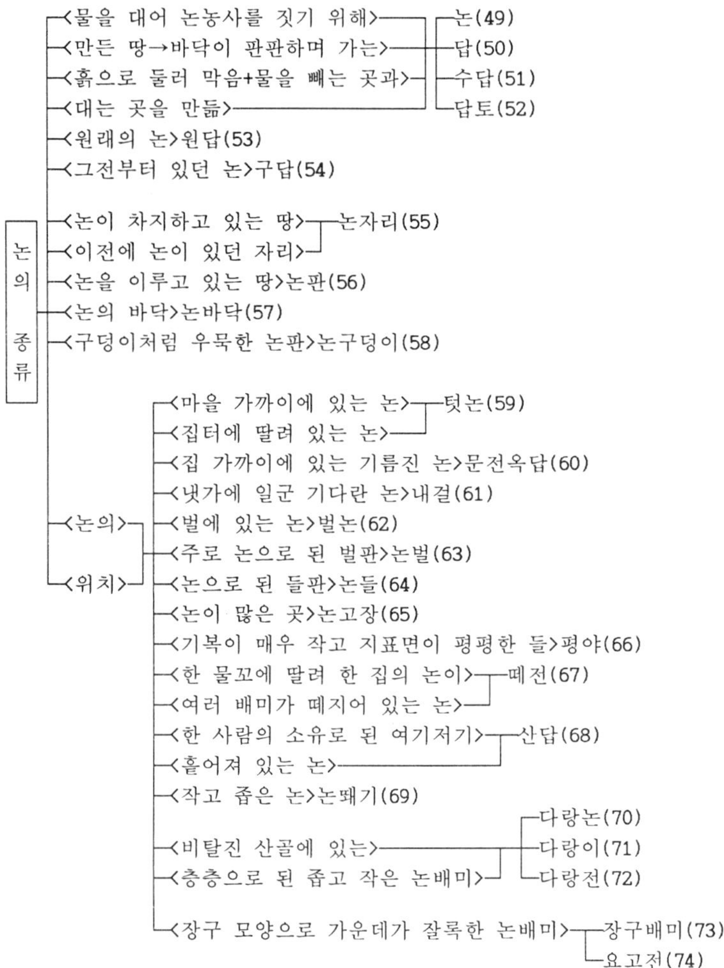

다음 (75-116)까지는 논의 토양이 분절의 관점이 되어 <논의 토양>이 분절성이 된다.

(75) 논토양(-土壤)   (76) 마른논

(77) 건답(乾畓) (78) 수렁논
(79) 수렁배미

이들은 물에 따른 논의 특유한 토양이 분절성이 되어 <물에 의한 논의 토양>이 공통으로 추가된다. 따라서 (75)는 '물이나 지하수의 영향으로 생기는 논 특유의 토양. 보통 토양에 비하여 환원적 성질이 강하며 흙 빛깔은 푸른빛을 띤 회색이다'의 개념이니 <물·지하수의 영향으로 생기는 논의 토양→보통 토양보다 환원적 성질이 강하며 흙은 푸른빛을 띤 회색임>이 추가되고, (76-77)은 '물을 넣지 않은 논'의 개념을 공유하고 있어, 물이 없는 것이 분절성이 되어 <물을 넣지 않은 논>이 공통으로 추가되며, (78-79)는 '질척질척한 수렁으로 된 논'의 개념을 공유하고 있어, 수렁으로 된 논이 분절성이 되어 <질척질척한 수렁으로 된 논>이 공통으로 추가되고, 또 '수렁이 있는 논'의 개념도 공유하고 있으므로 <수렁이 있는 논>이 더 추가된다.
다음 (80-92)까지는 논이 좋고 나쁜 것이 분절의 관점이 되어 <논의 품질>이 공통으로 추가된다.

(80) 양답(良畓) (81) 옥답(沃畓)
(82) 고래실 (83) 고래실논
(84) 구레논 (85) 고답(-畓)

위의 (80-81)은 '토질이 좋은 논'의 개념을 공유하고 있어 <토질이 좋은 논>이 공통으로 추가되고, (82-85)는 '바닥이 깊고 물길이 좋아 기름진 논'의 개념을 공유하고 있으므로, 물의 사정이 좋고 기름진 것이 분절성이 되어 <바닥이 깊고 물길이 좋으며 기름진 논>이 공통으로 추가된다.

(86) 상답(上畓)　　　　　(87) 상등답(上等畓)
(88) 안전답(安全畓)　　　(89) 무논
(90) 진논　　　　　　　(91) 수답(水畓)[48]
(92) 습답(濕畓)

위의 (86-87)은 '토질과 물의 형편이 좋아서 벼가 잘되는 논'의 개념이니, 상등답이 분절성이 되어 <토질과 물의 형편이 좋아서 벼가 잘되는 논>이 공통으로 추가되고, (88)은 '안전한 논이라는 뜻으로 논의 흙이 보수력이 좋고 관개와 수리시설 따위의 혜택으로 가물로 인한 재해를 입지 않는 논'의 개념이므로, 농사짓기에 안전한 논이 분절성이 되어 <토질의 보수력이 좋음+관개·수리시설이 좋음→가물의 재해를 입지 않는 논>이 추가되며, (89-92)는 '손쉽게 물을 댈 수 있는 논'의 개념을 공유하고 있어, 물 대기가 쉬운 것이 분절성이 되어 <손쉽게 물을 댈 수 있는 논>이 공통으로 추가되고, 또 '물이 늘 괴어 있는 논'의 개념도 공유하고 있으므로 그만큼 좋은 논이 분절성이 되어 <물이 늘 괴어 있는 좋은 논>도 공통으로 추가된다.

(93) 봇논(洑-)　　　　　(94) 보답(洑畓)
(95) 샘받이　　　　　　(96) 샘물받이
(97) 고논　　　　　　　(98) 중답(中畓)

이들은 물대는 내용과 관계가 있는 논이 분절의 관점이므로 <관수 관계의 논>이 공통으로 추가된다. 따라서 (93-94)는 '봇물을 대어 농사를 짓는 논'의 개념을 공유하고 있어, 봇물이 분절성이 되어 <봇물로 농사짓는 논>이 공통으로 추가되고, (95-96)은 '샘물을 끌어대는

---

48) '수답'은 '물을 대어 벼농사를 짓기 위하여 만든 땅'의 개념도 가지고 있어 이미 (52)에서 논의하였다.

논’의 개념을 공유하고 있으므로, 샘물이 분절성이 되어 <샘물을 끌어대는 논>이 공통으로 추가되고, 또 ‘땅에서 솟는 샘물을 받아서 농사짓는 논’의 개념도 공유하고 있어 <샘물로 농사짓는 논>도 공통으로 추가되며, ‘샘물이 나는 논’의 개념일 경우는 <샘물이 나는 논>도 공통으로 추가된다. 그리고 (97)은 ‘봇고랑에서 맨 처음으로 물이 들어오는 물꼬가 있는 논’의 봇물이 맨 처음 들어오는 논이 분절성이 되어 <봇물이 맨 처음으로 들어오는 물꼬가 있는 논>이 추가되고, (98)은 ‘토질과 물의 형편이 중길인 논’의 개념이므로, 중간 정도로 좋은 논이 분절성이 되어 <토질·물의 형편이 중길인 논>이 추가된다. 앞에서 논의한 논의 종류에 대한 낱말밭은 다음과 같다.

<그림45> 논의 종류의 낱말밭 모형(2)

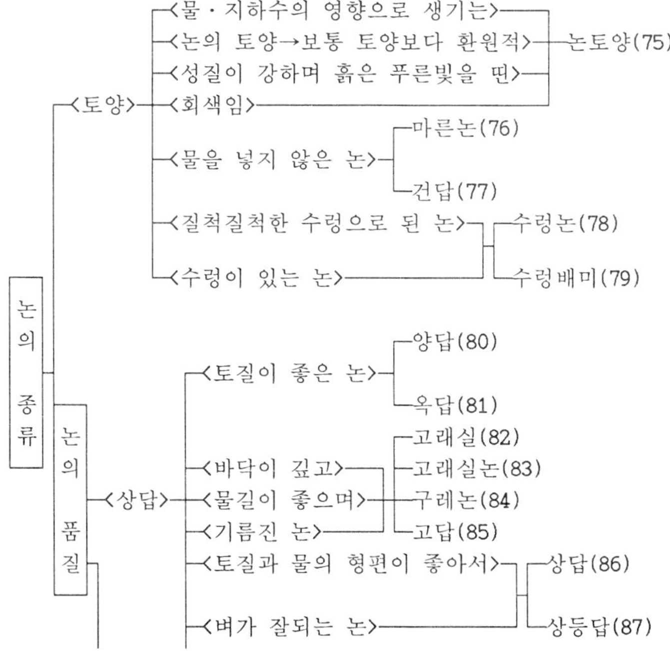

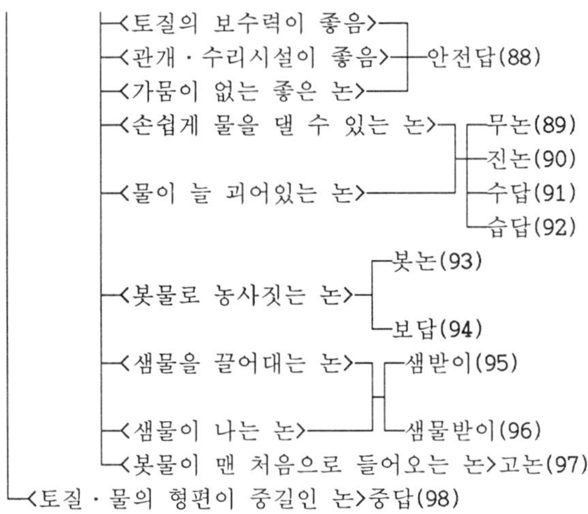

다음 (99-116)까지는 논의 토질이 좋지 않은 내용이므로 <하답>
이 공통으로 추가된다

    (99) 모랫논   (100) 생논(生-)
    (101) 하답(下畓)   (102) 하등답(下等畓)

위의 (99)는 '모래가 많이 섞인 논. 물이 헤프고 모심기가 곤란하
여 하답에 속하나 거름발이 빨리 받는 장점도 있다'의 개념이니, 모
래가 많은 논이 분절성이 되어 <모래가 많이 섞인 논→물이 헤프고
모심기가 어려움+거름발은 빨리 받는 장점도 있음>이 추가되고,
(100)은 '갈이가 잘되지 않는 논'의 개념이므로, 갈이가 어려운 것이
분절성이 되어 <갈이가 잘되지 않는 논>이 추가되며, (101-102)는
'토질이나 관개시설이 나빠서 벼가 잘되지 않는 논'의 개념이니, 하
등답이 분절성이 되어 <토질·관개시설이 나쁜 논→벼가 잘되지 않
는 논>이 공통으로 추가된다.

(103) 척답(瘠畓)　　　　　　(104) 박답(薄畓)
(105) 논흙갈이

위의 (103)은 '메마른 논'의 개념이니 <메마른 논>이 추가되고, (104)는 '지기가 메마른 논'의 개념이므로, 지기가 분절성이 되어 <지기가 메마른 논>이 추가되며, (105)는 '논바닥에 필요한 성분이 들어있는 흙을 까는 일. 지력을 높이거나 산성화를 막기 위하여 깐다'의 개념이니, 필요한 흙을 까는 것이 분절성이 되어 <논바닥에 필요한 성분이 들어있는 흙을 까는 일→지력을 높이고 산성화를 막기 위함>이 추가된다.

(106) 천둥지기　　　　　　(107) 봉천답(奉天畓)
(108) 천수답(天水畓)　　　　(109) 천봉답(天奉畓)
(110) 천수농경(天水農耕)　　(111) 건답(乾畓)
(112) 백답(白畓)

위의 (106-110)은 '물의 근원이 없고, 물을 대게 할 시설이 없이 오직 빗물에 의지하여서만 경작할 수 있는 논'의 개념을 공유하고 있어, 빗물에만 의지하여 농사짓는 논이 분절성이 되어 <물의 근원이 없음+관개시설이 없음→빗물로만 경작할 수 있는 논>이 공통으로 추가되고, (111)은 '조금만 가물어도 곧 물이 마르는 논'의 개념이니, 물이 부족한 것이 분절성이 되어 <조금만 가물어도 물이 곧 마르는 논>이 추가되며, (112)는 '날이 너무 가물어서 물을 대지 못하여 아무것도 심지 못한 논'의 개념이니, 가물어서 파종하지 못한 것이 분절성이 되어 <심한 가뭄으로 아무것도 심지 못한 논>이 추가된다.

(113) 폐답(廢畓)　　　　　　(114) 진답(陳畓)

(115) 황답(荒畓)　　　　　　(116) 황손전(荒損田)

위의 (113)은 '짓던 농사를 짓지 않고 논을 내버려두다'의 개념이
니, 논을 방치하는 것이 분절성이 되어 <짓던 농사를 짓지 않고 내버
려둔 논>이 추가되고, (114)는 '오랫동안 묵어서 거칠어져 버린 논'
의 개념이므로, 거칠어져 버린 논이 분절성이 되어 <오랫동안 묵혀
두어 거칠어져 버린 논>이 추가된다. 그리고 (115)는 '거칠어져 못
쓸 논'의 개념이니 <거칠어져 경작할 수 없는 논>이 추가되고, (116)
은 '천재지변으로 거칠대로 거칠어진 논'의 개념이니 <천재지변으로
몹시 거칠어진 논>이 추가된다.

(117) 기식답(旣蝕畓)

이는 '이미 유수의 침식을 받은 논'의 개념이니, 유수의 피해를 입
은 것이 분절성이 되어 <이미 유수의 침식을 받은 논>이 추가된다.
앞에서 논의한 논의 종류에 대한 낱말밭은 다음과 같다.

<그림46> 논의 종류의 낱말밭 모형(3)

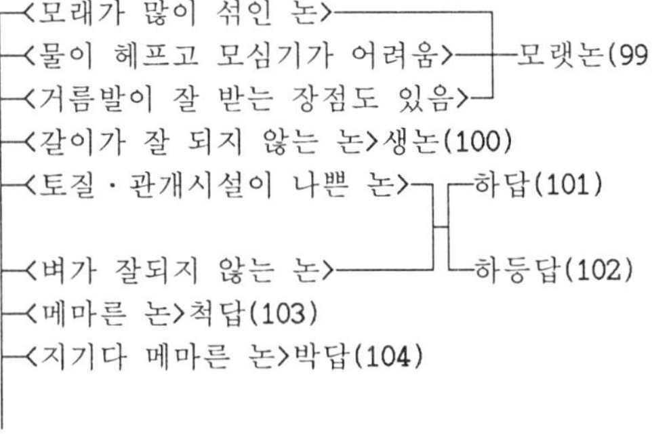

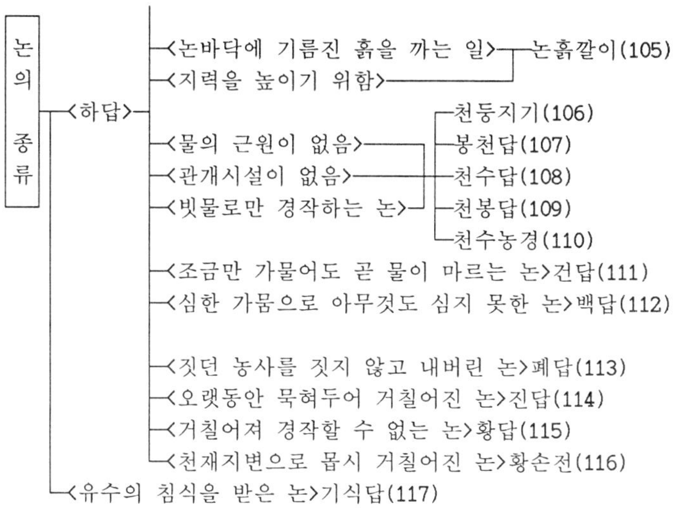

다음 (118-129)까지는 논을 개간하는 내용이므로 <논의 개간>이 공통으로 추가된다.

(118) 번답(反畓)   (119) 논풀다
(120) 논풀이   (121) 개답(開畓)
(122) 개간답(開墾畓)   (123) 신기답(新起畓)
(124) 신간답(新墾畓)

위의 (118)은 '밭을 논으로 만들다'의 개념이니, <밭을 논으로 만드는 일>이 추가되고, (119)는 '생땅이나 밭을 논으로 만들다'의 개념이므로, 생땅이나 밭을 논으로 만드는 것이 분절성이 되어 <생땅·밭을 논으로 만드는 일>이 추가되며, 또 속된 표현으로 '어린아이가 기저귀에 오줌을 많이 싸다'의 개념도 가지고 있어 <[어린아이]-기저귀에 오줌을 많이 싸는 일>을 가지고 사람의 낱말밭에서도

분절한다. 그리고 (120-124)는 '논을 새로 만드는 일. 또는 그 논'의 개념을 공유하고 있으므로, 논을 새로 일구는 것이 분절성이 되어 <논을 새로 만드는 일>과 <새로 만든 논>이 공통으로 추가된다.

(125) 작답(作畓)   (126) 기답(起畓)
(127) 경답(坰畓)   (128) 갯논
(129) 동답(垌畓)

　　위의 (125-126)은 '토지를 개간하여 논을 만들다'의 개념을 공유하고 있어, 토지의 개간이 분절성이 되어 <토지를 개간하여 논을 만드는 일>이 공통으로 추가되고, (127)은 '바닷가에 둑을 쌓고 논을 만들다. 또는 그 논'의 개념이므로, 바닷가를 개간하는 것이 분절성이 되어 <바닷가에 둑을 쌓고 논을 만드는 일>과 <바닷가에 둑을 쌓고 만든 논>이 추가되며, (128-129)는 '바닷가 갯벌에 둑을 쌓고 땅을 정리하여 논을 만들다. 또는 그 논. 염분이 많고 토질이 메마르다. 못자리가 적당치 못하여 주로 종자를 직파하는 데 우리나라 서해안에 많이 있다'의 개념을 공유하고 있어, 갯벌을 논으로 만드는 것이 분절성이 되어 <바닷가 갯벌에 둑을 쌓고 땅을 정리하여 논을 만드는 일+그 논→염분이 많고 토질이 메마름+못자리에 부적당하여 직파함→우리나라 서해안에 많음>이 공통으로 추가된다. 앞에서 논의한 논의 종류에 대한 낱말밭은 다음과 같다.

<그림47> 논의 종류의 낱말밭 모형(4)

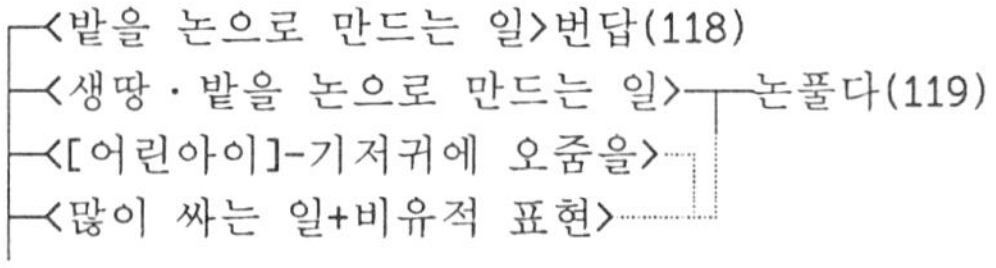

```
┌─<밭을 논으로 만드는 일>번답(118)
├─<생땅·밭을 논으로 만드는 일>──┬──논풀다(119)
├─<[어린아이]-기저귀에 오줌을>┈┈┐│
├─<많이 싸는 일+비유적 표현>┈┈┈┘
```

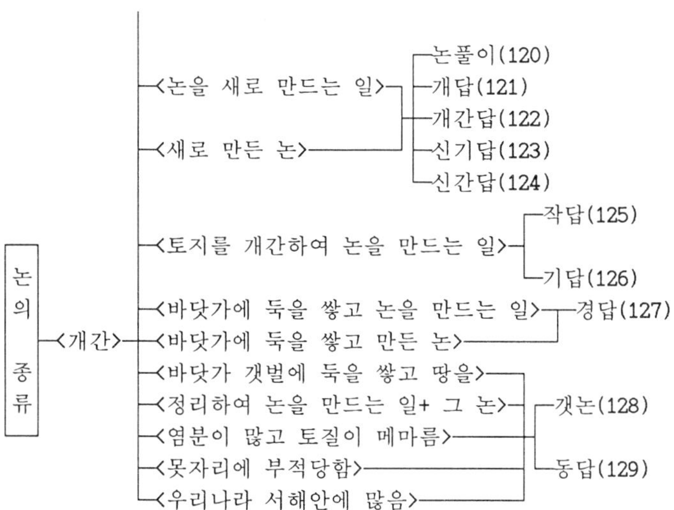

다음 (130-139)가지는 용도에 따른 논의 분류가 분절의 관점이 되어 <논의 용도>가 분절성이 된다.

  (130) 채종답(採種畓)   (131) 도전(稻田)
  (132) 못논   (133) 본답(本畓)

위의 (130)은 '씨앗을 받으려고 특별히 마련한 논'의 개념이니, 씨를 받기 위한 것이 분절성이 되어 <씨를 받기 위해 만든 논>이 추가되고, (131)은 '벼를 심은 논밭'의 개념이므로, 벼를 심은 것이 분절성이 되어 <벼를 심은 논밭>이 추가되며, (132-133)은 '볏모를 옮겨 심은 논'의 개념을 공유하고 있어, 모내기를 한 논이 분절성이 되어 <볏모를 옮겨 심은 논>이 공통으로 추가된다.

  (134) 오려논   (135) 차재볏논

(136) 청전(靑田)   (137) 두렛논

위의 (134)는 '올벼를 심은 논'의 개념이니, 올벼가 분절성이 되어 <올벼를 심은 논>이 추가되고, (135)는 '차재벼를 심은 논. 또는 그와 같이 좋은 논'의 개념이므로, 차재벼가 분절성이 되어 <차재벼를 심은 논>과 <차재벼를 심을 만큼 좋은 논>이 추가된다. 그리고 (136)은 '벼가 푸릇푸릇한 논'의 개념이니, 푸른 벼가 분절성이 되어 <벼가 푸릇푸릇하게 자라는 논>이 추가되고, (137)은 '두레로 일을 하는 논'의 개념이므로, 두렛일이 분절성이 되어 <두레로 일을 하는 논>이 추가된다.

(138) 미나리꽝   (139) 왕골논[49]

위의 (138)은 '미나리를 심은 논. 땅이 걸고 물이 많은 곳이 좋다'의 개념이니, 미나리가 분절성이 되어 <미나리를 심은 논→논이 걸고 물이 많은 곳이 좋음>이 추가되고, (139)는 '왕골은 심은 물기가 많은 논'의 개념이므로, 왕골이 분절성이 되어 <왕골을 심은 물기가 많은 논>이 추가된다.

(140) 고랑배미   (141) 논배미
(142) 논두렁   (143) 논둑
(144) 휴반(畦畔)   (145) 논고랑

---

49) 조재영 외3인(1997:177)은 "왕골(black rush)는 우리나라 특유의 작물로서 일본·중국 등지에서 자생한다. 우리나라는 예부터 재배하여 왔다. 왕골은 그 줄기를 건조시켜 꽃방석·돗자리·핸드백·슬리퍼 등을 만드는 데 널리 이용되고 있다."고 하였다.

위의 (140)은 '밭고랑이나 논배미를 세는 단위'의 개념이니, 논을
세는 단위가 분절성이 되어 <밭고랑·논배미를 세는 단위>가 추가
되고, (141)은 '논의 배미. 논과 논 사이를 구분하는 곳'의 개념이므
로, 논을 구분하는 곳이 분절성이 되어 <논배미→논과 논을 구분하
는 곳>이 추가된다. 그리고 (142-144)는 '물이 괴도록 논가로 둘러쌓
은 두둑'의 개념을 공유하고 있어, 논둑이 분절성이 되어 <물이 괴도
록 논가를 둘러쌓은 두둑>이 공통으로 추가되고, (145)는 '벼 포기를
줄지어 심은 둑과 둑 사이에 골이진 곳'의 개념이므로, 논고랑이 분
절성이 되어 <벼를 심은 둑과 둑 사이의 골>이 추가된다.

(146) 논임자   (147) 답주(畓主)
(148) 민답(民畓)   (149) 답주(畓主)
(150) 타답(他畓)   (151) 경인답(京人畓)
(152) 경답(京畓)

이들은 논을 소유하고 있는 논임자[50])에 대한 내용이므로 <논임자>
가 분절의 관점이 된다. 따라서 (146-147)은 '논의 임자'의 개념을 공
유하고 있어 <논의 임자>가 공통으로 추가되고, (148-149)는 '국민
개인의 소유로 되어 있는 논'의 개념을 공유하고 있어, 개인 소유가
분절성이 되어 <국민 개인 소유의 논>이 공통으로 추가된다. 그리고
(150)은 '남의 논. 다른 논'의 개념이니, 타인의 논이 분절성이 되어
<타인의 논>과 <다른 논>이 추가되고, (151-152)는 '서울사람 소유
의 논'의 개념을 공유하고 있어, 논임자가 서울사람인 것이 분절성이
되어 <서울사람 소유의 논>이 공통으로 추가된다.

---

50) '논임자·밭임자'는 토지 소유자의 내용인 <땅임자> 부분에서 전체적으로
　　 다시 논의하게 된다.

(153) 논문서(-文書)   (154) 답권(畓券)

이들은 '논의 소유권을 증명한 공문서'의 개념이니, 논문서[51]가 분절성이 되어 <논의 소유권을 증명한 공문서>가 공통으로 추가된다. 앞에서 논의한 논의 종류에 대한 낱말밭은 다음과 같다.

〈그림48〉 논의 종류의 낱말밭 모형(5)

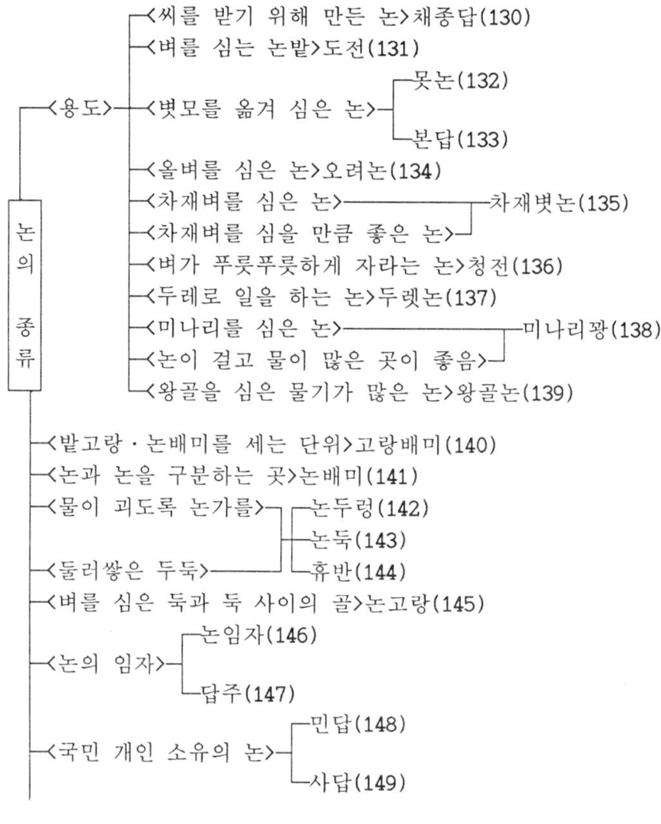

____

51) '논문서'는 땅의 소유권을 증명하는 문서이므로, <법률>의 내용 중 <등기> 부분에서 다시 논의하게 된다.

```
 ┌<타인의 논> + <다른 논>타답(150)
 │                           ┌경인답(151)
 ├<서울사람 소유의 논>─┤
 │                           └경답(152)
 │                               ┌논문서(153)
 └<논의 소유권을 증명한 공문서>─┤
                                 └답권(154)
```

2.5.1.4. 논갈이하는 내용

이 부분밭은 논갈이를 하는 내용이므로 <논갈이>가 분절의 관점
이 된다. 따라서 원어휘소는 '논갈이'가 자리하고 있다.

    (155) 논갈이   (156) 물갈이
    (157) 무논갈이   (158) 진갈이
    (159) 수경(水耕)   (160) 더운갈이

위의 (155)는 '논을 갈다'의 개념이 <논을 가는 일>이 추가되고,
(156-159)는 '논에 물을 실어 두고 갈다'의 개념을 공유하고 있으므
로, 무논을 가는 것이 분절성이 되어 <논에 물을 실어 두고 가는 일>
이 공통으로 추가되며, (160)은 '날이 몹시 가물다가 소나기가 왔을
때에, 그 물을 이용하여 논을 갈다'의 개념이니, 가뭄에 소나기를 이
용하여 가는 것이 분절성이 되어 <몹시 가물다가 소나기가 왔을 때
에 그 물을 이용하여 논을 가는 일>이 추가된다.

    (161) 마른갈이   (162) 건갈이(乾--)
    (163) 삭갈이   (164) 삭갈다

위의 (161-162)는 '논에 물을 넣지 않고 갈다'의 개념을 공유하고

있어, 마른 논을 가는 것이 분절성이 되어 <논에 물을 넣지 않고 가는 일>이 공통으로 추가되고, (163)은 '논을 삭갈다'의 개념이므로, 논을 모두 가는 일이 분절성이 되어 <논을 모두 가는 일>이 추가되며, (164)는 '논을 미리 갈아두지 못하고 모내기할 때에 비로소 한 번 갈다'의 개념이니, 모내기 때에 가는 것이 분절성이 되어 <논을 갈지 않고 두었다가 모내기할 때에 비로소 가는 일>이 추가된다.

다음 (165-175)는 논을 가는 횟수가 분절의 관점이 되어 <논을 가는 횟수>가 분절성이다.

(165) 애벌갈이	(166) 애갈이
(167) 초벌갈이	(168) 초경(初耕)
(169) 두벌갈이	(170) 재경(再耕)
(171) 세벌갈이	(172) 삼경(三耕)

위의 (165-168)은 '논이나 밭을 첫 번째 갈다'의 개념을 공유하고 있어, 첫번 가는 것이 분절성이 되어 <논밭을 첫 번째 가는 일>이 공통으로 추가되고, (169-172)는 '논밭을 두 번째 갈다'의 개념을 공유하고 있으므로, 두 번째가 분절성이 되어 <논밭을 두 번째 가는 일>이 공통으로 추가되며, (171-172)는 '논밭은 봄갈이, 가을갈이, 애벌갈이로 세 번 갈다'의 개념을 공유하고 있어, 세 번 가는 것이 분절성이 되어 <논밭을 봄갈이·가을갈이·애벌갈이로 세 번 가는 일>이 공통으로 추가된다.

(173) 앞뒤갈이	(174) 짝갈이
(175) 번경(反耕)	

위의 (173)은 '애벌간 논을 반대 방향으로 다시 갈아엎다'의 개념

이니, 반대방향으로 다시 가는 방법이 분절성이 되어 <애벌간 논을 반대 방향으로 다시 갈아엎는 일>이 추가되고, (174)는 '처음 갈이와 나중 갈이가 서로 다르게 갈다. 처음에 마른갈이를 하면 나중에 물갈이 또는 그 반대로 갈다'의 개념이므로, 처음과 나중이 다르게 가는 것이 분절성이 되어 <처음과 나중이 다르게 가는 일=물갈이를 했으면 나중엔 마른갈이를 하는 일>이 추가되며, (175)는 '논을 여러 번 갈아 뒤집다'의 개념이니, 여러 번 가는 것이 분절성이 되어 <논을 여러 번 갈아 뒤집는 일>이 추가된다. 앞에서 논의한 논갈이하는 낱말밭은 다음과 같다.

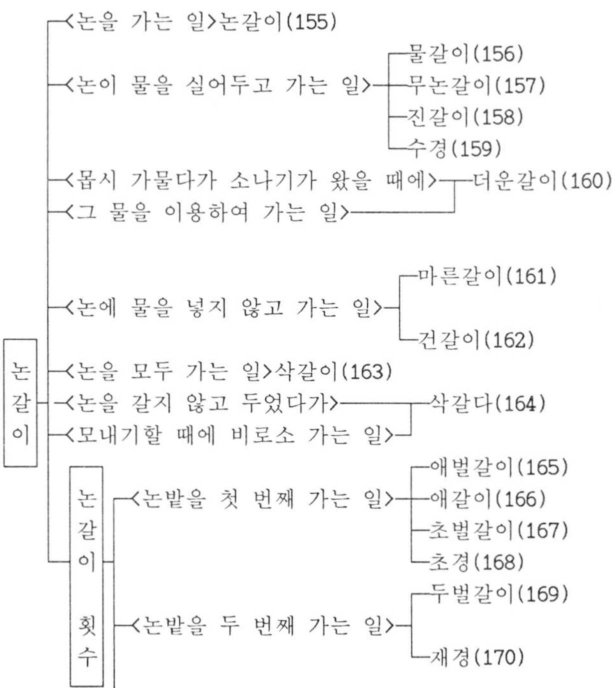

〈그림49〉 논갈이하는 낱말밭 모형(1)

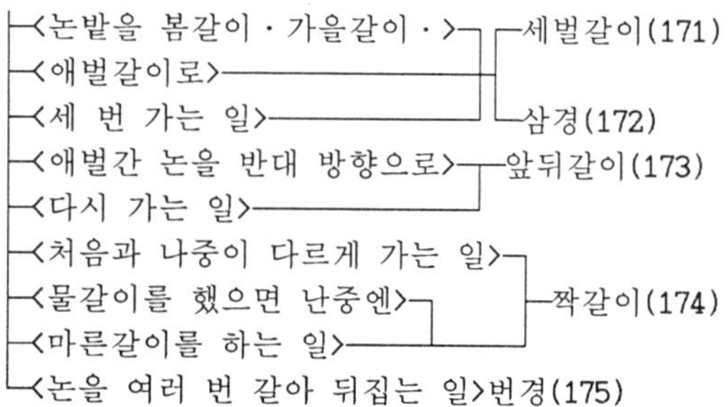

다음 (176-186)까지는 써레질하는 내용이므로 <써레질>이 분절의 관점이 된다.

(176) 걸기질   (177) 바닥걸기질
(178) 써레질   (179) 곱써레질
(180) 장써레질   (181) 마른써레질

위의 (176-177)은 '논바닥에 높낮이가 생겨 물이 고루 퍼지지 않을 때, 높은 데의 흙을 낮은 데로 끌어내려 고르다'의 개념을 공유하고 있어, 논바닥을 고르게 고르는 일이 분절성이 되어 <논바닥의 높낮이를 고르게 하여 물이 고루 퍼지게 하는 일>이 공통으로 추가되고, (178)은 '갈아놓은 논바닥을 써레로 판판하게 고르거나 흙덩이를 깨다'의 개념이니, 써레질이 분절성이 되어 <갈아놓은 논바닥을 써레로 판판하게 고르거나 흙덩이를 깨는 일>이 추가되며, (179)는 '갈아놓은 논밭을 가로로 한 번 더 썰다'의 개념이니, 가로로 다시 써는 것이 분절성이 되어 <갈아놓은 논밭을 가로로 다시 한 번 더 써는 일>이 추가된다. 그리고 (180)은 '논바닥의 두둑진 곳을 길이로 썰다'의 개념이니, 길이로 써는 것이 분절성이 되어 <논바닥의 두둑진 곳을 길이로 다시 써는 일>이 추가되고, (181)은 '물을 대지 않은 논이

나 밭을 써레질하다'의 개념이므로, 마른 논밭을 써는 것이 분절성이
되어 <물을 대지 않고 논밭을 써레질하는 일>이 추가된다.

(182) 삶이하다   (183) 삶다
(184) 무삶이하다   (185) 건삶이하다
(186) 헛삶이하다

이들은 논밭의 흙을 노글노글하게 하는 내용이므로 <논밭을 삶는
일>이 공통으로 추가된다. 따라서 (182-183)은 '논밭의 흙을 써레로
썰고 나래로 노글노글하게 만들다'의 개념을 공유하고 있어 <논밭의
흙을 써레로 썰고 나래로 골라 노글노글하게 만드는 일>이 공통으로
추가된다. 다만 (183)은 '물건을 물 속에 넣고 끓이다'의 개념도 가지
고 있어 <물건을 끓이는 일>을 가지고 끓이는 낱말밭에서도 분절하
고, 또 '여러 가지 수단으로 남에게 호의를 베풀어 자기의 뜻대로 따
르게 하다'의 개념일 경우는 <여러 가지 수단으로 남에게 호의를 베
풀어 자기의 뜻대로 따르게 하는 일>을 가지고 행위의 낱말밭에서고
분절한다. 그리고 (184)는 '논에 물을 대어 써레질하고 나래로 고르
다'의 개념이니, 무논이 분절성이 되어 <논에 물을 댐→써레질하고
나래로 고르는 일>이 추가되고, (185)는 '마른 논을 써레로 썰고 나
래로 고르다'의 개념이므로, 마른 논이 분절성이 되어 <마른 논을 써
레로 썰고 나래로 고르는 일>이 추가되며, (186)은 '볍씨나 모를 심
기 위한 것이 아니라 그저 논을 갈아서 써레질하여 두다'의 개념이
니, <파종하기 위함이 아니라 그저 논을 썰어두는 일>이 추가된다.
앞에서 논의한 논갈이하는 낱말밭은 다음과 같다.

<그림50> 논갈이하는 낱말밭 모형(2)

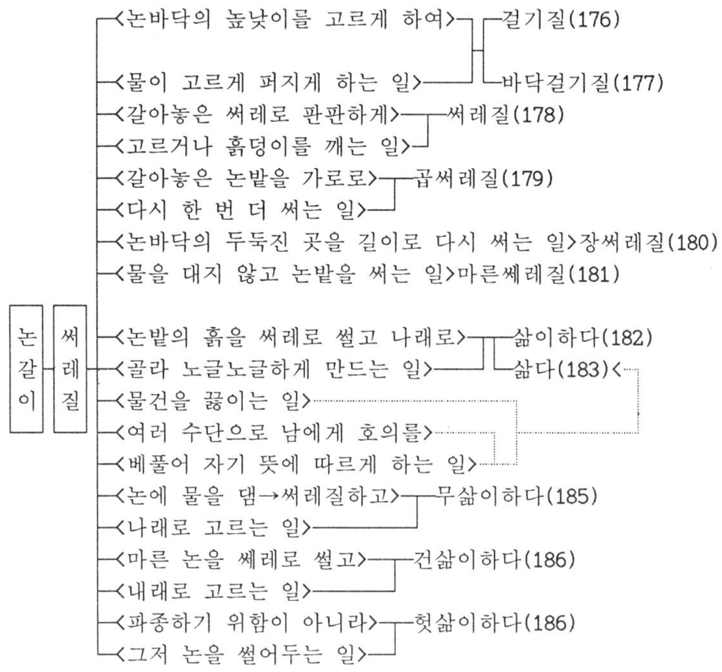

2.5.1.5. 못자리하는 내용

조장환 외 4인(1993:131)에서 못자리의 종류에 대하여 다음과 같
이 말하고 있다.

① 물못자리 : 못자리를 만든 후 바로 물을 대고 육묘하는 방법이
다. 물은 초기의 저온으로부터 모를 보호하고 모를 균일하게 자라게
하며, 잡초·병충해·쥐·새의 피해도 적게 한다. 모가 연약하고 발
근력(發根力)이 약하며 빨리 노쇠하는 단점도 있다.

② 밭못자리 : 물을 대지 않고 밭에서 육묘하는 방법이다. 모가 건

강하여 노쇠가 더디고 발근력도 강하여 만식재배(晩植栽培), 다수확재배에 알맞다. 그러나 도열병과 잡초의 발생이 많고 새ㆍ쥐의 피해도 많은 편이다.

③ 마른못자리 : 건답에 설치하는 못자리로 밭못자리와 같다.

④ 절충못자리 : 물못자리와 밭못자리의 장점을 절충한 방식이다. 초기에는 물못자리로, 후기에는 밭못자리로 하는 것은 싸늘한 지대에서 모를 튼튼하게 기르고자 할 때에 이용되며 초기에는 밭못자리로, 후기에는 물못자리로 하는 것은 따뜻한 지대에서 모의 생육을 강건하게 하고자 할 때에 이용된다.

⑤ 보온절충못자리 : 못자리 초기에 비닐이나 폴리에틸렌을 덮어서 보온하고 물을 통로에만 담수하다가 파종후 7-14일이 되어 제2본잎이 반 정도 자랐을 때에 비닐을 벗기고 못자리 전면에 물을 대어 물못자리로 바꾸는 방식이다. 물못자리보다 15일 정도 조식(早植)할 수 있는 장점이 있다.

⑥ 비닐밭못자리 : 밭못자리의 말기까지 비닐이나 폴리에틸렌을 터널식으로 피복하여 보온하는 방식이다. 물못자리보다 1개월 정도 조식재배할 수 있다. 육묘 중에 못자리의 온도 관리가 어려우며, 뜸모와 마름병의 발생으로 실패하는 경우도 있다.

이 부분밭은 모를 기르기 위하여 못자리하는 내용이므로 <못자리>가 공통으로 추가된다.

(187) 못자리　　　　　　　　(188) 묘대(苗坮)
(189) 앙판(秧板)　　　　　　　(190) 물못자리
(191) 수묘대(水苗坮)

위의 (187-189)는 '볍씨를 뿌리어 모를 기르는 자리'의 개념을 공유하고 있어 <볍씨를 뿌리어 모를 기르는 자리>가 공통으로 추가되고, (190-191)은 '물모를 키우는 자리'의 개념을 공유하고 있으므로 <물모를 키우는 자리>가 공통으로 추가된다.

(192) 가물음못자리   (193) 고랑못자리

(194) 골모판(--板)   (195) 건못자리

(196) 마른못자리   (197) 건모판(乾-板)

위의 (192) '가물음에 겨우 물을 실어 만든 못자리'의 개념이니, 가물 때가 분절성이 되어 <가물 때 겨우 물을 실어 만든 못자리>가 추가되고, (193-194)는 '물못자리와 밭못자리의 좋은 점을 딴 것으로 처음에는 물을 대고 나중에는 모판의 고랑에만 물을 대어 모를 키우는 일'의 개념을 공유하고 있으므로, 처음에는 물을 대고 나중에는 고랑에만 물을 대는 것이 분절성이 되어 <처음에는 물을 댐→나중에는 고랑에만 물을 대고 모를 키움→물못자리와 밭못자리의 좋은 점을 절충한 못자리>가 추가되며, (195-197)은 '건모를 기르는 못자리. 물이 부족하고 논의 위치가 해마다 늦심기를 할 수밖에 없는 곳에서 한다'의 개념을 공유하고 있어, 건모를 기르는 것이 분절성이 되어 <건모를 기르는 못자리→물이 부족한 지역+논의 위치가 늦심기를 해야하는 곳에서 하는 못자리>가 공통으로 추가된다.

(198) 밭못자리   (199) 육묘대(陸苗垈)

(200) 전묘대(田苗垈)   (201) 풀모

위의 (198-200)은 '밭이나 마른 논에 만들어, 물이 없이 키우는 못

자리'의 개념을 공유하고 있어, 물이 없는 것이 분절성이 되어 <밭·마른 논에 물이 없이 키우는 못자리>가 공통으로 추가되고, (201)은 '풀을 거름으로 넣고 만든 못자리'의 개념이므로, 거름을 넣는 것이 분절성이 되어 <풀거름을 넣고 만든 못자리>가 추가된다.

(202) 묘판(苗板)   (203) 거적모판(---板)
(204) 묘판(苗板)

위의 (202) '못자리 사이사이를 떼어, 긴 네모로 다듬어 놓은 구역. 사방 가장자리만 얇은 널빤지 쪽이나 굵은 새끼로 테를 한다'의 개념이니, 긴 네모로 다듬어 놓은 구역이 분절성이 되어 <못자리 사이사이를 떼어 긴 네모로 다듬은 구역→사방 가장자리마다 얇은 널빤지나 굵은 새끼로 테를 함>이 추가되고, 또 '화초의 씨를 뿌려 모를 키우기 위하여 만들어 놓은 것'의 개념도 가지고 있어, 화초를 키우기 위함이 분절성이 되어 <화초의 씨를 뿌려 모를 키우는 모판>을 가지고 원예의 낱말밭에서도 분절한다. 그리고 (203)은 '거적으로 덮개를 한 모판'의 개념이니, 거적의 덮개가 분절성이 되어 <거적으로 덮개를 한 모판>이 추가되고, (204)는 '물모를 붓는 모판'의 개념이므로, 물모를 기르는 것이 분절성이 되어 <물모를 붓는 모판>이 추가된다.

(205) 보온못자리(保溫---)   (206) 보온묘포(保溫苗圃)
(207) 온상모판(溫床-板)

위의 (205-206)은 '추운 지방에서 볏모를 빨리 키우기 위하여 유지(油脂)를 덮어씌워 온도를 보전하는 못자리'의 개념을 공유하고 있어, 보온 시설을 한 못자리가 분절성이 되어 <추운 지방에서 볏모를

빨리 키우기 위하여 유지를 덮어씌워 보온하는 못자리>가 공통으로
추가되고, (207)은 '온상모를 기르는 모판'의 개념이므로, 온상이 분
절성이 되어 <온상모를 기르는 모판>이 추가된다. 앞에서 논의한 못
자리하는 낱말밭은 다음과 같다.

〈그림51〉 못자리의 낱말밭 모형(1)

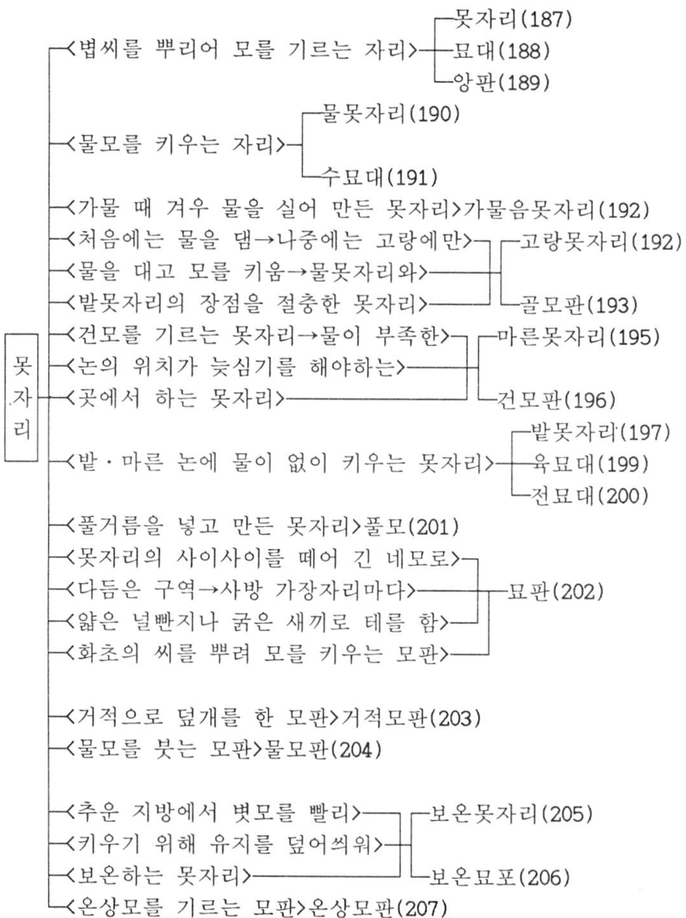

(208) 상토(床土)   (209) 못자리하다
(210) 모붓다

위의 (208)은 '모판의 흙'의 개념이니 <모판의 흙>이 추가되고, (209)는 '못자리에 볍씨를 뿌리다'의 개념이므로, 볍씨가 분절성이 되어 <못자리에 볍씨를 뿌리는 일>이 추가되며, (210)은 '밭이나 논에 못자리를 만들고 씨를 배게 뿌리다'의 개념이니, 볍씨를 배게 뿌리는 것이 분절성이 되어 <밭이나 논에 못자리를 만듦→볍씨를 배게 뿌리는 일>이 추가된다.

(211) 모   (212) 볏모
(213) 앙모(秧苗)   (214) 도모(稻苗)

위의 (211)은 '옮겨심기 위하여 가꾸어 기른 어린 모'의 개념이니, 어린 모가 분절성이 되어 <옮겨심기 위하여 가꾸어 기른 어린 모>가 추가되고, (212-214)는 '벼의 싹'의 개념을 공유하고 있으므로 <벼의 싹>이 공통으로 추가된다.

(215) 물모   (216) 수묘(水苗)
(217) 덧모   (218) 거적모

위의 (215-216)은 '물 속에서 자라는 어린 볏모'의 개념을 공유하고 있어, 물 속에서 자라는 것이 분절성이 되어 <물 속에서 자라는 어린 볏모>가 공통으로 추가되고, (217)은 '모가 모자랄 때에 쓰려고 나중에 더 부어 키우는 볏모'의 개념이므로, 예비로 더 부어 키우는 볏모가 분절성이 되어 <모자랄 때 쓰려고 나중에 더 부어 키우는 볏모>가 추가되며, (218)은 '거적모판에서 기른 모'의 개념이니, <거적

모판에서 기른 모>가 추가된다.

    (219) 온상모(溫床苗)   (220) 잿모
    (221) 이른모   (222) 조앙(早秧)
    (223) 조이(早移)

    위의 (219)는 '온상에서 기른 모'의 개념이니, 온상이 분절성이 되어 <온상에서 기른 모>가 추가되고, (220)은 '못자리에 재거름을 하여 기른 모'의 개념이므로, 재거름으로 기르는 것이 분절성이 되어 <못자리에 재거름을 하여 기른 모>가 추가된다. 그리고 (221)은 '일찍 심은 모'의 개념이니, 일찍 심는 것이 분절성이 되어 <일찍 심은 모>가 추가되고, (220-223)은 '볏모를 보통보다 일찍 내다'의 개념을 공유하고 있으므로, 일찍 모내기하는 것이 분절성이 되어 <볏모를 보통보다 일찍 내는 일>이 공통으로 추가된다.

    (224) 늦모   (225) 만앙모(晩秧苗)
    (226) 만앙(晩秧)   (227) 앙침(秧針)
    (228) 청묘(靑苗)

    위의 (224-226)은 '철 늦게 내는 모'의 개념을 공유하고 있어, 늦모가 분절성이 되어 <철 늦게 내는 모>가 공통으로 추가되고, (227)은 '갓자란 볏모'의 개념이므로, 갓자란 것이 분절성이 되어 <갓자란 볏모>가 추가되며, (228)은 '푸른 모'의 개념이니, 착생하여 푸르게 자라고 있는 것이 분절성이 되어 <푸른 모>가 추가된다.

    (229) 벌모   (230) 모기르기
    (231) 양묘(養苗)   (232) 육묘(育苗)

위의 (229)는 '모판 구역 밖에 볍씨가 떨어져 자라난 모'의 개념이
니, 모판 밖에서 자란 모가 분절성이 되어 <볍씨가 모판 밖에 떨어져
자란 모>가 추가되고, (230-232)는 '모나 묘목을 기르다'의 개념을
공유하고 있어, 기르는 것이 분절성이 되어 <모·묘목을 기르는 일>
이 공통으로 추가된다.

(233) 낙종물(落種-)

이는 '못자리하기에 때맞춰 알맞게 오는 비'의 개념이니, 못자리에
알맞은 단비가 분절성이 되어 <못자리하기에 때맞춰 알맞게 오는 단
비>가 추가된다. 앞에서 논의한 못자리의 낱말밭은 다음과 같다.

<그림52> 못자리의 낱말밭 모형(2)

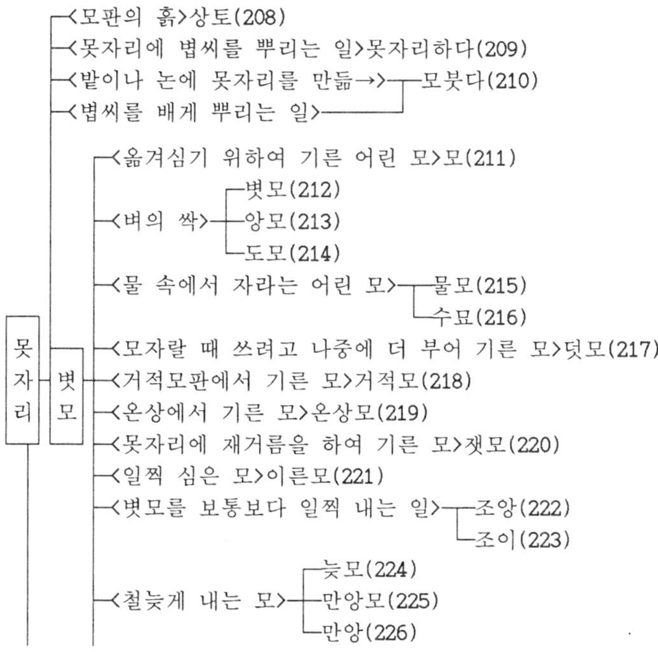

```
      ┌─<갓자란 볏모>앙침(227)
      ├─<푸른 모>청묘(228)
      ├─<볍씨가 모판 밖에 떨어져 자란 모>벌모(229)
      │                        ┌─모기르기(230)
      └─<모·묘목을 기르는 일>─┼─양묘(231)
                              └─육묘(232)
   └─<못자리하기에 알맞게 오는 단비>낙종물(233)
```

2.5.1.6. 모내기하는 내용

이 부분밭은 모내기하는 내용이므로 <모내기>가 공통으로 부가된다.

(234) 이앙기(移秧期)   (235) 망종(芒種)
(236) 오월추(五月秋)

이들은 모를 내는 시기의 내용을 함유하고 있어 <모내는 시기>가 분절의 관점이다. 따라서 (234)는 '모를 내는 시기'의 개념이므로, 시기가 분절성이 되어 <모내는 시기>가 추가되고, (235)는 '24절후의 하나. 6월 5일쯤인데 보리는 익어 먹게 되고, 볏모는 자라서 심게 되었을 때이다'의 개념이므로, 모내는 시기가 되는 계절이 분절성이 되어 <24절후의 하나=6월 5일쯤→보리가 익고 볏모가 자라서 모내기의 때>가 추가되며, (236)은 '음력 오월의 모내기로 바쁜 계절'의 개념이니 <음력 5월→모내기로 바쁜 계절>이 추가된다.

(237) 모찌기하다   (238) 모찌다
(239) 모춤   (240) 못단
(241) 둥그레모춤   (242) 가새모춤

위의 (237-238)은 '모를 내려고 모판에서 모를 뽑다'의 개념을 공

유하고 있어, 모찌는 것이 분절성이 되어 <모내기하려고 모판의 모를 뽑는 일>이 공통으로 추가되고, (239-240)은 '볏모나 모종을 묶은 단. 보통 서너 움큼씩 묶는다'의 개념이니, 볏모를 묶은 단이 분절성이 되므로 <볏모·모종을 묶은 단→보통 서너 움큼씩 묶음>이 추가된다. 그리고 (241)은 '볏모 세네 개의 움큼을 한 단으로 묶은 모춤'의 개념이니, <볏모 세네 개의 움큼을 한 단으로 묶은 모춤>이 추가되고, (242)는 '네 움큼을 가위다리 모양으로 서로 어긋매끼게 묶은 모춤'의 개념이므로, 가위다리 모양으로 묶는 것이 분절성이 되어 <네 움큼을 가위다리 모양으로 서로 어긋매끼게 묶은 모춤>이 추가된다.

(243) 수부종(水付種)   (244) 수직파(手直播)

(245) 건파(乾播)   (246) 건부종(乾付種)

위의 (243-244)는 '못자리를 하지 않고 잘 삶은 논에다 직접 볍씨를 뿌리다'의 개념이니, 논에 직접 볍씨를 뿌리는 것이 분절성이 되어 <못자리를 하지 않음→논을 잘 삶음→직접 볍씨를 파종함>이 공통으로 추가되고, (245-246)은 '물 없는 마른 논에 볍씨를 뿌리다. 밭곡식처럼 가꾸다가 물을 대어 주는 방법이나 수확량이 적다'의 개념이므로, 마른 논에 볍씨를 뿌리는 것이 분절성이 되어 <마른 논에 볍씨를 뿌림→밭곡식처럼 가꾸다가 물을 대어주는 방법→수확량이 적음>이 공통으로 추가된다.

(247) 모내기하다   (248) 모내다

(249) 모뜨기하다   (250) 모심다

(251) 이앙(移秧)   (252) 도식(稻植)

(253) 삽앙(揷秧)   (254) 식부(植付)

이들은 '볏모를 못자리에서 논으로 옮겨 심다'의 개념을 공유하고 있어, 모내기하는 것이 분절성이 되어 <볏모를 쪄서 논에 옮겨 심는 일>이 공통으로 추가된다. 앞에서 논의한 모내기의 낱말밭은 다음과 같다.

〈그림53〉 모내기의 낱말밭 모형(1)

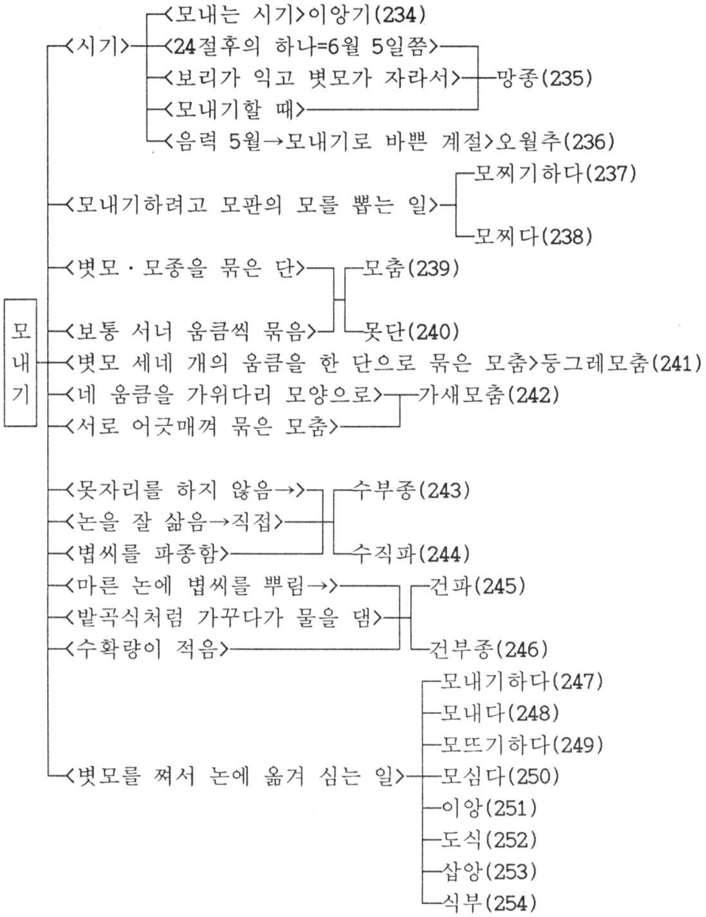

(255) 삭심다   (256) 삭모하다
(257) 건모(乾苗)   (258) 강모
(259) 꼬창모

위의 (255-256)은 '논을 삭갈아서 모를 심다'의 개념을 공유하고
있어, 논을 삭가는 것이 분절성이 되어 <논을 삭갈아서 모를 심는
일>이 공통으로 추가되고, (257)은 '마른 논에 못자리를 하였다가 물
을 대거나 비가 온 뒤에 뽑아서 내는 모'의 개념이므로, 마른 논에 못자
리를 하는 것이 분절성이 되어 <마른 논에 못자리를 함→물을 대거
나 비가 온 뒤에 모내기를 하는 일>이 추가되고, 또 '마른 논에 내는
모'의 개념도 가지고 있어 <마른 논에 내는 모>가 더 추가된다. 그리
고 (258-259)는 '가물어서 물을 싣지 못한 메마른 논에 억지로 호미
나 꼬챙이 따위로 땅을 파서 심는 모'의 개념을 공유하고 있어, 메마
른 논에 땅을 파서 모내기하는 것이 분절성이 되어 <가물어서 메마
른 논에 호미ㆍ꼬챙이로 땅을 파서 심은 모>가 공통으로 추가된다.

(260) 말뚝모   (261) 호미모
(262) 삿갓들이   (263) 소주밀식(小株密植)

위의 (260)은 '물이 없어 바닥이 단단하게 된 논에 말뚝으로 구멍
을 뚫으면서 심는 모'의 개념이니, 말뚝으로 구멍을 뚫는 것이 분절
성이 되어 <물이 없어 바닥이 단단하게 된 논에 말뚝으로 구멍을 뚫
어 심는 모>가 추가되고, (261)은 '물기가 적어 흙이 부드럽지 않은
논이나 모랫논 등지에서 호미로 흙을 파면서 심는 모'의 개념이니,
호미로 땅을 파서 심는 것이 분절성이 되어 <물기가 적어 흙이 부드
럽지 않은 논ㆍ모랫논에 호미로 땅을 파서 심는 모>가 추가된다. 그

리고 (262)는 '무논에 아주 드물게 심은 모'의 개념이니, 드문드문 심는 것이 분절성이 되어 <무논에 드문드문 심은 모>가 추가되고, (263)은 '모를 낼 때에, 모 한 포기의 모 수를 적게 하고, 전체 꽂히는 포기 수를 많이 한다. 한 포기의 모 수는 두세 개로 하고 한 평에 100포기 이상을 심는다'의 개념이므로, 포기의 모 수는 적게, 포기 수는 많게 심는 것이 분절성이 되어 <모 한 포기의 수는 적게 함+전체 꽂히는 포기 수는 많게 함→한 평에 100포기 이상 심는 방법>이 추가된다.

(264) 줄심기	(265) 편조식(偏條植)
(266) 줄모	(267) 정조식(正條植)

위의 (264)는 '볏모를 고랑을 치고 줄을 지어 심다'의 개념이니, 줄지게 심는 것이 분절성이 되어 <볏모를 고랑을 치고 줄지게 심는 방법>이 추가되고, (265)는 '가로나 세로 어느 한쪽으로만 줄이 서도록 심는 볏모'의 개념이므로, 가로나 세로 중 한쪽만 줄지게 심는 방법이 분절성이 되어 <가로나 세로 중 한쪽만 줄지게 심는 방법>이 추가되며, (266-267)은 '못줄을 대고 가로와 세로 줄을 맞추어 심는 볏모'의 개념을 공유하고 있어, 못줄을 이용하여 가로 세로 줄을 지게 심는 방법이 분절성이 되어 <못줄을 대고 가로와 세로 줄을 맞추어 볏모를 심는 방법>이 공통으로 추가된다.

(268) 허튼모	(269) 막심기
(270) 산식(散植)	(271) 덧모
(272) 모땜	

위의 (268-270)은 '못줄이나 못자를 쓰지 않고 손짐작대로 이리저리 심는 볏모'의 개념을 공유하고 있어, 손짐작으로 심는 방법이 분절성이 되어 <못줄·못자를 쓰지 않고 손짐작으로 볏모를 심는 방법>이 공통으로 추가되고, (271)은 '모내기할 때에 잘못된 벼나 뜬 모 같은 것을 보충하여 심은 모'의 개념이므로, 보충하여 심는 것이 분절성이 되어 <잘못된 볏모·뜬 볏모를 보충하여 심는 방법>이 추가되며, (272)는 '모내기를 끝내고 나서 모가 빠졌거나 죽거나 한 자리를 메우기 위하여 다시 심다'의 개념이니, 볏모가 빠진 곳과 죽은 곳을 메우는 것이 분절성이 되어 <모내기 후 볏모가 빠진 곳이나 죽은 곳을 메우기 위해 다시 심는 방법>이 추가된다. 앞에서 논의한 모내기의 낱말밭은 다음과 같다.

<그림54> 모내기의 낱말밭 모형(2)

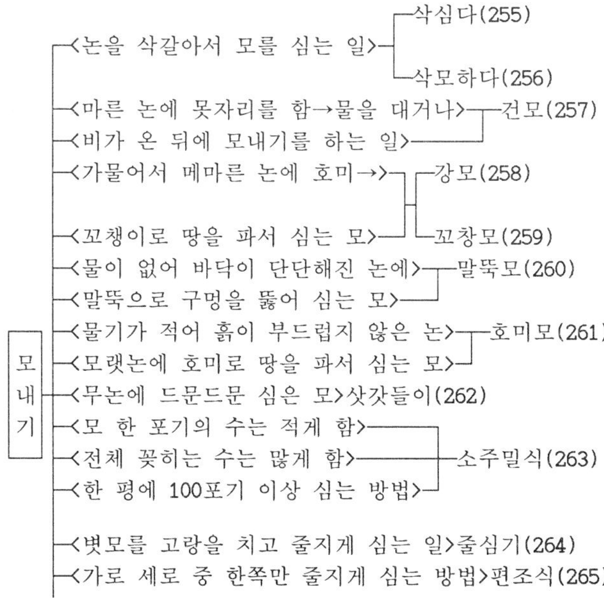

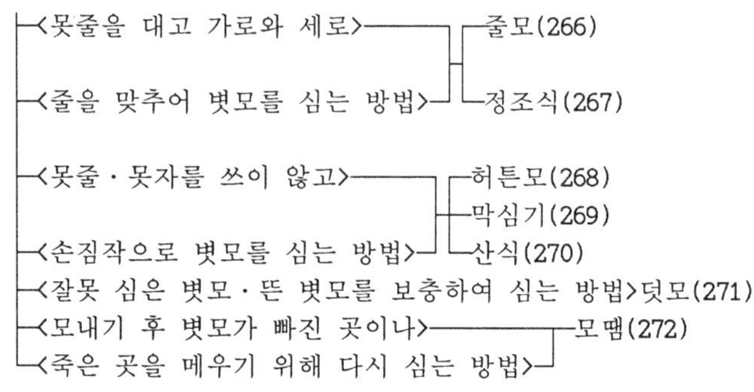

(273) 이른모   (274) 조앙(早秧)

(275) 중모(中-)   (276) 중만앙(中晩秧)

  위의 (273-274)는 '볏모를 보통보다 일찍이 내다'의 개념이니, 일찍 심는 것이 분절성이 되어 <볏모를 보통보다 일찍 심는 일>이 추가되고, (275)는 '이르지도 늦지도 않게 중간쯤에 낸 볏모'의 개념이므로, 중간쯤의 시기에 심는 것이 분절성이 되어 <이르지도 늦지도 않게 낸 볏모>가 추가되며, (276)은 '중모보다 늦고 늦모보다는 이르게 심는 볏모'의 개념이니 <중모와 늦모 사이에 심는 볏모>가 추가된다.

(277) 늦모내기   (278) 만앙내기(晩秧--)

(279) 만이앙(晩移秧)   (280) 만앙(晩秧)

(281) 만식(晩植)   (282) 퇴마냥

  위의 (277-281)은 '하지가 지난 뒤에 늦게 내는 모내기'의 개념을 공유하고 있어, 늦모내기가 분절성이 되어 <하지가 지난 뒤에 늦게 내는 모내기>가 공통으로 추가되고, (282)는 '매우 늦게 심는 볏모'의 개념이므로 매우 늦은 모내기가 분절성이 되어 <매우 늦게 심은 볏모>가 추가된다.

(283) 모품   (284) 모장이
(285) 모내기꾼   (286) 모꾼
(287) 모잡이   (288) 못밥

위의 (283)은 '볏모를 내는 데 드는 품'의 개념이니, 모내기의 품이
분절성이 되어 <모내기에 드는 품>이 추가되고, (284)는 '모낼 때 돌
아다니면서 모춤을 별러 돌리는 사람'의 개념이므로, 모춤을 돌리는
사람이 분절성이 되어 <모낼 때 모춤을 별러 돌리는 사람>이 추가되
며, (285-286)은 '모내기를 하는 일꾼'의 개념을 공유하고 있어, 모내
기꾼이 분절성이 되어 <모내기를 하는 일꾼>이 공통으로 추가된다.
그리고 (287)은 '모낼 때 모만 심는 일만 하는 사람'의 개념이니, 모
만 심는 사람이 분절성이 되어 <모낼 때 모만 심는 사람>이 추가되
고, (288)은 '모낼 때에 들에서 먹는 밥'의 개념이므로, 먹는 밥이 분
절성이 되어 <모낼 때에 들에서 먹는 밥>이 추가된다. 앞에서 논의
한 모내기의 낱말밭은 다음과 같다.

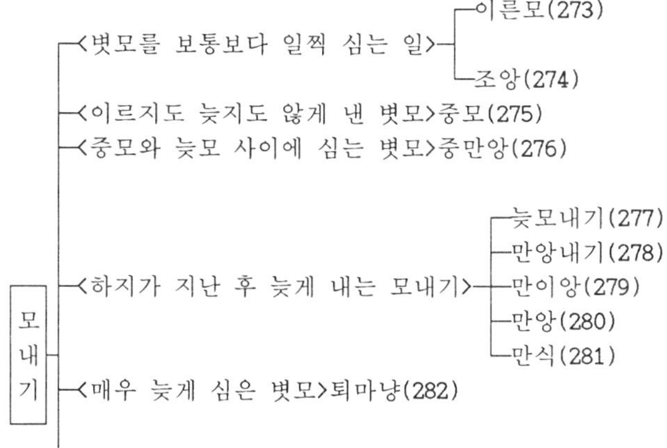

〈그림55〉 모내기의 낱말밭 모형(3)

```
├─<모내기에 드는 품>모품(283)
├─<모낼 때 모춤을 별러 돌리는 사람>모장이(284)
│                          ┌─모내기꾼(285)
├─<모내기를 하는 일꾼>─┤
│                          └─모꾼(286)
├─<모낼 때 모만 심는 사람>모잡이(287)
└─<모낼 때 들에서 먹는 밥>못밥(288)
```

2.5.1.7. 논매는 내용

이 부분밭은 논매기하는 내용이므로 <논매기>가 공통으로 부가된다.

      (289) 논풀   (290) 논김

이들은 '논에 난 잡풀'의 개념을 공유하고 있어, 잡풀이 분절성이 되어 <논에 난 잡풀>이 공통으로 추가된다.

      (291) 논매기하다   (292) 논매다

이들은 '논을 매다. 모를 심은 후 호미나 기계로 이삼 차례에 걸쳐 애벌, 이듬, 만물매기를 한다'의 개념을 공유하고 있어, 논매기가 분절성이 되어 <논을 매는 일→모를 심은 후 호미·기계로 이삼 차례 논을 매는 일→애벌·이듬·만물매기 등>이 공통으로 추가된다.

      (293) 애벌논   (294) 초벌논
      (295) 두벌논   (296) 이듬논
      (297) 만도리   (298) 세벌논
      (299) 세벌매기

이들은 논을 매는 횟수가 분절의 관점이 되어 <논매는 횟수>가 분절성이 된다. 따라서 (293-294)는 '첫 번째로 김을 매는 논'의 개념을 공유하고 있어, 첫 번째가 분절성이 되어 <첫 번째로 김을 매는 논>이 공통으로 추가되고, (295-296)은 '두 번째로 김을 매는 논'의 개념을 공유하고 있어, 두 번째가 분절성이 되어 <두 번째로 김을 매는 논>이 공통으로 추가되며, (297-299)는 '세 번째로 논을 매어 마무리하는 일>이 공통으로 추가되어, 세 번째가 분절성이 되어 <세 번째로 김을 매는 논→마지막 김을 매는 일>이 공통으로 추가된다.

(300) 만물하다   (301) 수숫잎덩이
(302) 피사리   (303) 피발작업(-拔作業)

위의 (300)은 '논매기에서 맨 나중에 논의 잡초를 손으로 훔쳐내다'의 개념이니, 논매기에서 마무리하는 것이 분절성이 되어 <논매기에서 맨 나중에 잡초를 손으로 훔쳐내는 일>이 추가되고, (301)은 '논매기를 할 때 호미로 모포기 사이를 깊게 파서 당겨 수숫잎과 같은 덩이로 넘기는 흙'의 개념이므로, 논매기할 때 호미로 넘기는 흙덩이가 분절성이 되어 <논매기할 때 호미로 수숫잎 같이 파 넘기는 흙덩이>가 추가되며, (302-303)은 '농작물에 섞여 있는 피를 뽑아내다'의 개념을 공유하고 있어, 피를 뽑는 것이 분절성이 되어 <농작물에 섞여 있는 피를 뽑아내는 일>이 공통으로 추가된다. 앞에서 논의한 논매기의 낱말밭 모형은 다음과 같다.

〈그림56〉 논매기의 낱말밭 모형

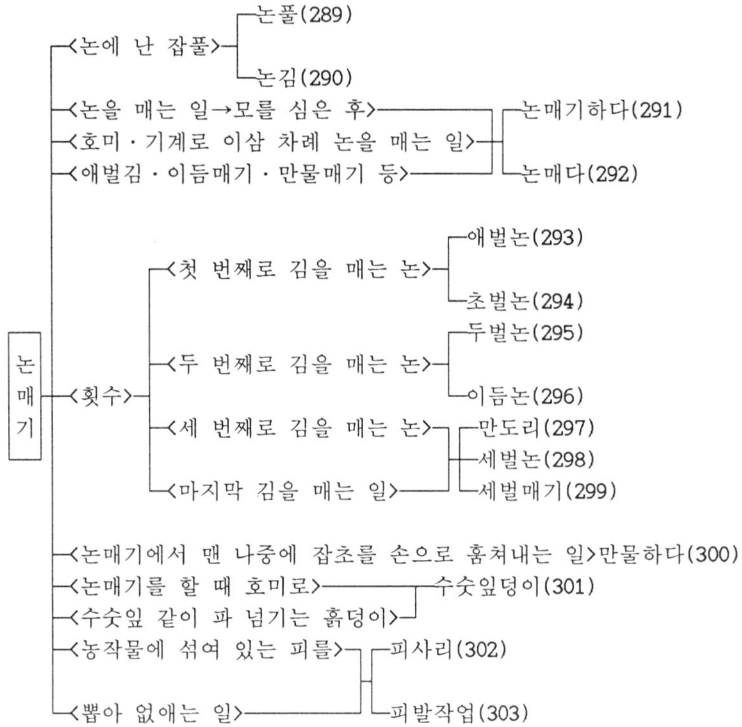

2.5.1.8. 벼가 자라는 내용

이 부분밭은 벼가 성장하는 내용이므로 <벼의 성장>이 분절의 관점이 된다.

(304) 활착(活着)   (305) 사름
(306) 논벼   (307) 수도(手稻)

위의 (304)는 ‘옮겨 심은 벼가 뿌리를 내리고 살다’의 개념이니, 뿌리를 내리는 것이 분절성이 되어 <모내기한 벼가 뿌리를 내리고 사는 일>이 추가되고, (305)는 ‘모를 옮겨 심은 지 4-5일 뒤에 모의 뿌리가 완전히 땅에 박히어 모가 새파란 빛을 띠게 된 상태’의 개념이니, 벼가 활착하여 청색을 띠고 있는 것이 분절성이 되어 <모내기 후 4-5일 뒤에 활착하여 청색을 띤 상태>가 추가되며, (306-307)은 ‘논에 심은 벼’의 개념을 공유하고 있어 <논에 심은 벼>가 공통으로 추가된다.

(308) 그루벼   (309) 추수(秋穗)
(310) 가화(嘉禾)   (311) 풋벼
(312) 입도(立稻)

위의 (308)은 ‘보리를 거두어낸 논에 심은 벼’의 개념이니, 보리를 거두어낸 논이 분절성이 되어 <보리를 거두어낸 논에 심은 벼>가 추가되고, (309)는 ‘가을철에 익은 곡식의 이삭’의 개념이므로, 익은 곡식의 이삭이 분절성이 되어 <가을철에 익은 곡식의 이삭>이 추가되며, (310)은 ‘열매가 많이 붙은 큰 벼이삭’의 개념이니, 큰 벼이삭이 분절성이 되어 <열매가 많이 붙은 큰 벼이삭>이 추가된다. 그리고 (311)은 ‘채 다 익지 아니한 벼’의 개념이니, 풋벼가 분절성이 되어 <다 익지 않은 벼>가 추가되고, (312)는 ‘아직 베기 전에 그냥 논에 세워둔 채로의 벼’의 개념이므로, 논에 서 있는 벼가 분절성이 되어 <베기 전에 논에 서 있는 벼>가 추가된다. 앞에서 논의한 벼가 자라는 낱말밭은 다음과 같다.

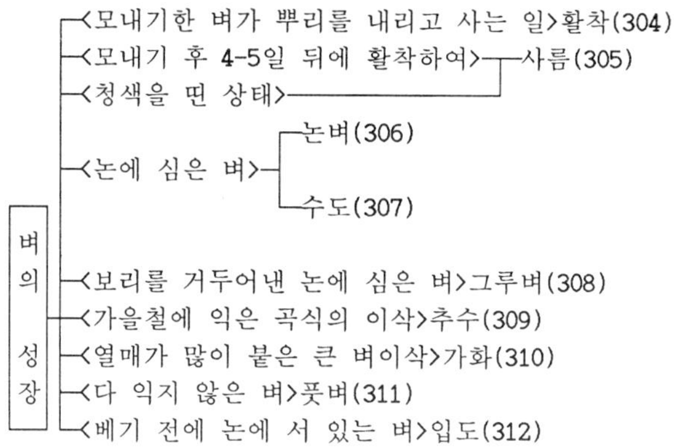

〈그림57〉 벼가 자라는 낱말밭 모형

2.5.1.9. 물대기의 내용

조장환 외4인(1993:99-100)에서 관개(irrigation)에 대하여 다음과 같이 기술하고 있다.

관개는 한발대책에 가장 적극적인 방법으로 직접 물을 대어 주는 방법이다.

① 지표관개 : 지표면의 고랑이나 표면에 관개하는 방법.

② 살수관개 : 스프링클러 또는 호스로 관개하는 방법.

③ 지하관개 : 땅속에 토관·목관·콘크리트 등을 묻고, 그 곳에 관개하는 방법이 있다. 관개수에는 천연공급되는 양분도 많고 유독물이나 잡초도 들어있어 주의해야 한다.

이 부분밭은 논에 물52)을 대는 내용이므로 <논에 물대기>가 분절

---

52) 趙章煥 외4인(1993:96) 「農學槪論」. 先進文化社에서 작물에 대한 수분의 역할을 다음과 같이 말하고 있다.

의 관점이 된다.

> (313) 관개농업(灌漑農業)　　　(314) 관개공사(灌漑工事)
> (315) 관개시설(灌漑施設)　　　(316) 관개망(灌漑網)

위의 (313)은 '농작물의 생육(生育)에 좋은 조건을 만들기 위하여 조직적으로 경작지에 물을 대어서 하는 농업'의 개념이니, 관개로 짓는 농업이 분절성이 되어 <농작물의 생육에 좋은 조건을 만들기 위하여 조직적으로 경작지에 물을 대어서 하는 농업>이 추가되고, (314)는 '농사에 필요한 물을 논밭에 대기 위하여 벌이는 여러 가지 공사. 가뭄의 피해와 홍수 따위를 막고 안전한 수확을 올릴 수 있게 한다'의 개념이므로, 관개 사업의 여러 가지 공사가 분절성이 되어 <경작지에 물을 대기 위한 여러 가지 공사→가뭄의 피해와 홍수를 막고 수확을 올릴 수 있음>이 추가된다. 그리고 (315)는 '많은 수확을 위하여 논밭에 물을 대고 빼는 시설. 수원확보시설, 물대기시설, 배수시설 따위로 이루어진다'의 개념이니, 관개시설이 분절성이 되어 <다수확을 위하여 물을 대고 빼는 시설→수원확보시설·물대는 시설·배수시설 등>이 추가되며, (316)은 '관개수로의 체계'의 개념이므로 <관개수로의 체계>가 추가된다.

> (317) 관개몽리면적(灌漑蒙利面積)　(318) 관개지(灌漑地)
> (319) 관수법(灌水法)　　　　　　(320) 관개업(灌漑業)

---

① 원형질의 생활상태를 유지한다.
② 다른 성분과 더불어 식물체 구성 물질을 형성하는데 필요하다.
③ 필요성분을 체내로 흡수할 때 용매의 역할을 한다.
④ 작물의 체재를 유지하고 세포긴장상태를 유지하는데 필요하다.
⑤ 작물체 내에서 물질의 전류이행에 필요하다.

위의 (317)은 '관개시설에 의하여 물을 이용할 수 있는 경지면적'의 개념이니, 물을 이용할 경지면적이 분절성이 되어 <관개시설을 이용할 수 있는 경지면적>이 추가되고, (318)은 '농사에 필요한 물을 물길을 이용하여 끌어쓰는 땅'의 개념이므로, 관개시설을 이용하는 땅이 분절성이 되어 <관개시설을 이용하는 땅>이 추가된다. 그리고, (319)는 '관수하는 방법'의 개념이니 <관수하는 방법>이 추가되고, (320)은 '관개수리와 관련된 영업'의 개념이므로, 영업하는 것이 분절성이 되어 <관개수리와 관련된 영업>이 추가된다.

(321) 저수지(貯水池)   (322) 수당(水塘)
(323) 못   (324) 지당(池塘)

이들은 '물을 잡아서 모아두는 인공의 못. 상수도용, 수력발전용, 관개용의 물을 하천이나 계류(溪流)에서 끌어들여 가뭄이 계속될 때에 물을 보충하거나 또는 홍수조절 따위를 목적으로 하여 물을 모아둔다'의 개념을 공유하고 있어, 인공으로 물을 모아둔 곳이 분절성이 되어 <물을 잡아서 모아둔 인공의 못→상수도용·수력발전용·관개용의 물을 하천·계류에서 끌어 모아 만든 못→가물때 물을 공급함+홍수조절을 목적으로 함>이 공통으로 추가되고, 또 '자연히 물이 괸 곳'의 개념도 공유하고 있어 <자연히 물이 괴어 있는 곳>도 공통으로 추가된다.

(325) 용수지(用水池)   (326) 저수(貯水)
(327) 농업용수(農業用水)   (328) 관개용수(灌漑用水)

위의 (325)는 '경작에 쓰기 위하여 물을 모아둔 곳'의 개념이니, 경

작에 쓰는 것이 분절성이 되어 <경작에 쓰기 위해 물을 모아둔 곳>
이 추가되고, (326)은 '농업용, 상수도용, 수력발전용 따위에 쓰려고
물을 인공적으로 잡아서 모아둔 물'의 개념이므로, 다양한 용도에 쓰
려고 모아둔 물이 분절성이 되어 <농업용・상수도용・수력발전용
에 쓰려고 인공적으로 모아둔 물>이 추가되며, (327-328)은 '농작물
에 필요한 물을 인공적으로 보급하는 용수. 저수지, 용수로, 펌프 등
의 시설에 의하여 공급된다'의 개념을 공유하고 있어, 농작물에 공급
하는 물이 분절성이 되어 <농작물에 필요한 물을 인공적으로 보급하
는 물→저수지・용수로・펌프 등을 이용함>이 공통으로 추가된다.
앞에서 논의한 관개하는 낱말밭은 다음과 같다.

<그림58> 관개하는 낱말밭 모형(1)

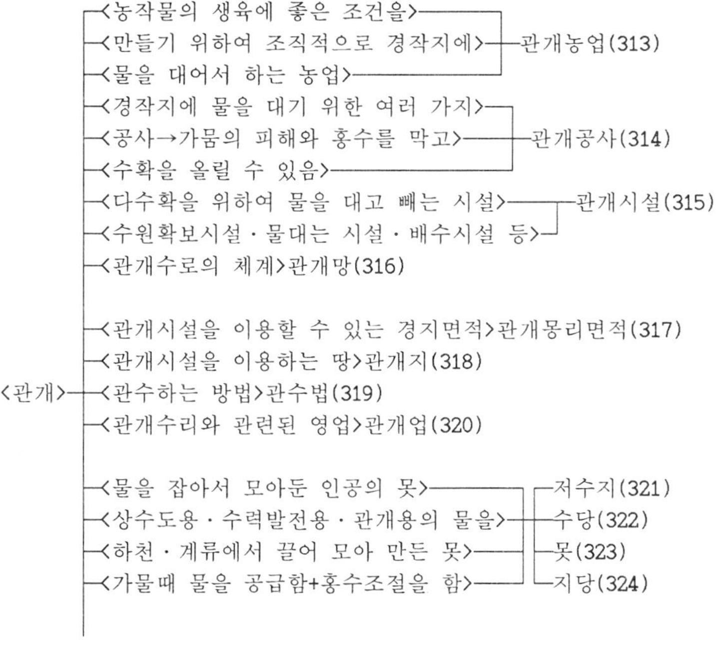

```
├<경작에 쓰기 위해 물을 모아둔 곳>용수지(325)
├<농업용·상수도용·수력발전용에>┐ 저수(326)
├<쓰기 위해 인공적으로 모아둔 물>┘
├<농작물에 필요한 물을 인공적으로>┐┌농업용수(327)
├<보급하는 물→저수지·용수로·>──┤
└<펌프 등을 이용함>───────┘└관개용수(328)
```

(329) 보막이(洑--)   (330) 언막이(堰--)

(331) 보(洑)   (332) 보내기(洑--)

위의 (329)는 '보를 막기 위하여 둑을 쌓거나 또는 고치다'의 개념
이니, 보를 만드는 것이 분절성이 되어 <보를 만들기 위하여 둑을
쌓거나 고치는 일>이 추가되고, (330)은 '논에 물을 대기 위하여 막
는 둑을 쌓다'의 개념이므로, 논에 물을 대기 위함이 분절성이 되어
<논에 물을 대기 위하여 둑을 쌓는 일>이 추가된다. 그리고 (331)은
'논에 물을 대기 위하여 자그마하게 둑을 쌓고 흐르는 냇물을 막아
두는 곳'의 개념이니, 보의 정의가 분절성이 되어 <논에 물을 대기
위하여 작은 둑을 쌓고 냇물을 막아 두는 곳>이 추가되고, (332)는
'논에 물을 대기 위하여 봇도랑을 내는 일'의 개념이므로, 봇도랑을
내는 것이 분절성이 되어 <논에 물을 대기 위하여 봇도랑을 내는 일>
이 추가된다.

(333) 봇둑(洑-)   (334) 보동(洑垌)

(335) 저수(瀦水)   (336) 봇물(洑-)

위의 (333-334)는 '보를 둘러쌓은 둑'의 개념을 공유하고 있어, 봇
둑이 분절성이 되어 <보를 둘러쌓은 둑>이 공통으로 추가되고,
(335)는 '둑으로 막아서 모아둔 물'의 개념이므로, 둑 속에 모아둔 물

이 분절성이 되어 <둑으로 막아서 모아둔 물>이 추가되며, (336)은
'보에 괸 물. 또는 보에서 끌어대는 물'의 개념이니, 봇물이 분절성이
되어 <보에 괴어 있는 물>과 <봇물을 끌어대는 물>이 추가된다.

    (337) 봇일(洑-)   (338) 봇도랑(洑--)
    (339) 봇돌(洑-)

위의 (337)은 '논밭에 봇물을 대는 일'의 개념이니, 봇물을 대는 것이
분절성이 되어 <논밭에 봇물을 끌어대는 일>이 추가되고, (338-339)
는 '봇물을 대거나 빼게 만든 도랑'의 개념을 공유하고 있으므로, 봇
도랑이 분절성이 되어 <봇물을 대거나 빼게 만든 도랑>이 공통으로
추가된다.

    (340) 보주(洑主)   (341) 보수세(洑水稅)
    (342) 수세(水稅)   (343) 수세미(水稅米)

위의 (340)은 '보의 주인'의 개념이니, 보의 임자가 분절성이 되어
<보의 주인>이 추가되고, (341-342)는 '봇물을 이용한 값으로 내는
돈'의 개념을 공유하고 있으므로, 봇물을 이용한 세금이 분절성이 되
어 <봇물을 이용한 세금>이 공통으로 추가되며, (343)은 '봇물을 이
용한 값으로 내는 곡식'의 개념이니, 봇물세로 내는 곡식이 분절성이
되어 <봇물세로 내는 곡식>이 추가된다. 앞에서 논의한 관개하는 낱
말밭은 다음과 같다.

<그림59> 관개하는 낱말밭 모형(2)

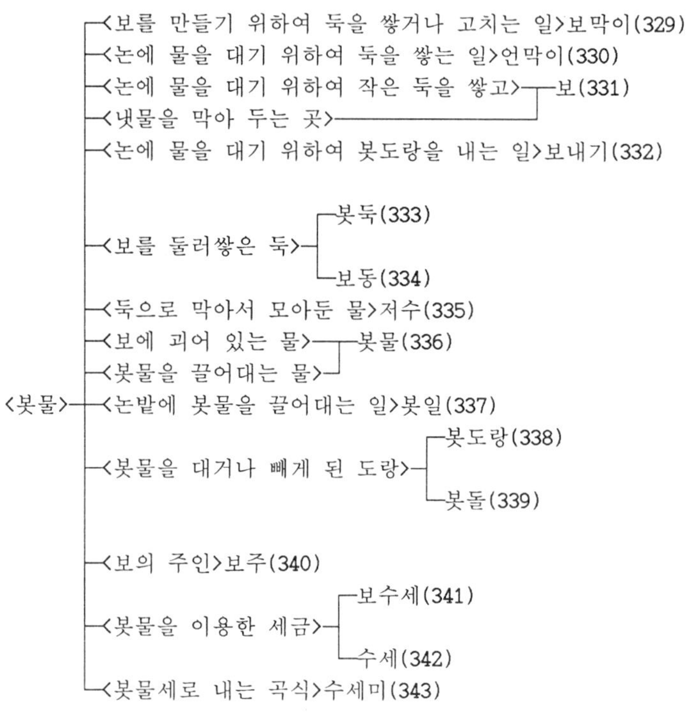

(344) 관배수(灌排水)   (345) 물길

(346) 수로(水路)   (347) 수구(水口)

위의 (344)는 '물대기와 물뽑기'의 개념이니 <물대기와 물뽑기>가 추가되고, (345-346)은 '물을 대고 빼는 통로'의 개념을 공유하고 있으므로, 수로가 분절성이 되어 <물을 대고 빼는 통로>가 공통으로 추가되며, (347)은 '하수도나 저수지 따위의 물을 끌어들이거나 흘러 보내는 곳'의 개념이니, 수구가 분절성이 되어 <하수도·저수지의 물을 끌어들이거나 흘러보내는 곳>이 추가되고, 또 '풍수지리에서

득(得)이 흘러간 곳'의 개념도 가지고 있어 <풍수지리에서 이득이 흘러간 곳>을 가지고 풍수지리의 낱말밭에서도 분절한다.

    (348) 용수로(用水路)   (349) 뺄도랑
    (350) 배수로(排水路)   (351) 관개터널(灌漑 tunnel)

위의 (348)은 '수원에서 경작지까지 관개용수를 보내기 위한 수로'의 개념이니, 관개용수를 보내는 수로가 분절성이 되어 <수원지에서 경작지까지 관개용수를 보내는 수로>가 추가되고, (349-350)은 '물을 빼어 보내기 위하여 낸 도랑'의 개념을 공유하고 있으므로, 배수로가 분절성이 되어 <물을 빼기 위한 도랑>이 공통으로 추가되며, (351)은 '논밭에 댈 물을 끌어대기 위한 터널'의 개념이니, 터널이 분절성이 되어 <논밭에 댈 물을 끌어대기 위한 굴>이 추가된다.

    (352) 못물   (353) 논도랑
    (354) 물꼬   (355) 논꼬
    (356) 무넘기

위의 (352)는 '논에 모내기하는 데 필요한 물'의 개념이니, 모내기에 필요한 물이 분절성이 되어 <모내기에 필요한 물>이 추가되고, (353)은 '논에 물을 대기 위하여 논의 가장자리에 낸 도랑. 또는 논바닥의 물을 빼려고 친 도랑'의 개념이므로, 논에 물을 대고 빼기 위한 도랑이 분절성이 되어 <논에 물은 대고 빼기 위해 논의 가장자리에 낸 작은 도랑>이 공통으로 추가된다. 그리고 (354-355)는 '논에 물이 넘어 들어가거나 넘어 나가게 만든 어귀'의 개념을 공유하고 있어, 논물이 드나드는 어귀가 분절성이 되어 <논물이 넘어 드나드는 어귀>

가 공통으로 추가되고, (356)은 '논물이 알맞게 괴면 나머지 물은 저절로 밑에 있는 논으로 흐르도록 논두렁 한 곳을 낮춘 부분'의 개념이므로 논물이 저절로 아래로 넘치게 만든 부분이 분절성이 되어 <논물이 알맞게 되면 나머지 물은 저절로 아래 논으로 흐르게 논두렁 한 곳을 낮춘 부분>이 추가되며, 또 '봇물을 대기 위하여 도랑을 쳐서 막은 부분'의 개념도 가지고 있어 <봇물을 대기 위하여 도랑을 걸쳐 막은 부분>이 더 추가된다.

(357) 두레질하다   (358) 맞두레질하다
(359) 쌍두레질하다

위의 (357)은 '두레[53]로 물을 푸다'의 개념이니, 두레의 이용이 분절성이 되어 <두레로 물을 푸는 일>이 추가되고, (358-359)는 '마주서서 하는 두레질'의 개념을 공유하고 있으므로, 두 사람이 마주서서 하는 두레질이 분절성이 되어 <두 사람이 마주서서 하는 두레질>이 공통으로 추가된다. 앞에서 논의한 관개하는 낱말밭은 다음과 같다.

<그림60> 관개하는 낱말밭 모형(3)

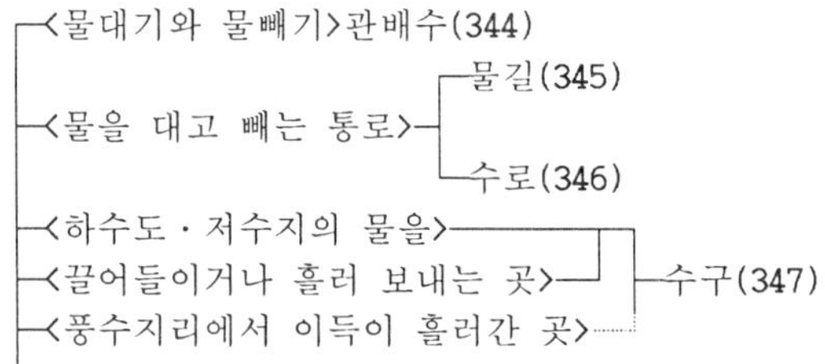

---

53) '두레'는 논에 물을 퍼붓기 위하여 나무로 만든 기구. 단단한 판자로 밑바닥은 좁고 위는 넓게 하여 두서너 말 들도록 네 귀에 줄을 달거나 장대에 매단 모양이다. 낮은 곳에 있는 물을 높은 곳의 논으로 퍼 올리는 데 쓴다.

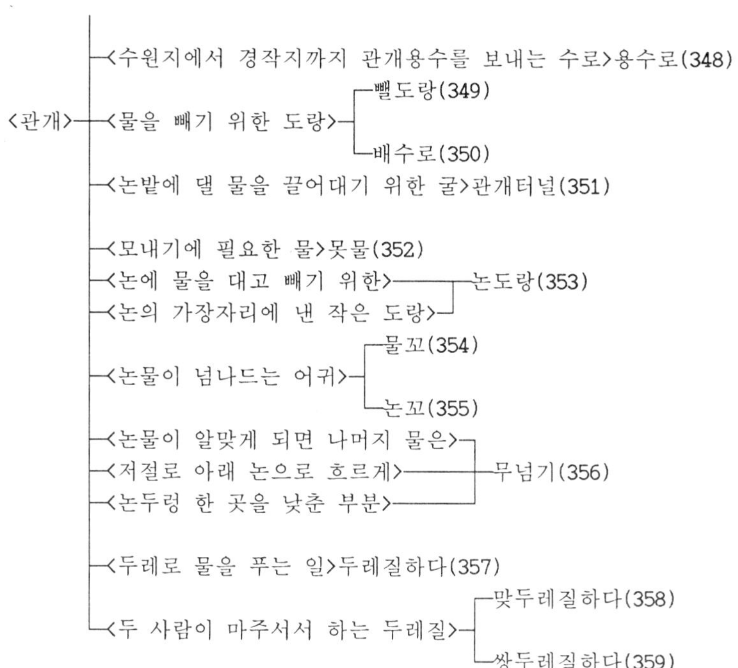

(360) 자아올리다   (361) 잣다

(362) 양수(揚水)하다   (363) 양수간(揚水間)

(364) 무자윗간(---間)   (365) 양수장(揚水場)

위의 (360-362)는 '기계장치로 낮은 곳의 물을 높은 곳으로 물을 빨아올리다'의 개념을 공유하고 있어, 기계장치의 사용이 분절성이 되어 <기계장치로 낮은 곳의 물을 높은 곳으로 빨아올리는 일>이 공통으로 추가되고, (363-364)는 '양수기를 시설한 집이나 간살'의 개념을 공유하고 있으므로 <양수기를 시설한 집·간살>이 공통으로 추가되며, (365)는 '관개용 그 밖의 필요한 물을 양수하기 위하여 양수기를 놓은 곳. 또는 그 물건'의 개념이니, 양수기가 놓인 곳이 분절

성이 되어 <관개용·용수를 양수하기 위하여 양수기를 놓은 곳+양
수기>가 추가된다.

  (366) 물대기   (367) 물주기
  (368) 관개(灌漑)   (369) 관수(灌水)
  (370) 논물   (371) 고랑물대기
  (372) 휴간관개(畦間灌漑) (373) 논관수(-灌水)
  (374) 논관개(-灌漑)

 위의 (366-369)는 '농사를 짓는데 필요한 물을 인공적으로 논밭에
대다'의 개념을 공유하고 있어, 논밭에 물을 대는 일이 분절성이 되
어 <농사에 필요한 물을 인공적으로 논밭에 대는 일>이 공통으로 추
가되고, (370)은 '논에 대는 물'의 개념이므로 <논에 대는 물>이 추
가되며, 또 '논에 괴어 있는 물'의 개념도 가지고 있어 <논에 괴어
있는 물>이 더 추가된다. 그리고 (371-372)는 '고랑이 물을 넣어 농
작물의 뿌리에 옆으로부터 급수하는 물대기의 방법'의 개념을 공유
하고 있어, 고랑에 물대는 방법이 분절성이 되어 <고랑에 물을 넣어
농작물의 뿌리 옆으로 급수하는 물대기의 방법>이 공통으로 추가되
고, (373-374)는 '벼가 제대로 자라도록 논에 물을 대다'의 개념을 공
유하고 있으므로, 벼에 물을 대는 것이 분절성이 되어 <벼가 잘 자라
도록 논에 물을 대는 일>이 공통으로 추가된다.

  (375) 살수관개(撒水灌漑) (376) 살포관개(撒布灌漑)
  (377) 천수관개(天水灌漑)

 위의 (375-376)은 '펌프나 자연 낙차에 의한 압력수를 파이프에 뚫
은 여러 작은 구멍이나 자동살수기로 인공 강우적인 관개를 하다. 토

지 경사에 구애받지 않고 이랑의 두둑 같은 것이 필요하지 않으므로
밭은 물론 산허리의 과원, 사구지, 떼 등의 관개에 적합하다'의 개념
을 공유하고 있어, 비가 내리듯이 물을 주는 방법이 분절성이 되어
<파이프·자연 낙차의 압력수를 파이프를 뚫은 작은 구멍의 이용+
자동살수기로 살수하는 방법→토지의 경사·이랑에 구애받지 않고
밭·산허리의 과원·사구지·떼 등의 관개에 적합함>이 공통으로
추가되고, (377)은 '빗물을 천수답에 이용하는 방법'의 개념이므로,
빗물의 이용이 분절성이 되어 <천수답에 빗물을 이용하는 방법>이
추가된다.

    (378) 관수량(灌水量)　　　　(379) 논물잡이
    (380) 물빼기　　　　　　　(381) 배수(排水)
    (382) 구수(驅水)

　　위의 (378)은 '물을 대는 양'의 개념이니 <물을 대는 양>이 추가되
고, (379)는 '논에 물이 괴게 하거나 논에 일정량의 물을 잡는 일'의
개념이므로, 논에 물을 대는 것이 분절성이 되어 <논에 물이 괴게
하는 일>과 <논에 일정량의 물을 잡는 일>이 추가된다. 그리고
(380-382)는 '물꼬를 터서 물을 내보내다'의 개념이니, 배수하는 것
이 분절성이 되어 <물꼬를 터서 물을 빼는 일>이 추가되고, 또 '안에
있는 물을 밖으로 뽑아내다'의 개념일 경우는 <안에 있는 물을 밖으
로 빼는 일>이 추가되며, '어떤 물체가 물에 잠길 때 그 물체가 잠긴
만큼 부피의 물을 밀어내다'의 개념일 경우는 <물체가 물에 잠길 때
그 물체의 부피만큼의 물을 밖으로 밀어내는 일>을 가지고 물리학의
낱말밭에서도 분절한다.

(383) 논물관리(--管理)   (384) 벌물

위의 (383)은 '논벼가 자라는 데 알맞은 논물을 대고 빼면서 조절하며 관리하다. 물의 낭비를 막고 논벼의 소출을 높이는데 매우 중요하다'의 개념이니, 논물을 관리하는 것이 분절성이 되어 <논물을 알맞게 대고 빼면서 조절하며 관리하는 일→물의 낭비를 막고 소출을 높이는 방법>이 추가되고 (384)는 '논이나 그릇에 물을 넣을 때 다른 곳으로 흘러가는 물'의 개념이니, 유실되는 물이 분절성이 되어 <논·그릇에 물을 넣을 때 다른 곳으로 흘러가는 물>이 추가되며, 또 '벌창하여 흐르는 물'의 개념도 공유하고 있으므로 <벌창하는 물>이 더 추가된다. 앞에서 논의한 관개하는 낱말밭은 다음과 같다.

<그림61> 관개하는 낱말밭 모형(4)

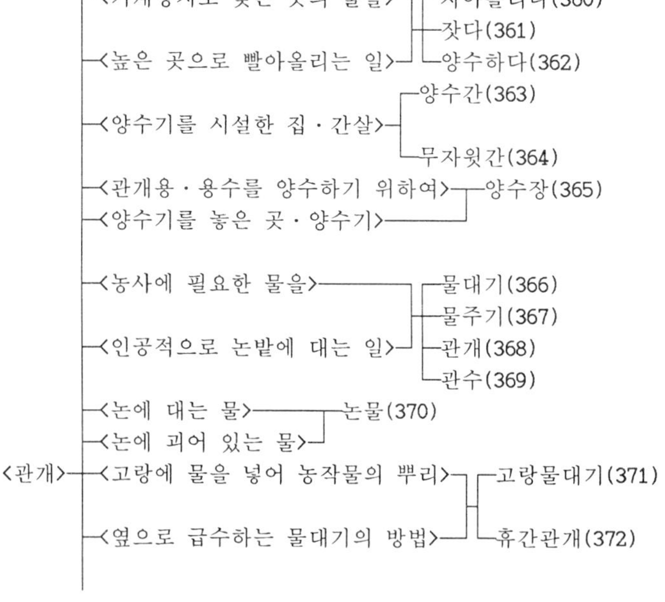

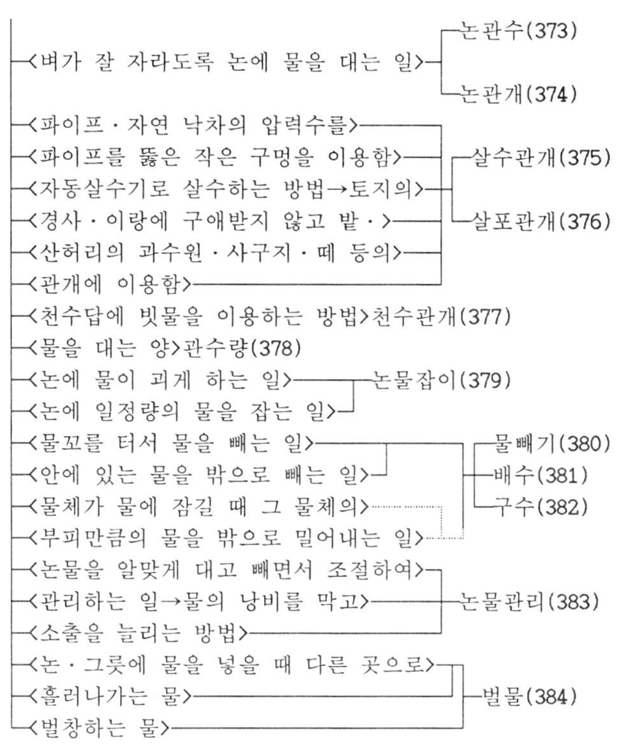

2.5.1.10. 벼를 추수하는 내용

이 부분밭은 가을에 벼를 거두어들이는 내용이므로 <추수>가 공통으로 부가된다.

(385) 가을걷이   (386) 추수(秋收)
(387) 추가(秋稼)   (388) 날벼
(389) 물벼

위의 (385-387)은 '가을에 벼를 거두어들이다'의 개념을 공유하고 있어, 추수하는 것이 분절성이 되어 <가을에 벼를 거두어들이는 일>이 공통으로 추가되고, (388)은 '논에서 갓 베어내어 아직 마르지 아니한 벼'의 개념이므로, 날벼가 분절성이 되어 <논에서 갓 베어내어 마르지 않은 벼>가 추가되며, (389)는 '채 말리지 아니하여 물기가 있는 벼'의 개념이니, 마르지 않아 물기가 있는 것이 분절성이 되어 <채 말리지 않아 물기가 있는 벼>가 추가된다.

    (390) 모두베기　　　　　(391) 개벌(皆伐)
    (392) 전예(揃刈)

이들은 '벼, 나무 따위를 한번에 가지런하게 베다'의 개념을 공유하고 있어, 가지런히 베는 것이 분절성이 되어 <벼·나무 등을 한번에 가지런하게 베는 일>이 공통으로 추가된다.

    (393) 볏단　　　　　　　(394) 볏뭇
    (395) 볏가리　　　　　　(396) 곡퇴(穀堆)
    (397) 화퇴(禾堆)　　　　(398) 줄가리

위의 (393-394)는 '벼를 베어 묶은 단'의 개념을 공유하고 있어, 볏단이 분절성이 되어 <벼를 베어 묶은 단>이 공통으로 추가되고, (395-397)은 '벼를 베어서 가려 놓거나 또는 볏단을 차곡차곡 가리어서 쌓은 더미'의 개념을 공유하고 있으므로, 볏가리가 분절성이 되어 <벼를 베어서 가려 놓은 것>과 <볏단을 차곡차곡 가리어서 쌓은 더미>가 각각 추가되며, (398)은 '벼를 말리기 위해 볏단의 이삭은 위쪽으로 하여 서로 맞대고 뿌리 쪽은 띄어서 줄지어 세우는 가리'의 개념이니, 벼를 말리기 위해 세워놓은 볏단이 분절성이 되어 <벼를

말리기 위해 이삭은 위쪽으로 하여 서로 맞대고 뿌리 쪽은 띄어서
줄지어 세운 가리>가 추가된다. 앞에서 논의한 벼를 추수하는 낱말
밭은 다음과 같다.

〈그림62〉 벼를 추수하는 낱말밭 모형

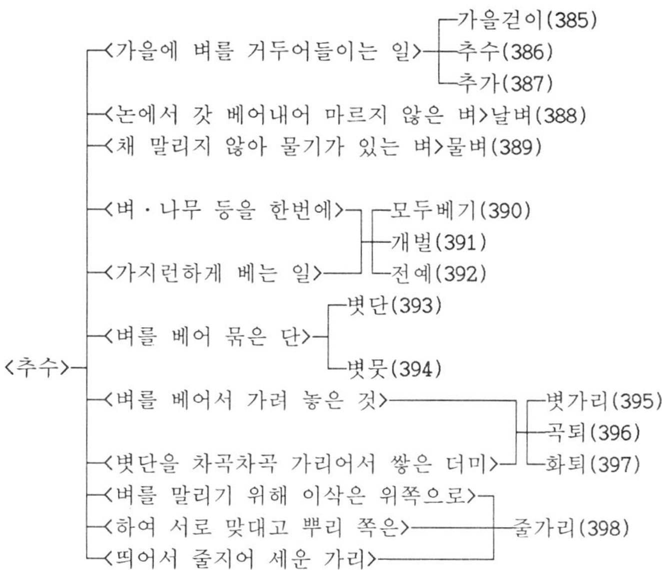

(399) 볏가을하다   (400) 볏갈하다
(401) 벼마당질하다   (402) 물타작하다(-打作--)
(403) 진타작하다(-打作-)   (404) 마른타작하다(--打作--)
(405) 벼훑이질하다   (406) 풋벼바심하다

위의 낱말들은 벼를 타작하는 내용이므로 〈벼 타작〉[54]이 분절의

─────────────

[54] 이 〈벼 타작〉은 곡식의 타작 부분에서 이미 논의하였으므로 중복되고 있으
나, 논농사에서 타작하는 부분도 논의하는 것이 이해를 돕는 다고 생각되어
재론하게 되었다.

관점이 된다. 따라서 (399-401)은 '익은 벼를 거두어들이어 타작하다'의 개념을 공유하고 있어 <벼를 타작하는 일>이 공통으로 추가되고, (402-403)은 '벼를 베어 미처 말리지도 않은 물벼 채로 타작하다'의 개념을 공유하고 있으므로, 물벼를 타작하는 것이 분절성이 되어 <말리지 않은 물벼를 타작하는 일>이 공통으로 추가되며, (404)는 '벤 벼를 바싹 말린 뒤에 타작하다'의 개념이니, 마른 벼를 타작하는 것이 분절성이 되어 <벤 벼를 바싹 말려 타작하는 일>이 추가된다. 그리고 (405)는 '두 나뭇가지의 한 끝을 동여매어 집게처럼 만들고 그 틈에 벼이삭을 넣고 벼의 알을 훑다'의 개념이니, 벼이삭을 훑는 것이 분절성이 되어 <두 나뭇가지의 한 끝을 동여매어 집게처럼 만듦→그 틈에 벼이삭을 넣어 훑는 일>이 추가되고, (406)은 '채 여물기 전의 벼를 지레 베어 떨거나 훑다'의 개념이므로, 채 익지 않은 벼를 타작하는 것이 분절성이 되어 <여물지 않은 벼를 베어 타작하는 일>이 추가된다.

  (407) 햇벼   (408) 깔끄랑벼
  (409) 섬벼   (410) 볏섬

위의 (407)은 '그 해에 새로 난 벼'의 개념이니, 햇벼가 분절성이 되어 <그 해에 새로 난 벼>가 추가되고, (408)은 '잘 몽글지 아니하여 까끄라기가 많이 섞인 벼'의 개념이므로, 잘 몽글지 않은 것이 분절성이 되어 <잘 몽글지 않아 까끄라기가 많이 섞인 벼>가 추가된다. 그리고 (409)는 '섬에 넣은 벼'의 개념이니 <섬에 넣은 벼>가 추가되고, (410)은 '벼를 담은 섬'의 개념이니 <벼를 담은 섬>이 추가된다.

(411) 우케   (412) 볏담불
(413) 입도매매(立稻賣買)   (414) 입도선매(立稻先賣)

위의 (411)은 '찧기 위하여 말린 벼'의 개념이므로, 벼를 말린 것이
분절성이 되어 <찧기 위하여 말린 벼>가 추가되고, (412)는 '벼를 쌓
은 무더기'의 개념이므로 <벼를 쌓은 무더기>가 추가되며, (413-414)
는 '모내기 후에서 여물기 전의 벼를 그냥 논에 세워둔 채로 팔다'의
개념을 공유하고 있어, 입도선매가 분절성이 되어 <논에서 자라고
있는 벼를 파는 일>이 공통으로 추가된다.

(415) 벼팔이   (416) 벼팔이꾼

위의 (415)는 '장사할 목적으로 벼를 사들이다'의 개념이니, 벼를
사들이는 것이 분절성이 되어 <장사하기 위해 벼를 사들이는 일>이
추가되고, (416)은 '이리저리 돌아다니며 장사할 목적으로 벼를 사들
이는 사람'의 개념이므로, 벼 장사꾼이 분절성이 되어 <장사하기 의
해 이리저리 돌아다니며 벼를 사들이는 사람>이 추가된다. 앞에서
논의한 벼를 타작하는 낱말밭은 다음과 같다.

<그림63> 벼를 타작하는 낱말밭 모형

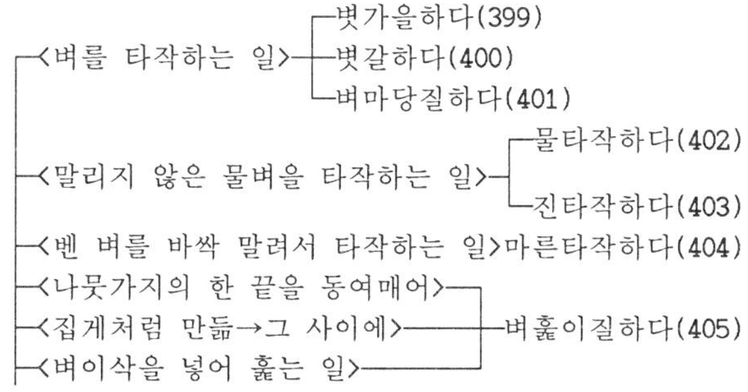

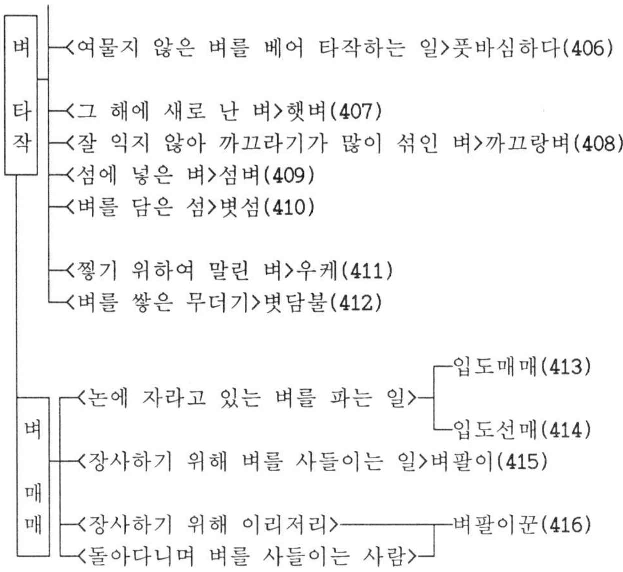

2.5.1.11. 볏짚의 내용

이 부분밭은 벼의 낟알을 떨어낸 줄기에 대한 내용이므로 <볏짚>이 분절의 관점이 된다.

(417) 짚   (418) 곡초(穀草)

(419) 볏짚   (420) 고초(藁草)

(421) 도고(稻藁)   (422) 화간(禾稈)

(423) 화고(禾藁)   (424) 지푸라기

위의 (417-418)은 '벼, 조, 밀, 보리 따위의 이삭을 떨어내고 남은 줄기'의 개념을 공유하고 있어, 곡식의 알을 떨어내고 난 줄기가 분절성이 되어 <벼·조·밀·보리 따위의 이삭을 떨어내고 남은 줄기>

가 공통으로 추가되고, (419-423)은 '벼의 낟알을 떨어낸 줄기'의 개
념을 공유하고 있으므로, 볏짚이 분절성이 되어 <벼의 낟알을 떨어
낸 줄기>가 공통으로 추가되며, 또 '산욕에 까는 볏짚'의 개념도 가
지고 있어 <산욕에 까는 볏짚>을 가지고 해산의 낱말밭에서도 분절
한다. 그리고 (424)는 '낱낱의 짚. 또는 부서진 짚의 부스러기'의 개
념이니, <낱낱의 짚>과 <부서진 짚의 부스러기>가 각각 추가된다.

    (425) 짚단   (426) 짚뭇
    (427) 낟가리   (428) 짚가리
    (429) 짚무지   (430) 짚동

위의 (425-426)은 '볏짚의 묶음'의 개념을 공유하고 있어, 짚단이
분절성이 되어 <볏짚의 묶음>이 공통으로 추가되고, (427)은 '짚, 나
무, 풀 따위를 쌓은 더미를 통틀어 일컫는 말'의 개념이므로, 쌓아놓
은 더미가 분절성이 되어 <짚·나무·풀 따위를 쌓은 더미의 총칭>
이 추가된다. 그리고 (428-429)는 '짚단을 쌓아올린 더미'의 개념을
공유하고 있어, 짚단 더미가 분절성이 되어 <짚단을 쌓아올린 더미>
가 공통으로 추가되고, (430)은 '짚단을 모아 한 덩어리로 만든 묶음'
의 개념이므로, 짚동이 분절성이 되어 <짚단을 모아 한 덩어리로 만
든 묶음>이 추가된다.

    (431) 신짚   (432) 짚여물
    (433) 짚바리   (434) 짚일

위의 (431)은 '짚신을 삼기 위하여 추려놓은 짚'의 개념이니, 짚신
용이 분절성이 되어 <짚신을 삼기 위해 추려놓은 짚>이 추가되고,

(432)는 '볏짚으로 된 마소의 여물'의 개념이므로, 여물이 분절성이 되어 <볏짚으로 된 마소의 여물>이 추가된다. 그리고 (433)은 '짚을 실은 바리'의 개념이니 <짚을 실은 바리>가 추가되고, (434)는 '볏짚으로 무엇을 만드는 일'의 개념이므로, 짚을 가지고 일하는 것이 분절성이 되어 <짚으로 무엇을 만드는 일>이 추가된다.

(435) 짚북데기   (436) 짚나라미
(437) 초집게(草--)

위의 (435)는 '볏짚의 북데기'의 개념이니 <볏짚의 북데기>가 추가되고, (436)은 '짚을 가지고 무엇을 만들 적에 새끼 같은 데서 떨어져 생기는 지저분한 지푸라기'의 개념이므로 <짚일을 할 때에 새끼 같은 데서 떨어져 생기는 지저분한 지푸라기>가 추가되며, (437)은 '짚이나 풋나무 따위의 부피를 헤아리는 데 쓰는 제구'의 개념이니, 부피를 계량하는 기구가 분절성이 되어 <짚·풋나무 따위를 계량하는 제구>가 추가된다. 앞에서 논의한 볏짚의 낱말밭은 다음과 같다.

<그림64> 볏짚의 낱말밭 모형

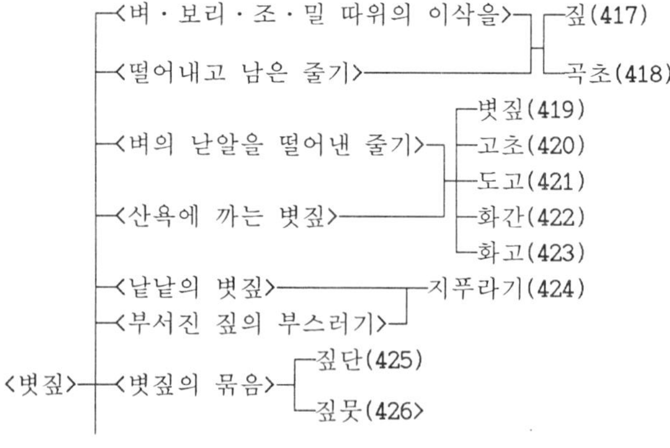

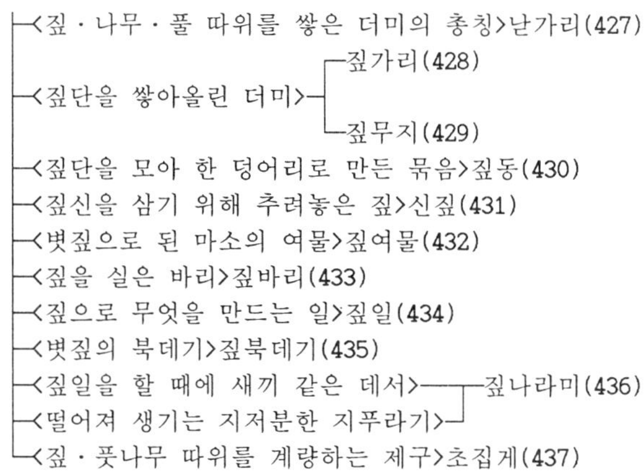

2.5.2. 마무리

(1) 앞에서 논농사의 내용 437개 낱말에 대하여 개별적인 분절을 논의하였다. 이들의 내용 중에는 중복되는 것이 있어 실제적인 내용의 수는 277개이다. 이들의 분포는 다음 표와 같다.

〈표4〉 논농사의 내용별 분포도

내용	논 종류	관개	모내기	못자리	추수	논갈이
어휘수	70	52	32	29	21	21
백분율	25.27%	18.77%	11.55%	10.47%	7.58%	7.58%

내용	벼의종류	볏짚	논매기	벼의성장	논경작	계
어휘수	16	14	8	8	6	277
백분율	5.78%	5.05%	2.89%	2.89%	2.17%	100%

위의 표로 보아 논의 종류가 가장 많고, 논에 물을 대는 관개의 내용이 두 번째로 많으며, 모내기하는 내용이 세 번째로 많다. 그리고 못자리하는 내용과 벼를 추수하는 내용 및 논갈이하는 내용은 비교적 많은 편이며, 벼의종류, 볏짚, 논매기, 벼가 성장하는 내용은 비교적 적은 편이다. 논농사를 짓는 포괄적인 개념은 매우 적다.

논농사의 구체적인 내용은 논의의 순서에 따라 고찰하려 한다.

① 논농사를 짓는 내용은 모두 6개이다.

논농사를 짓는 일, 논에서 하는 일, 일년에 두 번 벼를 재배하는 일, 그루갈이에서 먼저 심은 농작물, 그루갈이에서 첫 번째 농작물을 거두어들이고 나중에 심은 농작물, 벼농사를 짓는 일이 각각 1개씩 (16.67%)이다.

② 벼의 종류는 모두 16개이다.

벼, 볍씨, 은방주, 통일벼, 올벼, 버들올벼, 산올벼, 이른봄에 익는 저광이, 얼음이 풀릴 무렵에 파종하는 올벼인 얼음걷이, 상답에서 재배하는 자채벼, 중올벼, 늦벼, 빛이 붉은 늦벼인 대추벼, 찰기가 없는 메벼, 찰기가 있는 찰벼, 밭에 심는 밭벼가 각각 1개씩(6.25%)이다.

③ 논의 종류의 내용은 분류기준을 상답, 중답, 하답, 논의 위치, 논의 용도, 개간한 논, 논의 생김새, 논을 구성하고 있는 부분, 토질, 논의 소유자, 논농사, 소유권으로 분류하였다. 이들의 분포는 다음 표와 같다.

〈표5〉 논 종류의 분류기준표

분류기준	하답	위치	용도	상답	논의정의	개간
어휘수	14	13	9	8	7	6
백분율	20%	18.57%	12.86%	11.43%	10%	8.57%

분류기준	소유자	생김새	토질	소유권	중답	계
어휘수	4	4	3	1	1	70
백분율	5.71%	5.71%	4.29%	1.43%	1.43%	100%

논의 정의에 따른 분류 7개의 내용은 다음과 같다. '논, 그전부터 있던 논, 논이 차지하고 있는 땅, 논을 이루고 있는 땅, 논바닥, 우묵하게 들어간 논판' 등이고, 논의 위치에 따른 분류 13개는 '텃논, 문전옥답, 냇가에 일군 기다란 논, 벌에 있는 논, 논으로 된 벌판, 평야, 논이 많은 고장, 논으로 이루어진 들판, 한 사람 소유의 논, 여러 배미가 떼지어 있는 논, 한 사람의 소유가 여기저기 흩어져 있는 논, 비탈에 있는 다랑논, 장구 모양으로 생긴 논' 등이며, 토질에 따른 분류 3개는 '논의 토양, 마른 논, 수렁논' 등이다. 그리고 품질이 좋은 상답 8개는 '옥답, 고래실논, 상답, 안전논, 무논, 붓논, 샘물받이 논, 고논' 등이고, 중간정도의 논은 '중답' 1개이며, 질이 좋지 않은 하답 14개는 '모랫논, 생논, 하답, 메마른 논, 지기가 메마른 논, 논에 기름진 흙을 까는 일, 천수답, 가뭄타는 건답, 가뭄으로 아무것도 심지 못한 논, 폐답, 묵혀두어 거칠어진 논, 거칠어져 경작할 수 없는 논, 천재지변으로 몹시 거칠어진 논, 유수의 침식을 받은 논' 등이다.

개간한 논 6개는 '밭을 논으로 만든 것, 생땅이나 밭을 논으로 만든 것, 새로 만든 논, 토지를 개간하여 논으로 만드는 일, 바닷가에 둑을 쌓고 만든 논, 갯벌에 둑을 쌓고 만든 논' 등이고, 용도에 따라 분류한 논 9개는 '벼를 심기 위한 논, 볏모를 옮겨 심은 논, 올벼를 심은 논, 차재벼를 심은 논, 차재벼를 심을 수 있는 좋은 논, 두레로 일하는 논, 미나리꽝, 왈골논' 등이며, 논을 형성하고 있는 분류에 따른 4개는 '논배미를 세는 단위인 고랑배미, 논과 논을 구분하는 곳인 논배미, 논두렁, 논고랑' 등이다. 그리고 논의 소유자에 따른 분류 4개는 '논임자, 개인 소유의 논, 타인의 논, 서울사람 소유의 논' 등이고, 소유권에 따른 분류는 '논문서' 1개이다.

④ 논갈이하는 내용 21개는 다음과 같다.

논을 가는 일, 무논을 가는 일, 소나기 물을 이용하여 논을 가는 일, 마른 논을 가는 일, 논을 모두 가는 일, 모내기 때만 논을 가는 일, 애벌갈이, 두벌갈이, 세벌갈이, 반대방향으로 다시 가는 일, 처음과 나중이 다르게 가는 일, 논을 여러 번 가는 일, 바닥걸기질, 써레질, 가로로 한 번 더 써레질하는 일, 길이로 다시 한 번 더 써레질하는 일, 마른 논밭을 써는 일, 나래로 평평하게 논을 고르는 일, 무논을 써레질하고 나래로 고르는 일, 마른 논을 써레질하고 나래로 고르는 일, 그냥 논을 써레질하여 두는 일이 각각 1개씩(4.76%)이다.

⑤ 못자리하는 내용 29개의 분포도는 다음과 같다.

<표6> 못자리하는 내용의 분포도

내용	볏모	못자리	모판	단비	계
어휘수	14	7	7	1	29
백분율	48.28%	24.14%	24.14%	3.45%	100%

위의 표로 모아 볏모가 가장 많고, 못자리와 모판이 두 번째로 많으며, 못자리할 시기에 알맞게 오는 단비는 1개뿐이다. 이들의 구체적인 내용은 다음과 같다.

못자리의 내용 7개는 '못자리, 물모를 키우는 자리, 가물 때 겨우 물을 대어 만든 못자리, 처음에 물을 대었다가 나중에는 고랑에만 물을 대는 못자리, 건모를 기르는 못자리, 밭못자리, 거름풀을 넣고 만든 못자리' 등이고, 모판의 내용 7개는 '모판, 거적으로 덮개를 한 모판, 물모를 붓는 모판, 보온모판, 온상모판, 모판의 흙, 모판에 볍씨를 뿌리는 일' 등이며, 볏모 14개의 내용은 '모, 볏모, 물 속에서 자라는 어린 모, 모자랄 때 쓰려고 여분으로 기르는 모, 거적모판에서 기른 모, 온상에서 기른 모, 재거름을 하여 기른 모, 일찍 심은 모, 볏모를 일찍 내는 일, 철늦게 내는 모, 갓 자란 볏모, 푸른 모, 모판 밖에 떨어져 자란 모, 모를 기르는 일' 등이다.

⑥ 모내기하는 내용 32개는 다음과 같다.

모내는 시기, 보리가 익고 볏모가 자라 모내기하는 계절, 모내기하는 일, 볏모를 묶은 단, 벼를 묶은 모춤, 가위처럼 묵은 모춤, 논에 볍씨를 직접 뿌리는 일, 마른 논에 볍씨를 뿌리고 가꾸다가 물을 대어주는 일, 모내기하는 일, 논을 삭갈아서 모를 심는 일, 마른 논에 못자리를 하였다가 비가 온 뒤에 모내기하는 일, 메마른 논에 호미로 모를 심는 일, 단단한 논에 말뚝으로 구멍을 뚫어 모를 심는 일, 무논에 드문드문 심은 모, 모를 촘촘히 심는 일, 줄지게 모를 심는 일, 한쪽만 줄지게 심는 일, 줄을 맞추어 모를 심는 일, 손짐작으로 모를 심는 일, 모내기에서 빠진 곳에 다시 심는 일, 보통보다 일찍 모를 심는 일, 이르지도 늦지도 않게 낸 볏모, 중모와 늦모 사이에 심는 볏모, 하지가 지난 후에 모내기를 하는 일, 매우 늦게 심은 볏모, 모내기에 드는 품, 모춤을 날라다 별러주는 사람, 모내기를 하는 사람, 모낼 때 모만 심는 사람, 모낼 때에 들에서 먹는 밥이 각각 1개씩 (3.13%)이다.

⑦ 논매는 내용 8개는 다음과 같다.

논에 난 잡초, 논매기, 애벌논, 이듬논, 세벌논, 논매기에서 맨 나중에 손으로 잡초를 훔쳐내는 일, 논맬 때 호미로 수숫잎처럼 파 넘기는 흙덩이, 논의 피를 뽑아 없애는 일이 각각 1개씩(12.5%)이다.

⑧ 벼가 자라는 내용 8개의 내용은 다음과 같다.

모내기 한 모가 뿌리를 내리는 일, 모내기 한 후 활착하여 푸른빛을 띠는 일, 논에 심은 벼, 보리를 거둔 논에 심은 벼, 가을철에 익은 벼의 이삭, 열매가 많이 붙은 큰 벼이삭, 다 익지 않은 풋벼, 논에 서 있는 벼가 각각 1개씩(12.5%)이다.

⑨ 논에 물을 대는 내용 52개는 다음과 같다.

논의 물, 논도랑, 물꼬, 물이 저절로 내려가게 만든 논두렁에 만든 물꼬, 두레로 물을 푸는 일, 두 사람이 마주서서 두레질하는 일, 물을 퍼 올리는 일, 양수간, 양수장, 양수기, 물대기, 논에 대는 물, 논에 괴어 있는 물, 고랑에 물을 대어 농작물의 뿌리에 급수하는 일, 논관개, 살수관개, 천수관개, 관수량, 논에 물이 괴게 하는 일, 배수하는 일, 논물을 관리하는 일, 논에 물을 넣을 때 다른 곳으로 흐르는 물이 각각 2개씩(1.92%)이다.

⑩ 벼를 추수하는 내용 21개는 다음과 같다.

벼를 추수하는 내용, 마르지 않은 날벼, 말리지 않아 물기가 있는 벼, 벼를 한 번에 모두 베는 일, 볏단, 볏가을, 벼를 말리기 위하여 볏단을 줄지게 세운 것, 벼를 타작하는 일, 말리지 않은 물벼를 타작하는 일, 벼를 바싹 말려서 타작하는 일, 벼훑이하는 일, 풋바심하는 일, 햇벼, 까끄랑벼, 섬에 넣은 벼, 벼를 담은 섬, 찧기 위하여 말린 벼, 벼를 쌓은 무더기, 입도선매, 장사하기 위해 벼를 사들이는 일, 장사하기 위하여 이리저리 돌아다니며 벼를 사들이는 사람이 각각 1개씩(4.76%)이다.

⑪ 볏짚의 내용 14개는 다음과 같다.

벼·보리·조·밀 따위의 이삭을 떨어내고 남은 줄기, 볏짚, 지푸라기, 짚단, 낟가리, 짚동, 짚단, 짚가리, 짚신을 삼기 위하여 추려놓은 짚, 짚여물, 짚을 실은 바리, 짚으로 무엇을 만드는 일, 짚북데기, 짚일을 할 때에 떨어져 생긴 지저분한 지푸라기, 짚을 계량하는 제구가 각각 1개씩(7.14%)이다.

(2) 논농사에서 주체적인 역할을 하는 277개의 내용은 다음과 같다.
농부가 94개(33.94%)로 가장 많고, 논이 50개(18.5%)로 두 번째로 많으며, 벼가 34개(12.27%)로 세 번째로 많다. 그리고, 볏모가 18개(6.5%)이고, 볏짚이 12개(4.33%)이며, 논에 대는 물이 8개(2.89%)이다. 못자리와 용수로가 각각 7개씩(2.53%)이고, 모판이 5개(2.17%)이며, 논임자가 4개(1.44%)이다. 그리고 들판, 모내는 시기, 보가 각각 3개씩(1.08%)이고, 저수지, 보수세, 양수장, 토목업자, 벼장수가 각각 2개씩(0.72%)이고, 논앞그루, 논뒷그루, 논의 토양, 논밭, 서울사람, 논문서, 단비, 모품, 논풀, 흙덩이, 관개수로, 관개몽리면적, 관개지, 관개업자, 보의 주인, 수구, 논물, 볏섬, 초집게가 각각 1개씩(0.36%)이다.

(3) 논농사의 내용 설명에 등장하는 객체는 모두 504개이다. 이들의 내용은 다음과 같다.
논이 58개(11.51%), 물이 55개(10.91), 벼가 54개(10.71%), 볏모가 38(7.54%), 수리시설과 둑이 각각 10개씩(1.98%), 볏짚과 못자리가 각각 9개씩(1.79%), 논농사가 7개(1.39%), 토질, 논매기, 봇물, 볍씨, 논밭이 각각 6개씩(1.19%), 나무가 5개(0.99%), 관개용수, 벌판, 논배미, 호미, 농작물, 수로, 벼이삭, 써레, 모내기, 모내는 시기가 각각 4개씩(0.79%), 가뭄, 보, 상수도용, 봇도랑, 물꼬, 흙, 바닷가, 나래, 보리, 모춤, 고랑, 두레가 각각 3개씩(0.6%)이다.

그리고 저수지, 봇물세, 양수기, 파이프, 섬, 지푸라기, 짚단, 잡초, 수력발전용, 그루갈이, 찰기, 수렁, 샘물, 빗물, 밭, 토지, 흙덩이, 구멍, 못물, 집이 각각 2개씩(0.4%)이다.

압력수, 자동살수기, 경사지, 과수원, 사구지, 떼, 소출, 그릇, 물기, 볏단, 나뭇가지, 조, 밀, 줄기, 마소, 여물, 짚북데기, 피, 홍수, 수확, 다수확, 관개업, 하천, 계류, 홍수조절, 펌프, 냇물, 하수도, 굴, 논도랑, 논두렁, 도열병, 목도열병, 한식, 쌀알, 경기도 이천, 떡, 마을, 집터, 냇가, 고장, 한 사람, 산골, 장구모양, 지하수, 토양, 보수력, 모래, 거름발, 갈이, 지력, 천재지변, 생땅, 갯벌, 염분, 서해안, 미나리, 왕골, 밭고랑, 개인, 타인, 서울사람, 논문서, 봄갈이, 가을갈이, 애벌갈이, 물갈이, 마른가리, 풀거름, 널빤지, 새끼, 화초, 거적, 덮개, 유지, 보온, 온상모, 거적모판, 온상, 재거름, 모판, 단비, 묘목, 모종, 밭곡식, 수확량, 꼬챙이, 말뚝, 줄, 못자, 중모, 모품, 밥, 기계가 각각 1개씩(0.2%)이다.

(4) 논농사의 내용에서 바람직한 긍정적인 내용은 269개(97.11%)이고, 바람직하지 못한 부정적인 내용은 '짓던 농사를 짓지 않고 내버린 논, 오랫동안 묵혀두어 거칠어진 논, 거칠어져 경작할 수 없는 논, 천재지변으로 몹시 거칠어진 논, 유수의 침식을 받은 논, 논에 물을 댈 때에 다른 곳으로 벌창하는 물, 물타작하는 일, 벼가 잘 익지 않아 까끄라기가 많이 섞인 벼'가 8개(2.89%)이다. 따라서 논농사의 내용은 긍정적인 내용이 우세하다.

(5) 논농사의 낱말 중 토박이말이 218개(49.89%)로 제일 많고, 한자어는 180개(41.89)로 두 번째로 많으며, 토박이말과 한자어 밑 서구외래어가 융합된 혼종어는 39개(8.92%)이다. 여기에서 토박이말이 한자어보다 많은 것이 특이하다.

2.6. 밭농사

밭 토양[55]

밭 토양은 기후의 영향을 많이 받는다. 1년에 태반이 건조기이고 여름 동안 특히 장마철에 연강우량의 대부분이 내리는 형편이므로 토양은 이 영향을 크게 받는다. 따라서 생산력은 벼농사에 비하여 저위를 면치 못하고 있고 해마다 생산의 변동폭도 불안하다.

그 원인은 첫째 입지조건이 불량하기 때문이다. 현재 밭으로 이용되는 곳은 산지·구릉지·사구지 등인데, 이들 지대는 끊임없이 냉해(冷害)·한해(旱害)·토양침식 등을 받고 있고 토양도 강산성이며 염기가 결핍되어 있든지 또는 다른 양분의 부족 현상이 일어나고 화학적 성질도 불량하여 밭작물의 생산저해의 요인으로 되어 있다.

우리나라는 화강암과 화강편마암이 가장 널리 분포하고 있고, 여기에서 유래한 토양이 전국적으로 널리 분포되어 있다. 우리나라의 밭 토양은 이 모암(母巖)의 성질을 그대로 가진 것이 많고 일반적으로 부식질 함량이 적은 토양이 많다. 이들 토양 중에는 극단의 산성 토양은 없으나 경남과 전남북의 일부 다우지대에는 국부적으로 극단

---

55) 조장환 외4인(1993:54) 참조.

의 강산성을 나타내는 적갈색의 화강암 토양이 일부 존재하고 있다. 기타 화성암에서 유래된 토양은 석영 결정이 적고 차진 황적색·적갈색·담황색을 띤 식토나 양토로서 산성은 그다지 높지 않다. 경남 북 전남 및 그밖에 지방에 널리 분포되어 있는 수성암 토양은 그 내용 차에 따라 사양토·양토·치양토·치토 등으로 되어 있어 담황색·황적색·적갈색을 나타내며, 이러한 토양은 강산성을 나타내는 일은 적고 대부분 강산성이나 미산성을 나타낸다. 현무암에서 유래한 토양은 인산질이 매우 결핍되어 있고, 석회암에서 생긴 토양은 대부분 중성이다.

2.6.1. 밭농사의 내용

이 부분밭은 밭농사를 짓는 내용이므로 <밭농사>가 공통으로 부가된다. 밭농사의 상위 분절은 다음과 같다.

〈그림65〉 밭농사의 상위 낱말밭 모형

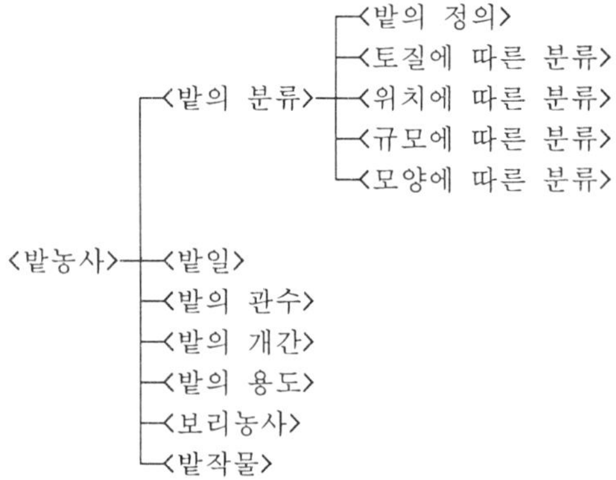

2.6.1.1. 밭의 종류

이 부분밭은 밭의 정의, 토질, 위치, 규모, 모양에 따라 분류하게
된다. 따라서 <밭의 종류>가 분절의 관점이다.

    (1) 밭   (2) 전(田)
    (3) 육전(陸田)   (4) 한전(旱田)
    (5) 한지(旱地)

이들은 '물을 넣지 않고 농작물을 심어 가꾸는 땅'의 개념을 공유
하고 있어, 밭의 정의가 분절성이 되어 <물을 넣지 않고 작물을 심어
가꾸는 땅>이 공통으로 추가된다. 다만 (1)은 '장기, 고누, 윷놀이 같
은 것의 판에서 말이 머무르는 자리'의 개념도 가지고 있으므로 <장
기·고누·윷놀이의 말판에서 말이 머무르는 자리>를 가지고 잡기
의 낱말밭에서도 분절한다.

    (6) 전작지(田作地)   (7) 농포(農圃)
    (8) 숙전(熟田)   (9) 본포(本圃)

위의 (6-7)은 '농작물을 가꾸는 밭'의 개념을 공유하고 있어, 농작
물의 재배가 분절성이 되어 <농작물을 재배하는 밭>이 공통으로 추
가되고, (8)은 '해마다 농사지어 먹는 밭'의 개념이므로, 매년 농사짓
는 밭이 분절성이 되어 <매년 농사지어 먹는 밭>이 추가되며, (9)는
'모종이나 묘목을 옮겨 심은 밭'의 개념이니, 작물을 이식한 것이 분
절성이 되어 <모종·묘목을 이식한 밭>이 추가된다.

(10) 씨받이밭   (11) 채종밭(採種-)
(12) 채종전(採種田)   (13) 채종포(採種圃)
(14) 채종포전(採種圃田)   (15) 그루밭

위의 (10-14)는 '씨앗을 받으려고 특별히 마련한 밭'의 개념을 공유하고 있어, 씨받이용 밭이 분절성이 되어 <씨앗을 받으려고 특별히 마련한 밭>이 공통으로 추가되고, (15)는 '밀이나 보리를 베어내고 작물을 심은 밭'의 개념이므로, 그루농사가 분절성이 되어 <밀·보리를 베어내고 작물을 심은 밭>이 추가된다.

(16) 평전(平田)   (17) 상등전(上等田)
(18) 양전(良田)   (19) 개똥밭'
(20) 관개원(灌漑園)

이들은 밭의 토질이 좋은 것이 분절의 관점이므로 <좋은 밭>이 공통으로 추가된다. 따라서 (16)은 '평지에 있는 좋은 밭'의 개념이니 <평지에 있는 좋은 밭>이 추가되고, (17)은 '토질이 좋아서 농작물이 잘되는 밭'의 개념이므로 <토질이 좋아서 농작물이 잘되는 밭>이 추가되며, (18)은 '토질이 비옥한 좋은 밭'의 개념이니 <토질이 비옥한 좋은 밭>이 추가된다. 그리고 (19)는 '땅이 건 밭'의 개념이니 <땅이 건 밭>이 추가되고, (20)은 '물을 대어 가꾸는 밭'의 개념이므로 <물을 대어 가꾸는 밭>이 추가된다. 앞에서 논의한 밭의 정의와 종류의 낱말밭은 다음과 같다.

<그림66> 밭 종류의 낱말밭 모형(1)

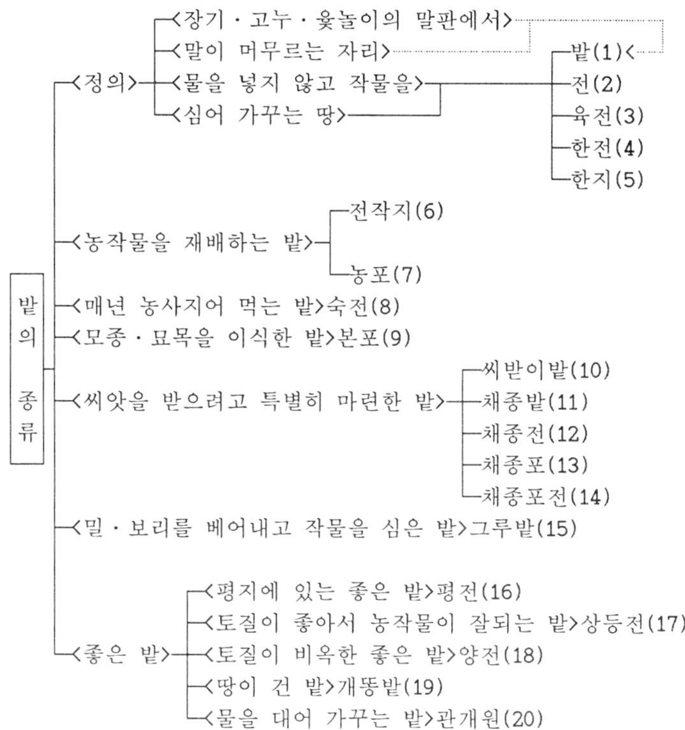

다음 (21-39)까지는 토질이 좋지 않은 밭이므로 <박전>이 공통으로 추가된다.

(21) 박전(薄田)   (22) 삭전(-田)

(23) 밭흙갈이   (24) 습전(濕田)

위의 (21)은 '지기가 메마른 밭'의 개념이니, 지기가 분절성이 되어 <지기가 메마른 밭>이 추가되고, (22)는 '오랫동안 경작하여 토박해진 밭'의 개념이므로, 토박해진 것이 분절성이 되어 <오랫동안의 경

작으로 토박해진 밭>이 추가된다. 그리고 (23)은 '밭의 지력을 높이기 위하여 밭에 거름이 되는 다른 흙을 날라다 깔다'의 개념이니, 다른 흙을 까는 것이 분절성이 되어 <다른 곳의 거름흙을 까는 일→밭의 지력을 높이기 위함>이 추가되고, (24)는 '배수가 잘되지 아니하여 항상 물기나 습기가 많은 밭'의 개념이므로, 습한 밭이 분절성이 되어 <배수가 불량하여 항상 물기·습기가 많은 밭>이 추가된다.

(25) 황토밭(黃土-)   (26) 등걸밭
(27) 모래밭   (28) 사전(沙田)

위의 (25)는 '토질이 황토로 이루어진 밭'의 개념이니, 황토가 분절성이 되어 <토질이 황토로 된 밭>이 추가되고, (26)은 '나무의 등걸이 많은 밭'의 개념이므로, 나무등걸이 분절성이 되어 <나무등걸이 많은 밭>이 추가되며, (27-28)은 '모래가 많이 섞인 밭'의 개념을 공유하고 있어, 모래가 분절성이 되어 <모래가 많이 섞인 밭>이 공통으로 추가된다.

(29) 자갈밭   (30) 잔돌밭
(31) 조약밭   (32) 사력지(砂礫地)
(33) 돌밭   (34) 석전(石田)

위의 (29-32)는 '자갈이 많이 깔려 있는 밭'의 개념을 공유하고 있어, 자갈이 분절성이 되어 <자갈이 많이 깔려 있는 밭>이 공통으로 추가되고, (33-34)는 '돌이 많은 밭'의 개념을 공유하고 있어, 돌이 분절성이 되어 <돌이 많은 밭>이 공통으로 추가된다.

(35) 묵정밭   (36) 묵밭

(37) 진전(陳田)   (38) 폐전(廢田)

(39) 폐휴(廢畦)

위의 (35-37)은 '곡식을 갈지 않고 오래 내버려두어 거칠어진 밭'
의 개념을 공유하고 있어, 묵혀둔 것이 분절성이 되어 <경작하지 않
고 내버려두어 거칠어진 밭>이 공통으로 추가되고, (38)은 '밭을 경작
하지 않고 내버려두는 일'의 개념이므로, 경작하지 않는 것이 분절성
이 되어 <경작하지 않고 내버려둔 밭>이 추가되며, (39)는 '황폐한 밭'
의 개념이니, 황폐한 것이 분절성이 되어 <황폐한 밭>이 추가된다.

(40) 물손받다   (41) 기식전(旣蝕田)

위의 (40)은 '밭곡식이 물의 해를 받다'의 개념이니, 밭곡식이 받은
물의 피해가 분절성이 되어 <밭곡식이 물의 해를 받는 일>이 추가되
고, (41)은 '이미 유수(流水)의 침식을 받은 밭'의 개념이므로, 유수
의 피해가 분절성이 되어 <이미 유수의 피해를 받은 밭>이 추가된
다. 앞에서 논의한 나쁜 밭의 낱말밭은 다음과 같다.

<그림67> 밭 종류의 낱말밭 모형(2)

<지기가 메마른 밭>박전(21)
<오랫동안 경작하여 토박해진 밭>삭전(22)
<다른 곳의 거름흙을 까는 일→>──밭흙깔이(23)
<밭의 지력을 높이기 위함>──
<배수가 불량하여 항상 물기·습기가 많은 밭>습전(24)

<토질이 황토로 된 밭>황토밭(25)
<나무등걸이 많은 밭>등걸밭(26)

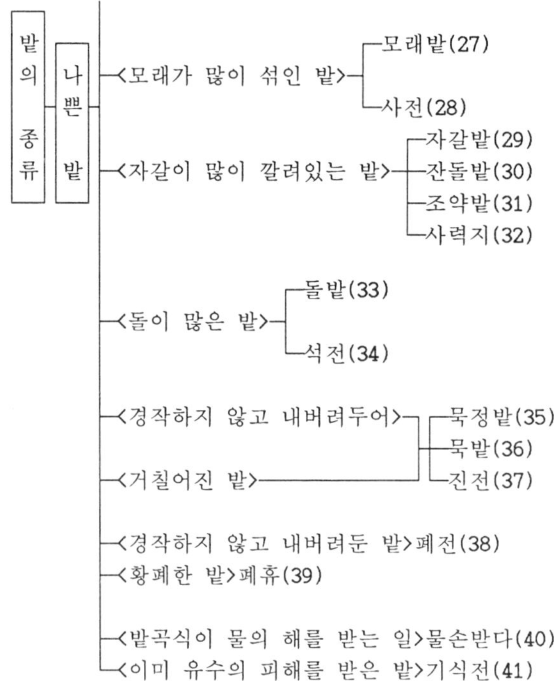

다음 (42-58)까지는 밭의 위치에 따른 분류가 분절의 관점이 되어 <위치에 따른 밭의 분류>가 분절성이 된다.

(42) 울안밭   (43) 텃밭
(44) 대전(垈田)   (45) 앞밭

위의 (42)는 '울타리 안쪽에 있는 밭'의 개념이니, 울타리 안쪽이 분절성이 되어, <울타리 안쪽에 있는 밭>이 추가되고, (43-44)는 '집터에 딸리거나 집 가까이에 있는 밭'의 개념을 공유하고 있으므로, 집 가까이에 있는 것이 분절성이 되어 <집터에 딸린 밭>과 <집 가까이에 있는 밭>이 추가된다. 그리고 (45)는 '마을이나 집 앞에 있는

밭’의 개념이니, 집 앞이 분절성이 되어 <마을·집 앞에 있는 밭>이 추가되고, 또 ‘윷놀이할 때에 윷밭 다음의 밭’의 개념도 가지고 있으므로 <윷판에서 윷밭 다음의 밭>을 가지고 잡기의 낱말밭에서도 분절한다.

  (46) 산전(散田)   (47) 갯밭
  (48) 포전(浦田)   (49) 계단밭(階段-)
  (50) 계단전(階段田)

위의 (46)은 ‘여기저기 흩어져 있는 밭’의 개념이니, 흩어져 있는 것이 분절성이 되어 <여기저기 흩어져 있는 밭>이 추가되고, (47-48)은 ‘갯가에 있는 개흙밭’의 개념을 공유하고 있으므로, 갯가가 분절성이 되어 <갯가에 있는 개흙밭>이 공통으로 추가되며, (49-50)는 ‘계단식으로 만든 밭’의 개념을 공유하고 있어, 계단 모양이 분절성이 되어 <계단식으로 만든 밭>이 공통으로 추가된다.

  (51) 자드락밭   (52) 비탈밭
  (53) 경사전(傾斜田)   (54) 산전(山田)
  (55) 묏밭   (56) 부대밭
  (57) 부대기   (58) 화전(火田)

위의 (51-53)은 ‘낮은 산기슭에 비스듬히 기울어진 밭’의 개념을 공유하고 있어, 비탈진 것이 분절성이 되어 <낮은 산기슭에 비스듬히 기울어진 밭>이 공통으로 추가되고, (54)는 ‘산에 있는 밭’의 개념이므로, 산이 분절성이 되어 <산에 있는 밭>이 추가되며, (55-58)은 ‘원시적인 농경법의 하나. 주로 산간지대에서 초목에 불을 지르고 그

자리를 갈아 농사를 짓는 밭. 주로 조, 수수, 메밀, 감자 따위를 심는데 거름을 주지 않고 김도 매지 아니하여 4-5년간 부치다가 지력이 다하면 다른 곳으로 옮긴다. 우리나라 북부지방에서 성행하였다'의 개념을 공유하고 있어, 산간지대의 화전이 분절성이 되어 <산간지대에서 초목에 불을 지르고 그 자리를 갈아 농사를 짓는 밭→조·수수·메밀·감자 따위를 재배함+거름을 주지 않고 김도 매지 않음+4-5년 부치다가 지력이 다하면 다른 곳으로 옮김>이 공통으로 추가된다. 앞에서 논의한 밭의 위치에 따른 종류의 낱말밭은 다음과 같다.

<그림68> 위치에 따른 밭 종류의 낱말밭 모형

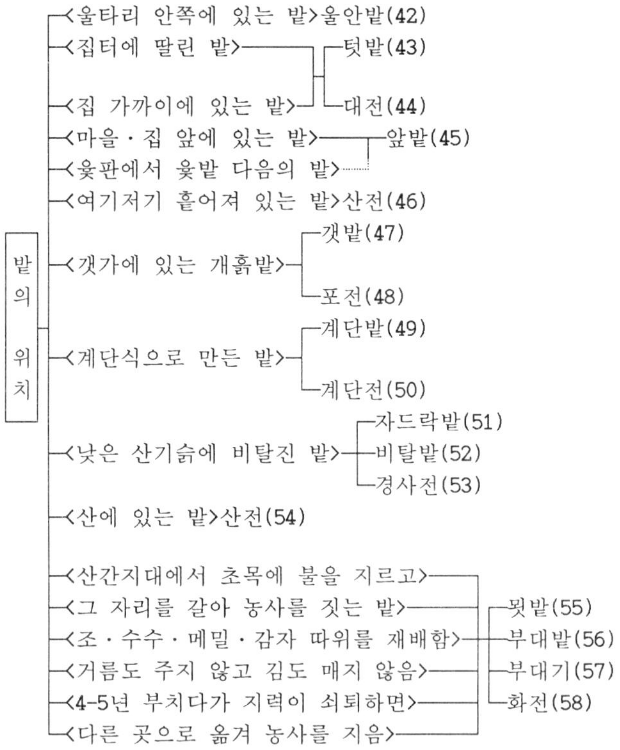

다음 (59-70)까지는 규모에 따른 밭의 분류가 분절의 관점이므로 <규모에 따른 밭의 분류>가 분절성이 된다.

(59) 소원(小園)   (60) 촌전(寸田)
(61) 촌전척토(寸田尺土)   (62) 따비밭
(63) 밭뙈기

위의 (59)는 '작은 밭'의 개념이니, 작은 것이 분절성이 되어 <작은 밭>이 추가되고, 또 '작은 정원'의 개념도 가지고 있어 <작은 정원>이 더 추가되며, (60-61)은 '얼마 안 되는 전지(田地)'의 개념을 공유하고 있으므로, 얼마 안 되는 것이 분절성이 되어 <얼마 안 되는 전지>가 공통으로 추가된다. 그리고 (62)는 '따비56)로나 갈만한 좁은 밭'의 개념이니, 좁은 것이 분절성이 되어 <따비로 갈만한 좁은 밭>이 추가되고, (63)은 '조그만 밭이란 뜻으로 '한 뙈기의 밭'을 뜻한다'의 개념이므로. 조그마한 것이 분절성이 되어 <조그만 밭>이 추가된다.

(64) 보전(甫田)   (65) 밭날가리
(66) 밭들

위의 (64)는 '큰 밭'의 개념이니 <큰 밭>이 추가되고, (65)는 '며칠 동안 걸려서 갈 만큼 큰 밭의 개념이므로, 매우 큰 것이 분절성이 되어 <며칠 동안 갈 만큼 큰 밭>이 추가되며, (66)은 '밭으로 된 들판'의 개념이니, 들판이 분절성이 되어 <밭으로 된 들판>이 추가된다.

---

56) '따비'는 풀뿌리를 뽑거나 밭을 가는 데 쓰는 농기구. 쟁기보다 조금 작고 보습이 좁게 생겼다. 청동기시대의 유물에서 발견되는 점으로 미루어 농경을 시작하면서부터 사용한 것으로 추측된다.

(67) 직전(直田)   (68) 사전(梭田)

(69) 원전(圓田)   (70) 환전(環田)

밭의 모양새가 분절의 관점이 되어 <밭의 모양새>가 분절성이 된다. 따라서 (67)은 '네모가 번듯하고 기름하게 생긴 밭'의 개념이니, 네모진 것이 분절성이 되어 <네모가 번듯하고 기름한 밭>이 추가되고, (68)은 '베틀의 북 모양으로 두 끝이 빨고 길쭉하게 생긴 밭'의 개념이므로, 북 모양이 분절성이 되어 <북 모양으로 생긴 밭>이 추가된다. 그리고 (69)는 '둥글게 생긴 밭'의 개념이니, 원형이 분절성이 되어 <원형으로 생긴 밭>이 추가되고, (70)은 '고리 모양으로 둥글게 생긴 밭'의 개념이므로, 고리 모양이 분절성이 되어 <고리 모양으로 둥글게 생긴 밭>이 추가된다. 앞에서 논의한 규모에 따른 밭의 종류의 낱말밭은 다음과 같다.

<그림69> 규모에 따른 밭 종류의 낱말밭 모형

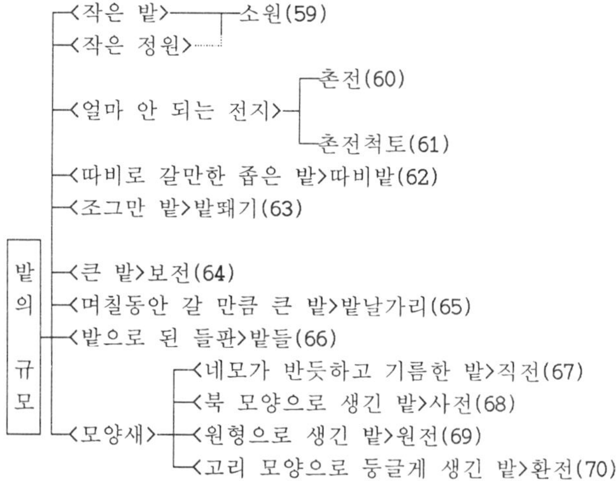

다음 (71-87)까지는 밭을 구성하고 있는 부분이 분절의 관점이 되어 <밭의 부분>이 분절성이 된다.

(71) 밭섶   (72) 밭모퉁이
(73) 밭둑   (74) 밭두덕
(75) 밭언덕   (76) 전주(田疇)

위의 (71)은 '밭의 가장자리'의 개념이니, 가장자리가 분절성이 되어 <밭의 가장자리>가 추가되고, (72)는 '밭의 모서리를 이루는 귀퉁이'의 개념이므로, 귀퉁이가 분절성이 되어 <밭의 귀퉁이>가 추가된다. 그리고 (73-76)은 '밭가에 둘려있는 둑'의 개념을 공유하고 있어, 밭둑이 분절성이 되어 <밭가에 둘려있는 둑>이 공통으로 추가되고, 또 '밭과 밭 사이의 경계를 이루는 부분'의 개념도 공유하고 있으므로, 밭의 경계가 분절성이 되어 <밭의 경계를 이루고 있는 부분>도 공통으로 추가된다.

(77) 밭귀   (78) 밭머리
(79) 농상(隴上)   (80) 이랑
(81) 밭이랑   (82) 전묘(田畝)

위의 (77)은 '밭의 귀퉁이'의 개념이니, 귀퉁이가 분절성이 되어 <밭의 귀퉁이>가 추가되고, (78)은 '밭이랑의 양쪽 끝이 되는 부분'의 개념이므로, 이랑의 양끝이 분절성이 되어 <밭이랑의 양쪽 끝 부분>이 추가된다. 그리고 (79)는 '밭 안의 높은 곳'의 개념이니, 높은 곳이 분절성이 되어 <밭 안의 높은 곳>이 추가되고, (80-82)는 '갈아 놓은 밭의 한 두둑과 한 고랑'의 개념을 공유하고 있으므로, 두둑과 고랑이 분절성이 되어 <갈아놓은 밭의 한 두둑과 한 고랑>이 공통으로 추가된다.

(83) 밭두렁   (84) 밭두둑
(85) 밭둔덕   (86) 고랑
(87) 밭고랑

위의 (83-85)는 '밭이랑의 두둑한 부분'의 개념을 공유하고 있어, 밭두둑이 분절성이 되어 <밭이랑의 두둑한 부분>이 공통으로 추가되고, (86-87)은 '두둑 사이의 골'의 개념을 공유하고 있으므로, 골이 분절성이 되어 <두둑 사이의 골>이 공통으로 추가되며, 또 '두두룩한 두 땅의 사이에 좁고 길게 들어간 곳'의 개념도 공유하고 있어 <두두룩한 두 땅의 사이에 좁고 길게 들어간 곳>을 가지고 지형의 낱말밭에서도 분절한다. 앞에서 논의한 밭의 낱말밭은 다음과 같다.

<그림70> 밭을 구성한 부분의 낱말밭 모형

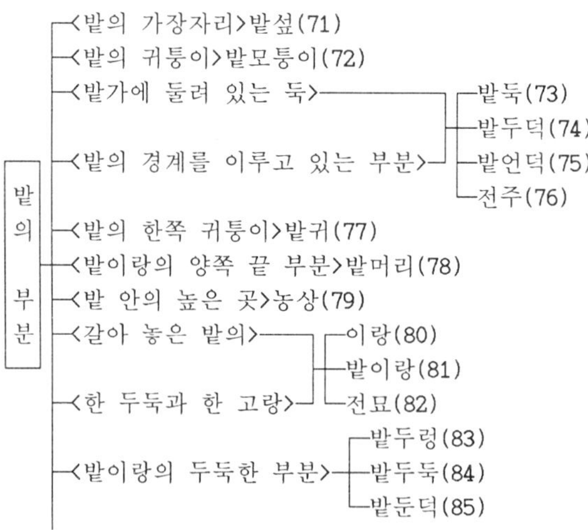

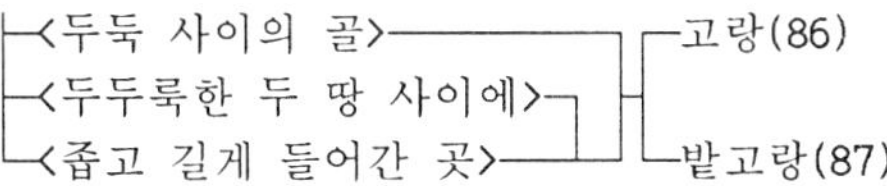

2.6.1.2 밭일하는 내용

이 부분밭은 밭에서 농사짓는 내용이므로 <밭농사일>이 공통으로
부가된다.

    (88) 밭농사(-農事)　　　　(89) 전작(田作)
    (90) 밭일　　　　　　　　(91) 밭부침

위의 (88-89)는 '밭에서 짓는 농사'의 개념이니, 밭농사가 분절성
이 되어 <밭에서 짓는 농사>가 공통으로 추가되고, (90)은 '밭에서
하는 일'의 개념이므로, 밭농사일이 분절성이 되어 <밭에서 하는 일>
이 추가된다. 그리고 (91)은 '밭을 부치는 일'의 개념이니, 밭을 경작
하는 것이 분절성이 되어 <밭을 경작하는 일>이 추가되고, 또 '밭을
가는 일'의 개념도 가지고 있어 <밭을 가는 일>이 더 추가된다.

    (92) 밭거둠질　　　　　　(93) 밭정리(-整理)

위의 (92)는 '농사를 짓기 위하여 밭을 거두고 다루어 농사를 짓다'
의 개념이니, 밭을 거두고 다루는 일이 분절성이 되어 <밭농사를 짓
기 위하여 밭을 거두고 다루는 일>이 추가되고, (93)은 '생산성을 높
이고 농기계의 작업을 편리하게 하면서 더 많은 수확을 낼 수 있도록
밭의 크기와 높낮이 따위를 규모 있고 반듯하게 만드는 토지의 정리'
의 개념이므로, 밭을 정리하여 생산성을 높이는 것이 분절성이 되어

<생산성을 높임+농기계의 작업을 편하게 함+수확의 증대를 위하여 밭의 크기·높낮이를 규모 있게 정리하는 일>이 추가된다.

(94) 밭갈이   (95) 골뿌림
(96) 줄뿌림   (97) 조파(條播)
(98) 조파식(條播式)   (99) 평규식(平畦式)

위의 (94)는 '밭에 씨앗을 뿌리어 심다'의 개념이니, 파종하는 것이 분절성이 되어 <밭에 파종하는 일>이 추가되고, (95-98)은 '밭에 고랑을 치고 줄이 지게 씨를 뿌리다'의 개념을 공유하고 있으므로, 고랑을 만들어 파종하는 것이 분절성이 되어 <밭에 고랑을 만듦→줄이 지게 파종하는 방법>이 공통으로 추가되며, (99)는 '이랑의 면을 논밭과 같게 하는 방식. 깊이 묻는 작물을 심는 포전이나 가뭄을 많이 타는 포전에서 흔히 볼 수 있다'의 개념이니, 이랑의 면을 논밭과 같게 하는 방법이 분절성이 되어 <깊이 묻는 작물의 포전·가뭄을 많이 타는 포전→이랑의 면이 논밭의 면과 같게 하는 방법>이 추가된다. 앞에서 논의한 밭일하는 낱말밭은 다음과 같다.

<그림71> 밭일하는 낱말밭 모형(1)

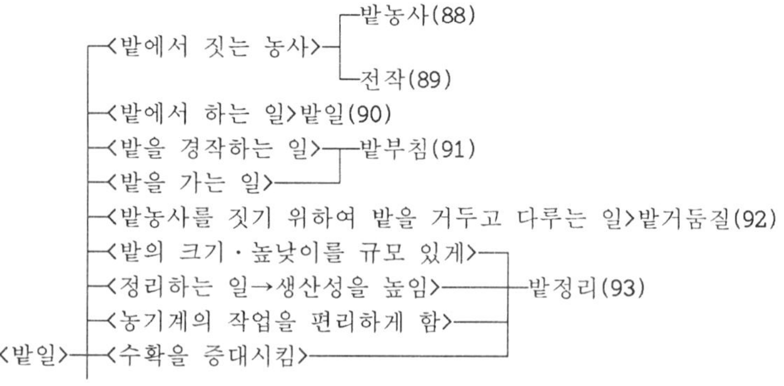

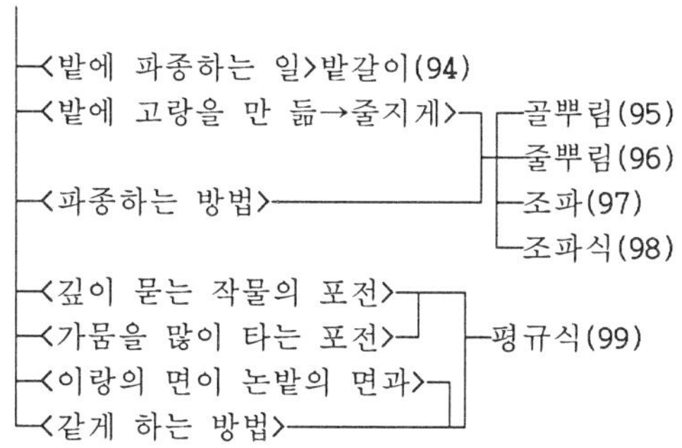

다음 (100-110)까지는 곡식을 심은 밭에 다른 잡곡이나 채소를 심는 내용이므로 <간작>이 공통으로 추가된다.

  (100) 부룩   (101) 부룩박다
  (102) 부룩치다   (103) 대우하다
  (104) 대우파다   (105) 대우내다

  위의 (100)은 '보리밭 두둑 사이에 콩팥 따위의 잡곡을 심는 일'의 개념이니 <보리밭 두둑 사이에 콩팥 따위의 잡곡을 심는 일>이 추가되고, (101-102)는 '곡식이나 채소 따위를 심은 밭의 사이사이에 다른 곡식이나 채소 따위를 듬성듬성 심다'의 개념을 공유하고 있으므로 <곡식·채소를 심은 밭 사이사이에 곡식·채소를 듬성듬성 심는 일>이 공통으로 추가되며, (103-105)는 '보리나 밀, 조 따위를 심은 밭의 이랑이나 이랑 사이에 콩이나 팥 따위를 심다'의 개념을 공유하고 있어 <보리·밀·조 따위를 심은 밭의 이랑·이랑 사이에 콩이나 팥을 심는 일>이 공통으로 추가된다.

  (106) 대우콩   (107) 콩대우
  (108) 대우팥   (109) 팥대우

(110) 그루조

이들은 간작으로 심은 농작물의 개념이므로 <간작한 농작물이>이 분절의 관점이 된다. 따라서 (106)은 '보리, 밀, 조 따위를 심은 밭이랑이나 이랑 사이에 심은 콩'의 개념이니, 콩이 분절성이 되어 <보리·밀·조 따위를 심은 이랑·이랑의 사이에 심은 콩>이 추가되고, (107)은 '보리, 밀, 조 따위를 심은 밭이랑이나 이랑 사이에 콩을 심는 일'의 개념이므로, 콩을 간작하는 것이 분절성이 되어 <보리·밀·조 따위를 심은 이랑·이랑 사이에 콩을 심는 일>이 추가된다. 그리고 (108)은 '보리, 밀, 조 따위를 심은 밭이랑이나 이랑 사이에 심은 팥'의 개념이니, 팥이 분절성이 되어 <보리·밀·조 따위를 심은 밭이랑·이랑 사이에 심은 팥>이 추가되고, (109)는 '보리, 밀, 조 따위를 심은 밭이랑이나 이랑 사이에 팥을 심는 일'의 개념이므로, 팥을 간작하는 것이 분절성이 되어 <보리·밀·조 따위를 심은 밭이랑·이랑 사이에 팥을 심는 일>이 추가되며, (110)은 '어떤 농작물의 그루 뒤에 심은 조'의 개념이니, 간작한 조가 분절성이 되어 <어떤 농작물의 그루 뒤에 심은 조>가 추가된다.

(111) 반달꽂이   (112) 뒷갈이
(113) 이작(裏作)

위의 (111)은 '고구마 따위의 줄기를 반달 모양으로 휘어지게 묻어서 꽂아 심는 방법'의 개념이니, 반달 모양의 파종법이 분절성이 되어 <고구마의 줄기를 반달 모양으로 휘어지게 묻어서 꽂아 심는 방법>이 추가되고, (112-113)은 '벼를 베고 난 논에 보리나 채소 따위를 심는 일'의 개념을 공유하고 있으므로, 벼를 벤 논에 파종하는 것

이 분절성이 되어 <벼를 벼낸 논에 보리·채소 따위를 심는 일>이
공통으로 추가된다. 앞에서 논의한 밭일하는 낱말밭은 다음과 같다.

<그림72> 밭일하는 낱말밭 모형(2)

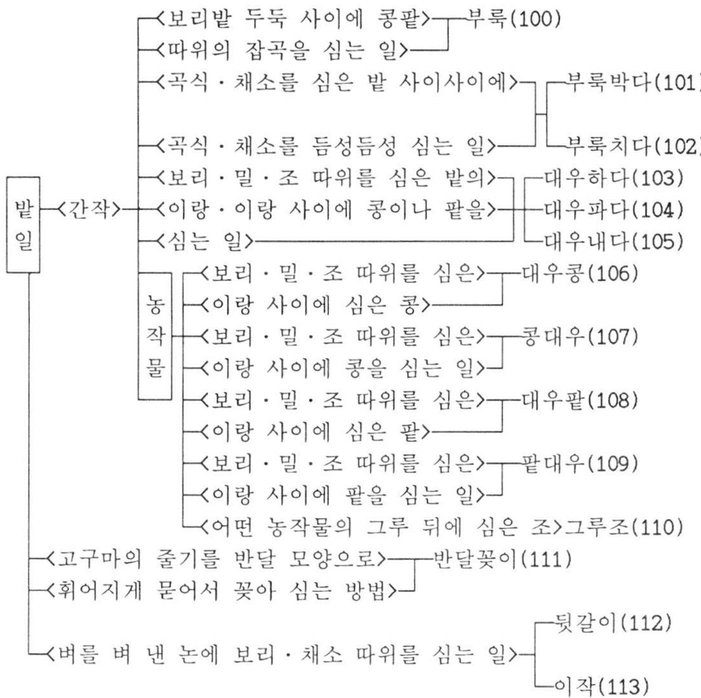

다음 (114-121)까지는 밭을 가는 내용이므로 <밭갈이>가 공통으
로 추가된다.

(114) 밭갈이철   (115) 밭갈이
(116) 밭뒤다   (117) 골지르다

위의 (114)는 '밭을 갈기에 알맞은 철. 또는 한창 밭갈이하는 철'의

개념이니, 밭가는 철이 분절성이 되어 <밭을 갈기에 알맞은 철>과 <한창 밭갈이하는 철>이 각각 추가되고, (115)는 '밭을 가는 일'의 개념이니 <밭을 가는 일>이 추가된다. 그리고 (116)은 '밭을 거듭 갈다'의 개념이니, 거듭 가는 것이 분절성이 되어 <밭을 거듭 가는 일>이 추가되며, 또 '밭을 두 번째 가는 일'의 개념도 가지고 있어 <밭을 두 번째 가는 일>도 추가되고, (117)은 '밭을 세 번 갈다'의 개념이므로, 세 번 가는 것이 분절성이 되어 <밭을 세 번 가는 일>이 추가된다.

(118) 숙전갈이(熟田--)   (119) 직행갈이(直行--)
(120) 골타다   (121) 개똥갈이

위의 (118)은 '해마다 농사짓는 밭을 갈다'의 개념이니, 해마다 농사짓는 밭이 분절성이 되어 <매년 농사짓는 밭을 가는 일>이 추가되고, (119) '밭갈이를 할 때에 고랑의 방향을 따라 곧바로 갈다'의 개념이므로, 곧바로 가는 것이 분절성이 되어 <밭고랑 방향으로 곧바로 가는 일>이 추가된다. 그리고 (120)은 '밭을 갈아서 고랑을 만들다'의 개념이니, 고랑을 만드는 것이 분절성이 되어 <밭을 갈아서 고랑을 만드는 일>이 추가되고, 또 '가리마를 타다'의 개념도 가지고 있으므로 <가리마를 타는 일>을 가지고 몸치장의 낱말밭에서도 분절하며, (121)은 '개똥거름을 주고 밭을 갈다'의 개념이니, 개똥거름을 주는 것이 분절성이 되어 <개똥거름을 주고 밭을 가는 일>이 추가된다.

(122) 밭머리쉼

이는 '밭에서 일하다가 밭머리에 나와 쉬다'의 개념이니, 쉬는 것이 분절성이 되어 <밭일 하다가 잠시 밭머리에 나와 쉬는 일>이 추가된다.

(123) 밭풀   (124) 밭김
(125) 밭매기   (126) 골걷이

이들은 밭을 매는 내용이므로 <밭매기>가 공통으로 추가된다. 따라서 (123-124)는 '밭에 나는 온갖 잡풀'의 개념을 공유하고 있어, 잡풀이 분절성이 되어 <밭에 나는 온갖 잡풀>이 공통으로 추가되고, (125)는 '밭의 김을 매다'의 개념이므로, 김매기가 분절성이 되어 <밭의 김을 매는 일>이 추가되고, (126)은 '곡식을 심은 밭고랑의 잡풀을 뽑아 없애다'의 개념이니, 잡풀을 뽑는 것이 분절성이 되어 <곡식을 심은 밭고랑의 잡풀을 뽑는 일>이 추가된다.

(127) 밭걷이하다   (128) 덩굴걷이하다

위의 (127)은 '밭에 심어 가꾸었던 곡물이나 야채 따위를 거두어들이다'의 개념이니, 밭작물을 추수하는 것이 분절성이 되어 <밭에서 재배한 곡식·야채 따위를 거두어들이는 일>이 추가되고, (128)은 '밭에 심은 덩굴진 식물을 걷어치우다. 또는 그때 따낸 열매'의 개념이므로 <덩굴진 밭작물을 걷어치우는 일>과 <덩굴진 밭작물에서 따낸 열매>가 각각 추가된다.

(129) 밭관수(-灌水)   (130) 밭관개(-灌漑)
(131) 밭관개용수량(-灌漑用水量) (132) 밭도랑
(133) 밭돌

이들은 밭에 물을 대는 내용이므로 <밭관개>가 공통으로 추가된다. 따라서 (129)는 '밭에 대는 관수'의 개념이니, 관수가 분절성이 되어 <밭에 대는 관수>가 추가되고, (130)은 '밭에 물을 대어주는 일'의 개념이므로, 물대주는 것이 분절성이 되어 <밭에 물을 대어주는 일>이 추가된다. 그리고 (131)은 '밭작물이 자라는 동안에 단위면적의 밭에 대는 전체 물의 양. 작물의 종류, 기상조건, 토양조건에 따라 다르다'의 개념이니, 밭에 주는 물의 양이 분절성이 되어 <밭작물이 자라는 동안에 단위면적의 밭에 대는 전체 물의 양→작물의 종류·기상조건·토양조건에 따라 다름>이 추가되고, (132-133)은 '밭의 가장자리에 둘러져 있는 도랑'의 개념을 공유하고 있으므로, 밭의 도랑이 분절성이 되어 <밭의 가장자리에 둘려 있는 도랑>이 공통으로 추가된다. 앞에서 논의한 밭일하는 낱말밭은 다음과 같다.

〈그림73〉 밭일하는 낱말밭 모형(3)

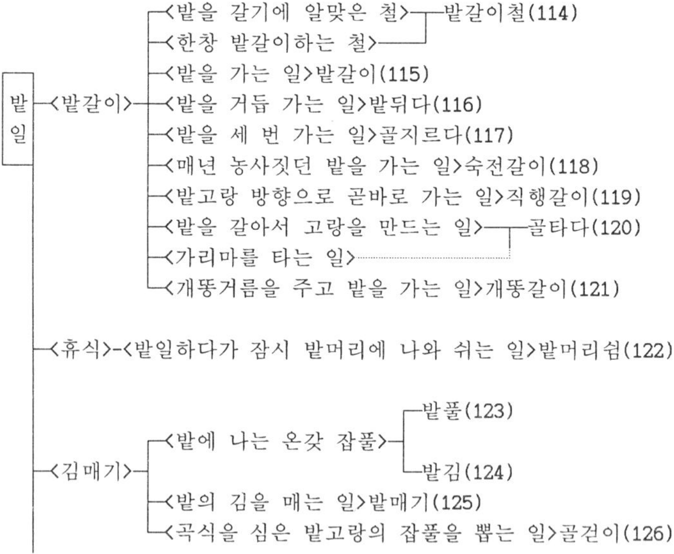

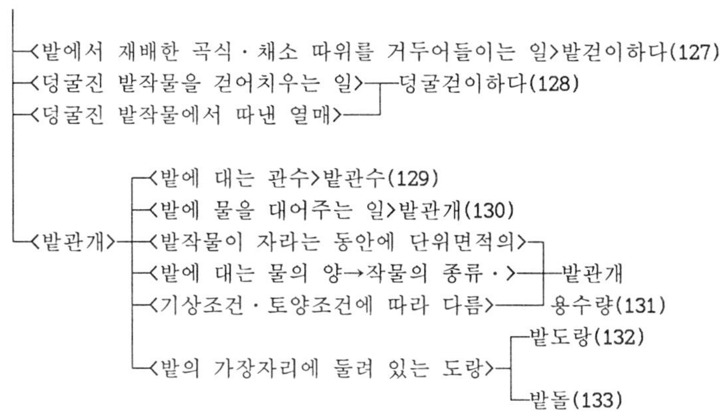

(134) 반전(反田)　　　　　(135) 간전(墾田)

(136) 신기전(新起田)　　　(137) 신전(新田)

(138) 화경(火耕)

이들은 밭을 일구는 내용이므로 <밭의 개간>이 분절의 관점이 된다. 따라서 (134)는 '논을 밭으로 만들다'의 개념이니 <논을 밭으로 만드는 일>이 추가되고, (135)는 '개간하여 밭을 만들다'의 개념이므로, 개간하는 것이 분절성이 되어 <개간하여 밭을 만드는 일>이 추가되며, (136)은 '새로 일구어 만든 밭'의 개념이니, 새로 일구는 것이 분절성이 되어 <새로 일구어 밭을 만드는 일>이 추가된다. 그리고 (137)은 '새로 사거나 개간한 밭'의 개념이니, 사거나 개간하는 것이 분절성이 되어 <새로 사거나 개간한 밭>이 추가되고, (138)은 '화전을 일구는 일'의 개념이므로, 화전이 분절성이 되어 <화전을 개간하는 일>이 추가된다.

다음 (139-146)까지는 밭의 소유자가 분절의 관점이 되어 <밭의 소유자>가 분절성이 된다.

(139) 종전(宗田)　　　　　　(140) 종중전(宗中田)
(141) 제위전(祭位田)　　　　(142) 묘위전(墓位田)
(143) 묘전(墓田)

위의 (139-140)은 '추수한 곡물로 제사를 지내는 데 쓰려고 종중에서 소유하는 밭'의 개념을 공유하고 있어, 종중의 제사가 분절성이 되어 <추수한 곡물로 조상의 제사에 쓰려고 종중에서 소유한 밭>이 공통으로 추가되고, (141)은 '추수한 것을 제사에 드는 비용에 쓰기 위하여 마련한 밭'의 개념이므로, 제사용으로 마련한 것이 분절성이 되어 <추수한 것을 제사의 비용에 쓰려고 마련한 밭>이 추가되며, (142-143)은 '묘제의 비용으로 쓰기 위하여 경작하는 밭'의 개념을 공유하고 있어, 묘제의 비용이 분절성이 되어 <묘제의 비용으로 쓰기 위해 경작하는 밭>이 공통으로 추가된다.

(144) 사경밭(私耕-)　　　　(145) 사경전(私耕田)
(146) 사전(寺田)

위의 (144-145)는 '묘지기나 마름[57]이 보수로 얻어서 부쳐먹는 밭'의 개념을 공유하고 있어, 묘지기나 마름의 보수가 분절성이 되어 <묘지기·마름이 보수로 얻어 부치는 밭>이 공통으로 추가되고, (146)은 '절이 소유하고 있는 밭'의 개념이므로, 절이 분절성이 되어 <절이 소유하고 있는 밭>이 추가된다. 앞에서 논의한 밭의 개간과 밭의 소유자의 낱말밭은 다음과 같다.

---

57) '마름'은 지주를 대리하여 소작권을 관리하는 사람. 사음(舍音).

〈그림74〉 밭의 개간과 밭의 소유자의 낱말밭 모형

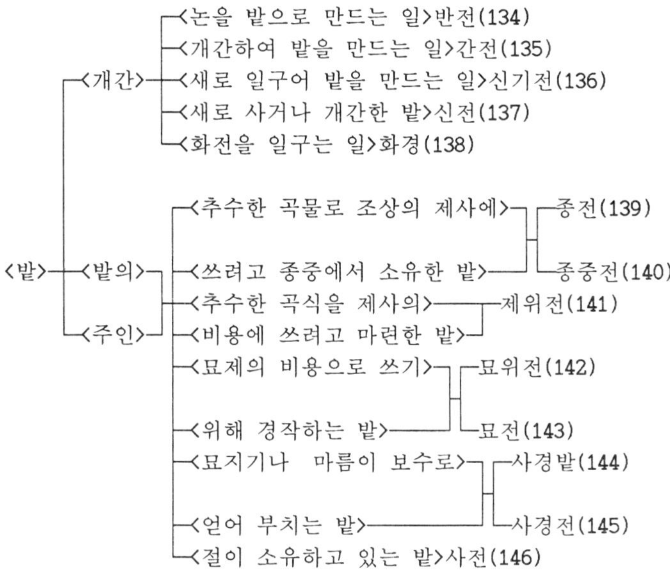

6.1.1.3. 보리농사의 내용

이 부분밭은 밭농사에서 주된 농작물인 보리를 내용으로 하고 있으므로 〈보리농사〉가 분절의 관점이다.

(147) 보리농사(--農事)   (148) 맥농(麥農)
(149) 맥작(麥作)   (150) 보리갈이

위의 (147-149)는 '보리[58]의 씨를 뿌리고 가꾸어 거두어들이다'의

---

58) 조재영 외3인(1997:69)에서 "보리(barley)의 두줄배기종은 서부아시아의
   온대지방(특히 홍해로부터 코카서스 및 카스피해에 이르는 지역), 여섯줄배

개념을 공유하고 있어 <보리를 파종하고 재배하여 거두어들이는 일>
이 공통으로 추가되고, (150)은 '보리를 심기 위하여 논이나 밭을 갈
다'의 개념이므로, 보리를 재배하기 위하여 논밭을 가는 것이 분절성
이 되어 <보리를 심기 위하여 논·밭을 가는 일>이 추가된다.

    (151) 보릿거름   (152) 맥기비(麥基肥)
    (153) 보리풀   (154) 보리풀꺾다
    (155) 보리풀하다   (156) 보릿재

이들은 보리의 거름이 분절의 관점이므로 <보릿거름>이 공통으로
추가된다. 따라서 (151-152)는 '보리를 심을 땅에 넣는 거름'의 개념
을 공유하고 있어 <보리를 심을 땅에 넣는 거름>이 공통으로 추가되
고, (153)은 '보리를 갈 땅에 밑거름으로 주기 위하여 벤 풀이나 나뭇
잎'의 개념이므로, 보릿거름으로 벤 풀이나 나뭇잎이 분절성이 되어
<보리를 갈 땅에 밑거름으로 주려고 벤 풀과 나뭇잎>이 추가된다.
그리고 (154-155)는 '보리를 갈 땅에 밑거름으로 하기 위하여 풀이나
나뭇잎을 베어 오다'의 개념을 공유하고 있어, 보리풀을 베어 오는
것이 분절성이 되어 <보리를 갈 땅에 밑거름이 되는 풀과 나뭇잎을
베어 오는 일>이 공통으로 추가되고, (156)은 '보리밭에 낼 재거름'
의 개념이므로, 재거름이 분절성이 되어 <보리밭에 낼 재거름>이 추
가된다.

    (157) 보리밭   (158) 맥전(麥田)
    (159) 보리논   (160) 맥답(麥畓)

기종은 동부아시아의 양자강 유역(티베트의 타오푸·라사 등을 중심으로
한 지역)이 각각의 원산지라고 알려져 있다."고 하였다.

  위의 (157-158)은 '보리를 심은 밭'의 개념을 공유하고 있어, 밭이 분절성이 되어 <보리를 심은 밭>이 공통으로 추가되고, (159-160)은 '보리를 심은 논. 또는 베어낸 논'의 개념을 공유하고 있으므로, 논이 분절성이 되어 <보리를 심은 논>과 <보리를 베어낸 논>이 각각 공통으로 추가된다.

  (161) 보리밟기하다   (162) 그루갖추다
  (163) 보리누름   (164) 보리때
  (165) 보릿가을   (166) 맥추(麥秋)

  위의 (161)은 '겨울 동안 부풀어오른 보리고랑의 표토와 뿌리의 착생을 튼튼히 하기 위하여 이른봄에 보리싹의 그루터기를 밟다. 밟는 대신 흙을 넣기도 한다'의 개념이니, 표토를 밟아주어 보리의 착생을 튼튼히 하는 것이 분절성이 되어 <겨울 동안 부풀어오른 표토를 이른봄에 보리의 싹을 밟아주어 착생을 튼튼히 하는 일+밟는 대신 흙을 넣는 일>이 추가되고, (162)는 '벼, 보리 따위의 이삭이 고르게 패어 끝에 열매를 맺다'의 개념이므로, 보리가 열매를 맺는 것이 분절성이 되어 <벼·보리의 이삭이 고르게 패어 열매를 맺는 일>이 추가된다. 그리고 (163)은 '보리가 누렇게 익는 철'의 개념이니, 보리가 익는 때가 분절성이 되어 <보리가 누렇게 익는 철>이 추가되고, (164-166)은 '보리를 거두어들이는 철. 음력 4월을 가리킴'의 개념을 공유하고 있으므로, 보리추수 때가 분절성이 되어 <보리를 추수하는 철=음력 4월>이 공통으로 추가된다. 앞에서 논의한 보리농사의 낱말밭은 다음과 같다.

〈그림75〉 보리농사의 낱말밭 모형(1)

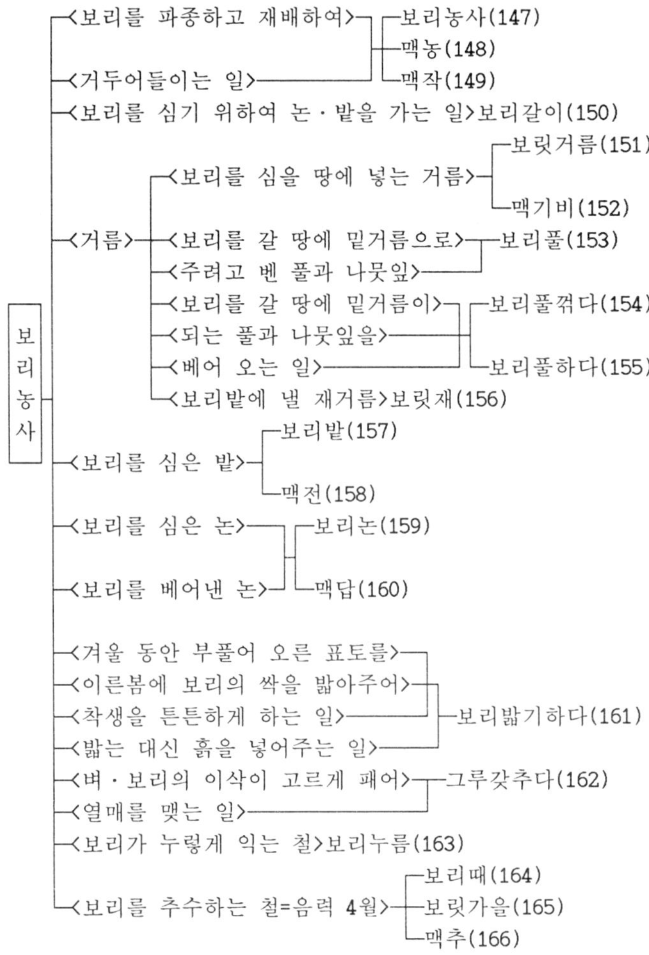

(167) 입맥선매(立麥先賣)   (168) 밭떼기

　위의 (167)은 '아직 밭에 있는 보리를 팔다'의 개념이니, 입맥선매
하는 것이 분절성이 되어 〈보리가 밭에 서있는 채로 파는 일〉이 추

가되고, (168)은 '밭에서 나는 작물을 밭에 나 있는 채로 몽땅 사다'
의 개념이므로, 밭에 있는 작물을 모두 사는 것이 분절성이 되어 <밭
에 있는 밭작물을 몽땅 사는 일>이 추가된다.

(169) 보릿가을   (170) 맥추(麥秋)
(171) 보리마당질   (172) 보리타작(--打作)[59]
(173) 타맥(打麥)   (174) 풋바심

위의 (169-170)은 '보리를 거두어들이다'의 개념을 공유하고 있어,
보리를 추수하는 것이 분절성이 되어 <보리를 거두어들이는 일>이
공통으로 추가되고, (171-173)은 '탈곡기에 넣거나 보릿단을 태질쳐
보리 이삭에서 알곡을 떨어내다'의 개념을 공유하고 있으므로, 보리
타작이 분절성이 되어 <탈곡기에 넣거나 보릿단을 태질쳐 알곡을 떨
어내는 일>이 공통으로 추가되며, (174)는 '채 여물기 전의 보리를
지레 베어 떨거나 훑다'의 개념이니, 풋벼를 타작하는 것이 분절성이
되어 <채 여물기 전에 보리를 베어 타작하는 일>이 추가된다.

(175) 개상질하다   (176) 태질하다
(177) 타맥장(打麥場)

위의 (175-176)은 '개상에 볏단이나 보릿단 따위를 쳐서 이삭을 떨
어내다'의 개념을 공유하고 있어, 타작하는 일이 분절성이 되어 <개
상에 볏단·보릿단 쳐서 알곡을 떨어내는 일>이 공통으로 추가되고,
(177)은 '보리를 타작하는 곳'의 개념이므로, 타작하는 곳이 분절성

---

59) '보리타작'은 곡식을 타작하는 부분 (63-69)에서 이미 논의하였다. 이 부분
은 보리농사의 내용이므로 분절을 이해하기 쉽게 하기 위하여 다시 논의하
였다.

이 되어 <보리를 타작하는 곳>이 추가된다.

(178) 보릿단   (179) 보릿가리
(180) 보릿대   (181) 맥고(麥藁)
(182) 보릿짚   (183) 대맥고(大麥藁)

위의 (178)은 '보리를 베어 묶어 놓은 단'의 개념이니, 보릿단이 분절성이 되어 <보리를 베어 묶어 놓은 단>이 추가되고, (179)는 '보리를 차곡차곡 쌓아놓은 더미'의 개념이므로, 보리의 더미가 분절성이 되어 <보리를 차곡차곡 쌓아놓은 더미>가 추가되며, (180)은 '보릿짚의 대'의 개념이니 <보릿짚의 대>가 추가된다. 그리고 (181)은 '보릿짚이나 밀짚'의 개념이니 <보릿짚이나 밀짚>이 추가되고, (182-183)은 '보리를 떨어낸 뒤에 남은 짚'의 개념을 공유하고 있으므로, 보릿짚이 분절성이 되어 <보리를 떨어낸 뒤에 남은 짚>이 공통으로 추가된다.

(184) 맥망(麥芒)   (185) 보리까락

위의 (184)는 '보리, 밀 따위의 *까끄라기*'의 개념이니, 까끄라기가 분절성이 되어 <보리·밀 따위의 *까끄라기*>가 추가되고, (185)는 '보리의 낟알 겉껍질에 붙은 수염 또는 동강'의 개념이므로, 보리의 수염과 동강이 분절성이 되어 <보리의 낟알 껍질에 붙은 수염·동강>이 추가된다.

(186) 보리방아   (187) 보릿겨
(188) 대맥강(大麥糠)   (189) 맥강(麥糠)
(190) 보리등겨   (191) 조맥강(糟麥糠)

　위의 (186)은 '보리쌀을 내느라고 겉보리를 방아에 찧는 일'의 개념이니, 보리방아가 분절성이 되어 <보리쌀을 내느라고 겉보리를 방아에 찧는 일>이 추가되고, (187-189)는 '보리에서 보리쌀을 내고 남은 속겨'의 개념을 공유하고 있으므로, 보리의 속겨가 분절성이 되어 <보리에서 보리쌀을 내고 남은 속겨>가 공통으로 추가되며, (190-191)은 '보리를 찧을 때 나오는 껍질'의 개념을 공유하고 있어, 보리의 껍질이 분절성이 되어 <보리를 찧을 때 나오는 껍질>이 공통으로 추가된다. 앞에서 논의한 보리농사의 낱말밭은 다음과 같다.

<그림76> 보리농사의 낱말밭 모형(2)

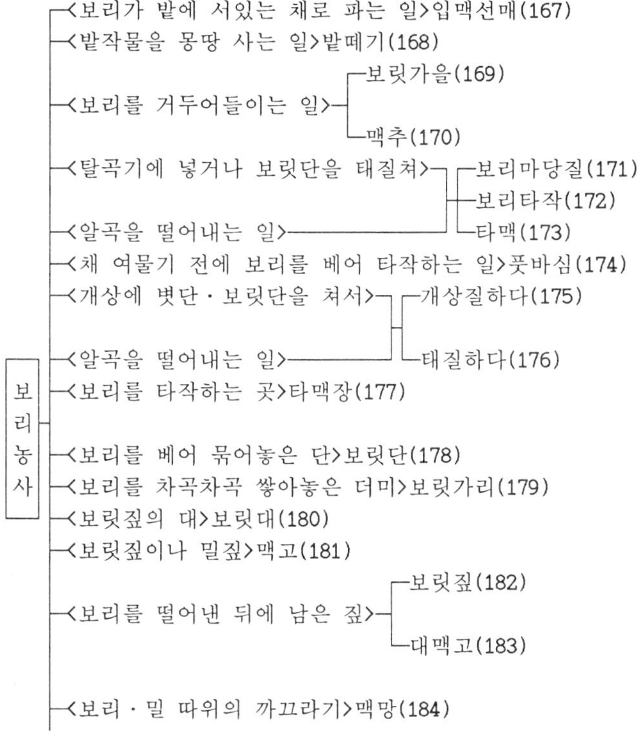

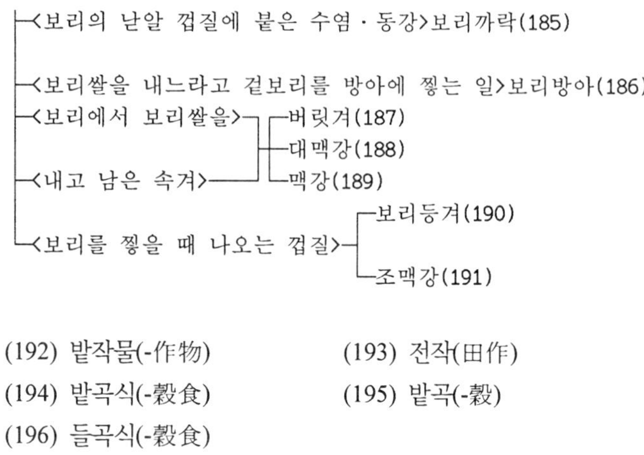

(192) 밭작물(-作物)   (193) 전작(田作)

(194) 밭곡식(-穀食)   (195) 밭곡(-穀)

(196) 들곡식(-穀食)

위의 (192-193)은 '밭에서 가꾸는 농작물'의 개념을 공유하고 있어, 밭에서 재배하는 농작물이 분절성이 되어 <밭에서 재배하는 농작물>이 공통으로 추가되고, (194-196)은 '밭에서 나는 온갖 곡식'의 개념을 공유하고 있으므로, 밭곡식이 분절성이 되어 <밭에서 산출되는 온갖 곡식>이 공통으로 추가된다.

(197) 보리   (198) 대맥(大麥)

(199) 숙맥(宿麥)

이들은 '포아풀과의 한해 혹은 두해살이 재배식물. 봄보리와 가을보리가 있는데 서남아시아, 이집트 원산으로 온 세계 온대지방에서 재배한다. 7천-1만 년의 재배 역사를 가진다. 줄기는 곧고 속이 비었으며 키는 1m 정도이다. 잎은 어긋맞게 나는 긴 선형(線形)으로 겉이 껄끄러우며 평행맥이 있다. 우리나라에서는 보통 가을보리를 많이 가꾼다. 가을보리는 10월경 씨앗을 뿌리며 이듬해 5월쯤에 꽃줄

기가 나와 5cm 가량의 이삭이 생긴다. 이삭에는 긴 까락이 있고 6월
에 여문다. 여물어도 알이 껍질에 꼭 붙어서 잘 떨어지지 않는 것을
겉보리라 하고, 알이 껍질에서 잘 떨어지는 것을 쌀보리라 한다. 보
리쌀은 쌀 다음으로 주식곡물로서 보리밥, 맥주, 된장, 빵 등의 원료
이고 줄기는 여름모자, 공예품, 땔감, 제지용, 퇴비 등에 쓴다'의 개념
을 공유하고 있어, 보리의 정의가 부절성이 되어 <포아풀과의 한
해·두해살이 재배식물→서남아시아·이집트의 원산으로 온 세계
온대지방에서 재배함+7천-1만 년의 재배 역사를 가짐+봄보리와 가
을보리가 있음→줄기는 곧고 속은 비었으며 키는 1m 정도+잎은 어
긋맞게 나고 긴 선형으로 겉이 꺼끄럽고 평행맥이 있음→우리나라
에서는 가을보리를 많이 재배함→가을보리는 10월경에 파종하고 이
듬해 6월경에 추수함+이삭에 긴 까락이 있음+껍질이 알에 밀착된
것을 겉보리·잘 떨어지는 것을 쌀보리라 함→쌀 다음의 주식곡물
로 보리밥·맥주·된장·빵 등의 원료가 됨+줄기는 여름모자·공
예품·제지용·퇴비 등에 씀>이 공통으로 추가된다.

(200) 쌀보리 　　　　　　(201) 청과맥(靑顆麥)

(202) 나맥(裸麥) 　　　　　(203) 과맥(顆麥)

(204) 겉보리

　위의 (200-203)은 '까끄라기가 짧고 껍질이 딱 붙지 아니하여 잘
벗겨지는 보리'의 개념을 공유하고 있어, 쌀보리가 분절성이 되어 <까
끄라기가 짧고 껍질이 밀착되지 않아 잘 벗겨지는 보리>가 공통으로
추가되고, 또 '겁질을 찢어서 벗긴 보리'의 개념도 공유하고 있으므
로 <껍질을 찢어서 벗긴 보리>가 더 추가된다. 그리고 (204)는 '까끄

라기가 길고 껍질에 알에 딱 붙어 있어서 찧어도 껍질이 잘 벗겨지지 않는 보리'의 개념이니, 겉보리가 분절성이 되어 <까끄라기가 짧고 껍질이 알에 밀착되어 잘 벗겨지지 않는 보리>가 추가되고, 또 '껍질을 벗기지 않은 보리'의 개념도 가지고 있으므로 <껍질을 벗기지 않은 보리>가 추가된다. 앞에서 논의한 보리농사의 낱말밭은 다음과 같다.

〈그림77〉 보리농사의 낱말밭 모형(3)

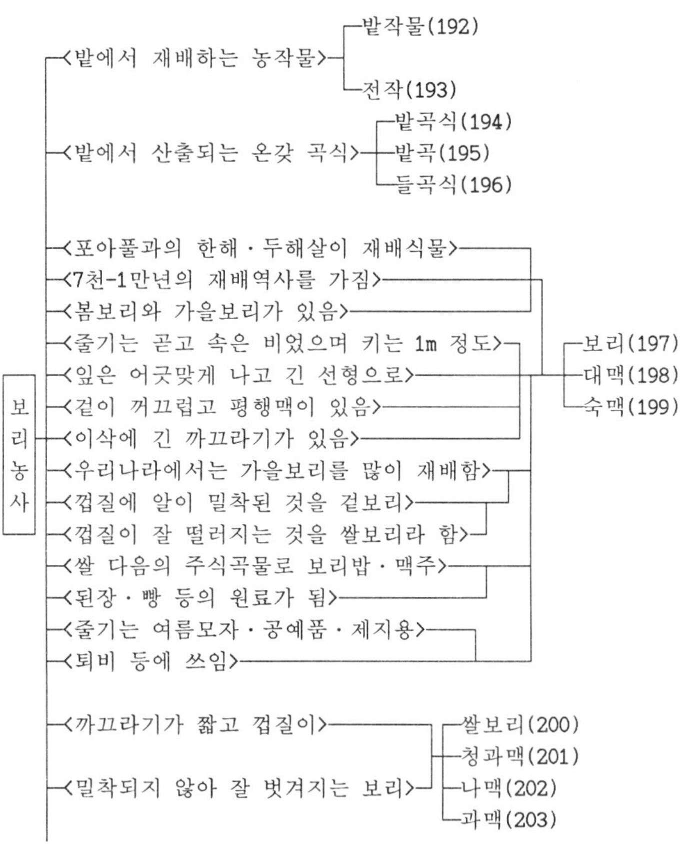

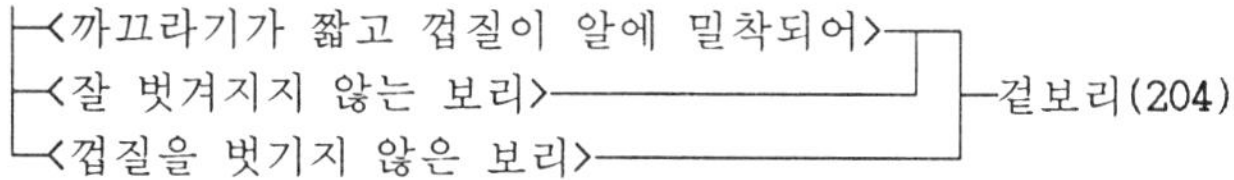

(205) 봄보리   (206) 춘맥(春麥)

(207) 춘모(春麰)   (208) 가을보리

(209) 추맥(秋麥)   (210) 추모(秋麰)

이들은 보리를 심는 시기가 분절의 관점이므로 <보리를 심어 거두는 시기>가 분절성이 된다. 따라서 (205-207)은 '이른봄에 씨를 뿌리어 첫여름에 거두는 보리'의 개념을 공유하고 있어, 봄보리가 분절성이 되어 <이른봄에 파종하여 첫여름에 추수하는 보리>가 공통으로 추가되고, (208-210)은 '가을에 씨를 뿌리어 이듬해 첫여름에 거두는 보리'의 개념을 공유하고 있으므로, 가을보리가 분절성이 되어 <가을에 파종하여 이듬해 첫여름에 추수하는 보리>가 공통으로 추가된다.

(211) 밭보리   (212) 논보리

(213) 풋보리   (214) 날보리

위의 (211)은 '밭에 심어 가꾸는 보리'의 개념이니, 밭에 심는 것이 분절성이 되어 <밭에서 재배하는 보리>가 추가되고, (212)는 '논에 심어 가꾸는 보리. 벼를 추수한 뒤에 이모작으로 한다'의 개념이므로, 논에 심는 것이 분절성이 되어 <논에서 재배하는 보리→벼를 추수한 뒤에 이모작으로 함>이 추가된다. 그리고 (213)은 '채 다 익지 않은 보리'의 개념이니, 익은 여부가 분절성이 되어 <채 다 익지 않은 보리>가 추가되고, (214)는 '갓 베어내어 아직 마르지 아니한 보리'의

개념이므로, 건조 여부가 분절성이 되어 <갓 베어내어 아직 마르지
않은 보리>가 추가된다.

  (215) 보리양식(--糧食)   (216) 맥량(麥糧)
  (217) 햇보리   (218) 깔끄랑보리

 위의 (215-216)은 '여름철 양식으로 하는 보리'의 개념을 공유하고
있어, 양식용이 분절성이 되어 <여름철 양식으로 하는 보리>가 공통
으로 추가되고, (217)은 '그 해에 들어 처음으로 나는 보리'의 개념이
므로, 출하의 시기가 분절성이 되어 <그 해에 처음으로 나는 보리>
가 추가되며, (218)은 '잘 몽글리지 아니하여 까끄라기가 많이 섞인
보리'의 개념이니, 잘 여물지 않은 것이 분절성이 되어 <잘 몽글지
않아 까끄라기가 많이 섞인 보리>가 추가된다.

  (219) 쌀보리   (220) 보리쌀
  (221) 겉보리

 위의 (219-220)은 '겉보리를 찧어 겨를 벗긴 알'의 개념을 공유하
고 있어, 껍질을 벗긴 것이 분절성이 되어 <겉보리를 찧어 겨를 벗긴
알>이 공통으로 추가되고, (221)은 '껍질을 벗기지 않은 보리'의 개
념이므로, 껍질을 벗기지 않은 것이 분절성이 되어 <껍질을 벗기지
않은 보리>가 추가된다.

  (222) 보리알   (223) 통보리
  (224) 정맥(精麥)   (225) 납작보리
  (226) 압대맥(壓大麥)   (227) 압맥(壓麥)

위의 (222)는 '보리의 낟알'의 개념이니, 낟알이 분절성이 되어 <보리의 낟알>이 추가되고, (223)은 '타지 않은 통째로의 보리쌀'의 개념이므로, 타지 않은 것이 분절성이 되어 <타지 않은 통째로의 보리쌀>이 추가된다. 그리고 (224)는 '썩 깨끗하게 쓿은 보리쌀'의 개념이니, 깨끗하게 쓿은 것이 분절성이 되어 <썩 깨끗하게 쓿은 보리쌀>이 추가되고, (225-227)은 '기계의 압력으로 누른 보리쌀'의 개념을 공유하고 있으므로, 기계로 누르는 것이 분절성이 되어 <기계의 압력으로 납작하게 누른 보리쌀>이 공통으로 추가된다.

(228) 밭도지(-賭地) (229) 보릿자루
(230) 밭막(-幕) (231) 압맥기(壓麥機)
(232) 밭문서(-文書)

위의 (228)은 '밭의 소작료로 받는 현물'의 개념이니, 밭도지가 분절성이 되어 <밭의 소작료로 받는 현물>이 추가되고, (229)는 '보리를 넣은 자루'의 개념이므로, 자루가 분절성이 되어 <보리를 넣은 자루>가 추가되며, (230)은 '밭머리나 밭 가운데 있는 농막'의 개념이니, 농막이 분절성이 되어 <밭머리나 밭 가운데 있는 농막>이 추가된다. 그리고 (231)은 '통보리를 적당한 수분과 열을 주어 눌러서 납작보리를 만드는 기계'의 개념이니, 압맥기가 분절성이 되어 <통보리에 적당한 수분과 열을 주어 눌러서 납작보리를 만드는 기계>가 추가되며, (232)는 '밭의 소유권을 증명하는 문서'의 개념이므로, 밭문서가 분절성이 되어 <밭의 소유권을 증명하는 문서>가 추가된다. 앞에서 논의한 보리농사의 낱말밭은 다음과 같다.

〈그림78〉 보리농사의 낱말밭 모형(4)

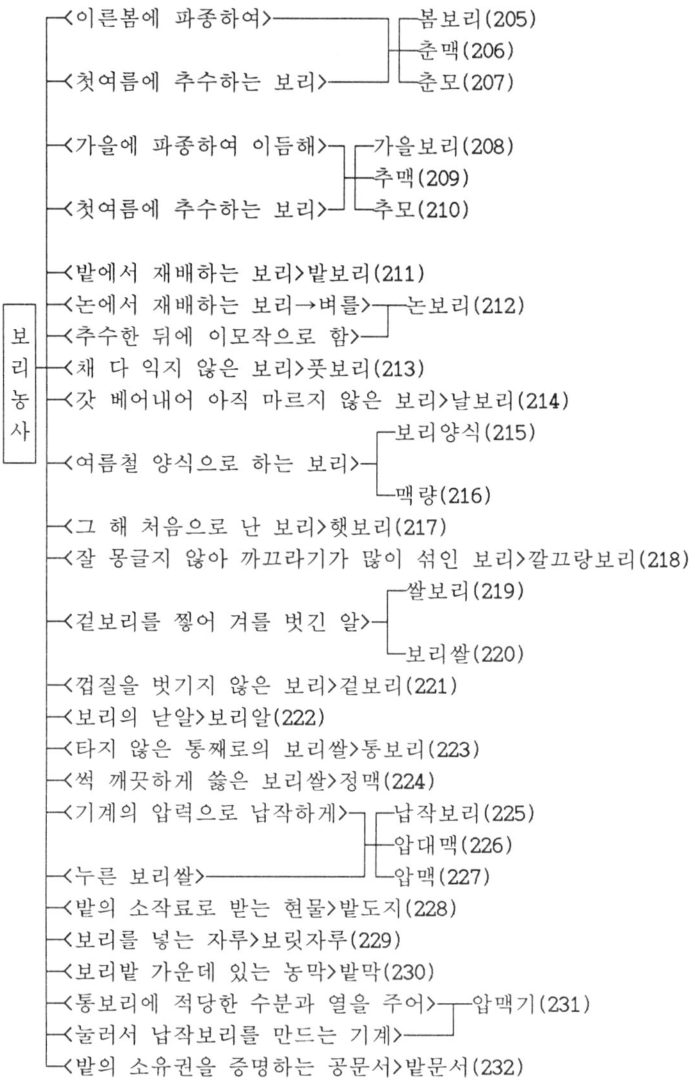

2.6.2. 마무리

(1) 앞에서 밭농사의 낱말 232개에 대한 개별 낱말의 분절을 논의
하였다. 이들은 중복되는 내용이 있어 실제적인 내용은 153개이다.
이제 이것을 바탕으로 하여 전체적인 분절내용을 살펴보려 한다. 밭
농사의 내용별 분포는 다음과 같다.

〈표7〉 밭농사의 내용별 분포도

분류기준	밭의종류	밭농사	보리농사	개간	소유자	밭관개	기타	계
어휘수	53	33	27	5	5	4	5	153
백분율	34.64%	21.57%	17.65%	3.27%	3.27%	2.61%	3.27%	100%

위의 표로 보아 밭의 종류가 제일 많고, 밭에서 짓는 농사가 두
번째로 많으며, 보리농사가 세 번째로 많다. 그리고 밭을 개간하는
내용과 밭의 소유자 및 밭에 물을 대는 내용은 비교적 적은 편이다.
기타 부분의 내용은 '밭도지, 보릿자루, 밭 가운데 쉴 수 있는 만든
농막, 보리쌀을 누르는 압맥기, 밭문서' 등이다.
  ① 밭의 종류의 내용 53개의 분류표는 다음과 같다.

〈표8〉 밭 종류의 내용별 분포도

내용	나쁜밭	밭 규모	밭 위치	밭의부분	좋은밭	밭의정의	계
어휘수	14	11	9	9	5	5	53
백분율	26.42%	20.75%	16.98%	16.98%	9.43%	9.43%	100%

위의 표로 보아 밭의 종류에는 밭이 거칠어 농작물이 잘 안 되는

좋지 않은 밭이 가장 많고, 밭의 규모가 두 번째로 많으며, 밭이 있는 위치와 밭을 이루고 있는 부분의 명칭이 세 번째로 많다. 그리고 좋은 밭과 밭에 대한 정의는 비교적 적은 편이다.

이들의 구체적인 내용을 논의의 순서에 따라 살펴보면 다음과 같다.

㉠ 밭에 대한 정의의 내용 5개는 '물을 넣지 않고 작물을 가꾸는 땅, 농작물을 재배하는 밭, 모종이나 묘목을 이식한 밭, 씨받이용으로 이용하는 밭, 밀이나 보리를 베어내고 작물을 심은 밭' 등이다.

㉡ 토질에 따라 좋은 밭으로 분류한 내용 5개는 '평지에 있는 좋은 밭, 농작물이 잘되는 밭, 비옥한 좋은 밭, 토질이 기름진 밭, 물을 대기에 좋은 밭' 등이다.

㉢ 토질이 좋지 않아 농작물이 잘 안 되는 나쁜 밭의 내용 14개는 다음과 같다.

지기가 메마른 밭, 경작을 오래하여 토박해진 밭, 지력이 약해 거름흙을 까는 밭, 황토밭, 등걸밭, 모래밭, 자갈밭, 돌밭, 경작하지 않고 내버려둔 밭, 황폐해진 밭, 밭곡식이 물의 피해를 입은 밭, 이미 유수의 피해를 받은 밭 등이다.

㉣ 밭이 있는 위치에 따라 분류한 9개의 내용은 다음과 같다.

울안밭, 텃밭, 집 앞에 있는 밭, 한 사람 소유가 여기저기 흩어져 있는 밭, 갯가에 있는 개흙밭, 비탈진 곳에 있는 계단밭, 산기슭에 있는 비탈진 밭, 산에 있는 밭, 화전 등이다.

㉤ 밭의 규모나 모양새에 따라 분류한 11개의 내용은 다음과 같다.

작은 밭, 큰 밭, 얼마 안 되는 전지, 조그마한 밭, 따비로 갈만한 좁은 밭, 며칠동안 갈 만큼 큰 밭, 밭으로 된 벌판, 네모가 반듯한 기름한 밭, 북 모양으로 생긴 밭, 월형으로 생긴 밭, 고리 모양으로 둥글게 생긴 밭 등이다.

ⓑ 밭을 이루고 있는 부분의 명칭 9개의 내용은 다음과 같다.

밭의 가장자리, 밭모퉁이, 밭귀, 밭둑, 밭머리, 밭 안의 높은 곳, 밭이랑, 밭두렁, 밭고랑 등이다.

② 밭갈이하는 내용 47개의 내용은 다음 표와 같다.

<표9> 밭갈이하는 내용의 분포도

분류	밭일	간작	밭갈이	개간	소유자	밭관개	밭매기	추수	휴식	계
어휘수	9	9	8	5	5	4	3	3	1	47
백분율	19.15%	19.15%	17.02%	10.64%	10.64%	8.51%	6.38%	6.38%	2.13%	100%

의의 표로 보아 밭에서 일하는 내용과 농작물의 사이에 다른 작물을 재배한 간작이 가장 많고, 밭을 가는 내용이 두 번 째로 많으며, 밭을 개간하는 내용과 밭의 소유자가 세 번째로 많다. 그리고 밭에 물을 대는 관개와 밭을 매는 내용 및 추수하는 내용은 비교적 적은 편이며, 일을 하다가 쉬는 내용은 단 1개뿐이다.

㉠ 밭에서 일하는 내용은 9개이다. 이들의 구체적인 대용은 다음과 같다.

밭농사, 밭일, 밭을 경작하는 일, 밭을 가는 일, 밭을 거두고 다루는 일, 밭을 정리하는 일, 밭에 씨앗을 파종하는 일, 밭고랑을 만들어 줄지게 파종하는 일, 이랑의 면이 논밭의 면과 같게 파종하는 방식이 각각 1개씩이다.

㉡ 밭작물의 사이사이에 다른 작물을 간작하는 내용 9개는 다음과 같다.

보리밭 두둑 사이에 잡곡을 심는 일, 곡식이나 채소밭에 다른 곡식이나 채소를 심는 일, 농작물을 심은 이랑 사이에 콩이나 팥을 심는 일, 보리·조·밀 따위의 이랑 사이에 심은 콩, 보리·조·밀 따위의 이랑 사이에 콩을 심는 일, 보리·조·밀 따위를 이랑 사이에 심은 팥, 보리·조·밀 따위의 이랑 사이에 팥을 심는 일, 농작물을 심은 그루 사이에 심은 조, 벼를 베어낸 논에 보리나 채소를 심는 일 등이 각각 1개씩이다.

ⓒ 밭을 가는 내용 8개는 다음과 같다.

밭갈이철, 밭갈이, 밭을 거듭 가는 일, 밭을 세 번 가는 일, 매년 짓던 밭을 가는 일, 고랑을 따라 똑바로 가는 일, 밭을 갈아 고랑을 만드는 일, 개똥거름을 주고 밭을 가는 일이 각각 1개씩이다.

ⓓ 일을 하다가 밭 가운데 있는 농막에서 쉬는 내용은 단 1개뿐이다.

ⓔ 김매는 내용 3개는 '밭에 나는 잡초, 밭의 김을 매는 일, 밭고랑의 잡초를 뽑는 일' 등이다.

ⓕ 밭작물을 거두어들이는 내용 3개는 '밭작물을 거두어들이는 일, 덩굴진 밭작물을 걷어치우는 일, 밭작물의 열매를 따내는 일' 등이다.

ⓖ 밭에 물을 대는 관개의 내용 4개는 '밭에 대는 관수, 밭에 물을 대어주는 일, 밭에 주는 물의 양, 밭의 가장자리에 있는 도랑' 등이다.

ⓗ 밭을 일구어 개간하는 내용 5개는 '논을 밭으로 만드는 일, 개간하여 밭을 만드는 일, 새로 일구어 밭을 만드는 일, 새로 사거나 개간한 밭, 화전을 일구는 일' 등이다.

ⓘ 밭의 임자에 대한 내용 5개는 '종중전, 제위전, 묘위전, 사경밭, 절 소유의 밭' 등이다.

③ 보리농사를 짓는 내용은 모두 53개이다. 이들의 내용은 다음과 같다.

보리농사를 짓는 일, 보리를 갈기 위해 논밭을 가는 일, 보리거름,

보리풀, 보리풀을 꺾는 일, 보리밭에 낼 재거름, 보리를 심은 논, 보리밟기, 보리이삭이 고르게 패어 열매를 맺는 일, 보리가 누렇게 익는 철, 보리를 추수할 시기, 보리가 밭에 서있는 채로 파는 일, 밭작물을 몽땅 사는 일, 보리를 거두어들이는 일, 보리타작하는 일, 채 여물기도 전에 보리를 베어 타작하는 일, 개상질하는 일, 보리를 타작하는 곳, 보릿단, 보릿가리, 보릿대, 보리의 짚, 보릿짚이나 밀짚, 보리나 밀의 까끄라기, 보리의 껍질에 붙어 있는 수염이나 동강, 보리방아, 보릿겨, 부리등겨 등이다.

그리고 밭작물, 밭곡식, 보리, 쌀보리, 겉보리, 봄보리, 가을보리, 밭보리, 논보리, 풋보리, 보리양식, 햇보리, 깔끄랑보리, 보리쌀, 껍질을 벗기지 않은 보리, 보리의 낟알, 타지 않은 통보리, 깨끗이 쓿은 보리쌀, 납작보리 등이다.

그리고 밭도지, 보릿자루, 보리밭 가운데 있는 쉴막, 보리를 납작하게 만드는 압맥기, 밭문서 등이 각각 1개씩(1.89%)이다.

(2) 밭농사에서 주체적 역할을 하는 153개의 내용은 다음과 같다.
농부가 53개(34.64%), 밭이 52개(33.99%), 보리가 14개(9.15%), 밭작물이 5개(3.27%), 종중과 보릿짚이 각각 3개씩(1.96%), 보리를 추수하는 시기가 2개(1.31%)이다.

그리고 들판, 밭갈이철, 잡초, 밭관수, 관개용수량, 묘지기, 마름, 스님, 보리논, 상인, 타맥장, 보릿단, 보릿가리, 까끄라기, 버릿겨, 보리등겨, 압맥업자, 지주, 보릿자루, 밭막, 압맥기 등이 각각 1개씩(0.65%)이다.

(3) 밭농사의 내용 설명이 등장하는 객체는 모두 242개이다. 이들

을 많이 분포된 순으로 살펴보면 다음과 같다.

보리가 41개(16.94%), 밭이 27개(11.16%), 밭작물이 24개(9.92%), 밀이 7개(2.89%), 조가 6개(2.48%), 보리쌀이 5개(2.07%), 밭이랑, 경작, 토질, 콩, 팥, 채소, 물이 각각 4개씩(1.65%), 밭농사, 보릿짚, 지력이 각각 3개씩(1.24%)이다.

그리고 제사, 수해, 거름, 파종, 논, 밑거름, 풀, 나뭇잎, 보릿단, 알곡, 등겨, 납작보리, 집, 산이 각각 2개씩(0.83%)이고, 묘제, 밀짚, 모종, 묘목, 씨앗, 평지, 거름흙, 배수, 물기, 습기, 황토, 나무등걸, 모래, 자갈, 돌, 갯가, 개흙, 계단식, 산기슭, 추수, 메밀, 감자, 따비, 들판, 북, 소작료, 자루, 밭막, 통보리, 원형, 고리, 농기계, 가뭄, 정원, 고구마줄기, 개똥거름, 청과물, 용수량, 기상조건, 토양조건, 밭도랑, 화전, 묘지기, 마름, 조수, 절, 재거름, 벼, 열매, 탈곡기, 개상, 볏단, 보리까락, 방아, 보리양식, 소유권이 각각 1개씩(0.41%)이다.

(4) 밭농사의 내용 153개 중에서 바람직한 긍정적인 내용은 137개(89.54%)이고, 바람직하지 못한 부정적인 내용은 '지기가 메마른 밭, 오랫동안 경작하여 토박해진 밭, 배수가 불량한 밭, 황토밭, 등걸밭, 모래밭, 자갈밭, 돌밭, 묵정밭, 내버려둔 밭, 황폐해진 밭, 밭곡식이 수해를 입는 일, 이미 유수의 피해를 입은 밭, 밭에 난 잡초, 풋바심 하는 일, 깔끄랑보리' 등 16개(10.46%)이다. 따라서 밭농사의 내용은 긍정인 내용이 우세하다.

(5) 어종별로 살펴보면 토박이말이 126개(54.31%)로 과반수가 넘고 있고, 한자말은 86개(37.07%)이며, 토박이말과 한자어가 융합된 혼종어는 20개(8.62%)이다.

2.7. 담배농사

조장환 외 4인(1993:194-195)에서 담배에 대하여 다음과 같이 서술하고 있다.

(1) 내력과 전파

담배의 원산지는 아메리카 대륙으로 추정되고 있다. 담배는 멕시코 지방에서 번영하던 마야족이 예부터 피워왔다고 하며, 유럽에의 전파는 Columbus가 아메리카 대륙을 발견 후 시작되었다고 한다.

담배가 동양에 들어온 경위는 확실하지 않으나, 중국에는 필리핀으로부터 들어왔다는 기록이 있고, 일본에는 1605년에 나가사끼에 처음으로 재배되었다는 기록이 있다. 우리나라에는 1618년에 조선 광해군 때에 들어왔다는 기록이 있다.

(2) 분류 및 품종

담배속에는 약 50여종이 있는데, 그 중에서 재배되는 것은 Nicotiana tabacum과 Nicotiana Lustica이다. 니코티아나 타바쿰은 열대종이나 루스티카는 조숙종으로 주로 한랭지역에서 재배한다.

잎담배의 종류에는 세계적으로 황색종, 버얼리종, 터어키종이 있으나, 우리나라에는 이 밖에 재래종이 있다. 황색종에는 VA 115 · Hicks · NC 2326 · Bright yellow 4 · Bright yellow 105 · SPG 3 3 · PY 등이 있다. 버얼리종에는 Burley 21이 있고, 재래종에는 청주엽 · 용인엽 · 향초 · 소향 등이 있다.

(3) 생산 및 용도

1984년 세계의 담배 재배면적은 4,155,000 ha에 6,205,000 톤이 생산되고 있으며, 이 중에서 미국은 잎담배 총생산량의 18%를 차지하고 있고, 중국은 미국 다음으로 생산량이 많다. 다음으로 인도·소련·브라질·터키·일본·한국 등도 재배가 많다. 대륙별로 보면 아시아가 세계 총생산의 46%를 생산하고, 중·북아메리카가 22%, 유럽이 13% 정도 생산하고 있다. 특히 터키 잎담배는 향기가 좋고 품질이 우수한 것으로 유명하다.

우리나라 잎담배 생산현황을 보면 1984년에 재배면적은 39,000 ha에 98,000톤을 생산하여 ha당 평균수량은 2.5톤 정도이다. 종류별 생산을 보면 황색종이 가장 많고, 그 다음이 버얼리종이며 재래종은 면적이 아주 좁다. 황색종은 경북과 충북, 버얼리종은 충남, 전북, 전남에서, 재래종은 경북, 경남, 강원도에서 많이 재배한다.

용도는 흡연용, 씹는담배, 냄새맡는 담배로 쓰이고, 담배제품은 향료, 완화제, 보충제를 섞어서 만든다.

(4) 재배환경

담배의 생육최적온도는 20-28C이며, 토양수분은 최대용수량의 60% 정도이고 강유량은 월평균 110-120mm가 적당하다. 담배는 대체로 일조량이 많을수록 품질이 좋은 것이 생산된다. 강우는 생육 초기에는 다소 많고 수확기에는 적은 것이 이상적이다. 담배재배에 알맞은 토양은 배수가 양호한 사질토양 또는 자갈이 비교적 많은 토양이 좋다. 질소분이 너무 많은 비옥한 곳은 적합하지 않으며 인산과 칼리가 풍부한 곳이 알맞고, 토양산도는 pH 5.5-6.5 정도가 적당하다.

(5) 재배상의 특성

중북부 및 중부지방에서는 밭에서 멀청재배를 하며, 남부지방은
조기육묘하여 답전작 멀청재배를 함으로써 단위면적당 수량성을 높
이게 되었다. 담배는 양질인 것을 생산해야 수익성이 높으므로 재배
방법, 건조, 저장 등에 특별한 관심을 기울여야 한다.

2.7.1. 담배농사의 내용

담배농사의 내용은 <담배>가 분절의 대상이므로 원어휘소의 자리
에 '담배'가 자리하고 있다. 담배농사의 상위 분절은 다음과 같다.

<그림79> 담배농사의 상위 낱말밭 모형

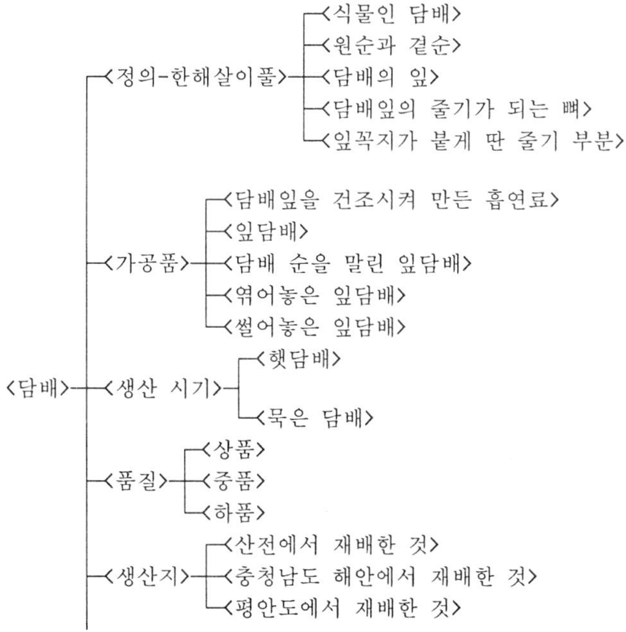

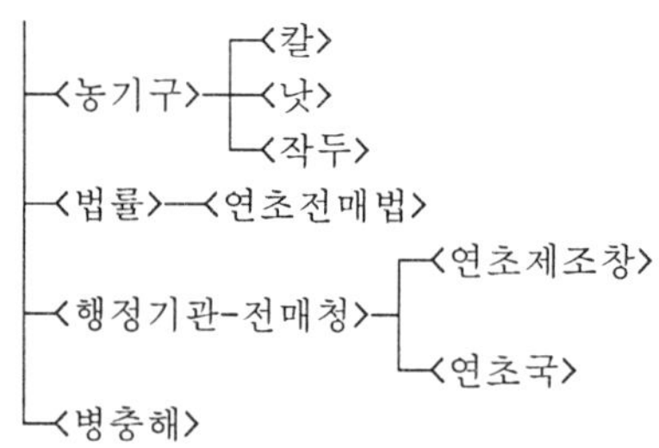

(1) 담배[60]

　이는 '가지과 담배속에 딸린 한해살이풀. 잎을 쓰려고 가꾸는 기호식물. 키는 60-110cm, 줄기는 40개 내외의 잎이 촘촘히 붙어 있으나, 그 중 15-25개의 잎이 실지로 이용된다. 잎의 길이는 30-60cm, 폭은 25cm 정도이다. 달걀 모양이고 잎과 줄기의 표면은 끈적끈적하다. 여름철에 연분홍의 깔때기 모양의 꽃이 줄기 끝에서 원추꽃차례로 핀다. 열매는 삭과이며 평균 2,000개 가량의 씨가 들어 있다. 고온의 건조지에 적합하며, 봄에 씨를 뿌리고 여름에 옮겨 심으며 가을에 잎을 따서 햇볕에 말린 다음 썰어서 <담배>의 재료로 한다. 잎에서 니코틴(nicotine)이 들어있어 살충제로 쓴다'의 개념이니, 담배의 정의가 분절성이 되어 <가지과 담배속의 한해살이풀→잎을 쓰려고 재배하는 기호식물→40여 개의 잎 중 15-25개 잎이 유용함+잎은 달걀 모양에 끈적끈적함+니코틴을 함유하고 있음+꽃은 원추꽃차례로 핌+열매는 삭과임+2,000개 가량의 작은 씨가 열림→고온 건조지역이 재배에 적합함+봄에 파종하여 여름에 이식하고 가을에 잎을 건조시킴→썰어서 담배의 재료로 함>이 추가된다.

---

60) 여기에서 '담배'는 가지과 담배속에 딸린 한해살이풀의 개념으로 살아 있는 식물의 개념이다.

 (2) 담배순(--筍)   (3) 잎담배
 (4) 담배꼬투리   (5) 담뱃귀

위의 (2)는 '담배의 원순과 곁순'의 개념이니, 담배의 순이 분절성이 되어 <담배의 원순과 곁순>이 추가되고, (3)은 '담배의 잎사귀. 여러 가지 담배를 만드는 원료가 되며 방향과 자극성 마비성이 있다'의 개념이므로, 담배의 원료가 되는 담뱃잎이 분절성이 되어 <담뱃잎→단배의 원료가 됨→방향·자극성·마비성이 있음>이 추가된다. 그리고 (4)는 '담뱃잎의 줄기가 되는 뼈'의 개념이니, <담뱃잎의 줄기가 되는 뼈>가 추가되고, (5)는 '담배의 잎을 엮으려고 잎을 딸 때 잎꼭지에 붙게 한 줄기의 부분'의 개념이므로, 담뱃잎을 엮기 위해 잎줄기 채 딴 부분이 분절성이 되어 <담뱃잎을 엮기 위해 잎꼭지에 붙게 딴 줄기의 부분>이 추가되어 분절한다.

 (6) 담배[61]   (7) 남초(南草)
 (8) 연초(煙草)   (9) 망우초(忘憂草)
 (10) 상사초(相思草)

이들은 '담배잎을 햇볕이나 화력으로 말려서 만든 흡연료'의 개념을 공유하고 있어, 담배잎을 인위적으로 말려서 가공하여 흡연할 수 있는 것이 분절성이 되어 <담배잎을 햇볕·화력으로 건조시킴→흡연의 재료>가 공통으로 추가된다. 다만 (9-10)은 '담배를 달리 이르는 말'의 개념을 공유하고 있으므로 <담배의 이칭>이 더 추가된다.

 (11) 잎담배   (12) 엽연초(葉煙草)

____

61) 이 담배의 개념은 담배잎을 건조시킨 흡연의 재료이다. 곧 가공된 흡연할 수 있는 담배이다.

(13) 엽초(葉草)　　　　　(14) 풋담배

(15) 청초(靑草)

위의 (11-13)은 '썰지 않고 잎사귀 그대로 말린 담배'의 개념을 공유하고 있어, 썰지 않은 것이 분절성이 되어 <썰지 않고 그대로 말린 잎담배>가 공통으로 추가되고, (14-15)는 '퍼런 잎을 썰어 당장에 말린 잎담배'의 개념을 공유하고 있으므로 <퍼런 잎담배를 썰어 말린 것>이 공통으로 추가된다. 앞에서 논의한 담배의 낱말밭은 다음과 같다.

〈그림80〉 담배의 낱말밭 모형(1)

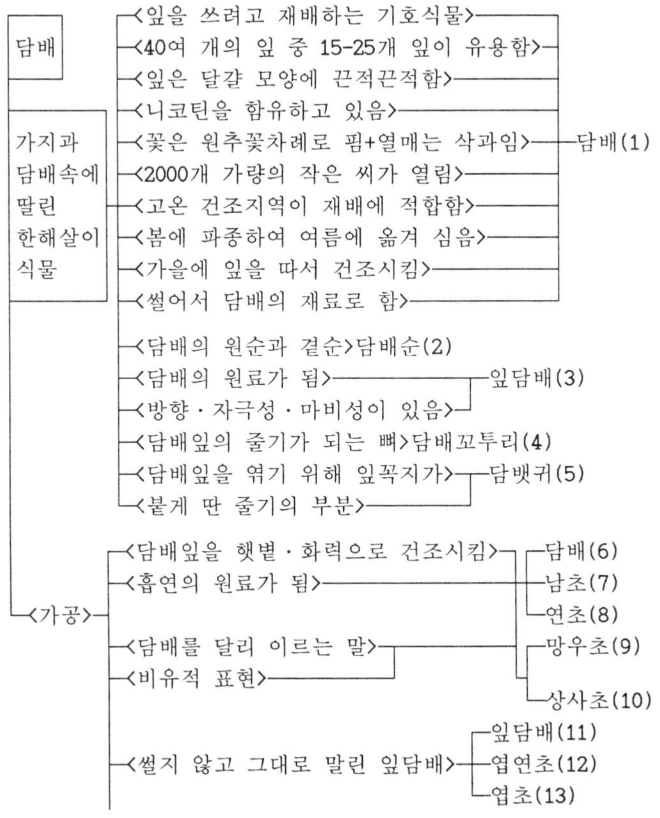

```
                                           ┌─풋담배(14)
     └─<퍼런 잎담배를 말린 것>─┤
                                           └─청초(15)
```

(16) 이초(二草)   (17) 순담배(筍--)
(18) 줄담배

　위의 (16)은 '담배잎을 한 번 거두고 난 뒤, 다시 그 줄기에서 돋아
난 잎을 따서 말린 엽초'의 개념이니, 담배잎을 초벌 따내고 다시 돋
아난 잎을 따서 말린 잎담배가 분절성이 되어 <담배잎을 거둔 후 다
시 돋은 잎을 따서 말린 잎담배>가 추가되고, (17)은 '담배의 순을
따서 말린 담배'의 개념이니, 담배의 순이 분절성이 되어 <담배의 순
을 따서 만든 담배>가 추가되며, (18)은 '새끼줄 같은 데에 길게 엮어
놓은 잎담배'의 개념이니, 잎담배를 엮어놓은 것이 분절성이 되어
<길게 줄로 엮어놓은 잎담배>가 추가되고, 또 '피던 꽁초의 불에 다
른 담배의 불을 붙여 잇달아 담배를 피우는 일'의 개념도 가지고 있
어 <줄담배로 흡연하는 일>이 더 추가된다.

(19) 썬담배   (20) 살담배
(21) 각연초(刻煙草)   (22) 각초(刻草)
(23) 절초(切草)   (24) 산초(散草)

　위의 (19-23)은 '칼 따위로 썬 담배'의 개념을 공유하고 있어, 썰어
놓은 잎담배가 분절성이 되어 <칼 따위로 썰어놓은 담배>가 공통으
로 추가되고, (24)는 '칼 따위로 썬 묶지 않은 담배'의 개념이므로,
썰어놓고 묶지 않은 것이 분절성이 되어 <칼 따위로 썰어놓고 묶지
않은 담배>가 추가된다.

(25) 햇담배   (26) 신초(新草)
(27) 구초(舊草)   (28) 진초(陳草)

위의 낱말들은 담배의 출하시기가 분절의 관점이므로 <담배의 출하시기>가 분절성이 된다. 따라서 (25-26)은 '그 해 들어 처음 난 담배'의 개념을 공유하고 있어, 만물로 나온 담배가 분절성이 되어 <그 해에 처음으로 나온 담배>가 공통으로 추가되고, (27)은 '묵은 담배'의 개념이니, 몇 해를 묵었는지는 알 수 없으나 햇담배는 아니므로 <묵은 담배>가 추가되며, (28)은 '해를 지난 묵은 담배'의 개념이므로, 한 해 전에 나온 담배가 분절성이 되어 <해를 지난 묵은 담배>가 추가된다.

다음 (29-45)까지는 담배의 품질에 대한 내용이므로 <담배의 품질>이 분절의 관점이 된다.

(29) 상초(上草)   (30) 향초(香草)
(31) 중초(中草)   (32) 농초(農草)

위의 (29)는 '품질이 매우 좋은 담배'의 개념이니, 품질이 가장 상품인 것이 분절성이 되어 <매우 좋은 담배>가 추가되고, (30)은 '향기로운 담배'의 개념이므로, 향기가 있는 것이 분절성이 되어 <향기로운 담배>가 추가된다. 그리고 (31)은 '품질이 중길인 담배'의 개념이니, 중길의 품질이 분절성이 되어 <품질이 중길인 담배>가 추가되고, (32)는 '농사지을 때 일꾼들에게 주기 위한 담배'의 개념이므로, 시기가 농사일 할 때이고, 흡연할 대상이 일꾼들이므로, 품질에서는 중길로 이해되어 <농사일 할 때 일꾼들에게 주기 위한 중길의 담배>가 추가된다.

(33) 불겅이　　　　　　　(34) 홍초(紅草)
(35) 막불겅이　　　　　　(36) 막초(-草)

위의 (33-34)는 '질이 나쁜 붉은 색의 살담배'의 개념을 공유하고 있어, 질이 나쁜 썬 담배가 분절성이 되어 <저질의 붉은 색의 썬 담배>가 공통으로 추가되고, (35-36)은 '품질이 매우 낮은 살담배'의 개념을 공유하고 있으므로, 품질이 매우 나쁜 것이 분절성이 되어 <품질이 매우 나쁜 썬 담배>가 공통으로 추가된다.

(37) 악초(惡草)　　　　　(38) 독초(毒草)
(39) 골초(-草)

위의 낱말들은 담배의 맛이 나쁜 것이 분절의 관점이 되어 <맛이 나쁜 담배>가 공통으로 부가된다. 따라서 (37)은 '맛이 매우 나쁜 담배'의 개념이니, <맛이 매우 나쁜 담배>가 추가되고, (38)은 '몹시 쓰고 독한 담배'의 개념이므로, 쓰고 독한 것이 분절성이 되어 <몹시 쓰고 독한 담배>가 추가된다. 그리고 (39)는 '품질이 낮고 쓰고 독한 담배'의 개념이니, 저질에 쓰고 독한 것이 분절성이 되어 <쓰고 독한 저질의 담배>가 추가되고, 또 '담배를 몹시 많이 피우는 사람을 농으로 이르는 말'의 개념도 가지고 있으므로 <담배를 몹시 피우는 사람을 비유한 말>을 가지고 사람의 낱말밭에서도 분절한다.

(40) 시초(市草)　　　　　(41) 썩초(-草)

위의 (40)은 '품질이 낮고 굵게 썬 살담배'의 개념이니, 굵게 썬 것이 분절성이 되어 <굵게 썬 저질의 담배>가 추가되고, (41)은 '빛깔이 검고 품질이 낮은 담배'의 개념이므로, 검은 빛깔이 분절성이 되어 <검은 빛깔인 저질의 담배>가 추가된다. 앞에서 논의한 담배의 낱말밭은 다음과 같다.

<그림81> 담배의 낱말밭 모형(2)

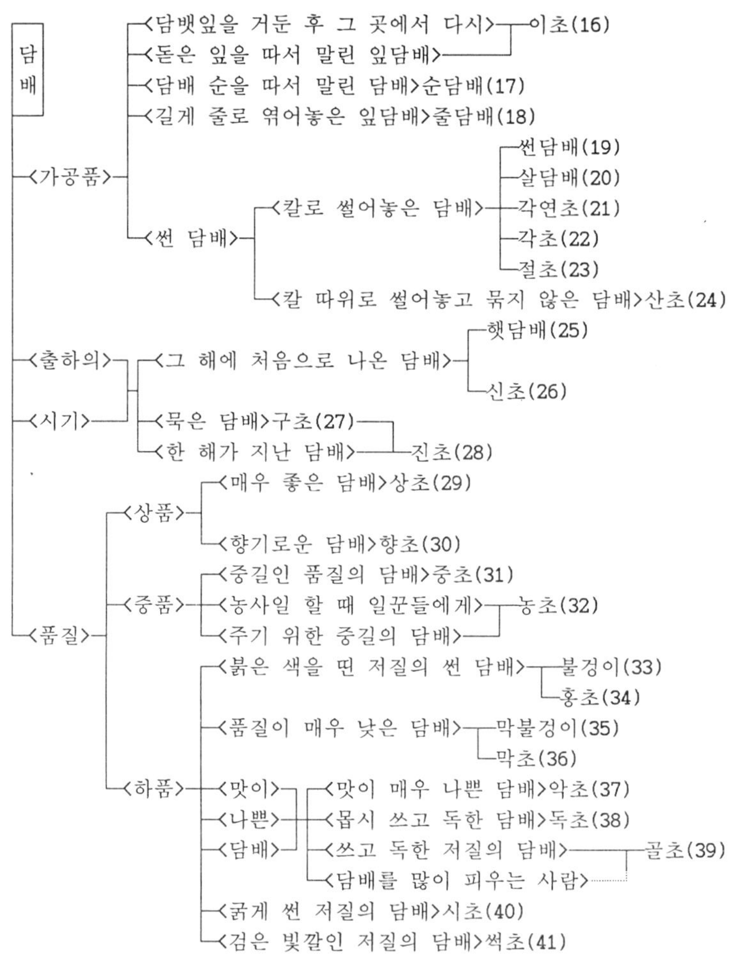

(42) 산초(山草)   (43) 해초(海草)

(44) 서초(西草)   (45) 일초(日草)

위의 낱말들은 담배의 생산지가 분절의 관점이 되므로 <담배의 생산지>가 분절성이다. 따라서 (42)는 '산밭에 심은 담배'의 개념이니, 산밭이 분절성이 되어 <산전에서 재배하는 담배>가 추가되고, (43)은 '충청남도 해변에서 생산하는 담배'의 개념이므로, 충청남도 해변이 분절성이 되어 <충청남도 해변에서 생산되는 담배>가 추가된다. 그리고 (44)는 '평안도에서 생산되는 질이 좋은 담배'의 개념이니, 평안도에서 생산되는 양질의 담배가 분절성이 되어 <평안도에서 생산되는 양질의 담배>가 추가되고, (45)는 '평양에서 생산되는 질이 좋은 살담배'의 개념이므로, 생산지가 평양이고 질이 좋은 것이 분절성이 되어 <평양에서 생산되는 질이 좋은 살담배>가 추가되며, 또 '일본에서 나는 솜털 같은 살담배'의 개념도 가지고 있어 <일본산 솜털 같은 살담배>를 가지고 수입품의 낱말밭에서도 분절한다.

(46) 담배칼   (47) 담배낫

이들은 담배를 재배할 때 사용되는 농기구의 내용이므로 <담배 재배에 쓰이는 농기구>가 공통으로 추가된다. 따라서 (46)은 '담배를 써는 데 쓰는 칼. 모양이 작도와 비슷하나 그보다 썩 작다'의 개념이니, 담배를 써는 기구가 분절성이 되어 <작도보다 썩 작은 담배를 써는 칼>이 추가되고, (47)은 '담뱃귀를 따는 데 쓰는 낫'의 개념이므로, 담뱃귀를 따는 기구가 분절성이 되어 <담뱃귀를 따는 데 쓰는 낫>이 추가된다.

    (48) 연초전매법(煙草專賣法)

   이는 '연초의 경작·제조·판매 등에 관하여 정한 법률. 전매권의
정부 귀속, 엽연초의 수납, 판매허가, 판매가격 지정, 연초 유사품의
제조 또는 판매금지·처벌·허가취소·범죄에 관련된 연초의 몰수
등을 규정하고 있다'의 개념이니, 연초에 관련된 법률이 분절성이 되
어 <연초의 경작·제조·판매 등에 관한 법률→전매권의 정부 귀
속·엽연초의 수납·판매허가·판매가격 지정+연초 유사품의 제
조·판매금지·처벌·허가취소·불법적인 연초의 몰수 등을 규정
한 법률>이 추가된다.

    (49) 전매청(專賣廳)   (50) 연초제조창(煙草製造廠)
    (51) 연초국(煙草局)

   이들은 연초에 관한 사무를 관장하고 있는 국가의 행정기관이 분
절성이 되어 <연초의 사무를 관장한 행정기관>이 분절의 관점이다.
따라서 (49)는 '담배·홍삼 제품의 전매와 인삼 행정에 관한 사무를
관장하는 행정기관. 총무과 업무국, 생산국, 제조국, 관리국, 시설국
과 산하에 전매지청과 연초제조창이 있다'의 개념이니 <전매청→담
배·홍삼 제품의 전매+인삼 행정 사무를 관장함+산하에 전매지청·
연초제조창이 있음>이 추가되고, (50)은 '전매청의 산하기관으로 담
배의 생산·관리에 관한 일을 맡아보는 기관이다'의 개념이므로, 담
배의 생산과 관리의 사무를 관장한 기관이 분절성이 되어 <연초제조
창→담배의 생산과 관리를 맡아보는 행정기관>이 추가된다. 그리고
(51)은 '전매청의 산하기관으로 담배의 제조와 판매에 관한 일을 맡
아보는 행정기관'의 개념이니, 담배의 제조와 판매를 밭아보는 기관

이 분절성이 되어 <연초국→담배의 제조와 판매를 맡아보는 행정기관>이 추가된다.

(52) 담배밤나방   (53) 순무밤나방

이들은 담배에 해를 끼치는 해충의 내용이므로 <담배의 해충>이 공통으로 추가된다. 따라서 (52)는 '밤나방과에 딸린 곤충. 몸길이는 15mm. 편 날개의 길이는 30mm 정도이다. 앞날개는 황갈색의 파상선이 몇 줄 있고 작은 고치 모양의 무늬와 큰 콩팥 모양의 무늬가 있으며, 뒷날개의 가장자리에는 암갈색의 띠무늬가 있다. 어린벌레는 담배벌레라 하는데 몸길이는 35mm 정도에 몸빛은 녹색·황갈색·녹갈색 등이 있다. 담배·옥수수·삼·목화·고추 등의 잎을 갉아먹는 해충이다'의 개념이니, 담배의 잎을 갉아먹는 해충이 분절성이 되어 <밤나방과의 곤충→어린벌레인 담배벌레가 담배의 잎을 갉아먹는 해충임>이 추가되고, (53)은 '밤나방과에 딸린 곤충. 편 날개의 길이는 37-45mm. 앞날개는 잿빛을 띤 갈색에 갈색 점무늬가 흩어져 있고, 두 개의 가로줄이 물결 모양으로 그어져 있다. 뒷날개는 흰빛으로 앞 가장자리와 바깥 가장자리는 어두운 갈색이다. 5-10월에 나타나며 어린벌레는 순무·배추 등의 겨자과식물과 담배·오이·콩·파 등 여러 농작물을 해친다'의 개념이므로, 어린벌레가 담배를 해치는 것이 분절성이 되어 <밤나방과의 곤충→어린벌레가 담배·무·배추·오이·파·콩 들을 해침>이 추가된다. 앞에서 논의한 담배의 낱말밭은 다음과 같다.

〈그림82〉 담배의 낱말밭 모형(3)

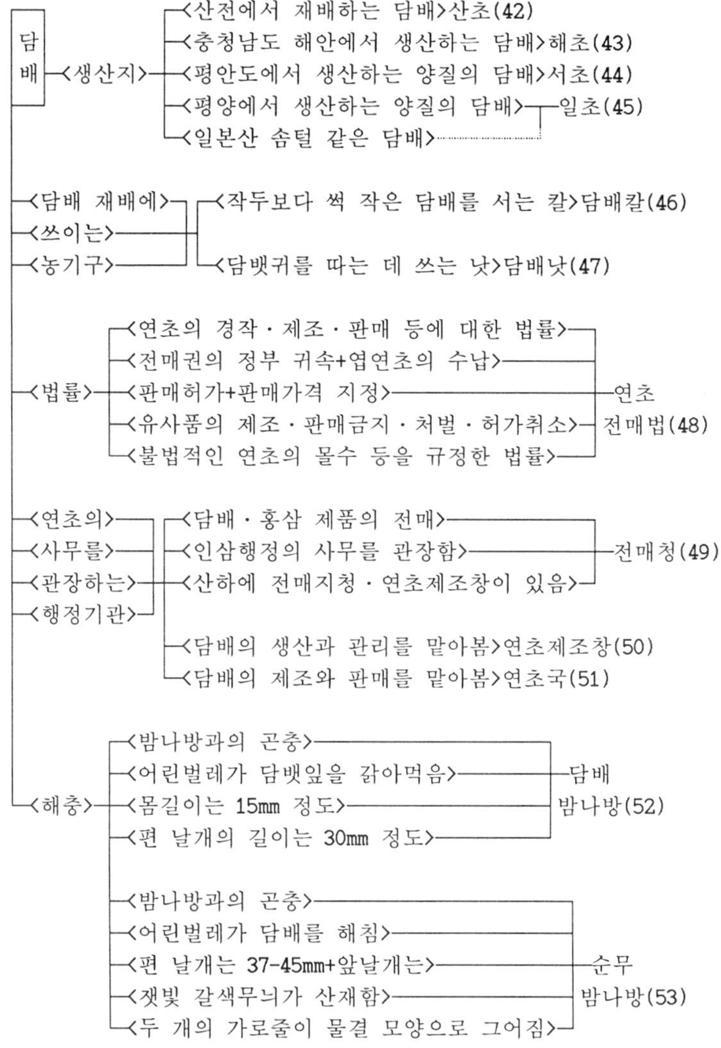

2.7.2. 마무리

지금까지 담배에 관련된 낱말 53개의 개별적인 분절을 논의하였다. 이 낱말밭에서는 유의어가 15개가 있어 순수한 내용은 38개이다. 이를 바탕으로 하여 전제적인 분절을 고찰하려 한다. 담배의 낱말밭에서 원어휘소는 식물인 <담배>가 자리하고 있다.

(1) 담배의 상위분절은 식물인 담배풀, 가공된 담배, 생산지, 품질, 생산의 시기, 농기구, 행정기관, 병충해로 분절된다. 담배의 내용별 분포도는 다음 표와 같다.

〈표10〉 담배의 내용별 분포도

내용	품질	가공한담배	식물인담배	생산지	행정기관
어휘수	11	8	5	4	3
백분율	28.95%	21.05%	13.05%	10.53%	7.89%

내용	생산 시기	농기구	병충해	법률	계
어휘수	2	2	2	1	38
백분율	5.26%	5.26%	5.26%	2.63%	100%

위의 표로 보아 담배의 품질이 가장 많고, 가공한 담배가 두 번째로 많으며, 식물인 담배가 세 번째로 많다. 그리고 담배의 생산지, 연초의 사무를 관장한 행정기관, 담배농사에 쓰이는 농기구, 담배를 해치는 해충은 중간 정도로 많고, 법률은 1개뿐이다. 이들의 구체적인 내용은 다음과 같다.

질이 좋지 않은 담배가 7개(18.42%)로 가장 많은데 이들 중에는 쓰고 독한 저질의 담배가 3개(7.89%)이고, 붉은 색을 띤 저질의 담배, 굵게 썬 저질의 담배, 품질이 매우 나쁜 담배, 검은 색을 띤 저질의 담배가 각각 1개씩(2.63%)이다.

그리고 식물로서의 담배, 담배의 순, 담배의 원료가 되는 잎담배, 담뱃잎의 꼬투리, 잎꼭지가 붙어 있는 줄기의 부분, 건조시킨 담뱃잎, 썰지 않고 말린 잎담배, 퍼런 잎담배를 말린 풋담배, 담뱃잎을 따낸 곳에서 다시 돋은 잎을 따서 말린 잎담배, 담뱃순을 따서 말린 순담배, 길게 줄로 엮어놓은 잎담배, 칼로 썰어 놓은 잎담배, 칼로 썰고 묶지 않은 잎담배, 햇담배, 묵은 담배, 산전에 심은 담배, 충청남도 해안에서 재배하는 담배, 평안도에서 재배하는 좋은 담배, 평양에서 재배하는 좋은 담배, 담배를 써는 칼, 담뱃귀를 따는 낫, 연초전매청, 행정기관인 전매청, 행정기관인 연초국, 연초제조창, 연초전매법 등이 각각 1개씩(2.63%)이다.

(2) 담배의 낱말밭에서 주체적인 내용을 많이 분포된 순으로 살펴보면 다음과 같다.

담배농사를 짓고 있는 농부가 13개(34.21%)로 가장 많고, 품질이 나쁜 담배가 7개(18.42%)로 두 번째로 많으며, 행정기관이 3개(7.89%)로 세 번째로 많다. 그리고 품질이 좋은 담배와 품질이 중길인 담배 및 담배의 해충이 각각 2개(5.26%)이고, 담배풀, 담배의 순, 담배의 잎, 담뱃잎의 꼬투리, 잎꼭지에 붙은 줄기, 묵은 담배, 담배칼, 담배낫, 법률이 각각 1개씩(2.63%)이다.

(3) 담배의 내용 설명에 등장하는 객체는 모두 59개이다. 이들의

내용은 다음과 같다.

담배가 17개(28.81%), 담뱃잎이 7개(11.86%), 잎담배가 5개(8.47%), 담배칼, 담배의 판매가 각각 3개씩(5.98%), 인삼, 담배의 경작, 담배의 제조, 담배의 판매가 각각 2개씩(3.39%), 담배풀, 담배의 원순, 담배의 곁순, 담뱃잎의 꼬투리, 일꾼, 낫, 법률, 전매권, 판매가격, 유사품의 제조, 판매금지, 처벌, 허가취소, 행정업무, 전매지청, 연초제조창, 생산관리 등이 각각 1개씩(1.69%)이다.

(4) 담배의 내용 중 바람직한 긍정적인 내용은 29개(76.32%)로 절대 다수이고, 바람직하지 못한 부정적인 내용은 모두 9개(23.68%)인데, 이들의 내용은 품질이 좋지 않은 담배가 7개(18.42%)이고, 해충이 2개(5.26%)이다.

(5) 어종별로 살펴보면 한자어가 31개(58.49%)이고, 토박이말은 17개(32.08%)이며, 토박이말과 한자말이 융합된 혼종어는 5개(9.43%)이다.

2.8. 인삼농사

조장환 외 4인(1993:196-197)에서 인삼에 대하여 다음과 같이 서술하고 있다.

(1) 내력 및 전파
인삼은 우리나라와 중국이 원산지로 되어 있다. 중국에서는 전한 때 약용으로 이용되었다고 하며, 후한 말에 재배가 이미 있었다고 한다. 우리나라는 역사상 상고시대로 추정되고 있으나 기록은 없다. 조선시대 숙종 때 씨앗을 채취하여 심게 함으로써 한국의 인삼재배가 시작되었다고 한다.

(2) 분류 및 품종

인삼속에는 몇 개의 종이 있다. 한국 인삼은 Panax ginseng C.A Myer이며, 미국 인삼은 Panax quinquefolium L이고, 일본의 죽절(竹節)인삼은 Panax japanica, 중국 인삼은 Panax notoginseng으로 한국 인삼과는 다르다. 식물분류학상 인삼에는 변종이 발견되지 않고 있으며, 고려인삼에는 뚜렷한 품종의 구별이 없고 성숙된 열매의 빛깔에 따라 황숙종·홍숙종·등황숙종으로 구분하고 있다. 또 줄기의 색에 따라 자경종·청경종이 있다.

(3) 생산 및 용도

현재 인삼재배는 세계적으로 한국이 중심이며, 중국·일본·미국·소련 등지에서 재배되고 있다. 우리나라는 예부터 국교의 예물로서 또는 황실의 재원으로서 재배되어 오다가 1908년 홍삼 전매법을 제정하고 정부가 관리하고 있다. 인삼의 재배는 전국에 분포되어 있으며, 자연산은 위도상으로 북위 33-36°에서 많이 자생하고 태백산맥과 북부지방으로 심산의 북방 및 동북향이 위치하고 있다. 해발은 100-800m이다. 한국의 재배 적지는 북위 36-38°이며, 토양의 입지조건이 좋으면 어느 곳이나 재배할 수 있다.

우리나라의 1977년 인삼의 재배면적은 19,567평에 1,400톤이 생산되었으며, 수납량은 986톤으로 수출 금액은 62,839,000불에 달한다.

인삼은 생약으로 고대로부터 한국과 중국에서는 만병통치의 영약으로 알려져 왔다. 인삼의 주성분은 saponin의 배당체라 하며, 인삼특유의 향기를 내는 panasen과 panax acid·당·아미노산·비타민·무기성분 등이다. 인삼의 효능은 각종 스트레스에 대한 방어효과·기초대사작용의 원활·피로회복·중추신경작용·이뇨·빈혈치료·항암·항당요·혈압강하·단백동화·히스타민 및 세로토닌 유리작용 등 다양한 효과가 있다. 인삼은 백삼·홍삼·인삼정·인삼분말 등 각종 의약품 외 인삼차·음료수·인삼주·인삼비누 등 각 제품의 배합조제에도 쓰인다.

(4) 재배환경

인삼재배에 알맞은 평균기온은 0.9-13.8℃이고, 여름에는 20-25℃이다. 35℃가 넘으면 생리장애가 일어난다. 강우량은 연 700-2,000mm이지만 알맞은 양은 1,100-1,300mm이고 강설량이 비교적 적은 것이 좋다. 인삼은 반양반음(半陽半陰)을 좋아하는 음지식물로서 직사광선은 좋지 않으며, 산란광으로 야외광량의 1/13-1/8(3,000-5,000 lux) 정도가 좋다. 인삼의 주산지는 금산과 개성이다.

토양은 운모편암 또는 화강암 계통의 사질토양·양토가 알맞으며, 경토는 40cm 내외로 깊어야 하며 특히 표토는 모래참흙이고 심토는 참흙이면 더욱 좋다. 토양반응은 pH 5.5-6.0이 알맞다. 지세는 북쪽 또는 북동으로 8-15°가량 경사진 곳이 좋고 배수가 좋으며 통기성이 좋아야 한다.

(5) 재배상의 특성

인삼은 육묘이식을 하는 집약재배방식을 취한다. 재배가 어려워 재배기술을 잘 숙달해야만 하고, 재배연한이 길어서 자본의 회전이 늦으며 관리를 잘 해야 한다.

이 부분밭은 인삼에 관련된 내용이므로 <인삼>이 공통으로 부가된다. 인삼의 낱말밭의 상위 분절은 다음 그림과 같다.

<그림83> 인삼농사의 상위 낱말밭 모형

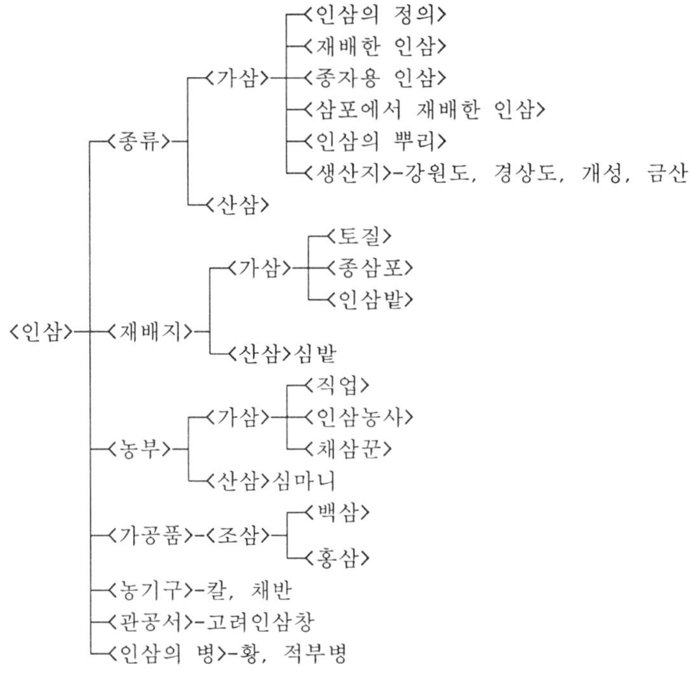

2.8.1. 인삼농사의 내용

2.8.1.1. 인삼의 종류

이 부분밭은 인삼의 종류에 대한 내용이므로 <인삼의 종류>가 공통으로 부가된다.

    (1) 삼(蔘)   (2) 인삼(人蔘)
    (3) 인삼(仁蔘)   (4) 삼아(三椏)
    (5) 지정(地精)

    위의 (1)은 '인삼과 산삼을 통틀어 이르는 말'의 개념이니, 인삼에 대한 명칭이 분절성이 되어 <인삼·산삼의 총칭>이 추가되고, (2-5) 는 '오갈피나무과에 딸린 여러해살이풀. 키는 약 60cm. 뿌리줄기는 짧고 마디가 있으며, 아랫부분은 실꾸리 모양의 살지고 흰 곧은 뿌리 가 가지를 쳐서 도라지 비슷한 흔히 '人'자 모양임. 줄기는 외줄기로 곧게 서며, 줄기 끝에 서너 개의 잎이 돌려 나는데 잎꼭지가 길며, 다섯 개의 쪽잎으로 된 손바닥 모양의 겹잎임. 암수한집으로 늦봄에 황록색의 다섯잎꽃이 가지 끝에 핌. 열매는 길쭉하고 둥글고 붉게 익 으며 두 개의 씨가 있음. 깊은 산의 숲 속에 야생하는데 이를 '산삼' 이라 하고, 재배종은 '가삼(家蔘)'이라 함. 가삼은 약 6년 가꿔야 제 대로의 물건이 됨. 뿌리는 강장제의 약재로서 귀히 여겨 널리 가꿈' 의 개념을 공유하고 있어, 식물로서의 인삼의 정의를 말하고 있으므 로 <오갈피나무과에 딸린 여러해살이풀-뿌리는 강장제의 약재임-키 는 60cm 정도임+짧은 뿌리줄기에 마디가 있음+도라지와 비슷하며 '人'자 모양임+잎꼭지가 긺+5개의 쪽잎이 손바닥 모양의 겹잎임+암 수한집으로 열매는 길둥글며 두 개의 씨가 있음+심산유곡의 산삼과 재배종인 가삼이 있음>이 공통으로 추가된다.

    (6) 원삼(元蔘)   (7) 현삼(玄蔘)

이들은 '현삼과에 딸린 여러해살이풀. 줄기는 모가지고 높이 1-1.5 m. 잎은 마주 나고 꼭지가 있으며 긴 달걀 모양이나 갸름한 바늘 모양이고 날카로운 톱니가 있음. 8-9월에 입술 모양의 옅은 황록색의 꽃이 줄기 끝 잎 사이에 원추 꽃차례로 피고 삭과는 두 조각으로 째짐. 산지에 야생 또는 밭에 가꾸는데, 뿌리는 성질이 차고 보음(補陰)하며 열을 내리므로 폐결핵의 약재 또는 도포약(塗布藥)으로 씀'의 개념을 공유하고 있으므로 <현삼과에 딸린 여러해살이풀-산지에 야생 또는 밭에서 재배함+성질이 차서 보음하며 열을 내리므로 폐결핵의 약재로 씀+모가진 줄기+1-1.5m+잎은 마주남+긴 달걀 모양 또는 갸름한 바늘 모양임+날카로운 톱니가 있음>이 공통으로 추가된다.

(8) 가삼(家蔘)   (9) 사삼(私蔘)

(10) 양삼(養蔘)   (11) 종삼(種蔘)

(12) 열삼(-蔘)

위의 (6)은 '산삼에 대하여 삼밭에서 가꾼 인삼'의 개념이니, 야생이 아닌 재배하는 인삼이 분절성이 되어 <삼밭에서 재배한 인삼>이 추가되고, (9)는 '개인집에서 사사로이 기른 인삼'의 개념이니, 사사로이 기른 것이 분절성이 되어 <개인이 사사로이 기른 인삼>이 추가되며, (10)은 '인삼을 심어 기름'의 개념이므로, 인삼을 재배하는 것이 분절성이 되어 <인삼을 재배함>이 추가된다. 그리고 (11)은 '종자로 쓰는 인삼'의 개념이니, 종자로 쓰는 인삼인 것이 분절성이 되어 <종자로 쓰는 인삼>이 추가되고, (12)는 '씨를 받기 위하여 심어 기르는 인삼'의 개념이므로, 씨를 받기 위함이 분절성이 되어 <씨받이

용으로 재배하는 인삼>이 추가된다.

(13) 묘삼(苗蔘)　　　　　(14) 포삼(圃蔘)
(15) 산양(山養)

위의 낱말들은 재배지가 분절성이므로 <재배지의 인삼>이 공통으로 추가된다. 따라서 (13)은 '옮겨 심을 수 있도록 자란 모판의 어린 삼'의 개념이니, 모판의 어린 삼으로 옮겨 심을 수 있는 것이 분절성이 되어 <모판에서 옮겨 심을 수 있는 어린 삼>이 추가되고, (14)는 '삼포에서 자란 인삼'의 개념이므로, 삼포가 분절성이 되어 <삼포에서 자란 인삼>이 추가되며, (15)는 '산에 옮겨 심어 기른 인삼'의 개념이니, 산에 옮겨 심는 것이 분절성이 되어 <산에 옮겨 심어 자란 인삼>이 추가된다.

(16) 인삼근(人蔘根)　　　　(17) 미삼(尾蔘)
(18) 무편삼(無片蔘)　　　　(19) 수삼(水蔘)
(20) 생삼(生蔘)　　　　　　(21) 무삼(-蔘)

위의 낱말들은 인삼의 뿌리가 분절성이 되므로 <인삼의 뿌리>가 공통으로 부가된다. 따라서 (16)은 '인삼의 뿌리'의 개념이니, <인삼의 뿌리>가 추가되고, (17)은 '인삼의 잔뿌리를 약재·식료품·기호품 따위의 재료로 이르는 말'의 개념이므로, 인삼의 잔뿌리가 분절성이 되므로 <인삼의 잔뿌리-약재·식료품·기호품의 재료의 명칭>이 추가된다. 그리고 (18)은 '16냥 한 근에 뿌리가 100개 이상이 달리는 매우 잔 인삼'의 개념이니, 뿌리가 100개 이상 달리는 매우 잔 인삼이 분절성이 되어 <16냥 한 근에 뿌리가 100개 이상 달리는 매

우 잔 인삼>이 추가되고, (19-21)은 '땅에서 캔 채로 아직 말리지 않은 인삼'의 개념을 공유하고 있으므로, 건조시키지 않은 것이 분절성이 되어 <캐서 말리지 않은 인삼>이 공통으로 추가된다.

(22) 강삼(江蔘)   (23) 경삼(慶蔘)
(24) 영삼(嶺蔘)   (25) 영곡(嶺曲)
(26) 송삼(松蔘)   (27) 고려인삼(高麗人蔘)
(28) 금삼(錦蔘)

위 낱말들은 인삼이 생산되는 곳이 분절성이 되어 <인삼의 생산지>가 공통으로 추가된다. 따라서 (22)는 '강원도에서 나는 인삼. 약효가 큼'의 개념이므로, 강원도가 분절성이 되어 <강원도에서 나는 인삼+약효가 큼>이 추가되고, (23-24)는 '경상도에서 나는 인삼'의 개념을 공유하고 있으므로, 경상도가 분절성이 되어 <경상도에서 나는 인삼>이 공통으로 추가되며, (25)는 '경상도에서 나는 곡삼'의 개념이니, 경상도와 곡삼이 분절성이 되어 <경상도에서 나는 곡삼>이 추가된다. 그리고 (26-27)은 '개성에서 나는 인삼'의 개념을 공유하고 있어, 개성이 분절성이 되어 <개성에서 나는 인삼>이 공통으로 추가되나, (27)은 인삼의 상품명이므로 <개성 인삼의 상품명>이 더 추가되며, (28)은 '금산군에서 나는 인삼'의 개념이니, 금산군이 분절성이 되어 <금산군에서 나는 인삼>이 추가된다.

(29) 산삼(山蔘)   (30) 신초(神草)
(31) 경삼(驚蔘)

위의 낱말들은 산삼의 종류이므로 <산삼의 종류>가 공통으로 추가된다. 따라서 (29-30)은 '깊은 산중에서 야생하는 삼. 빛이 희고 몸이 단단하며 사람의 모양과 비슷하고 맛이 닮. 소백산·태백산·백두산 등지에서 나는데, 약효가 재배종보다 월등하여 매우 귀중히 여김'의 개념을 공유하고 있어, 산삼의 정의가 분절성이 되어 <심산유곡에 야생하는 삼-흰빛에 몸이 단단함+사람의 모양임+단맛을 가짐+재배종보다 약효가 매우 큼+소백산·태백산·백두산 등지에서 자람>이 공통으로 추가되고, (31)은 '산삼의 한 가지. 자연 그대로 자란 것이 아니고 옮겨 심어서 기른 삼'의 개념이니, 산삼을 캐다가 옮겨 심어 재배하는 것이 분절성이 되어 <산삼을 캐어 옮겨서 재배한 인삼>이 추가된다. 앞에서 논의한 인삼의 종류에 대한 낱말밭을 나무 그림으로 그려보면 다음과 같다.

<그림84> 인삼 종류의 낱말밭 모형(1)

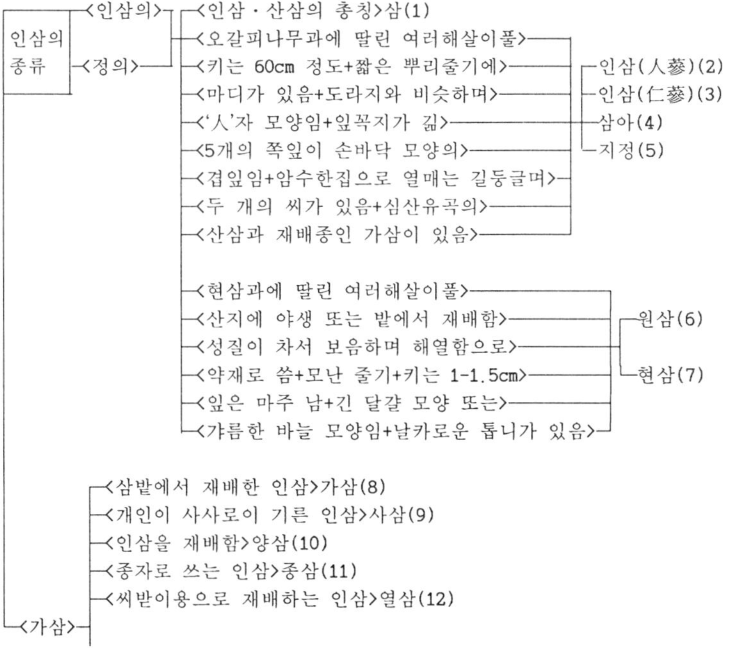

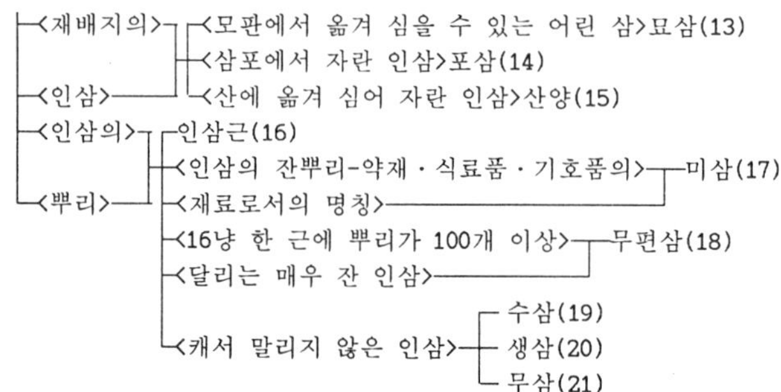

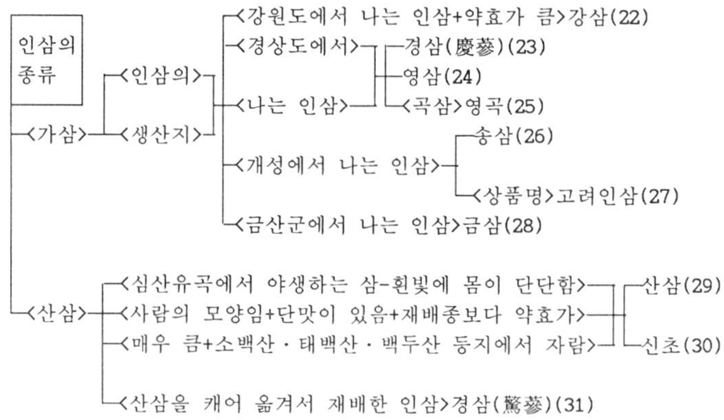

〈그림85〉 인삼 종류의 낱말밭 모형(2)

2.8.1.2. 인삼의 재배지

다음은 인삼의 재배지의 내용이므로 <인삼의 재배지>가 공통으로 추가된다.

(32) 몸흙   (33) 삼토(蔘土)

위의 (32)는 '인삼을 가꾸는 데에 쓰는 거름한 흙'의 개념이니, 인삼을 재배하기 위한 기름진 토질이 분절성이 되어 <인삼을 재배하는 데 쓰는 기름진 흙>이 추가되고, (33)은 '인삼을 재배하기 위하여 거름한 땅'의 개념이므로, 거름한 땅이 분절성이 되므로 <인삼을 재배하기 위해 거름한 땅>이 추가된다.

    (34) 종삼포(種蔘圃)   (35) 삼밭(蔘-)
    (36) 삼장(蔘場)   (37) 삼포(蔘圃)
    (38) 인삼포(人蔘圃)   (39) 심밭

위의 (34)는 '삼의 종자를 뿌리는 밭'의 개념이니, 삼의 종자를 파종하는 밭이 분절성이 되어 <삼의 종자를 파종한 밭>이 추가되고, (35-38)은 '인삼을 재배하는 밭'의 개념을 공유하고 있으므로, 인삼의 재배지가 분절성이 되므로 <인삼을 재배하는 밭>이 공통으로 추가되며, (39)는 '산삼이 무더기로 난 곳'의 개념이니, 산삼이 많이 난 곳이 분절성이 되어 <산삼이 무더기로 난 곳>이 추가된다. 앞에서 논의한 인삼의 재배지에 대한 낱말밭을 나무그림으로 그려보면 다음과 같다.

<그림86> 인삼 재배지의 낱말밭 모형

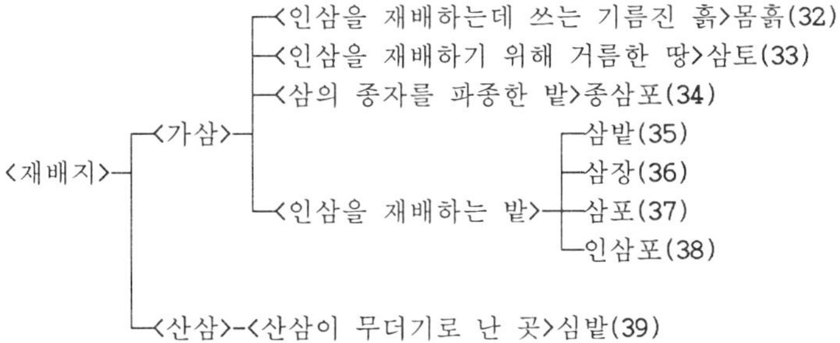

2.8.1.3. 인삼업자

이 부분은 인삼을 재배하거나 캐는 사람이 내용이므로 <인삼업자>가 공통으로 추가된다.

(40) 삼업(蔘業)　　　　　　(41) 인삼농사(人蔘農事)
(42) 삼농(蔘農)

위의 (40)은 '인삼을 생산하는 사업'의 개념이니, 인삼을 생산하는 직업이 분절성이 되어 <인삼을 생산하는 사업>이 추가되고, (41-42)는 '인삼을 심어 가꾸는 농사'의 개념을 공유하고 있으므로, 인삼농사가 분절성이 되어 <인삼을 재배하는 농사>가 공통으로 추가된다.

(43) 채삼(採蔘)　　　　　　(44) 채삼꾼(採蔘-)
(45) 잠삼(潛蔘)

위의 (43)은 '인삼을 캐는 것'의 개념이니 <인삼을 캐는 일>이 추가되고, (44)는 '인삼을 캐는 사람'의 개념이므로, 채삼하는 사람이 분절성이 되므로 <인삼을 캐는 사람>이 추가되며, (45)는 '관청의 허가 없이 몰래 홍삼을 만들어 파는 일'의 개념이니, 인삼의 재배는 국가의 전매업이니 관청의 허락이 있어야 하는 데 몰래 재배하여 밀매하는 것이 분절성이 되어 <무허가로 인삼을 재배함→홍삼을 제조하여 밀매함>이 추가된다.

(46) 산삼꾼(山蔘-)　　　　(47) 심마니
(48) 심메꾼　　　　　　　　(49) 심메

위의 낱말들은 산삼을 캐는 사람의 내용이므로 <산삼을 캐는 사람>이 공통으로 추가된다. 따라서 (46-48)은 '산삼을 캐러 다니는 것을 업으로 삼는 사람'의 개념을 공유하고 있어, 산삼을 캐는 직업이 분절성이 되어 <산삼을 캐는 것을 직업으로 하는 사람>이 공통으로 추가되고, (49)는 '산삼의 싹을 찾음'의 개념이므로, 산삼을 찾는 것이 분절성이 되므로 <산삼의 싹을 찾는 것>이 추가된다. 앞에서 논의한 인삼업자의 낱말밭을 나무그림으로 그려보면 다음과 같다.

<그림87> 인삼업자의 낱말밭 모형

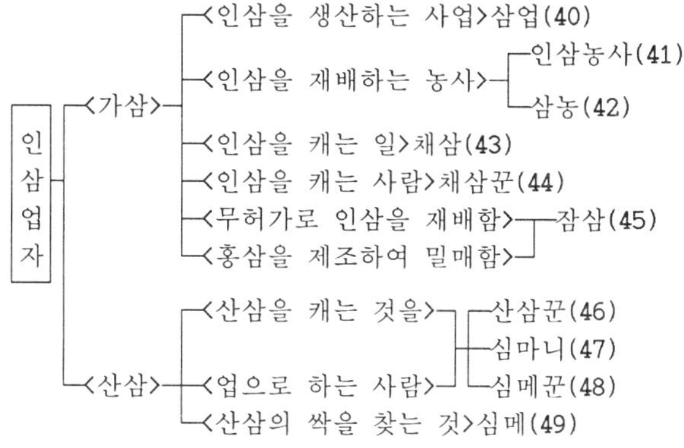

2.8.1.4. 가공한 인삼

이 부분밭은 수삼을 말리거나 쪄서 홍삼이나 백삼을 만드는 내용이므로 <인삼의 가공>이 공통으로 부가된다.

(50) 조삼(造蔘)

이 낱말은 '수삼을 가공하여 다듬는 일. 또는 그렇게 다듬은 인삼.

곧 수삼을 찌고 다듬어 백삼 또는 홍삼을 만듦'의 개념이니, 수삼을 가공하여 백삼이나 홍삼을 만드는 것이 분절성이 되어 <수삼을 찌고 다듬어 백삼·홍삼으로 가공함>이 추가된다. 이 낱말은 이 부분밭의 원어휘소가 된다.

(51) 건삼(乾蔘)   (52) 백삼(白蔘)
(53) 직삼(直蔘)   (54) 곡삼(曲蔘)

위의 낱말들은 수삼을 백삼으로 만드는 내용이므로 <수삼을 백삼으로 가공함>이 공통으로 추가된다. 따라서 (51)은 '잔뿌리와 줄기를 자르고 겉껍질을 벗기어 말린 인삼'의 개념이니, 수삼을 다듬어 건조시키는 것이 분절성이 되어 <잔뿌리와 줄기를 자름+겉껍질을 벗김→건조시킨 인삼>이 추가되고, (52)는 '수삼의 잔뿌리를 따고 다듬어서 씻지 않은 채 햇볕에 말린 인삼'의 개념이므로, 씻지 않고 햇볕에 건조시킴이 분절성이 되어 <수삼의 잔뿌리를 자르고 다듬음+씻지 않음→햇볕에 건조시킨 인삼>이 추가된다. 그리고 (53)은 '꼬부라지게 접지 않고 곧게 말린 인삼'의 개념이니, 뿌리를 곧게 하여 건조시킨 것이 분절성이 되어 <뿌리를 접지 않고 곧게 말린 인삼>이 추가되고, (54)는 '굵은 뿌리를 꼬부려 말린 인삼'의 개념이므로, 뿌리를 꼬부려 건조시킴이 분절성이 되어 <굵은 뿌리를 꼬부려 건조시킨 백삼>이 추가된다.

(55) 탕삼(湯蔘)   (56) 홍삼(紅蔘)
(57) 포삼(包蔘)

위의 낱말들은 수삼을 쪄서 홍삼으로 만드는 내용을 함유하고 있

어 <수삼을 쪄서 홍삼으로 만듦>이 공통으로 추가된다. 따라서 (55)
는 '삶은 인삼의 뿌리'의 개념이니, 인삼의 뿌리를 삶는 것이 분절성
이 되어 <삶은 인삼의 뿌리>가 추가되고, (56)은 '수삼을 쪄서 말린
붉은 인삼. 약효가 썩 좋음'의 개념이므로, 쪄서 말린 것이 분절성이
되어 <수삼을 쪄서 건조시킨 인삼+약효가 좋음>이 추가되며, (57)은
'포장한 홍삼'의 개념이니, 홍삼을 상품화하기 위하여 포장하는 것이
분절성이 되어 <포장한 홍삼>이 추가된다. 앞에서 논의한 가공한 인
삼의 낱말밭을 나무그림(tree diagram)[62] 으로 그려보면 다음과 같다.

<그림88> 가공한 인삼의 낱말밭 모형

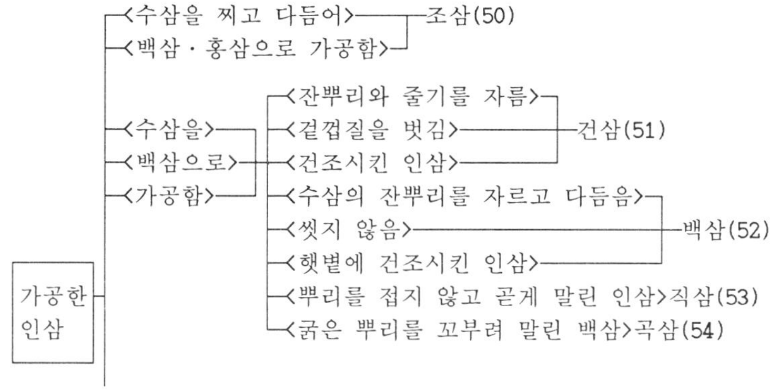

---

62) 언어의 분석을 수형도에 의하여 명시적으로 표시하는 것은 오늘날 언어학
에서 많이 활용되고 있다. 이는 19세기 중엽 A.Schleicher가 생물학의 본보
기에 따라, 인구어의 분화 과정을 수형도로 표시한 데서 유래한다. 특정적
성분의 도식화 방법에는 수형도(tree giagram) 방식, 공간분할(space) 방식,
묶음(matrix) 방식 등이 있는데, 이 연구에서는 변별의 경제성과 그리기 쉬
운 잇점을 고려하여 수형도 방식을 취한 것이다. 성분의 도식화 방법에는
E.A.Nida(1979:40)참조.
　위의 수형도에서 뒤의 숫자는 낱말밭의 번호이고, '──'표는 주의(主義)이
고, '---'표는 부의(副義), '→'는 동작의 진행 표시, < >는 분절성, [ ]는 이
동의 주체를 표시하는 것이다.

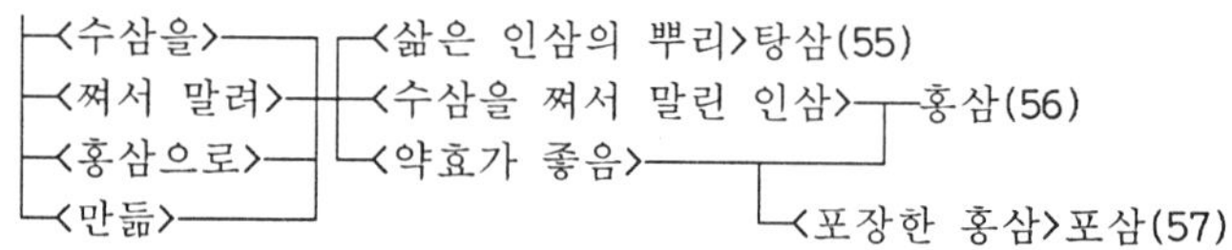

2.8.1.5. 농기구 · 관공서 · 병충해의 내용

  (58) 삼칼(蔘-)   (59) 삼삿반(蔘--)

 이들은 인삼을 가공하는 농기구가 내용이므로 <인삼을 가공하는 농기구>가 공통으로 추가된다. 따라서 (58)은 '수삼을 백삼으로 만들 때, 꺼풀을 긁어내는데 쓰는 대칼'의 개념이니, 백삼을 만들 때 쓰는 대칼이 분절성이 되어 <인삼의 꺼풀을 긁어내는 대칼>이 추가되고, (59)는 '인삼을 담아서 널어 말리는 갈대로 만든 채반'의 개념이므로, 인삼을 담아서 말리는 채반이 분절성이 되어 <인삼을 담아서 널어 말리는 갈대로 만든 채반>이 추가된다.

  (60) 고려인삼창(高麗人蔘廠)

 이는 '전매청에 딸려 인삼의 수납 · 제조 · 관리에 관한 일을 맡아 보는 기관'의 개념이니, 인삼을 관장하는 관공서가 분절성이 되어 <전매청 산하의 관청-인삼의 수납 · 제조 · 관리를 맡아보는 기관>이 추가된다.

  (61) 적부병(赤腐炳)   (62) 황(黃)

 위의 (61)은 '병원균이 인삼의 세포 속에 기생하여 썩어서 붉은빛을 띠는 현상의 병'의 개념이니, 병원균에 의하여 인삼이 발병하는 것이 분절성이니 <병원균이 세포 속에 기생하여 인삼을 부패시킴→적색을 띠는 병>이 추가되고, (62)는 '인삼의 거죽에 누렇게 낀 병적인 흠'의 개념이므로, 인삼이 황이 끼는 병에 걸리는 것이 분절성이되어 <인삼의 거죽에 누렇게 낀 병적인 흠>이 추가되어 분절한다.

<그림89> 농기구·관공서·병충해의 낱말밭 모형

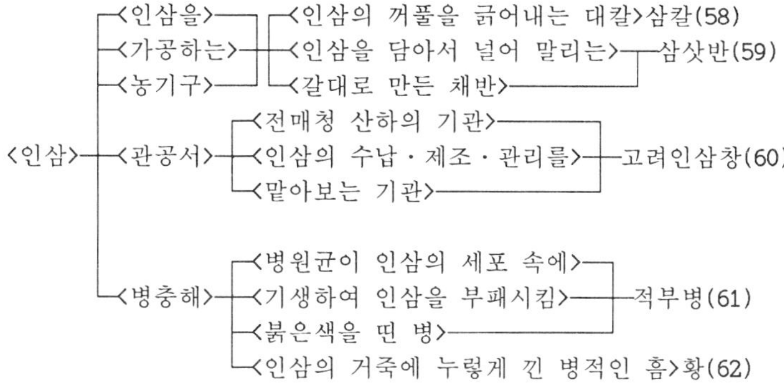

2.8.2. 마무리

　지금까지 인삼에 관련된 낱말 62개에 대하여 분절성을 논의하였다. 이 낱말에는 유의어가 10개가 있어 순수한 내용은 52개이다. 이것을 바탕으로 하여 전체적인 분절성을 고찰하려 한다.

　(1) 인삼의 내용은 인삼의 종류에 대한 내용이 22개(42.31%)이고, 가공한 인삼과 인삼업에 종사하는 내용이 각각 7개씩(13.46%)이며, 산삼의 내용이 6개(11.54%)이다. 그리고 인삼의 재배지가 5개(9.62%)

이고, 인삼을 가공하는 농기구와 인삼의 병충해가 각각 2개씩(3.85%)이며, 인삼을 관리하는 관공서가 1개(1.92%)이다.

이들의 구체적인 내용은 다음과 같다.

인삼에 대한 정의와 수삼을 찌어 홍삼으로 만드는 내용 및 삼밭에서 재배한 인삼이 각각 3개씩(5.77%)이고, 종자로 쓰는 인삼, 경상도에서 재배하는 인삼, 인삼을 재배하는 농사, 산삼을 캐는 것을 직업으로 하는 사람, 수삼을 백삼으로 만드는 내용, 인삼과 산삼에 대한 총칭적인 명칭, 산삼에 대한 정의가 각각 2개씩(3.85%)이다.

그리고 개인이 사사로이 재배한 인삼, 모판에서 자라 옮겨 심을 수 있는 어린 삼, 인삼의 뿌리, 16냥 한 근에 뿌리가 100개 이상 달리는 매우 잔 뿌리의 인삼, 캐서 말리지 않은 수삼, 강원도에서 재배한 인삼, 개성에서 재배한 인삼, 금산에서 재배한 인삼, 산삼에 대한 정의, 산삼을 캐서 옮겨 심어 재배한 인삼, 인삼을 재배하는데 쓰는 기름진 흙, 인삼을 재배하기 위해 거름을 한 땅, 인삼의 종자를 파종한 밭, 인삼을 재배하는 밭, 산삼이 무더기로 나 있는 곳, 인삼을 캐는 일, 인삼을 캐는 사람, 무허가로 인삼을 재배하여 홍삼을 만들어 밀매하는 내용, 수삼을 찌고 다듬어 홍삼·백삼을 가공하는 내용, 뿌리를 곧게 말린 인삼, 뿌리를 꼬부려 말린 인삼, 인삼의 껍질을 긁어내는 대칼, 인삼을 담아서 말리는 채반, 관공서인 고려인삼창, 인삼의 적부병, 인삼에 황이 끼는 병이 각각 1개씩(1.92%)이다.

(2) 주체적인 내용은 인삼업자가 25개(48.08%)로 가장 많고, 가삼이 11개(21.15%)로 두 번째로 많으며, 인삼의 뿌리와 산삼이 각각 4개(7.69%)이다. 그리고 산삼을 캐는 것을 직업으로 하는 사람이 3개(5.77%)이고, 인삼을 해치는 병이 2개(3.85%)이며, 인삼의 껍질을

벗기는 대칼과 인삼을 널어 말리는 채반 및 인삼을 관리하는 관공서가 각각 1개씩(1.92%)이다.

(3) 인삼에 관련된 내용에 등장하는 객체는 중복되는 것이 있어 그 내용은 93개로 늘어난다. 이들도 많이 분포된 순으로 살펴보려 한다.

가삼이 28개(30.11%), 인삼의 뿌리가 9개(9.68%), 산삼이 8개(8.6%), 수삼과 홍삼 및 백삼이 각각 5개씩(5.38%), 삼밭이 4개(4.3%), 인삼의 종자와 인삼의 껍질이 각각 3개씩(3.23%), 인삼농사가 2개(2.15%), 어린 인삼, 삼의 모판, 산, 약재, 식료품, 기호품, 강원도, 경상도, 개성, 금산, 소백산, 태백산, 백두산, 기름진 흙, 거름을 한 땅, 산삼이 무더기로 난 곳, 삼칼, 갈대, 채반, 전매청, 병원균이 각각 1개씩(1/08%)이다.

(4) 인삼의 내용 중 바람직한 긍정적인 내용은 49개(94.23%)로 절대 다수이고, 바람직하지 못한 부정적인 내용은 '무허가로 인삼을 재배하여 홍삼을 밀매하는 내용과 병원균이 인삼의 몸 속에 들어가 인삼을 썩게 하는 내용 및 인삼의 거죽에 황이 끼는 내용' 등이 3개(5.77%)이다.

(5) 어종별로 보면 한자말이 50개(80.65%)로 절대 다수이며, 한자말과 토박이말이 융합된 혼종어는 7개(11.29%)이며, 토박이말은 5개(8.06%)이다. 그런데 서구외래어는 하나도 없다.

2.9. 방적

이 부분밭은 방적에 관련된 내용이므로 <방적>63)이 공통으로 부가된다. 방적의 낱말밭에서 원어휘소는 '방적'이 자리하고 있다. 방적의 상위 분절은 다음 그림과 같다.

<그림90> 방적의 상위 낱말밭 모형

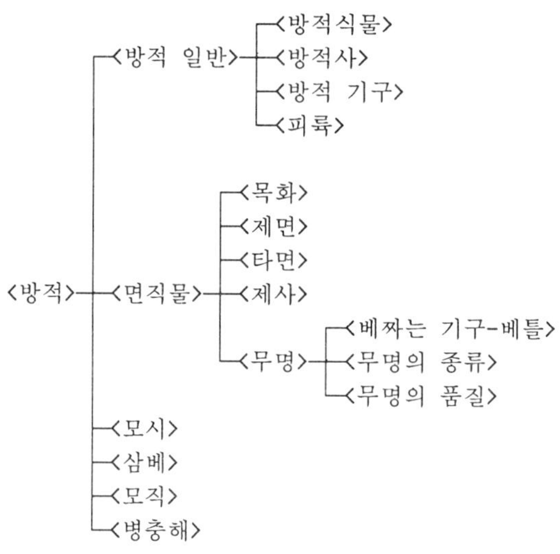

2.9.1.방적농사

조재영 외 3인(1997:156-157)에서 공예작물에 대하여 다음과 같

---

63) 방적'에 대하여는 졸저(2002:257-285)『한국어 몸동작 자동사 낱말밭』에서 바느질, 재단, 자수, 세탁, 다듬이질, 풀먹임, 염색, 직조, 양잠, 삼베, 양모, 피혁 등의 자동사를 논의하였다. 따라서 이 연구에서는 집안에서 하는 '길쌈'은 생략하였다.

이 기술하고 있다.

(1) 공예작물의 뜻

공예작물이란 목화·아주까리·박하 등과 같이 그 생산물이 비교적 복잡한 가공과정을 거쳐야만 비로소 알맞은 용도로 쓰이게 되는 작물을 말하는데, 그 가공의 성격상 이것을 원료작물 또는 공업작물(industrial corps)이라고도 한다. 또한 그 용도가 독특한 것이 많으므로 특용작물이라고도 한다.

공예작물은 가공과정이 끝나면 그 부피와 무게가 적어지고, 반대로 가격이 높아지며, 또한 저장력과 수송력이 커진다.

(2) 공예작물의 특질

공예작물은 재배면이나 영농경영면에 있어서 보통작물에 비하여 다음과 같은 특질을 지니고 있다.

① 기후와 토질 등에 대한 제한을 크게 받는 작물이 많다. 따라서 알맞은 곳에서 재배해야 한다. 예를 들면 모시풀은 호남지방을 비롯하여 충남 서천지방, 그리고 박하는 전라도 지방의 기후와 토질에 적합하며, 그 지방의 특산물로 되어 있다.

② 노력을 계절적으로 안배하여 농한기의 유휴노동력을 적절히 이용할 수 있으며, 농가의 수입을 증가시킬 수 있다.

③ 생산물은 가공과정을 거쳐 상품으로 되는 것이 많으므로 집단재배를 하고 공동가공시설을 설치하는 등 협동조직을 확립하면 더욱 유리하다.

④ 공예작물의 수요에 따라 가격의 변동이 심하므로 시장의 사정, 특히 시세의 동향에 대하여 유의해야 한다.

⑤ 공예작물은 그 대부분이 상품으로 매매되므로 품질과 규격이 통일되고, 기호성이 커야 한다.

(3) 공예작물의 분류

공예작물은 그 용도와 재배목적에 따라 다음과 같이 분류할 수 있다.

① 섬유료작물 : 목화·삼·모시풀·어저귀·왕골·골풀·닥나무·삼지닥나무·고리버들·수세미외·대 등.

② 유료작물 : 참깨·들깨·유채·아주까리·해바라기·땅콩·올리브·코코아야자 등.

③ 기호료작물 : 담배·호프·차나무·커피·카카오 등.

④ 약료작물 : 인삼·박하·양귀비·키니네·제충국·당제·데리스·작약·지황 등.

⑤ 당료작물 : 사탕무·사탕수수·단수수·스테비아 등

⑥ 전분 및 호료작물 : 감자·고구마·구약감자·닥풀 등.

⑦ 염료작물 : 쪽·치자나무 등.

⑧ 향료작물 : 계피·장미·라일락·오렌지·향내오랑캐꽃·향내아카시아·바닐라 등.

⑨ 고무 및 수지료작물 : 파라고무나무·치클·옻나무 등.

2.9.1.1. 총괄적인 방적의 내용

이 부분은 모든 방적이 관련된 내용이므로 <방적 일반>이 공통으로 부가된다.

(1) 방적(紡績)   (2) 방적공업(紡績工業)
(3) 방적업(紡績業)   (4) 방적업자(紡績業者)
(5) 방적회사(紡績會社)

위의 (1)은 '동식물의 섬유를 가공하여 실로 만드는 일'의 개념이니, 섬유를 가공하여 실을 만드는 것이 분절성이 되어 <동식물의 섬유를 가공함→실로 만듦>이 추가되고, (2-3)은 '동식물의 섬유를 가공하여 방적사를 만드는 섬유공업의 총칭'의 개념을 공유하고 있으므로, 섬유공업에 종사하는 것이 분절성이 되어 <동식물의 섬유를 가공함→방적사를 만드는 섬유공업>이 공통으로 추가되며, 또 '면화로 면포나 면사를 만드는 섬유공업'의 개념도 공유하고 있어, 면화의 섬유공업이 분절성이 되어 <면화로 면포·면사를 만드는 섬유공업>도 공통으로 추가된다. 그리고 (4)는 '방적업을 경영하는 사람'의 개념이니, 방적업을 경영하는 사람이 분절성이 되어 <방적업을 경영하는 업자>가 추가되고, (5)는 '방적업을 경영하는 회사'의 개념이므로, 회사가 분절성이 되어 <방적업을 경영하는 회사>가 추가된다.

(6) 섬유작물(纖維作物)   (7) 식물성섬유(植物性纖維)
(8) 식물섬유(植物纖維)   (9) 식물올실(植物--)

위의 낱말들은 '식물로부터 얻은 섬유. 주성분은 섬유소이며 동물성섬유보다는 열의 전도가 좋고 알칼리성이 강함. 목면(木棉)과 같이 열매에서, 대마(大麻)·아마(亞麻)와 같이 인피에서, 마닐라삼과 같이 잎에서 채취하는 것 따위가 있음. 실·직물·종이의 원료가 됨'의 개념을 공유하고 있어, 식물성섬유가 분절성이 되므로 <식물로부터 얻은 섬유-직물·실·종이의 원료가 됨+주성분은 섬유소+열의

전도가 좋고 알칼리성임+열매에서 목면, 인피에서 대마·아마, 잎에서 마닐라삼을 얻음>이 공통으로 추가되어 분절한다.

(10) 방적기계(紡績機械)   (11) 방적기(紡績機)
(12) 주적(紬績)   (13) 조사(繰絲)
(14) 낳다

위의 (10-11)은 '방적사를 만드는 데 쓰는 기계의 총칭. 타면기·소면기·정방기 등'의 개념을 공유하고 있어, 실을 뽑는 기계가 분절성이 되어 <실을 뽑는 모든 기계>가 공통으로 추가되고, (12)는 '실을 뽑아냄'의 개념이니, 실을 뽑는 것이 분절성이 되어 <실을 뽑는 일>이 추가된다. 그리고 (13)은 '고치·목화 따위에서 실을 뽑아내다'의 개념이니, 실을 뽑는 대상이 분절성이 되어 <목화·고치에서 실을 뽑는 일>이 추가되고, (14)는 '솜이나 삼껍질 따위로 실을 만듦'의 개념이므로, 실을 뽑는 대상이 분절성이 되어 <솜·삼에서 실을 뽑는 일>이 추가된다. 앞에서 논의한 총괄적인 방적의 낱말밭은 다음과 같다.

<그림91> 총괄적인 방적의 낱말밭 모형(1)

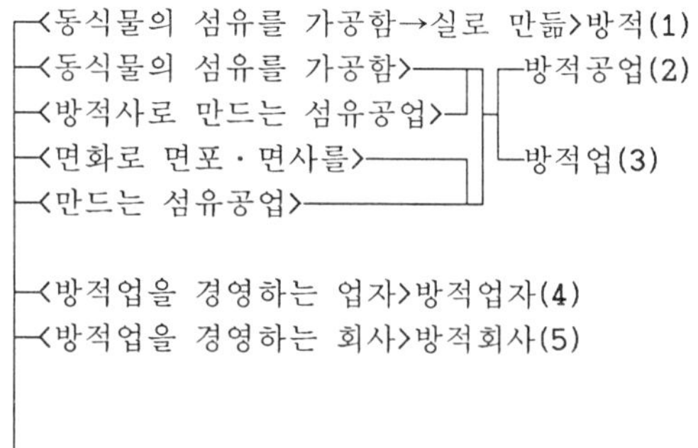

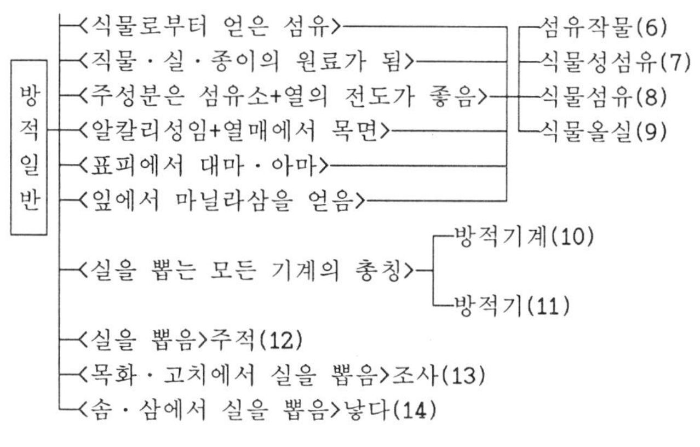

(15) 실   (16) 방적사(紡績絲)

(17) 방적견사(紡績絹絲)   (18) 원사(原絲)

위의 (15)는 '고치·털·솜·삼 따위를 가늘고 길게 자아내서 꼰 것. 흔히 피륙을 짜고 바느질을 하는데 쓰임. 식물섬유·동물섬유·인조섬유·합성섬유 등을 재료로 함'의 개념이니, 섬유에서 뽑은 모든 실이 분절성이 되어 <고치·솜·털·삼 등에서 가늘고 길게 자아내어 꼰 것-방직·길쌈에 쓰는 재료+식물섬유·동물섬유·인조섬유·합성섬유 등을 재료로 함>이 추가되고, (16-17)은 '면화·양모·삼·명주 등의 섬유를 방적 가공하여 만든 실'의 개념을 공유하고 있으므로, 여러 가지 섬유를 가공하여 만든 실이 분절성이 되어 <면화·양모·삼·명주 등의 섬유를 가공하여 만든 실>이 공통으로 추가되고, 또 '기계 방적에 의한 외올의 면사·나사실'의 개념도 공유하고 있어 <기계 방적에 의해 만든 외올의 면사·나사실>도 공통으로 추가된다. 그리고 (18)은 '직물의 원료가 되는 실'의 개념이니, 직물의 원료가 되는 것이 분절성이 되어 <직물의 원료가 되는 실>이 추가된다.

(19) 천사만루(千絲萬縷)   (20) 세사(細絲)
(21) 외올실

위의 (19)는 '피륙을 짜는 데에 드는 온갖 가는 실의 올'의 개념이
니, 가는 실의 올이 분절성이 되어 <직조용인 온갖 가는 실의 올>이
추가되고, (20)은 '가느다란 실'의 개념이므로 가는 실이 분절성이 되
어 <가느다란 실>이 추가되며, 또 '방적의 40번수보다 가느다란 실'
의 개념도 가지고 있어 <방적의 40번수보다 가는 실>도 추가된다.
그리고 (21)은 '외올로 된 실'의 개념이니, 외올이 분절성이 되어 <외
올로 된 실>이 추가된다.

(22) 빔실   (23) 꼰실
(24) 연사(撚絲)

이들은 '몇 가닥의 실을 합하여 꼬아 만든 실. 강도나 탄성이 많음'
의 개념을 공유하고 있어, 몇 가닥의 실을 합하여 꼰 실이 분절성이
되어 <몇 가닥의 실을 합하여 꼰 실-강도·탄성이 많음>이 공통으로
추가된다.

(25) 실몽당이   (26) 실꾸리

위의 (25)는 '실을 꾸려 감은 뭉치'의 개념이니, 실을 감아놓은 뭉
치가 분절성이 되어 <실을 꾸려 감은 뭉치>가 추가되고, (26)은 '둥
글게 감아놓은 실'의 개념이므로, 감아놓은 실이 분절성이 되어 <둥
글게 감아놓은 실>이 추가된다.

(27) 실감개   (28) 돌껏

  위의 낱말들은 실을 감는 기구의 내용이므로 <실을 감는 기구>가 공통으로 추가된다. 따라서 (27)은 '실을 감아두는 물건'의 개념이니, <실을 감아두는 물건>이 추가되고, (28)은 '실을 감고 풀고 하는 데 쓰는 기구. 굴대의 위 끝에 '十'자 모양으로 나무를 대고 그 네 끝에 각각 짧은 기둥을 박았는 데 굴대가 돌아감에 따라 이 기둥에 실을 감거나 풀게 함'의 개념이므로, <실을 감고 푸는 데 쓰는 기구-굴대 끝에 '十'자 모양의 나무를 댐+네 끝에 각각 짧은 기둥을 박음+굴대 의 회전에 따라 실이 감기고 풀리고 함>이 추가된다.

(29) 방직(紡織)   (30) 직물(織物)
(31) 베   (32) 세주(細綢)
(33) 사근(絲筋)

  위의 낱말들은 피륙을 짜는 내용이므로 <피륙을 짬>이 공통으로 추가된다. 따라서 (29)는 '실을 날아서 피륙을 짬'의 개념이니, <실을 날아서 피륙을 직조함>이 추가되고, (30)은 '온갖 피륙 및 그와 비슷 하게 섬유로 씨와 날로 직기에 걸어 짠 물건을 통틀어 일컫는 말. 목면직물·견직물·모직물·인견직물 따위가 있음'의 개념이므로 <섬 유로 직조한 온갖 직물-목면직물·견직물·모직물·인견직물 따위 가 있음>이 추가되며, (31)은 '삼실이나 무명실 및 명주실로 짠 피륙' 의 개념이니, 삼실·무명실·명주실이 재료가 되는 것이 분절성이 되어 <삼실·무명실·명주실로 짠 피륙>이 추가된다. 그리고 (32) 는 '가늘게 짠 피륙'의 개념이니, 가늘게 짜는 것이 분절성이 되어 <가늘게 짠 피륙>이 추가되고, (33)은 '피륙의 실올'의 개념이므로, 이미 짜놓은 직물의 실올이 분절성이 되므로 <피륙의 실올>이 추가 된다. 앞에서 논의한 방적 일반의 낱말밭을 나무그림으로 그려보면 다음과 같다.

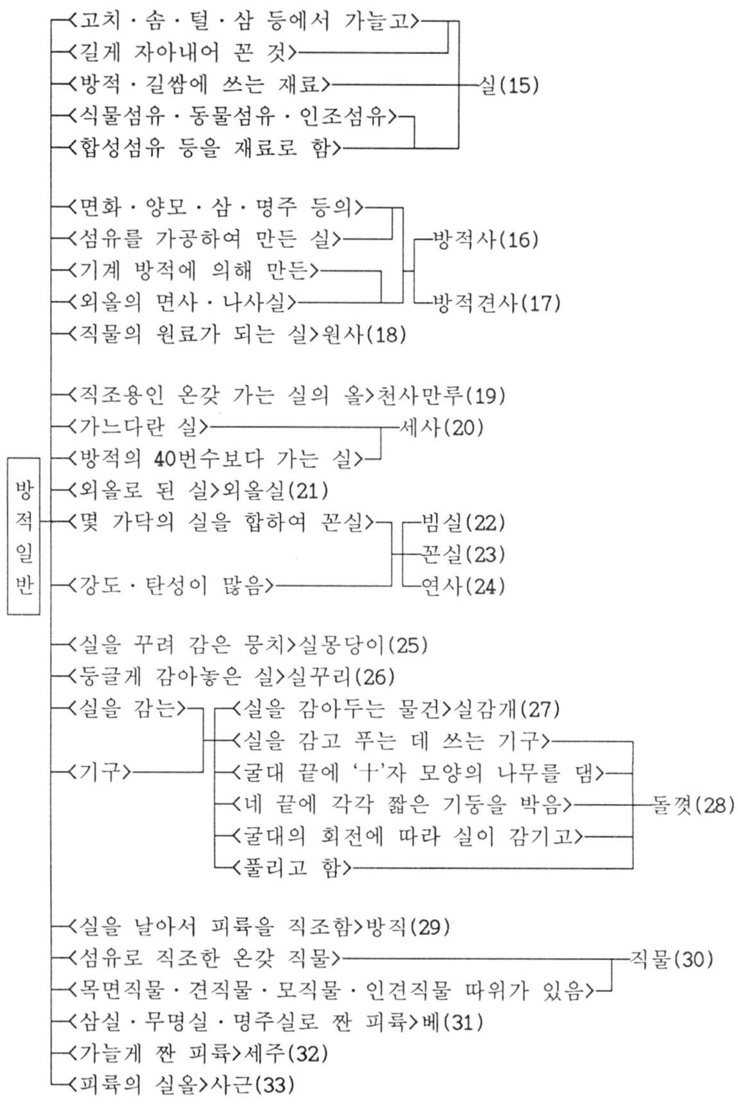

<그림92> 총괄적인 방적의 낱말밭 모형(2)

2.9.1.2. 면직물의 내용

이 부분밭은 목화를 재배하여 솜을 얻고 솜을 타고 실을 뽑아 무명을 짜는 내용이므로 <면직물>이 공통으로 부가된다.

2.9.1.2.1. 목화의 내용

목화(cotton)[64]

(1) 내력 및 전파

목화는 세계의 여러 지역에서 유사이래 재배되어 온 가장 오래된 작물 중의 하나이다. 목화속에는 여러 종과 아종(亞種)이 있으며, 세계적으로 재배되고 있는 것은 육지면·아시아면·해도면이다. 이들의 원산지는 확실하지 않으나, 아시아·아프리카·서반부의 몇 개 지역에서부터 전파된 것이라 한다.

아시아에서는 인도가 가장 빨라 B.C. 800년경에 목화를 이용했다고 하며, 중국에서는 A.D. 1세기 후한 명제시대에 인도방면으로부터 금포(錦布)가 수입되었다고 한다.

우리나라에는 1366년 고려 공민왕 때 문익점이 원나라 사신으로 갔다가 아시아 면의 목화씨를 들여온 것이 목화재배의 시초라고 한다. 현재 널리 재배되고 있는 육지면은 1904년 미국에서 들어온 것이며, 수량과 품질이 좋아 그 재배가 확대되었다.

(2) 분류 및 품종

세계적으로 재배되고 있는 목화의 종류는 육지면·아시아면·해

---

64) 趙章煥 외 4인(1993:183-186)참조.

도면이다. 육지면은 아메리카주 일대에, 아시아면은 인도·아프리카·동남아시아 각 지역에 분포하며, 해도면은 해양성 기후에 알맞아 브라질·서인도제도 등지에 분포되어 있다.

목화속에는 많은 식물학적 품종이 열대의 미주, 아시아 그리고 아프리카에 자생하고 있다. 열대 미주에 자생하고 있는 것은 기본 염색체 수가 n=26이고, 아시아와 아프리카에 자생하는 것은 n=13이다. 우리나라에 재배되는 대부분은 육지면(n=26)이고, 일부 농가에서 동아면(n=13)을 재배하고 있다.

육지면이 우리나라에 도입된 것은 1904년으로 Kings improved라는 조숙품종을 작물시험장 목포지장에서 시험재배에 성공하여 널리 재배되었고, 여기에서 113호의 4호, 풍산계 380이 분리 육성되었다. 현재의 우량 품종은 수원1호·목포3호·목포4호·목포5호·목포6호 등이 있다.

(3) 생산 및 용도

목화는 열대·아열대·온대에 걸쳐 지구상의 모든 지역에서 재배 생산하고 있으며, 1984년 세계 재배면적은 25,742,000 ha이고, 생산량은 2,531,000톤을 생산하였다. 이 중에서 미국과 소련이 제일 생산국이고, 멕시코·아르헨티나·브라질·페루·중국·인도·파키스탄·이집트 등이 대표적인 생산국이다.

우리나라의 1984년 목화의 재배면적은 2,550 ha이고, 생산량은 2,531톤이며, 10a당 수량은 99kg에 불과하다. 재배면적은 전남이 가장 많은데, 전국 재배면적의 50%를 차지하고 있다.

목화섬유는 천연적으로 서로 꼬여지는 성질이 있기 때문에 방적하기가 쉬우며 제조된 실의 강도가 클 뿐만 아니라 탄성 및 장력이 강하다. 목화섬유는 보온 및 흡습성이 크며, 염색이 잘된다. 섬유는 면사·면직물·혼방용과 같은 방직용과 옷솜·이불솜·탈지면과 같은 제면용에 주로 쓰이나, 이외에도 화약·셀룰로이드를 만드는 원료로 쓰인다.

목화종실에는 17-23%의 지방이 들어있고 이것을 추출한 면실유는 식용유 및 공업유로 쓰이고, 유박은 단백질·인산·칼리 함량이 높아 사료나 비료로 이용된다. 목화줄기의 인피섬유는 제지용이나 연료로 이용된다.

(4) 재배환경

목화생육에 알맞은 온도는 25℃ 내외이다. 파종기가 5월 초순경이므로 12℃ 이하의 온도에서는 생육이 정지되고 시들병에 걸리기 쉽다. 연간 강우량은 1,000-1,500mm 정도로 오는 것이 좋으며, 이 강우량의 80% 정도가 생육기에 오고, 성숙기에는 건조한 지역이 좋다. 목화는 강한 햇빛을 받으면 생육이 좋고 수확량이 많아지며, 특히 성숙기에 햇빛을 많이 받으면 품질이 좋아진다. 연중 서리가 오지 않는 기간이 길어야 좋으며, 아시아면도 무상기간이 150일 이상 되어야 좋다.

목화는 배수가 잘 되는 사질양토이 좋으며, 산성토양보다는 약간 알칼리성 토양에서 잘 자란다.

(5) 재배상의 특성

목화는 보리 골 사이에 간작할 수도 있고 간작의 단점을 보완하기 위하여 이식재배를 하면 수량이 높아지나 생산비가 많이 드는 단점이 있다. 목화는 내염성이 강하고 염분이 높은 간척지에서 육묘이식

재배를 하면 효과가 크다.

이 부분밭은 목화에 관련된 내용이므로 <목화>가 공통으로 부가가
된다.

(34) 목화(木花)

이는 '무궁화과 목화속에 딸린 한해살이풀. 줄기는 60-90cm이고,
잔털이 났으며 자줏빛이고, 뿌리는 곧음. 잎은 어긋나며 손바닥 모양
인데, 3-5갈래로 째지고 긴 잎자루가 있음. 가을에 담황색 또는 백
색·홍색의 다섯잎꽃이 잎겨드랑이에 핌. 열매는 목화다래라 하여
구형(球形) 삼실(三室)의 삭과인데 익으면 갈라져 벌어짐. 씨는 흑
색인데 그 겉껍질 세포가 백색의 털 모양 섬유로 변해 자란 것을 면
화(棉花)라고 하며, 면사를 만들어 방적용에 씀. 씨는 기름을 짬'의
개념이니, 면직물의 원료가 되는 식물인 목화의 정의가 분절성이 되
어 <무궁화과 목화속에 딸린 한해살이풀-열매인 목화다래가 익어 겉
껍질의 세포가 백색 섬유로 변해 면사를 만들어 방적용에 씀+줄기는
60-90cm+잔털이 나고 자줏빛임+잎은 어긋맞게 나고 손바닥 모양임
+열매는 구형 삼실의 삭과임+익으면 갈라져 목화송이가 됨>이 추가
된다.

(35) 육지면(陸地綿)   (36) 미국면(美國綿)

이들은 '목화의 대표적인 품종의 하나. 잎이 크고 3-5갈래로 깊이
째졌으며, 꽃이 큼직한데 희거나 엷은 황색이고 씨의 솜털이 긺'의
개념을 공유하고 있어 <목화의 대표적인 품종-큰 잎이 3-5갈래로 깊

이 째졌음+흰색·엷은 황색의 꽃이 핌+씨의 솜털이 깂>이 공통으로 추가된다.

    (37) 다래   (38) 목화송이(木花--)
    (39) 목화씨(木花-)   (40) 면화씨(棉花-)
    (41) 면실(綿實)

위의 (37)은 '아직 피지 아니한 목화의 열매'의 개념이니, 덜 익은 목화의 열매가 분절성이 되어 <덜 익은 목화의 열매>가 추가되고, (38)은 '목화가 익어서 개열한 송이'의 개념이므로, 목화의 열매가 완전히 익어서 벌어진 것이 분절성이 되어 <목화가 익어서 개열한 송이>가 추가되며, (39-41)은 '목화의 씨'의 개념을 공유하고 있으므로 <목화의 씨-기름을 짬>이 공통으로 추가된다.

    (42) 면작(棉作)   (43) 면작토(棉作土)
    (44) 목화밭(木花-)   (45) 목화모(木花苗)
    (46) 생면(生綿)

위의 (42)는 '목화 농사'의 개념이니, 농사가 분절성이 되어 <목화 농사>가 추가되고, (43)은 '목화 농사를 짓는 땅'의 개념이므로, 목화의 경작지가 분절성이 되어 <목화의 경작지>가 추가되며, (44)는 '목화를 심은 밭'의 개념이므로, 목화밭이 분절성이 되어 <목화를 심은 밭>이 추가된다. 그리고 (45)는 '모종하기 위해 기른 목화의 모'의 개념이니, 목화의 모가 분절성이 되어 <모종하기 위해 재배한 목화의 모>가 추가되고, (46)은 '가공하지 않은 면화'의 개념이므로, 가공하지 않음이 분절성이 되어 <가공하지 않은 면화>가 추가된다. 앞에서 논의한 목화의 낱말밭은 다음 나무그림과 같다.

<그림93> 목화의 낱말밭 모형

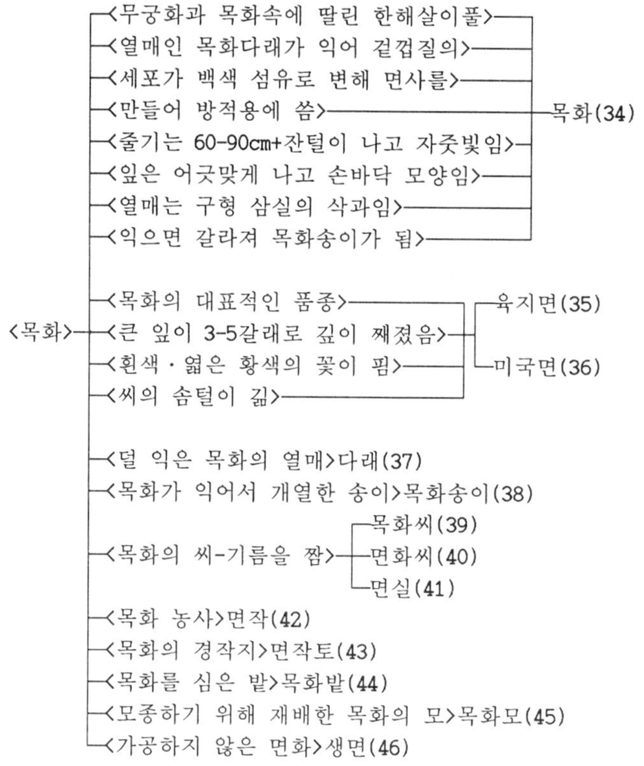

2.9.1.2.2. 솜을 만드는 내용

이 부분밭은 면화에서 솜을 뽑는 내용이므로 <조면>이 공통으로 부가된다.

(47) 제면(製綿)   (48) 조면(繰綿)
(49) 조면기(繰綿機)

위의 (47)은 '목화를 다루어 솜을 만듦'의 개념이니, 목화를 원료로 하여 솜을 만드는 것이 분절성이 되어 <목화를 다루어 솜을 만듦>이 추가되고, (48)은 '목화씨를 앗아 틀어 솜을 만듦. 또는 그렇게 만들어 놓은 솜. 이 면실 작업은 옛날에는 손으로 하였으나 현재는 조면기로 함. 조면은 면사를 만드는 원료로 사용함'의 개념이므로, 목화씨를 앗아 솜을 만듦이 분절성이 되어 <목화씨를 앗아 틀어 솜을 만듦-옛날에는 씨아로 하였고 현재는 조면기로 함+조면은 면사의 원료가 됨>이 추가되며, (49)는 '면화씨를 빼고 솜을 트는 기계'의 개념이니, 기계의 사용이 분절성이 되어 <면화씨를 빼고 솜을 트는 기계>가 추가된다.

다음 (50-58)까지는 목화씨를 빼는 씨아의 내용이므로 <목화씨를 빼는 씨아>가 공통으로 추가된다.

(50) 씨아   (51) 교거(攪車)

(52) 씨아손   (53) 도괴(掉拐)

위의 (50-51)은 '목화씨를 빼는 기구. 토막나무에 두 개의 기둥을 박고 그 사이에 둥근 나무 두 개를 끼어 손잡이를 돌리면, 톱니처럼 마주 돌아가면서 목화씨가 빠지게 됨'의 개념을 공유하고 있어, 재래식인 목화씨를 빼는 기구가 분절성이 되어 <목화씨를 빼는 기구-토막나무에 두 개의 기둥을 박음+그 사이에 나무 두 개를 끼어 손잡이를 돌림→톱니처럼 돌며 씨를 뺌>이 공통으로 추가되고, (52-53)은 '씨아를 돌리는 손잡이'의 개념을 공유하고 있으므로, 씨아의 부품인 손잡이가 분절성이 되어 <씨아를 돌리는 손잡이>가 공통으로 추가된다.

(54) 귀   (55) 쐐기
(56) 가락   (57) 장가락

위의 (54)는 '씨아에서 두 개의 나무가 마주 돌도록 톱니처럼 파내어 만든 부분'의 개념이니, 씨아의 부품이 분절성이 되어 <씨아에서 두 개의 나무가 마주 돌도록 톱니처럼 파내어 만든 부분>이 추가되고, (55)는 '씨아의 가락과 장가락이 마주 붙어 돌아가도록 밑에서 받치는 나무'의 개념이므로, 씨아에서 톱니처럼 돌아가는 밑 부분이 분절성이 되어 <가락과 장가락이 마주 붙어 돌아가도록 밑에서 받치는 나무>가 추가된다. 그리고 (56)은 '씨아에서 톱니처럼 마주 돌아가게 된 위의 나무'의 개념이니, 톱니처럼 돌아가는 위의 나무가 분절성이 되어 <톱니처럼 마주 돌아가는 위의 나무>가 추가되고, (57)은 '씨아의 톱니가 마주 돌아가게 된 것의 아랫부분'의 개념이므로, 톱니처럼 돌아가는 아랫부분이 분절성이 되어 <톱니처럼 마주 돌아가는 아랫부분>이 추가된다.

(58) 씨아질

이는 '씨아로 목화씨를 빼내는 일'의 개념이니, 씨아질하는 것이 분절성이 되어 <씨아로 목화씨를 빼는 일>이 추가된다. 앞에서 논의한 솜을 만드는 낱말밭을 나무그림으로 그려보면 다음과 같다.

<그림94> 솜을 만드는 낱말밭 모형

```
 ┌─<목화를 다루어 솜을 만듦>제면(47)
 ├─<목화씨를 앗아 틀어 솜을 만듦>──────────┐
 ├─<옛날에는 씨아로 하였고 현재는 조면기로 함>─┼─조면(48)
 ├─<조면은 면사의 원료가 됨>──────────────┘
 └─<면화씨를 빼고 솜을 트는 기계>조면기(49)
```

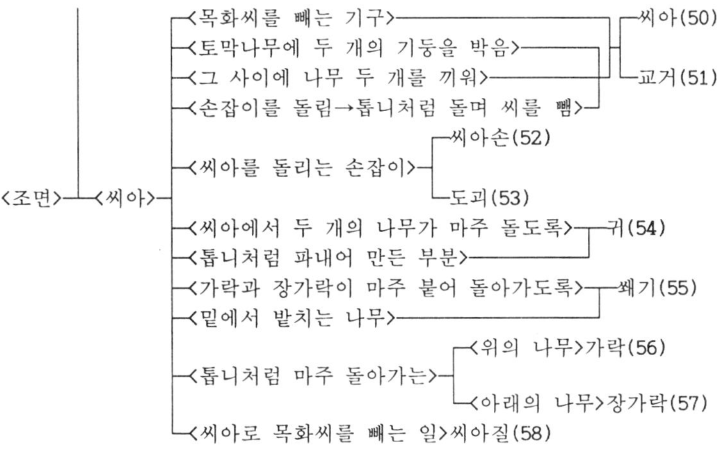

2.9.1.2.3. 솜의 내용

이 부분밭은 솜에 관련된 내용이므로 <솜>이 공통으로 부가된다.

(59) 솜   (60) 면(綿)
(61) 실면(實綿)   (62) 푸솜

위의 (59-60)은 '목화의 삭과 속에 있는 씨에 달라붙은 털 모양의 흰 섬유질의 물질. 표피의 세포가 연장된 것이다. 흰 광택이 나고 썩 부드럽고 가벼우며, 또한 탄력 및 장력이 풍부하고 흡습성·보온성이 있어 직물이나 그 밖의 용도로 널리 쓰인다. 씨를 빼지 않은 목화를 실면(實綿)이라 하고, 씨를 뺀 것을 조면(繰綿)이라 이른다. 성모가 긴 것일수록 고급이다'의 개념이니, 목화에서 빼낸 솜의 정의가 분절성이 되어 <목화의 삭과 속에 있는 털 모양의 흰 섬유질의 물질-표피의 세포가 연장된 것임+흰 광택이 나고 부드럽고 가벼움+탄력·장력이 풍부함+흡습성·보온성이 있어 직물과 많은 용도에 쓰임+씨가 붙어 있는 실면과 씨를 뺀 조면이 있음+성모가 긴 것이 고

급임>이 추가되고, 또 '식물성·동물성·광물성·화학섬유 등의 뭉치가 있다'의 개념도 가지고 있어 <식물성·동물성·광물성·화학섬유 등의 뭉치>가 더 추가되기도 한다. 그리고 (61)은 '목화씨에서 아직 씨를 빼지 아니한 솜'의 개념이니, 목화씨를 빼지 않음이 분절성이 되어 <목화씨에 붙어 있는 솜>이 추가되고, (62)는 '타지 않은 날솜'의 개념이므로, 솜을 탄 것이냐 타지 않은 것이냐가 분절성이 되어 <타지 않은 솜>이 추가된다.

(63) 활꼭지	(64) 솜틀
(65) 타면기(打綿機)	(66) 타면실(打綿室)
(67) 타면업(打綿業)	

위의 (63)은 '활로 목화송이를 탈 때 시위를 튀기는 짧고 모가진 나무가락'의 개념이니, 재래식 솜을 타는 기구가 분절성이 되어 <활로 면화를 탈 때 시위를 튀기는 짧고 모가진 나무가락>이 추가되고, (64-65)는 '솜에 붙은 잡물을 가려내고 깨끗하고 고운 덩이로 부풀어 일어나게 하는 기계'의 개념을 공유하고 있으므로, 솜을 타는 기계가 분절성이 되어 <솜의 잡물을 제거하고 정제하여 부풀어 일어나게 하는 기계>가 공통으로 추가된다. 그리고 (66)은 '솜 트는 설비를 갖추고 솜을 트는 방'의 개념이니, 솜을 트는 방이 분절성이 되어 <솜을 트는 설비를 갖춘 방>이 추가되고, (67)은 '솜 타는 일을 직업으로 하다'의 개념이므로 솜 트는 직업이 분절성이 되어 <솜을 타는 직업>이 추가된다.

(68) 타면(打綿)	(69) 탄면(彈綿)
(70) 왜솜(倭-)	(71) 묵솜

위의 (68-69)는 '솜을 타다'의 개념을 공유하고 있어, 솜을 타는 일이 분절성이 되어 <솜을 타는 일>이 공통으로 추가되고, (70)은 '개량종의 면화를 타서 만든 솜'의 개념이므로, 개량종의 면화가 분절성이 되어 <개량종의 면화를 타서 만든 솜>이 추가되며, (71)은 '묵은 솜'의 개념이니, 얼마나 묵었는지는 모르나 햇솜이 아닌 것이 분절성이 되어 <묵은 솜>이 추가된다.

> (72) 솜판(-板)   (73) 솜채
> (74) 솜돗   (75) 솜반
> (76) 솜판견신기(-板牽伸機)

위의 (72)는 '솜틀 속에서 틀어져 판자 모양으로 만들어져 나오는 솜'의 개념이니, 솜틀로 판자 모양의 솜을 만드는 것이 분절성이 되어 <솜틀 속에서 판자 모양으로 만들어져 나오는 솜>이 추가되고, (73)은 '솜반을 지을 적에 솜을 잠 재려고 두드리는 채. 댓개비의 한 끝을 몇 갈래로 가르고 다른 한 끝은 자루로 함'의 개념이므로, 솜을 두드려 솜반을 만드는 채가 분절성이 되어 <솜을 잠 재려고 두드리는 채-댓개비의 한 끝을 몇 갈래로 가르고 다른 한 끝은 손잡이로 함→솜반을 만드는 기구>가 추가되며, (74)는 '솜반을 짓는 데 쓰는 돗자리. 솜조각을 그 위에 놓고 펴서 두르르 만 다음에 잠이 자게 밟는다'의 개념이니, 솜반을 만드는 돗자리가 분절성이 되어 <솜반을 만드는 돗자리-솜조각을 두르르 말아 잠이 자게 밟음>이 추가된다. 그리고 (75)는 '솜돗에 펴서 잠이 자게 만든 반반한 솜의 조각'의 개념이니, 솜반이 만들어 진 것이 분절성이 되어 <솜돗으로 만든 반반한 솜의 조각>이 추가되고, (76)은 '작은 솜반들을 합쳐서 늘리는 기계'의 개념이므로, 작은 솜반을 합쳐서 늘리는 기계가 분절성이 되어 <작은 솜반들을 합쳐서 늘리는 기계>가 추가된다. 앞에서 논의한 솜의 낱말밭을 나무그림으로 그려보면 다음과 같다.

<그림95> 솜의 낱말밭 모형

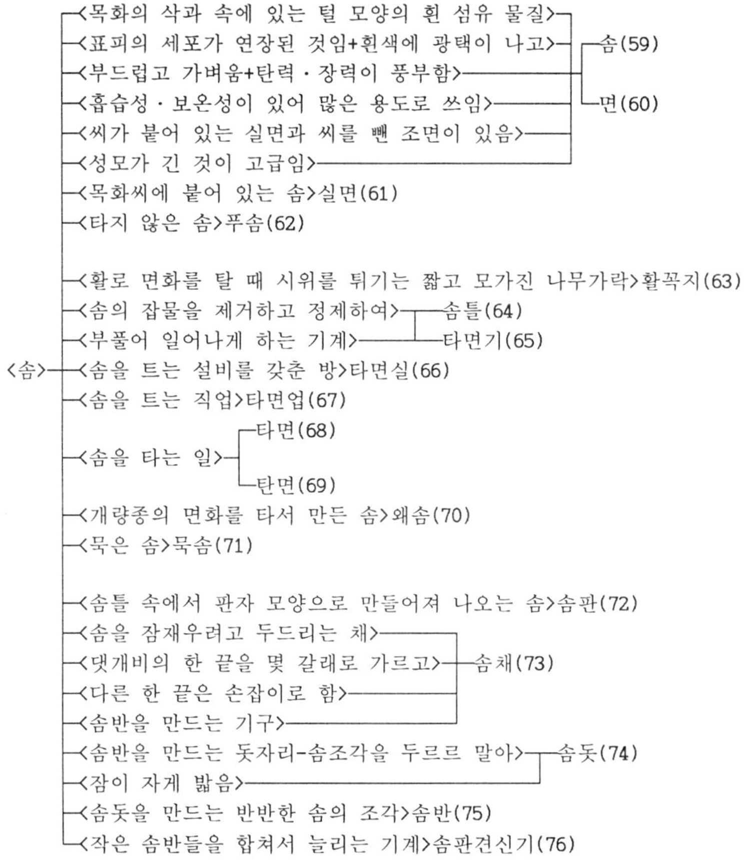

2.9.1.2.4. 실의 내용

이 분분밭은 실을 내용으로 하고 있으므로 <실>이 공통으로 부가된다.

(77) 제사(製絲)	(78) 제사공(製絲工)
(79) 제사업(製絲業)	(80) 제사공업(製絲工業)
(81) 제사공장(製絲工場)	(82) 제사금융(製絲金融)

위의 낱말들은 실을 만드는 내용이므로 <실을 만듦>이 공통으로 부가된다. 따라서 (77)은 '고치 또는 솜 등으로 실을 만듦'의 개념이 니, 실을 만드는 것이 분절성이 되어 <고치·솜 등으로 실을 만듦> 이 추가되고, (78)은 '실을 만드는 일에 종사하는 직공'의 개념이므 로, 실을 만드는 직공이 분절성이 되어 <실을 만드는 일에 종사하는 직공>이 추가되며, (79-80)은 '고치나 솜으로 실을 만드는 공업'의 개 념을 공유하고 있어, 직업이 분절성이 되어 <실을 만드는 직업>이 공통으로 추가된다. 그리고 (81)은 '실을 만드는 공장'의 개념이니, 공장이 분절성이 되어 <실을 만드는 공장>이 추가되고, (82)는 '제사 업에 대한 금융자금의 융자'의 개념이므로, 제사업에 대한 융자가 분 절성이 되어 <제사업에 대한 운영자금의 융자>가 추가된다.

다음 (83-111)까지는 실을 뽑아내는 재래식 기구인 물레에 대한 내용이므로 <물레>가 공통으로 부가된다.

(83) 물레	(84) 방차(紡車)
(85) 취자거(取子車)	(86) 도차(陶車)
(87) 선륜차(線輪車)	(88) 윤대(輪臺)
(89) 목면발거(木棉撥車)	

위의 낱말들은 '솜이나 털 따위의 섬유를 자아내서 실을 만드는 간 단한 수공업적인 도구. 나무로 된 여러 개의 살을 끈으로 얽어매어 보통 육각(六角)의 둘레를 만들고, 가운데에 굴대를 박아 손잡이로

돌리게 되었다'의 개념을 공유하고 있어, 재래식 물레의 정의가 분절성이 되어 <솜·털의 섬유에서 실을 만드는 간단한 수공업 도구-나무로 된 여러 개의 살에 끈으로 얽어 가운데에 굴대를 박아 손잡이로 돌려 실을 뽑는 기구>가 공통으로 추가되는 유의어이므로 한 동아리에 묶었다. 그리고 (89)는 '무명실을 잣는 데 쓰는 물레'의 개념이니, 무명실을 뽑는 물레가 분절성이 되어 <무명실을 잣는 물레>가 추가된다. 따라서 (89)는 (83-88)보다 정보량(entropy)[65]이 적다.

(90) 물레바퀴   (91) 사거(絲車)

(92) 굴똥   (93) 물렛줄

(94) 동줄

위의 (90-91)은 '물레에 딸린 바퀴. 이것이 돌아감에 따라 가락이 돌면서 실을 감게 된다'의 개념을 공유하고 있어, 가락을 돌리는 물레에 딸린 바퀴가 분절성이 되어 <물레에 딸린 바퀴-회전하면 가락이 돌아 실을 감게 됨>이 공통으로 추가되고, (92)는 '물레바퀴 가운데 바퀴를 돌리는 둥근 나무'의 개념이므로, 물레바퀴 가운데의 나무가 분절성이 되므로 <물레바퀴 가운데 박아 바퀴를 돌리는 둥근 나무>가 추가된다. 그리고 (93)은 '물레의 몸과 가락을 걸쳐 감은 줄. 물레를 돌리는 대로 가락을 돌게 한다'의 개념이니, 물레를 돌려 가락을 돌게 하는 줄이 분절성이 되어 <물레의 몸과 가락을 걸쳐 감은 줄-물레의 회전에 따라 가락이 돌게 됨>이 추가되고, (94)는 '물레의 몸을 동이어 얽은 줄'의 개념이므로 <물레의 몸을 동이어 얽은 줄>

---

65) 金芳漢 譯(1982:230)은 "한 코무니케이션 기호에 포함된 정보를 정보량(entropy)이라 한다. 대치의 가능성이 크면 클수록 그 기호가 전하는 정보량도 크다. 그러나 정보의 예측 가능성은 적다."고 하였다.

이 추가된다.

    (95) 괴머리   (96) 괴머리기둥
    (97) 가락고동   (98) 가리랑나무
    (99) 꼭지마리

위의 (95)는 '물레의 왼쪽, 가리랑나무 끝에 가락을 꽂으려고 만든 부분'의 개념이니, 가락을 꽂으려고 만든 부분이 분절성이 되어 <물레의 왼쪽 가리랑나무 끝에 가락을 꽂으려고 만든 부분>이 추가되고, (96)은 '괴머리에 박혀 가락이나 가락토리를 끼우게 된 두 개의 나무'의 개념이므로 <괴머리에 박혀 가락·가락토리를 끼우게 된 두 개의 나무>가 추가되며, (97)은 '물레의 왼쪽에 있는 괴머리기둥에 가락을 꽂기 위하여 고리처럼 만들어 박은 물건'의 개념이니 <괴머리기둥에 가락을 꽂기 위해 고리처럼 만들어 박은 물건>이 추가된다. 그리고 (98)은 '물레의 몸에 괴머리를 연결시킨 나무'의 개념이니 <물레의 몸에 괴머리를 연결시킨 나무>가 추가되고, (99)는 '물레를 돌리는 손잡이'의 개념이므로 <물레를 돌리는 손잡이>가 추가된다. 앞에서 논의한 실의 낱말밭은 다음과 같다.

<그림96> 실의 낱말밭 모형(1)

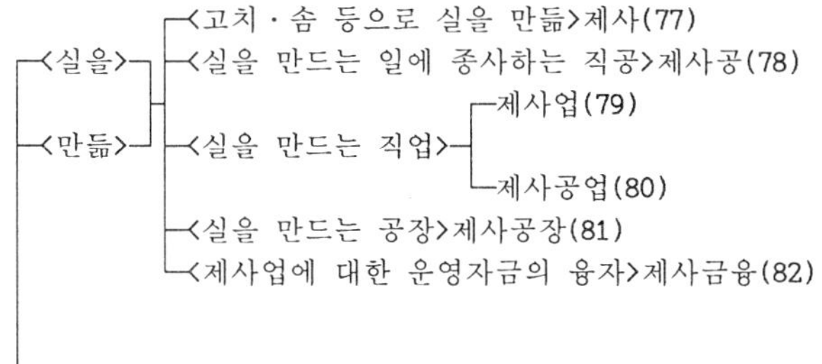

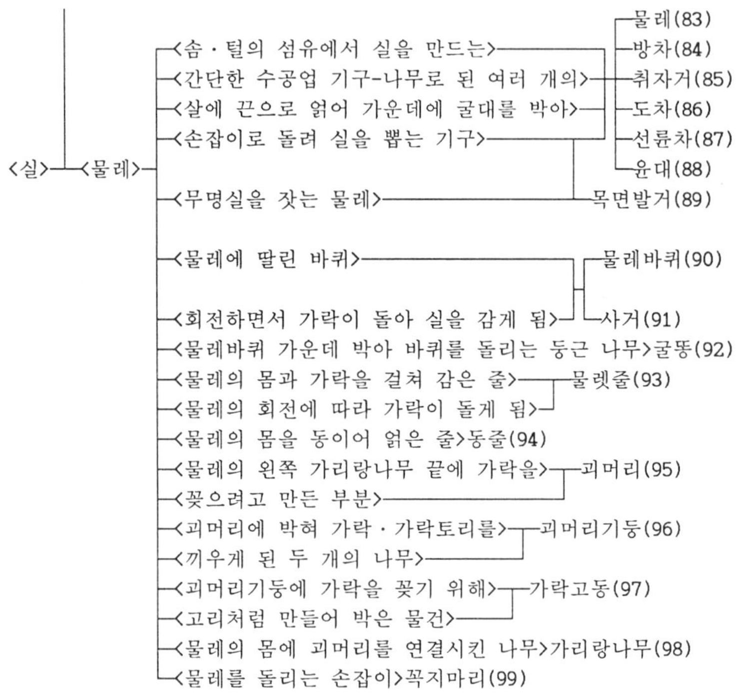

(100) 물렛돌 (101) 물레가락
(102) 가락꼬치 (103) 전정자(銓莛者)
(104) 방추(紡錘)

위의 (100)은 '물레를 돌릴 때에 흔들리지 않도록 물레 바닥의 가리랑나무를 누르는 넓적한 돌'의 개념이니 <물레를 고정시키기 위해 가리랑나무를 누르는 넓적한 돌>이 추가되고, (101-104)는 '물레로 실을 지을 때, 고치솜에서 풀려 나오는 실을 감는 두 끝이 뾰족한 쇠꼬챙이. 길이는 한 뼘 정도임'의 개념을 공유하고 있으므로 <고치솜에서 풀려 나온 실을 감는 뾰족한 쇠꼬챙이>가 공통으로 추가된다.

(105) 가락토리   (106) 토리
(107) 고칫대   (108) 고치

위의 (105)는 '물레로 실을 겹으로 들일 때 가락을 두 고동 사이에 끼우는 대통이나 또는 그처럼 된 물건'의 개념이니 <물레의 실을 겹으로 드릴 때 두 고동 사이에 끼우는 대통>이 추가되고, 또 '물레 줄을 걸어 물레를 돌게 한다'의 개념도 가지고 있어 <물레 줄을 걸어 물레를 돌게 함>이 더 추가되며, (106)은 '실을 둥글게 감은 뭉치'의 개념이므로 <실을 둥글게 감은 뭉치>가 추가된다. 그리고 (107)은 '솜으로 고치를 마는 수수목대'의 개념이니 <솜으로 고치를 마는 수수목대>가 추가되고, (108)은 '물레질하려고 만든 솜방망이'의 개념이니 <물레질하려고 만든 솜방망이>가 추가된다.

(109) 물레질   (110) 잣다
(111) 가락잡이

위의 (109-110)은 '물레를 돌려 솜이나 고치에서 실을 뽑는 일'의 개념을 공유하고 있어 <물레질로 실을 뽑는 일>이 공통으로 추가되고, (111)은 '굽은 물레가락을 바로잡는 사람'의 개념이므로 <굽은 물레가락을 바로잡는 사람>이 추가되어 분절한다.

(112) 방적면사(紡績綿絲)   (113) 무명실
(114) 면사(綿絲)   (115) 목사(木絲)

위의 (112)는 '면섬유에서 뽑아낸 실을 통틀어 일컬음'의 개념이니, 목화에서 뽑은 실이 분절성이 되어 <면섬유에서 뽑아낸 실의 총칭>이 추가되고, (113-115)는 '솜을 자아 만든 실'의 개념을 공유하

고 있으므로 <솜을 자아 만든 실>이 공통으로 추가된다.

    (116) 주란사실(--紗-)   (117) 솜털실
    (118) 면모사(綿毛絲)

위의 (116)은 '무명실의 거죽에 일어난 솜털 같은 섬유를 가스불에 태워서 반드르르하게 윤을 낸 실'의 개념이니 <무명실 거죽의 솜털을 가스불에 태워서 윤을 낸 실>이 추가되고, (117-118)은 '솜과 털의 찌꺼기로 만든 방적실'의 개념을 공유하고 있으므로 <솜과 털의 찌꺼기로 만든 방적실>이 공통으로 추가된다.

    (119) 자새   (120) 자새질

위의 (119)는 '실을 감는 얼레'의 개념이니 <실을 감는 얼레>가 추가되고, (120)은 '자새로 실이나 줄을 감는 일'의 개념이므로 <자새로 실·줄을 감는 일>이 추가되며, 또 '줄을 드리기 위하여 자새를 돌리는 일'의 개념도 가지고 있어 <실을 드리기 위하여 자새를 돌리는 일>도 추가된다. 앞에서 논의한 실의 낱말밭을 나무그림으로 그려보면 다음과 같은 수형도가 된다.

<그림97> 실의 낱말밭 모형(2)

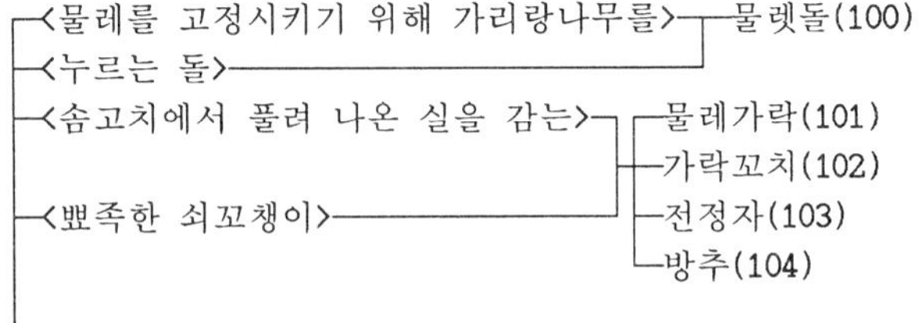

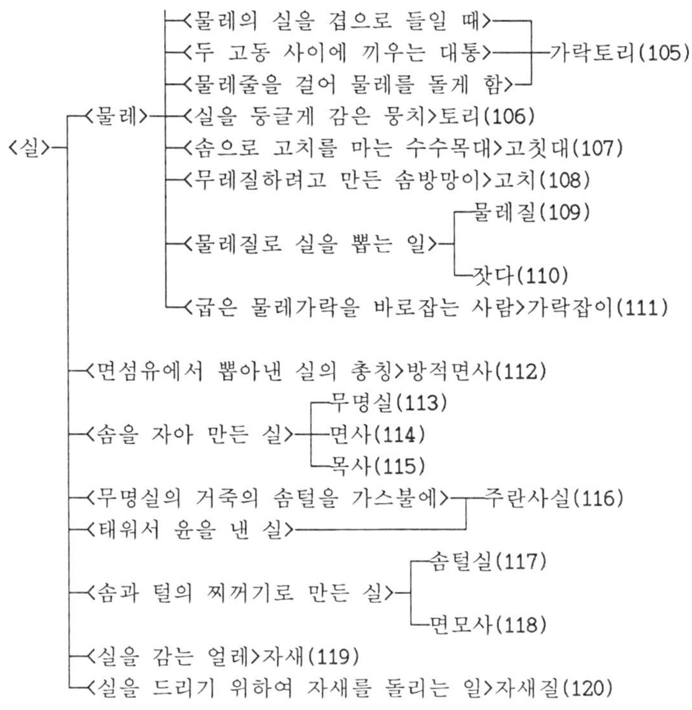

2.9.1.2.5. 베틀의 내용

이 부분은 베틀에 관련된 내용이므로 <베틀>이 공통으로 추가된다.

(121) 베틀   (122) 직기(織機)
(123) 용두머리   (124) 눈썹대

위의 (121-122)는 '무명·삼베·명주 같은 피륙을 짜는 틀'의 개념을 공유하고 있어 <무명·삼베·명주 등의 피륙을 짜는 틀>이 공통으로 추가되고, (123)은 '베틀앞다리의 끝에 얹은 나무'의 개념이므로 <베틀앞다리의 끝에 얹은 나무>가 추가되며, (124)는 '베틀의 용두머리 두 끝에 앞으로 내뻗친 가는 막대. 그 끝에 눈썹줄이 달림'

의 개념이니 <용두머리 두 끝에서 앞으로 내뻗친 가는 막대-그 끝에 눈썹줄이 달림>이 추가된다.

    (125) 눈썹노리   (126) 눈썹줄
    (127) 잉아   (128) 종사(綜絲)

위의 (125)는 '베틀에서 눈썹대의 끝 부분. 눈썹줄이 달려 있음'의 개념이니 <눈썹줄이 달려 있는 눈썹대의 끝 부분>이 추가되고, (126)은 '눈썹대 끝에 잉앗대를 거는 줄'의 개념이므로 <눈썹대 끝에 잉앗대를 거는 줄>이 추가되며, (127-128)은 '베틀의 날실을 끌어올리도록 맨 굵은 줄'의 개념을 공유하고 있어 <날실을 끌어올리도록 맨 굵은 줄>이 공통으로 추가된다.

    (129) 잉앗대   (130) 속대

위의 (129)는 '뒤로 눈썹줄에 대어 아래로 잉아를 걸어 놓은 나무'의 개념이니 <눈썹줄에 대어 아래로 잉아를 걸어 놓은 나무>가 추가되고, (130)은 '베틀의 잉앗대 밑에 들어간 나무'의 개념이므로 <잉앗대 밑에 들어간 나무>가 추가된다.

    (131) 북   (132) 북바늘
    (133) 북꾸리   (134) 북길

위의 (131)은 '씨실의 꾸리를 넣고 북바늘로 고정시켜 날의 틈으로 왔다갔다하게 하여 씨를 풀어주어 피륙이 짜지게 하는 배같이 생긴 나무통. 오목하게 팬 곳에 실을 감은 꾸리를 넣고 대쪽으로 얄팍하게 만든 북닫개로 덮음'의 개념이니 <씨실의 꾸리를 넣고 북바늘로 고

정시켜 날의 틈으로 왔다갔다함→씨실을 풀어주어 피륙이 짜지게
하는 배같이 생긴 나무통+실꾸리 위를 북덮개로 덮음>이 추가되고,
(132)는 '베틀의 북 속에 실꾸리를 넣고 뒤에 그것이 솟아나오지 못
하도록 눌러 놓은 대오리'의 개념이므로 <실꾸리를 넣은 북 위에 눌
러놓은 대오리→실꾸리가 못나오게 함>이 추가된다. 그리고 (133)은
'북 안에 들어 있는 실'의 개념이니 <북 안에 들어 있는 실>이 추가
되고, (134)는 '베틀의 날실을 끌어올리기 위하여 맨 굵은 줄[잉아]에
의하여 위아래로 벌어진 날실들의 공간. 이 사이로 북이 드나듦'의
개념이므로 <잉아에 의하여 날실이 상하로 벌어진 공간→그 사이로
북이 드나듦>이 추가된다.

(135) 바디   (136) 성구(筬簆)
(137) 바디집   (138) 바디틀
(139) 구광(筬框)   (140) 바디집비녀
(141) 바디집마구리   (142) 굴레
(143) 바디질하다   (144) 바디치다

위의 낱말들은 바디와 관련된 내용이므로 <바디>가 공통으로 부
가된다. 따라서 (135-136)은 '베틀·방직기·가마니틀 등에 딸린 기
구의 한 가지. 대오리·나무·쇠 따위로 참빗처럼 세워 앞뒤로 대오
리를 대고 단단하게 실로 얽어 만듦. 살의 틈마다 날을 꿰어서 베의
날을 고르며 북의 통로를 만들어 주고 씨를 쳐서 짬'의 개념을 공유
하고 있어 <대오리·나무·쇠 따위로 참빗살처럼 세워 두 끝을 앞
뒤로 대오리를 대고 단단하게 실로 얽어 만듦-실의 틈에 날실을 꿰어
서 북의 통로를 만들어 주고 씨를 쳐서 짬>이 공통으로 추가되고,
(137-139)는 '방직기나 베틀에 바디를 끼우는 테. 홈이 있는 두 짝의

나무로 바디를 끼우는 양편 마구리에 바디집비녀를 꽂음'의 개념을
공유하고 있으므로 <바디를 끼우는 테-홈이 있는 두 짝의 나무로 바
디를 끼운 양편 마구리에 바디집비녀를 꽂음>이 공통으로 추가된다.
그리고 (140-141)은 '바디집 두 짝의 머리를 잡아 꿰는 가는 쇠나 나
무'의 개념을 공유하고 있어 <바디집 두 짝의 머리를 잡아 꿰는 쇠나
나무>가 공통으로 추가되고, (142)는 '비디집비녀 옆에 바디집을 걸
치어 매는 끈'의 개념이므로 <바디집비녀 옆에 바디집을 걸치어 매
는 끈>이 추가되며, (143-144)는 '베나 가마니 등을 짜는데 바디로
씨를 치다'의 개념을 공유하고 있어, 여기서는 베를 짜는 것이므로
<베를 짜려고 바디의 씨를 치는 일>이 공통으로 추가된다. 앞에서
논의한 베틀의 낱말밭은 다음과 같다.

〈그림98〉 베틀의 낱말밭 모형(1)

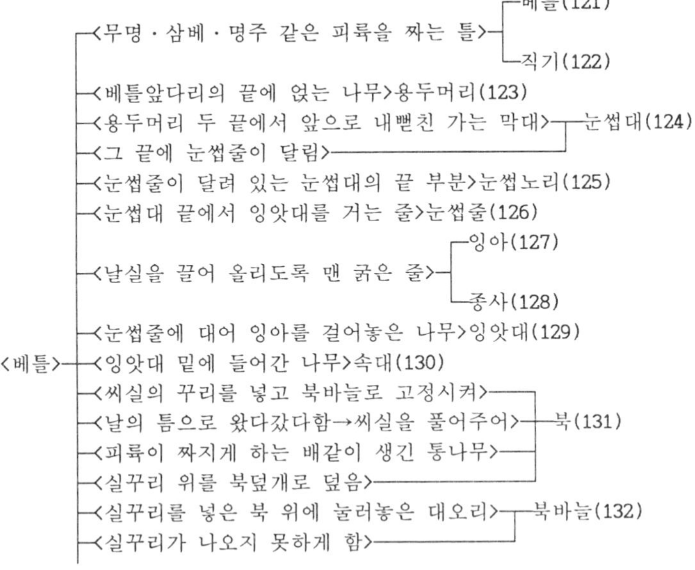

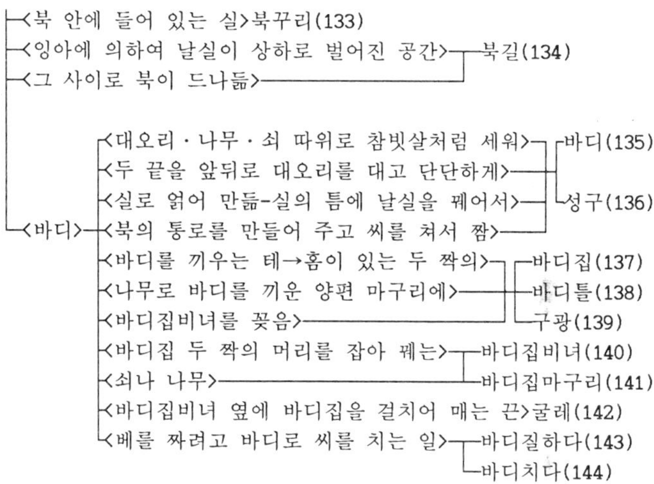

(145) 최활   (146) 쳇발
(147) 부티   (148) 부티끈
(149) 부팃줄

위의 (145)는 '베를 짜 나가는 데서 그 폭이 좁아지지 않게 하느라고 가로 넓이를 버티는 가는 나무오리. 활처럼 등이 휘고, 두 끝에 최를 달아 박았음'의 개념이니 ＜짠 베의 폭이 좁아지지 않게 가로 넓이를 버티는 가는 나무오리＞가 추가되고, (146)은 '짠 피륙이 구김살이 지거나 너비가 들락날락하지 못하게 양쪽으로 버티는 물건'의 개념이므로 ＜짠 피륙이 구김살이 지거나 너비가 들락날락하지 못하게 양쪽으로 버티는 물건＞이 추가된다. 그리고 (147)은 '피륙을 짤 때 베틀의 말코 양쪽 끝에 끈을 매어 허리에 두르는 넓은 띠. 나무·가죽·베붙이 따위로 만듦'의 개념이니 ＜피륙을 짤 때 말코 양쪽 끝에 끈을 매어 허리에 두르는 넓은 띠-나무·가죽·베 따위로 만듦＞이 추가되고, (148-149)는 '베틀의 말코 양쪽 끝과 부티 사이에 맨

끈'의 개념을 공유하고 있어 <말코 양쪽 끝과 부티 사이에 맨 끈>이
공통으로 추가된다.

    (150) 말코   (151) 앉을깨
    (152) 베틀뒷기둥   (153) 다올대
    (154) 밀치깃대

위의 (150)은 '베를 짤 때 피륙을 감는 대. 부티 끈을 그 양쪽에
감아 맴'의 개념이니 <베를 짤 때 피륙을 감는 대-부티끈을 그 양쪽
에 감아 맴>이 추가되고, (151)은 '베틀에 사람이 앉는 자리'의 개념
이므로 <베틀에 사람이 앉는 자리>가 추가된다. 그리고 (152)는 '베
틀다리의 뒤를 버티는 짧은 기둥. 그 위에 앉을깨를 걸쳐놓음'의 개
념이니 <베틀다리의 뒤를 버티는 짧은 기둥-그 위에 앉을깨를 걸쳐
놓음>이 추가되고, (153-154)는 '베의 날을 풀기 위하여 도투마리를
밀어서 넘기는 막대'의 개념을 공유하고 있으므로 <베의 날을 풀기
위해 도투마리를 밀어서 넘기는 막대>가 공통으로 추가된다.

    (155) 베틀신   (156) 신찐줄
    (157) 베틀신끈

위의 (155-156)은 '베를 짤 때에 베틀의 용두머리를 잡아돌리기 위
하여 신대 끝에 줄을 달고 그 끝에 동인 외짝신. 한쪽 발에 신고 다리
를 오므렸다 뻗쳤다하면 용두머리가 잡아당겼다 놓였다하게 됨'의
개념을 공유하고 있어 <용두머리를 잡아돌리기 위하여 신대 끝에 줄
을 달고 그 끝에 동인 외짝신-한쪽 발에 신고 다리를 오므렸다 뻗쳤
다하면 용두머리가 잡아당겼다 놓였다 함>이 공통으로 추가되고,

(157)은 '베틀신대의 끈과 베틀신을 연결한 끈'의 개념이므로 <베틀
신대의 끈과 베틀신을 연결한 끈>이 추가된다.

(158) 가로대   (159) 눌림대

위의 (158)은 '베틀의 두 누운다리 사이에 가로지른 나무'의 개념
이니 <베틀의 두 누운다리 사이에 가로지른 나무>가 추가되고, (159)
는 '잉아의 뒤에 있어 베 날을 누르는 막대'의 개념이므로 <잉아의
뒤에서 베 날을 누르는 막대>가 추가된다. 앞에서 논의한 베틀의 낱
말밭은 다음과 같다.

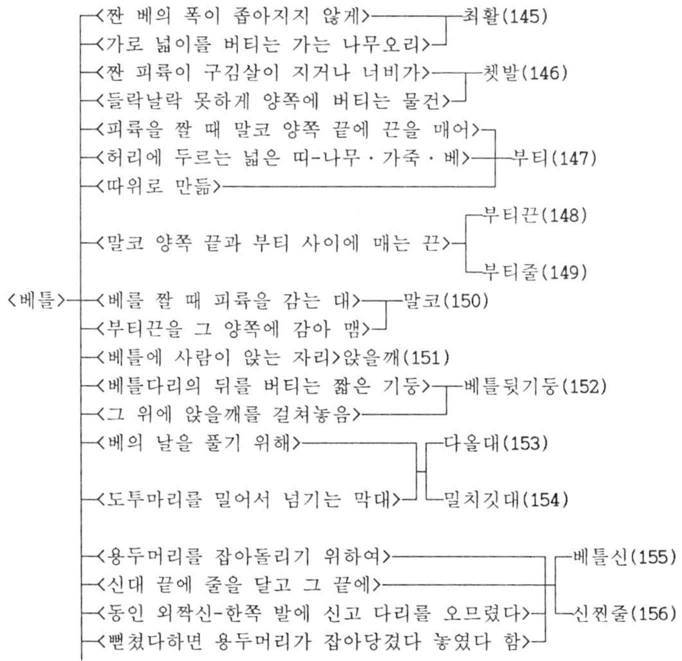

<그림99> 베틀의 낱말밭 모형(2)

┌─<베틀신대의 끈과 베틀신을 연결한 끈>베틀신끈(157)
│
├─<베틀의 두 누운 다리 사이에 가로지른 나무>가로대(158)
└─<잉아의 뒤에서 베 날을 누르는 막대>눌림대(159)

(160) 눌림끈   (161) 눌림줄

이들은 '베틀의 눌림대에 걸어 베틀다리에 매는 끈'의 개념을 공
유하고 있어 <눌림대에 걸어 베틀다리에 매는 끈>이 공통으로 추가
된다.

(162) 베틀다리   (163) 비경이
(164) 삼각(三脚)   (165) 베틀앞기둥

위의 (162)는 '베틀을 지탱하는 가로누운 굵고 긴 나무'의 개념이니
<베틀을 지탱하는 가로누운 굵고 긴 나무>가 추가되고, (163-164)는
'잉아의 뒤와 시침대 앞 사이에 날실을 걸치도록 가는 나무오리 세
개를 얼레 비슷하게 벌려 만든 것'의 개념을 공유하고 있어 <잉아의
뒤와 시침대 앞 사이에 날실을 걸치도록 가는 나무오리 세 개를 얼레
비슷하게 벌려 만든 것>이 공통으로 추가되며, (165)는 '베틀다리 앞
쪽에 구멍을 뚫어 거기에 박아 세운 기둥. 위에는 용두머리가 얹히고
뒤에는 도투마리가 놓이게 됨'의 개념이니 <베틀다리 앞쪽에 구멍을
뚫어 거기에 박아 세운 기둥-그 위에 용두머리가 얹히고 뒤에는 도투
마리가 놓임>이 추가된다.

(166) 베틀신대   (167) 신대
(168) 신나무   (169) 신초리
(170) 신찐나무   (171) 시침대
(172) 도투마리   (173) 뱁댕이

(174) 뱁대

   위의 (166-170)은 '베틀의 용두머리 한가운데에 박아 뒤로 뻗친 활처럼 조금 굽은 막대. 그 끝에 베틀신끈을 달았음'의 개념을 공유하고 있어 <용두머리의 한가운데 박아 뒤로 내뻗친 활처럼 조금 굽은 막대-그 끝에 베틀신끈을 달았음>이 공통으로 추가되고, (171)은 '시침으로 사용하는 가는 나무나 대'의 개념이므로 <시침으로 사용하는 가는 나무나 대>가 추가된다. 그리고 (172)는 '베를 짤 때 날을 감아 베틀앞다리 너머의 체머리 위에 얹어두는 틀'의 개념이니 <날실을 감아 베틀앞다리 너머의 체머리 위에 얹어두는 틀>이 추가된다. 그리고 (173-174)는 '베를 짤 때에 날이 서로 붙지 못하게 사이사이에 지르는 막대'의 개념이니 <베의 날이 붙지 않게 사이사이에 지르는 막대>가 공통으로 추가된다. 앞에서 논의한 베틀의 낱말밭을 나무그림으로 그려보면 다음과 같다.

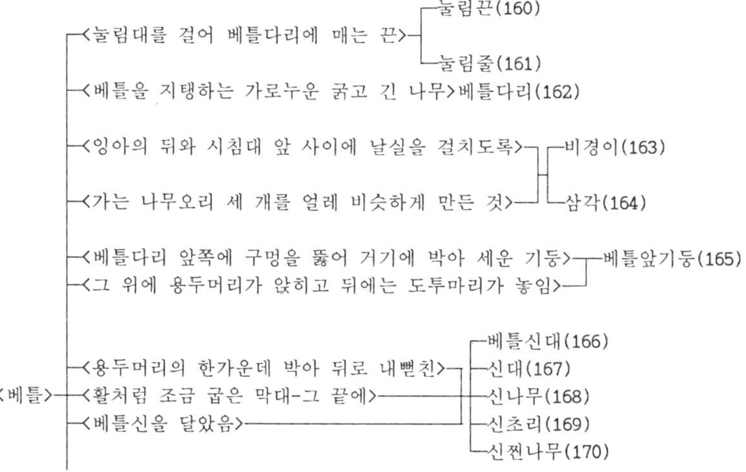

〈그림100〉 베틀의 낱말밭 모형(3)

```
┌─<시침으로 사용하는 가는 나무나 대>시침대(171)
├─<날실을 감아 베틀앞다리 너머의>──┬─도투마리(172)
├─<체머리 위에 얹어두는 틀>─────┘
│                                                    ┌─뱁댕이(173)
└─<베의 날이 붙지 않도록 사이사이에 지르는 막대>─┤
                                                     └─뱁대(174)
```

2.9.1.2.6. 무명의 내용

이 부분밭은 베를 짜놓은 무명의 내용이므로 <무명>이 공통으로
부가된다.

(175) 저사(杼梭)   (176) 무명
(177) 무명베   (178) 목면포(木棉布)
(179) 면포(綿布)

위의 (175)는 '베를 짜는 일'의 개념이니 <베를 짜는 일>이 추가되
고, (176-179)는 '재래식 베틀에 의하여 무명실로 짠 피륙. 나비가 좁
으며 옷감으로 많이 쓰인다. 40척 한 필이 표준이다. 네 번 꼽쳐 16
겹이 되게 필을 짓는다. 50필이 한 동임'의 개념을 공유하고 있으므
로 <무명실로 짠 피륙-나비가 좁으며 옷감으로 많이 쓰임+40척이 한
필의 표준임+4번 꼽쳐 16겹이 되게 필을 지음+50필이 한 동임>이
공통으로 추가된다.

(180) 기부(機婦)   (181) 농포(農布)

위의 (180)은 '베 짜는 부인'의 개념이니 <베를 짜는 부인>이 추가
되고, (181)은 '농가에서 자기네들이 쓸 옷감으로 짠 베'의 개념이니
<농부들이 스스로 옷을 만들어 입기 위해 짠 베>가 추가된다.

(182) 본목(本木)　　　　　(183) 봄낳이

(184) 영목(嶺木)　　　　　(185) 세승포(細升布)

(186) 세백목(細白木)　　　(187) 외올베

　　위의 (182)는 '진짜 무명'의 개념이니, 진짜와 아님이 분절성이 되어 <진짜 무명>이 추가되고, (183)은 '봄철에 짠 무명'의 개념이므로, 무명을 짠 시기가 분절성이 되어 <봄에 짠 무명>이 추가되며, (184)는 '영남지방에서 나는 무명'의 개념이니, 생산지가 분절성이 되어 <영남지방에서 나는 무명>이 추가된다. 그리고 (185)는 '가는 베'의 개념이니, 베의 올이 분절성이 되어 <가는 베>가 추가되고, (186)은 '올이 가늘고 고운 무명'의 개념이므로, 올과 고운 정도가 분절성이 되어 <올이 가늘고 고운 무명>이 추가되며, (187)은 '외올로 성기게 짠 얇고 부드러운 베. 주로 가제나 붕대 따위로 쓰임'의 개념이니, 외올로 성기게 짠 베가 분절성이 되어 <외올로 짠 얇고 부드러운 베- 가제·붕대 따위로 쓰임>이 추가된다.

(188) 상목(上木)　　　　　(189) 중목(中木)

(190) 하지목(下地木)

　　위의 낱말들은 무명의 품질이 분절의 관점이 되므로 <무명의 품질>이 공통으로 추가된다. 따라서 (188)은 '품질이 매우 좋은 무명'의 개념이니 <상품의 무명>이 추가되고, (189)는 '중길쯤 되는 무명'의 개념이므로 <중품의 무명>이 추가되며, (190)은 '품질이 썩 낮은 무명'의 개념이니 <하품인 무명>이 추가된다. 앞에서 논의한 무명의 낱말밭을 나무그림으로 그려보면 다음과 같다.

<그림101> 무명의 낱말밭 모형

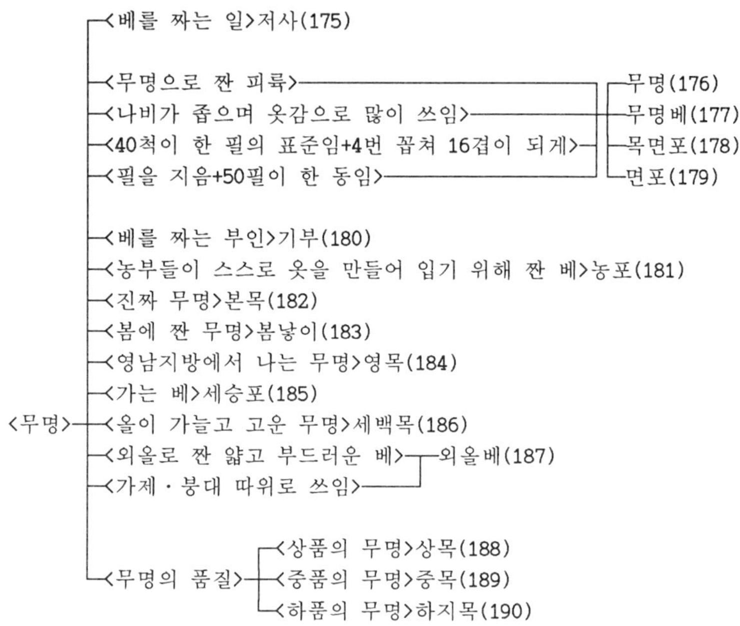

2.9.1.3. 모시의 내용

모시(苧麻: ramic chinagrass)[66]

(1) 내력 및 전파

모시는 섬유작물 중에서 가장 오래전 작물의 하나이며, 열대·아열대·온대 등 세계 각지에서 배재되고 있고 46°N까지 재배된다. 기원전부터 히말라야 지방에서 모시가 재배되고 있었다고 하며, 이집트에서는 7,000년 전에 아마와 더불어 미라포(mummy cloth)가 사용되었다고 한다. 모시가 유럽에 도입된 것은 18세기 경이라고 한다.

---

66) 조장환 외 4인(1993:186-187) 참조.

모시의 원산지는 동아시아로 알려져 있고 목화가 도입되기까지는 가장 중요한 섬유작물이었고, 우리나라는 고려시대부터 재배되었다고 한다.

(2) 분류 및 품종

모시는 백색종과 녹색종으로 나누고, 지역에 따라 분화가 많이 되어 한국종·일본종·타이완종 등으로 구별된다. 우리나라에 널리 재배된 품종은 백파종·사방·재래종 등이다.

(3) 생산 및 용도

중국은 예부터 유명한 모시의 산지로 알려져 있는데, 호북·호남·강서·사천성은 주산지이다. 브라질이 중국 다음가는 생산국이었으며 필리핀·대만·한국·일본 등도 재배가 많은 편이다.

(4) 재배환경

모시는 아열대 원산으로 내한성이 약하며, 지표 온도가 -10℃ 이하로 내려가는 지대에서는 재배하기가 곤란하며, -5~-6℃ 이하가 되는 곳에서는 방한을 위한 피복재배를 해야 한다. 단기간 내에 왕성한 성장을 함으로 고온 다습이 필요하며, 강수량은 1,000mm 정도가 되어야 한다.

모시는 지상부가 서리에 매우 약하고 풍해를 받기 쉬워 쓰러지거나 줄기가 부러지면 수량 및 품질저하를 초래한다.

모시는 한 번 심으면 10년 이상 같은 포장에서 계속해서 재배하는 다년생 작물이므로 토지 선정에 유의해야 한다. 남쪽을 향한 완만한 경사지로 배수가 좋고 적당한 수분과 부식을 가진 양토나 사질양토가 알맞다.

(5) 재배상의 특징

모시는 다음과 같은 재배 경영상의 특성을 지니고 있다.

① 모시는 다년생이며 재식한 다음부터 따뜻한 곳이면 연 3회까지 수확할 수 있어 비교적 안전한 작물이다.

② 모시재배는 비교적 노력이 많이 드나, 그 대부분은 박피·건조 등이어서 저장해두었다가 농한기에 하기 때문에 노력의 계절 분배가 잘된다.

③ 씨앗을 생산하기 위하여 재배하는 작물과는 달라서 비료를 과용하여도 실패하는 일이 없고 재배가 쉬우며 수량도 높일 수 있는 작물이다.

이 부분밭은 모시에 관련된 내용이므로 <모시>가 공통으로 부가된다. 이들의 내용은 모시풀, 모시풀의 껍질로 짠 피륙, 모시의 종류, 산지별 모시를 논의하게 된다.

(191) 모시풀　　　　　　　　(192) 저마(苧麻)
(193) 라믹(ramic)

이들은 '쐐기풀과에 딸린 여러해살이풀. 열대 아시아 원산. 키는 약 1.5m. 잎의 끝이 빨며 넓은 알 모양이고 가장자리가 톱니 모양이며 어긋맞게 남. 여름 가을에 담황색의 잔 꽃이 이삭 모양으로 잎겨드랑이에 달림. 암수한그루이며 꽃은 단성화(單性花). 줄기의 껍질에서 섬유를 뽑아 여름 옷감, 선박의 밧줄, 어망 따위를 만듦'의 개념을 공유하고 있어 <쐐기풀과에 딸린 여러해살이풀-줄기의 껍질에서

섬유를 뽑아 여름 옷감·선박의 밧줄·어망 등을 만듦+키는 약 1.5m+잎은 알 모양에 가장자리가 톱니 모양임+어긋맞게 남+암수한그루이며 꽃은 단성화임>이 공통으로 추가된다.

    (194) 저마사(苧麻絲)   (195) 모시
    (196) 저포(紵布)

위의 (194)는 '모시실'의 개념이니, 모시풀 줄기의 껍질에서 섬유를 뽑아 실로 만든 것이 분절성이 되어 <모시풀의 섬유에서 뽑은 실>이 추가되고, (195-196)은 '모시풀 껍질의 섬유로 짠 피륙'의 개념을 공유하고 있어 <모시풀 껍질의 섬유로 짠 피륙>이 공통으로 추가된다.

    (197) 세모시(細--)   (198) 세저(細苧)
    (199) 세목(細木)   (200) 십이승(十二升)
    (201) 세백저(細白苧)   (202) 장작모시(長斫--)
    (203) 모시항라(--亢羅)

위의 낱말들은 모시의 종류가 분절의 관점이 되어 <모시의 종류>가 공통으로 부가된다. 따라서 (197-199)는 '올이 아주 가늘고 고운 모시'의 개념을 공유하고 있어, 올이 가늘고 고운 것이 분절성이 되어 <올이 아주 가늘고 고운 모시>가 공통으로 추가되고, (200)은 '올이 가늘고 매우 고운 모시'의 개념이므로, 매우 고운 것이 분절성이 되어 <올이 가늘고 매우 고운 모시>가 추가되며, (201)은 '누여서 빛이 희어진 발이 가는 모시'의 개념이니, 빛이 흰 것이 분절성이 되어 <누여서 빛이 희어진 발이 가는 모시>가 추가된다. 그리고 (202)는 '굵고 성기게 짠 모시'의 개념이니, 굵고 성긴 것이 분절성이 되어

<굵고 성기게 짠 모시>가 추가되고, (203)은 '씨를 세 올이나 다섯 올씩 걸어서 구멍이 송송 뚫어지게 짠 모시로 여름 옷감에 적당함'의 개념이므로, 구멍이 송송 뚫어져 여름 옷감에 적당한 모시가 부절성이 되므로 <씨를 3-5올씩 걸어서 구멍이 송송 뚫어지게 짬+여름 옷감에 적당함>이 추가된다.

(204) 한산모시(韓山--) (205) 한산저(韓山紵)

(206) 한산세저(韓山細紵) (207) 한산세모시(韓山細--)

(208) 장성치모시(長城---)

위의 낱말들은 특정 지방에서 생산되는 좋은 모시가 분절의 관점이 되어 <지방산 모시>가 공통으로 추가된다. 따라서 (204-207)은 '한산에서 나는 질이 좋은 모시'의 개념을 공유하고 있어, 한산 지방이 분절성이 되어 <한산에서 나는 질이 좋은 모시>가 공통으로 추가되나, (206-207)은 세모시가 더 추가되어 <한산에서 나는 질이 좋은 세모시>가 공통으로 더 추가된다. 그리고 (208)은 '전라남도 장성에서 나는 올이 좀 굵고 질긴 모시'의 개념이니, 장성에서 나는 것과 올이 굵고 질긴 것이 분절성이 되어 <올이 굵고 질긴 장성에서 나는 모시>가 추가된다.

(209) 품칼

이는 '모시풀의 껍질을 벗기는데 쓰는 칼'의 개념이니, 모시 방적에 사용되는 기구가 분절성이 되어 <모시풀의 껍질을 벗기는데 쓰는 칼>이 추가되어 분절한다. 앞에서 논의한 모시의 낱말밭을 나무그림으로 그려보면 다음과 같다.

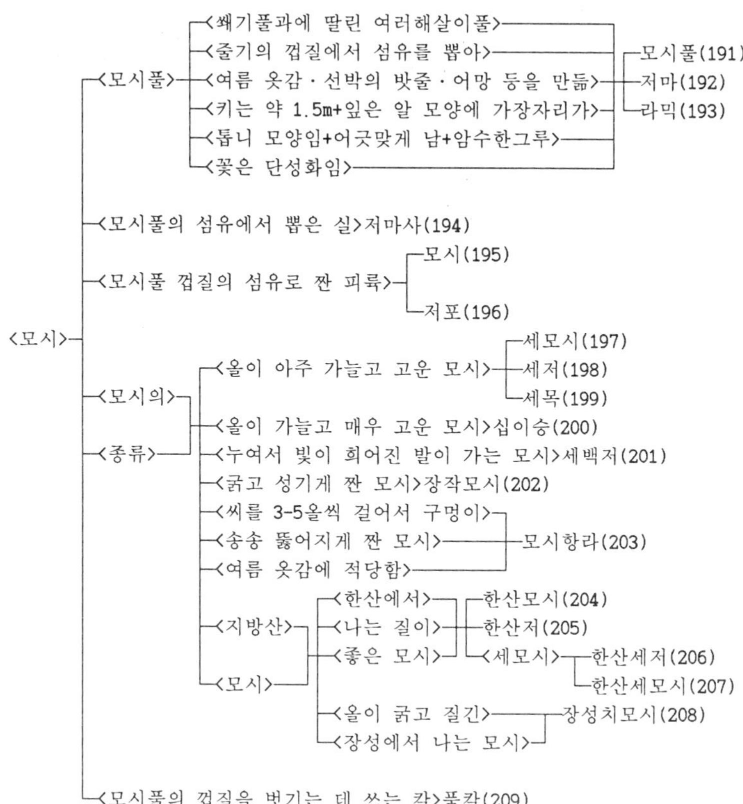

<그림102> 모시의 낱말밭 모형

2.9.1.4. 삼베의 내용

삼(大麻: hemp)[67]

(1) 내력과 전파

삼의 원산지는 히말라야 산곡지대라고 하고, 4,000년 전에 이미

---

67) 趙章煥 외 4인(1993:185-186)참조.

볼가강유역에서 삼이 재배되었다고 하며, 유럽에 전파된 것은 B.C 1,500년경이라고 한다. 18세기까지는 유럽 각 국의 섬유자원작물이었으나 인도황마·마닐라마의 도입으로 그 생산이 감소되고 있다.

중국이나 우리나라에서도 예부터 재배되어 온 섬유작물의 하나이며, 삼국사기(B.C 23)에 삼에 대한 기록이 있다.

(2) 분류 및 품종

삼은 암그루와 숫그루를 달리하는 자웅이주식물이기 때문에 품종의 순도를 기할 수 없다. 이것은 자연교잡을 하기 때문이다. 그러므로 품종의 분류는 산지에 따라 러시아종·벨기에종·폴란드종·이탈리아종·인도종·중국종·한국종·켄터키종·일본종 등으로 나누고, 용도에 따라 섬유용종·종실용종 등으로 나누며, 줄기의 색에 따라 백목종·청목종·적목종 등으로 구분한다.

우리나라에서는 재래종과 도입종이 재배되고 있다. 재래종의 지방명을 따서 전남재래종, 강원재래종·이천재래종·평창종 등이 있고, 도입한 Elitta종·일본에서 도입한 도찌기종이 있다.

(3) 생산 및 용도

삼의 재배는 세계적으로 1984년에 391,000 ha에서 255,000톤이 생산되고 있는데, 소련이 많이 생산하고 있고, 그 다음이 인도이며 중국과 헝가리·이탈리아에서도 생산된다. 아시아에서는 중국·한국·일본 등에서 다소 재배되고 있으며, 미국에서는 켄터키와 캘리포니아에서 주로 재배되고 있다.

1976년 우리나라의 삼 재배면적은 485 ha에서 663톤을 생산하고 있으며, 그 재배면적이 급격히 감소하여 현재는 농수산통계에도 기록이 되지 않고 있는 정도이다. 도별로는 경남·경북·전남에서 재배가 많았고, 강원도에서는 품질이 좋은 삼이 생산되는 지역이다.

삼의 섬유는 옷감·밧줄·어망 등에 쓰이며, 특수제지용의 원료가 된다. 삼의 씨는 30% 내외의 지방을 함유하고 있으므로 기름을 짜며 깻묵은 사료나 비료로 쓰인다.

(4) 재배환경

삼은 지역적응성이 매우 넓으며 기후에 대한 적응성도 강하다. 생육기간 중에는 기온이 따뜻하고 때때로 비가 내려 습도가 높아야 하며, 성숙기에는 기온이 높고 건조해야 좋다. 바람이 센 곳은 도복이 일어남으로 좋지 않아 산간지방에서 재배되는 경우가 많다.

삼은 심근성 작물이므로 경토가 깊고 배수가 잘되는 모래와 자갈이 섞인 양토가 좋다.

(5) 재배상의 특성

삼은 단일성 작물이므로 파종기의 조만(早晩)에 관계없이 개화기는 일정하다. 그러나 가능한 파종기는 앞당기는 것이 수량이 많아지며 남부지방에서는 논 앞그루 재배를 많이 하는데 빨리 파종하는 것이 유리하다.

이 부분밭은 삼을 재배하여 삼베를 짜는 내용이므로 <삼베>가 공통으로 부가된다.

(210) 삼　　　　　　　　　　　(211) 대마(大麻)

(212) 마(麻)　　　　　　　　　(213) 화마(火麻)

위의 낱말들은 '삼과에 딸린 한해살이풀. 줄기는 곧고 높이는 1.2-3m. 잎은 7-8 갈래로 째지고 손톱겹잎이며, 작은 잎은 피침형에 잔 톱니가 나고 잔털이 빽빽하게 남. 암수딴그루로 7-8월에 수꽃은 가지 끝에 원추꽃차례로, 암꽃은 가지 끝의 잎겨드랑이에 이삭꽃차례로 피는데 꽃잎이 없으며, 공 모양의 수과에는 회백색 또는 검은 씨가 있다. 3-5월에 씨를 뿌려 밭에서 재배하는데 온대와 열대에 분포한다. 씨는 <삼씨>라 하여 식용·약용·제유·사료·비료로 하고 줄기의 껍질은 섬유 원료로 쓰이며, 잎이나 꽃에는 마취성 물질이 많이 들어 있어 마약을 만든다'의 개념을 공유하고 있어 <삼과에 딸린 한해살이풀-줄기의 껍질에서 섬유를 뽑아 삼베를 짬+줄기는 곧고 높이는 1.2-3m+잎은 7-8갈래로 째진 손톱겹잎임+암수딴그루로 꽃은 공 모양임+3-5월에 파종하여 밭에서 재배함+삼씨는 식용·약용·제유·사료·비료로 함+잎과 꽃에 마취성이 많이 있어 마약을 만듦>이 공통으로 추가된다.

(214) 아마(亞麻)　　　　　　(215) 양삼(洋-)

이들은 '아마과에 딸린 한해살이풀. 줄기는 길고 가늘며 1m 안팎이고 속이 비었으며 섬유가 많다. 잎은 어긋맞게 나며 줄 모양 또는 바소[68] 모양으로 끝이 뾰족하고 가장자리에 톱니가 없다. 5-7월에 푸른 자줏빛으로 다섯잎꽃이 취산꽃차례로 핀다. 삭과는 지름 7mm의 둥근 모양이고 황갈색 씨가 10개 있음. 세계 각지에서 가꾼다. 껍질의 섬유는 린네르 따위의 피륙을 짜고 씨는 <아마인>이라 하여 기

---

68) '바소'는 한방에서 곪은 데를 째는 침. 길이는 네 치. 넓이는 두 푼 반 가량. 양쪽 끝에 날이 있음. 파침(破鍼), 피침(鈹鍼).

름을 짜며 약재로 쓴다'의 개념을 공유하고 있어 <아마과에 딸린 한 해살이풀-껍질의 섬유로 린네르 따위의 피륙을 짬+씨 아마인은 기름을 짜고 약재로 씀+줄기는 길고 가늘며 높이는 1m 안팎임+잎은 어긋맞게 나고 줄 모양임+꽃은 자줏빛으로 다섯잎꽃이 취산꽃차례로 핌+삭과는 7mm의 둥근 모양임+씨가 10개 있음>이 공통으로 추가된다.

(216) 황마(黃麻)　　　　　　(217) 인도삼

이들은 '경상북도 안동에서 많이 재배하는 삼. 키는 1.5-5m. 황저포를 만드는데 씀'의 개념이니 <황저포를 만드는 경북 안동에서 재배하는 삼>이 공통으로 추가된다.

(218) 삼씨　　　　　　　　(219) 마인(麻仁)
(220) 마자(麻子)　　　　　(221) 마분(麻蕡)

이들은 '삼의 씨. 기름을 짜고 새 먹이에 쓰며, 한방에서는 난산·공수병·월경과다·변비증 등에 씀'의 개념을 공유하고 있어 <삼의 씨-기름을 짜고 새의 먹이로 씀+한방에서 난산·공수병·월경과다·변비증 등에 씀>이 공통으로 추가된다.

(222) 삼밭　　　　　　　　(223) 삼섬유(-纖維)
(224) 마섬유(麻纖維)　　　(225) 생마(生麻)

위의 (222)는 '삼을 심어 가꾸는 밭'의 개념이니, 삼의 재배지가 분절성이 되어 <삼을 재배하는 밭>이 추가되고, (223-224)는 '삼의 껍

질을 이루고 있는 섬유'의 개념을 공유하고 있으므로, 삼껍질의 섬유
가 분절성이 되어 <삼의 껍질을 형성하고 있는 섬유>가 공통으로 추
가되며, (225)는 '아직 삶지 아니한 삼'의 개념이니, 삶는 여부가 분
절성이 되어 <삶지 않은 삼>이 추가된다. 앞에서 논의한 삼베의 낱
말밭은 다음과 같다.

<그림103> 삼베의 낱말밭 모형(1)

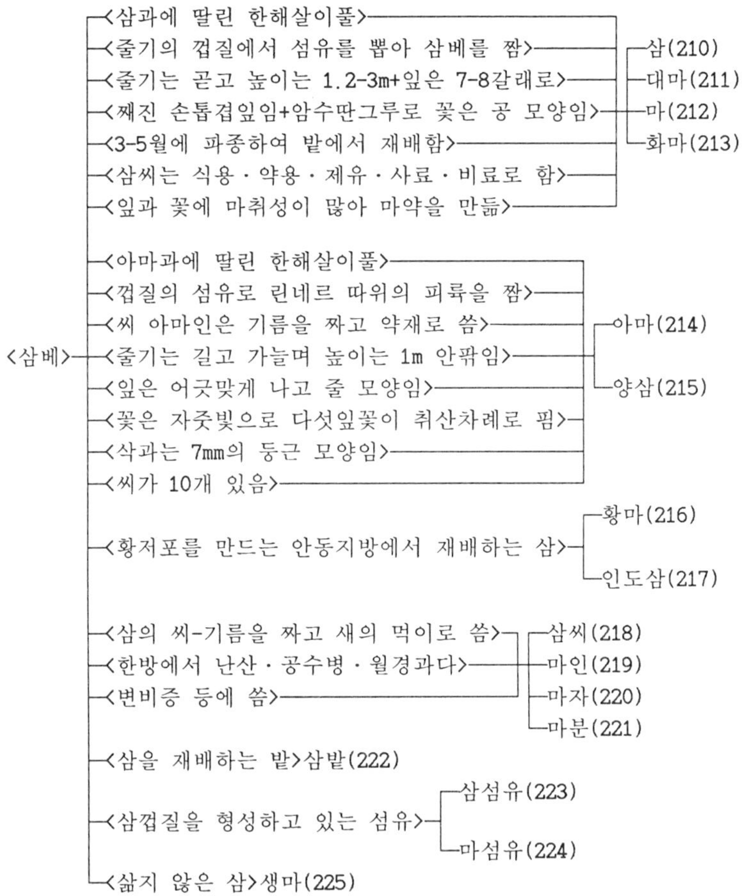

(226) 방로(紡纑)　　　　　　(227) 삼실
(228) 베실　　　　　　　　(229) 대마사(大麻絲)
(230) 마사(麻絲)　　　　　　(231) 양마사(洋麻絲)
(232) 아마실(亞麻-)

위의 낱말들은 삼의 섬유에서 빼낸 삼실의 내용이므로 <삼실>이
공통으로 추가된다. 따라서 (226)은 '삼실을 만듦'의 개념이니, 실을
만드는 것이 분절성이 되어 <삼실을 만듦>이 추가되고, (227-230)은
'삼껍질을 찢어 꼬아 만든 실'의 개념을 공유하고 있으므로 <삼껍질
을 찢어 꼬아 만든 실>이 공통으로 추가되며, (231-232)는 '아마의
섬유에서 뽑아내어 만든 실'의 개념을 공유하고 있어 <마아의 섬유
에서 뽑은 실>이 공통으로 추가된다.

(233) 삼베길쌈　　　　　　(234) 삼낳이
(235) 삼베　　　　　　　　(236) 마포(麻布)
(237) 계추리　　　　　　　(238) 황저포(黃紵布)

위의 (233-234)는 '삼껍질을 찢어서 실을 만들어 베를 짜는 일'의
개념을 공유하고 있어, 삼베길쌈하는 것이 분절성이 되어 <삼실을
만들어 삼베를 짜는 일>이 공통으로 추가되고, (235-236)은 '삼실로
짠 피륙'의 개념을 공유하고 있으므로 <삼실로 짠 피륙>이 공통으로
추가되며, (237-238)은 '삼의 껍질을 긁어 버리고 만든 실로 짠 경상
북도에서 나는 삼베'의 개념을 공유하고 있어 <삼껍질을 긁어 버리
고 만든 실로 짠 경상북도에서 나는 삼베>가 공통으로 추가된다.

(239) 삼칼　　　　　　　　　(240) 삼굿

　위의 낱말들은 삼베길쌈에 쓰이는 기구의 내용이므로 <삼베길쌈에 쓰이는 도구>가 공통으로 추가된다. 따라서 (239)는 '삼의 잎을 치는 데 쓰는 나무로 만든 칼'의 개념이니 <삼의 잎을 치는 나무로 된 칼>이 추가되고, (240)은 '삼의 껍질을 벗기기 위하여 삼을 찌는 구덩이'의 개념이므로 <삼껍질을 벗기기 위하여 삼을 찌는 구덩이>가 추가되며, 또 '삼의 껍질을 벗기기 위하여 삼을 찌는 장방형의 솥'의 개념도 가지고 있어 <삼껍질을 벗기기 위하여 삼을 찌는 장방형의 솥>이 추가된다. 앞에서 논의한 삼베의 낱말밭을 나무그림으로 그려보면 다음과 같다.

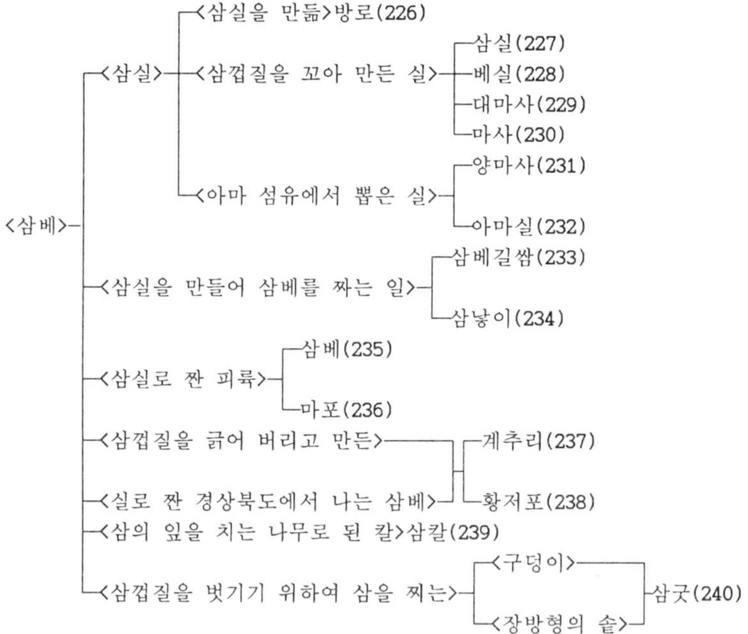

〈그림104〉 삼베의 낱말밭 모형(2)

2.9.1.5. 모직의 내용

털과 가죽은 단열효과가 뛰어나서 더위와 추위로부터 동물체를 잘 보호하고 있다. 동물의 털이 있는 피부를 잘 손질하여 만든 것을 모피(fur)라고 하고, 피부 부분을 손질하여 만든 제품을 피혁(leather)라고 한다. 양의 가늘고 긴 털을 소모직물(梳毛織物)로 양복지 등에 이용되고, 가장 굵은 털은 융단모로 이용되며, 짧고 굵은 털은 방모직물(紡毛織物)로 홈스판(home spun)·담요 등에 이용된다. 그 외 직물원료가 될 수 없는 털은 모자의 재료·방음·방한·완충제로 이용된다. 가죽은 구두·가방·의복·요대·마구(馬具)에 이용되고 있고, 근래에는 젤라틴·casing·사료·비료에도 이용되고 있으며, 의학분야에서는 인공피부·혈관·수술용 실·인공장기 등 이용이 개발되고 있다.69)

이 부분밭은 짐승의 털로 방적하는 내용이므로 <모직>이 공통으로 추가된다.

    (241) 가는털   (242) 섬모(纖毛)
    (243) 세모(細毛)   (244) 털실
    (245) 털올실

위의 (241-243)은 '주로 메리노 면양의 매우 가는 고운 털'의 개념을 공유하고 있어 <메리노 면양의 매우 짧고 가는 고운 털>이 공통으로 추가되고, (244)는 '짐승의 털로 만든 실'의 개념이므로 <짐승의 털로 만든 실>이 추가되며, (245)는 '짐승의 털로 만든 올실'의

---

69) 조장환 외 4인(1993:304) 참조.

개념이니, 올실이 분절성이 되어 <짐승의 털로 만든 올실>이 추가된다.

    (246) 양털(羊-)   (247) 양모(羊毛)
    (248) 울(wool)   (249) 양모업(羊毛業)

위의 (246-248)은 '양의 털. 모직물을 짜는 데 쓰임'의 개념을 공유하고 있어 <양의 털-모직물의 재료임>이 공통으로 추가되며, (249)는 '양모에 관계되는 직업의 총칭'의 개념이므로 <양모에 관계되는 직업의 총칭>이 추가된다.

    (250) 모직물(毛織物)   (251) 모직(毛織)
    (252) 모사직(毛絲織)   (253) 양모직(羊毛織)

위의 (250)은 '털실로 짠 물건의 총칭'의 개념이니 <털실로 짠 물건의 총칭>이 추가되고, (251-252)는 '털실로 짠 피륙'의 개념을 공유하고 있어 <털실로 짠 피륙>이 공통으로 추가되며, (253)은 '양털로 짠 직물'의 개념이므로 <양털로 짠 직물>이 추가된다. 앞에서 논의한 모직의 낱말밭을 나무그림으로 그려보면 다음과 같다.

<그림105> 모직의 낱말밭 모형

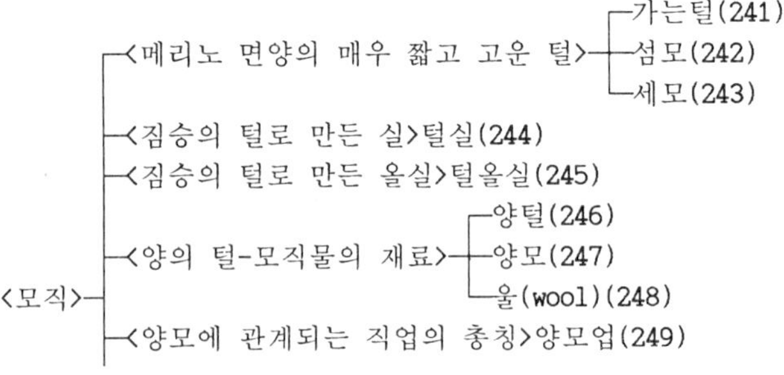

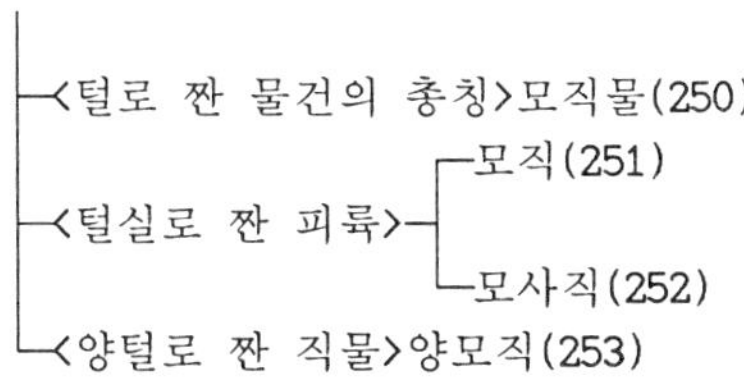

2.9.1.6. 방적 병충해의 내용

이 부분은 방적에 해를 끼치는 병과 병충해의 내용이므로 <병충해>가 분절의 관점이 된다.

(254) 조명충나방(-螟蟲--)   (255) 솜명충나방(-螟蟲--)
(256) 솜벌레   (257) 솜진딧물
(258) 면충(棉蟲)

위의 낱말들은 목화의 해충이므로 <목화의 해충>이 공통으로 추가된다. 따라서 (254)는 '명충나방과에 딸린 곤충. 목화·조·옥수수 따위 재배식물의 줄기를 파먹는 큰 해충임. 편 날개의 길이 25-36mm. 몸길이 25-30mm임. 몸빛은 암컷이 옅고, 수컷은 누런 갈색에 머리는 검으며, 날개의 바깥쪽에 누런 갈색의 물결줄이 있음. 어린벌레의 몸길는 25mm 안팎임'의 개념이니, 여기서는 목화의 해충인 것이 분절성이 되어 <명충나방과에 딸린 곤충-목화의 줄기를 파먹는 해충임+편 날개의 길이 25-36mm+몸길이 25-30mm+어린벌레의 몸길는 25mm 안팎임>이 추가되고, (255)는 '솜명충나방과에 딸린 곤충. 편 날개의 길이 30mm 안팎임. 몸빛은 백색에 다소 누른빛을 띠며, 날개에는 흑갈색의 불규칙한 가는 가로줄이 있음. 5-9월에 생겨나는데

어린벌레는 주로 목화잎의 해충임'의 개념이므로 <솜명충나방과에 딸린 곤충-어린벌레가 목화잎을 갉아먹음+편 날개의 길이 30mm 안팎임+몸빛은 백색에 황색을 띠며 날개에 흑갈색의 불규칙한 가는 가로줄이 있음+5-9월에 나타남>이 추가된다. 그리고 (256)은 '솜벌레과에 딸린 곤충. 몸길이 7mm 정도, 편 날개의 길이는 17mm 안팎임. 몸빛은 암회색. 앞날개에는 네 개의 흐릿한 검은 무늬가 있고, 뒷날개는 회백색에 광택이 남. 어린벌레는 몸길이 12mm 정도의 검은 빛이며 한 해에 2-3회 발생함. 자란벌레는 6-7월에 나타나서 목화의 열매 또는 새 순에 산란하고 어린벌레는 줄기를 갉아먹음'의 개념이니 <솜벌레과에 딸린 곤충→어린벌레가 목화의 줄기를 갉아먹음+몸길이 7mm 정도+편 날개의 길이 17mm 안팎임+몸빛은 암회색+한 해에 2-3회 발생함+자란벌레는 6-7월에 나타나서 목화의 열매·새 순에 산란함>이 추가되고, (257-258)은 '진딧물과에 딸린 곤충. 자란벌레·어린벌레가 모두 목화·오이·가지·콩 등의 잎·꽃에 기생하여 즙액을 빨아먹는 해충임. 몸길이 1.2-1.5mm. 몸빛은 담황색·암록색·흑색에 배는 볼록하고, 날개가 없는 것과 있는 것의 두 종류가 있음. 어린벌레는 녹색 내지 황록색임. 5월에 생겨나 단성 생식을 가을까지 하여 30세대나 계속함'의 개념을 공유하고 있으므로, 여기서는 목화의 해충이 분절성이므로 <진딧물과에 딸린 곤충→목화의 잎과 꽃의 즙액을 빨아먹는 해충임+몸길이 1.2-1.5mm+몸빛은 담황색·암록색·흑색임+배가 볼록함+어린벌레는 녹색·황록색임+5월에 생겨나 단성 생식으로 한 해에 30세대를 계속함>이 공통으로 추가된다.

(259) 삼하늘소   (260) 삼벌레

(261) 삼두충(-蠧蟲)   (262) 마충(麻蟲)
(263) 백견병(白絹病)

위의 낱말들은 삼의 해충이므로 <삼의 해충>이 공통으로 추가된다. 따라서 (259-262)는 '하늘소과에 딸린 갑충. 어린벌레는 <삼벌레>라 하며 삼의 줄기를 파먹는 해충이고, 자란벌레는 엉겅퀴잎을 갉아먹는 해충으로 한방에서 경풍의 약으로 씀. 몸길이는 9-16mm. 몸빛은 흑색에 머리와 등은 흑갈색의 긴 털로 덮였고 몸의 아래쪽과 다리에는 회백색의 털이 배게 나 있음. 머리에는 겉날개 끝에 이르는 몸의 중앙과 양옆으로 긴 회백색의 털이 세 줄의 세로무늬를 이룸'의 개념을 공유하고 있어 <하늘소과에 딸린 갑충→어린 삼벌레가 삼의 줄기를 파먹는 해충임+몸길이 9-16mm+몸빛은 흑색이고 머리와 등은 흑갈색임+긴 털로 덮여있음+자란벌레는 엉겅퀴잎을 갉아먹음>이 공통으로 추가되고, (263)은 '감자균의 기생으로 오이·토마토·콩·담배·깨·삼 같은 식물 줄기의 밑동에 흰 비단실 모양의 광택 있는 균사가 엉기어 그 뒤 다갈색의 좁쌀 모양의 균핵이 생기고 피부가 썩으며 아래쪽 잎이 시들어 때로는 식물 전체가 말라죽는 식물의 병. 따뜻한 곳에 많으며 장마철에 발생함'의 개념이니, 여기서는 식물의 삼에 발생하는 병이 분절성이므로 <감자균의 기생으로 줄기의 밑동에 흰 비단실 모양의 광택 있는 균사가 엉김→다갈색 좁쌀 모양의 균핵이 생김→껍질이 썩으며 아래쪽 잎이 시들며 말라죽음+따뜻한 곳과 장마철에 발생함>이 추가되고,

(264) 옷좀나방

이는 '좀나방과에 딸린 곤충. 편 날개의 길이 10-14mm이고 몸빛

은 회갈색에 앞날개에는 어두운 갈색의 반문이 있고, 뒷날개는 연한 회색임. 어린벌레는 모직물·모피 따위를 갉아먹는 해충임'의 개념이므로 <좀나방과에 딸린 곤충-모직물·모피를 갉아먹음+편 날개의 길이 10-14mm이고 몸빛은 회갈색임>이 추가되어 분절한다. 앞에서 논의한 방적의 병충해는 다음 그림과 같다.

<그림106> 방적 병충해의 낱말밭 모형

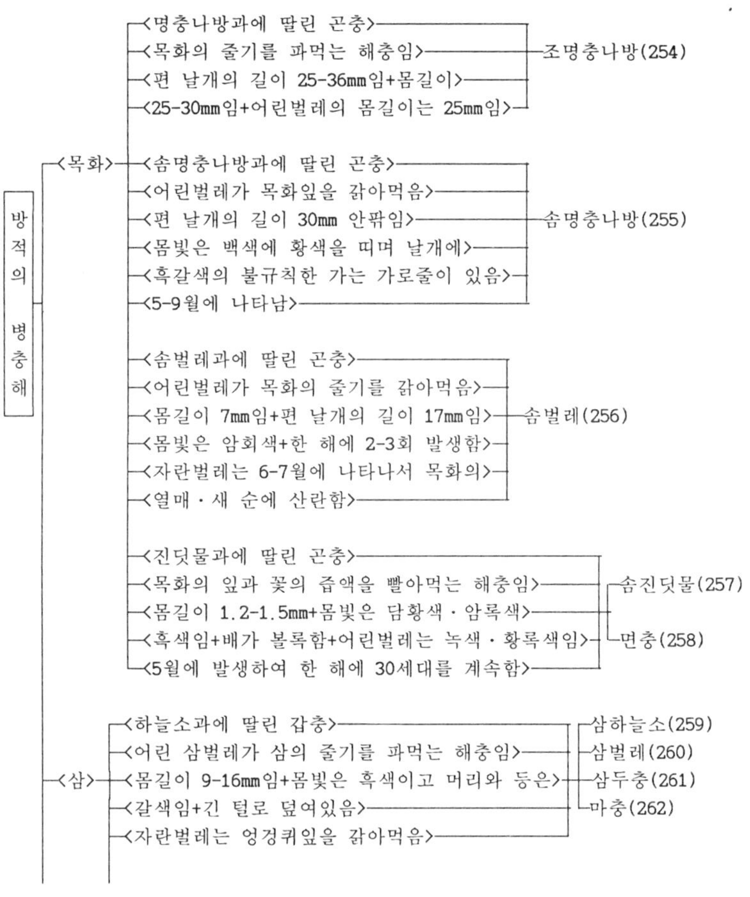

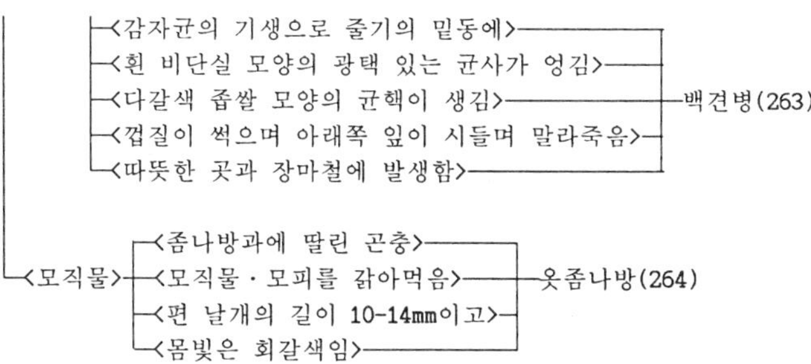

2.9.2. 마무리

(1) 앞에서 논의한 방적의 내용은 264개이나, 유의어가 84개가 있어 순수한 내용은 180개이다. 이것을 바탕으로 하여 전체적인 분절을 고찰하려 한다. 방적의 내용별 분포는 다음 표와 같다.

〈표11〉 방적의 내용별 분포도

내용	면직	방적일반	삼베	모시	모직	병충해	계
어휘수	113	25	15	12	8	7	180
백분율	62.78%	13.89%	8.33%	6.67%	4.44%	3.89%	100%

위의 표로 보아 목화를 재배하여 면직을 하는 내용이 가장 많고, 모든 방적에 관련된 내용이 두 번째로 많으며, 삼베의 내용이 세 번째로 많다. 그리고 모시의 내용과 모직 및 병충해의 순으로 분포되어 있다. 따라서 우리 언어공동체는 목화를 재배하여 면직물을 짜는 데에 가장 관심이 많으며, 삼베와 모시에도 약간의 관심이 표현되어 있으나 모직에는 관심이 적은 것으로 나타났다. 우리민족의 옷감으로는 주로 면직물이었음을 알 수 있다.

논의 순서에 따라 구체적인 분절을 살펴보면 다음과 같다.

① 방적 일반에 대한 내용 33개 중에는 유의어가 8개가 있어 순수한 내용은 25개이다. 이들의 내용을 많이 분포된 순으로 고찰하면 다음과 같다.

식물섬유에서 뽑아놓은 실이 9개(5%)로 가장 많은 데, 이들은 뽑아놓은 실이 2개(1.11%)이고, 직물의 원료가 되는 실, 온갖 가는 실의 올, 방적의 40번수보다 가는 실, 외올로 된 실, 몇 가닥의 실을 합하여 꼰 실, 실을 꾸려 감은 실, 둥글게 감아놓은 실꾸리가 각각 1개씩(0.56%)이다. 그리고 식물섬유에서 실을 뽑는 내용이 4개(2.22%)이고, 방적업, 방적업자, 방적회사, 식물섬유, 방적기계, 실을 감아두는 물건, 실을 감기도 하고 풀기도하는 기구, 실로 피륙을 짜는 일, 섬유로 짠 온갖 피륙, 짠 피륙의 올실이 각각 1개씩이다.

② 면직의 내용 157개에는 유의어가 44개가 있어 순수한 내용은 113개이다. 이들만의 내용별 분포는 다음 표와 같다.

<표12> 면직의 내용별 분포도

내용	베틀	실	솜	무명	목화	조면	계
어휘수	37	30	15	11	10	10	113
백분율	32.74%	26.55%	13.27%	9.73%	8.85%	8.85%	100%

㉠ 목화의 내용 10개 중에는 식물인 목화가 2개이고 덜 익은 목화의 열매, 목화가 익어서 개열한 목화송이, 목화의 씨, 목화농사, 목화밭, 모종하기 위한 목화의 모, 가공하지 않은 생면이 각각 1개씩이다.

㉡ 목화송이에서 솜을 만드는 내용 중에는 목화에서 씨를 빼는 기구인 씨아가 6개(3.33%)이고, 목화를 다루어 솜을 만드는 내용이 2

개이며, 솜을 타는 조면기와 씨아질하는 내용이 각각 1개씩이다.

ⓒ 솜의 내용 15개 중에는 목화에서 씨를 빼낸 솜, 목화씨가 붙어 있는 솜, 타지 아니한 푸솜, 활로 목화를 탈 때 활시위를 튀기는 활꼭지, 솜을 타는 기계, 솜을 타는 방, 솜을 타는 직업, 솜을 타는 일, 개량종의 면화에서 만든 솜, 묵은 솜, 솜을 잠재우려고 두드리는 채, 솜반을 만드는 돗자리, 솜돗을 만드는 반반한 솜의 조각, 작은 솜반들을 합쳐서 늘리는 기계가 각각 1개씩이다.

ⓓ 실의 내용 30개 중에는 면섬유에서 실을 만드는 간단한 수공업 기구인 물레가 17개(9.44%)이고, 면섬유에서 뽑아낸 실이 2개이며, 물레질하는 내용, 굽은 물레가락을 잡는 사람, 실을 만드는 내용, 실을 만드는 직업, 제사공장, 제사금융, 실을 만드는 일에 종사하는 직공, 무명실 거죽의 솜털을 가스불로 태워서 윤을 낸 실, 솜과 털의 찌꺼기로 만든 실, 실을 감는 얼레, 자새질하는 내용이 각각 1개씩이다.

ⓔ 베틀과 베틀의 부품의 내용은 모두 37개(20.56%)이다.

ⓕ 짜놓은 무명의 내용 11개 중에는 가늘고 고운 베가 2개이고, 베를 짜는 일, 무명으로 짠 피륙, 베를 짜는 부인, 농가에서 스스로 옷을 만들어 입기 위하여 짠 베, 진짜 무명, 영남지방에서 나는 무명, 외올로 짠 얇고 부드러운 베, 무명의 품질에 대한 내용이 각각 1개씩이다.

③ 모시의 내용 12개 중에는 올이 가늘고 고운 모시가 2개이고, 식물인 모시풀, 모시풀의 섬유에서 뽑은 실, 모시풀의 섬유로 짠 모시, 굵고 성기게 짠 모시, 한산에서 나는 모시, 한산에서 나는 세모시, 올이 굵고 질긴 장성에서 나는 모시, 모시풀의 껍질을 벗기는 데 쓰는 칼이 각각 1개씩이다.

④ 삼베의 내용 15개 중에는 삼껍질을 꼬아 만든 실이 3개(1.67%)

이고, 삼과에 딸린 한해살이풀, 황마과에 딸린 한해살이풀, 황저포를 만드는 안동지방에서 나는 삼, 쌈의 씨, 삼껍질을 형성하고 있는 섬유, 삶지 아니한 삼, 삼실로 삼베를 짜는 일, 삼실로 짠 피륙, 삼껍질을 긁어 버리고 실로 짠 경상북도에서 나는 삼베, 삼의 잎을 치는 나무로 된 칼, 삼껍질을 벗기기 위해 삼을 찌는 구덩이나 솥이 각각 1개씩이다.

⑤ 모직의 내용 8개 중에는 짐승의 털로 만든 실과 털실로 짠 모직물이 각각 2개씩이고, 메리노 면양의 매우 짧고 고운 털, 양의 털, 양모업, 양털로 짠 모직이 각각 1개씩이다.

⑥ 병충해의 내용 7개 중에는 목화를 해치는 해충이 4개(2.22%)이고, 삼을 해치는 해충이 2개(1.11%)이며, 모직물을 해치는 해충이 1개이다.

(2) 방적에서 행위의 주체는 중복되는 내용이 있어 그 수는 183개이다. 이들의 내용은 다음과 같다.

방적기계나 방적하는 기구는 모두 72개(39.34%)로 가장 많다. 이들만의 분포를 살펴보면 베틀이 37개(51.39%), 물레가 17개(23.61%), 씨아가 6개(8.33%), 방적기계와 솜틀이 각각 2개(2.78%), 얼레, 솜을 타는 나무가락, 솜판견신기, 자새, 모시의 껍질을 벗기는 칼, 삼의 잎을 치는 나무로 된 칼, 삼을 찌는 솥이 각각 1개(1.39%)이다. 그리고 방적업자가 28개(15.3%)로 두 번째로 많고, 무명실이 12개(6.56%)로 세 번째로 많다. 무명과 솜이 각각 11개씩(6.01%)이고, 모시가 9개(4.92%)이며, 목화와 해충이 각각 6개씩(3.28%)이다. 삼이 5개(2.73%)이고, 섬유직물이 4개(2.19%)이며, 털실과 모직물이 각각 3개씩(1.64%)이다. 그리고 목화밭, 삼실, 삼베가 각각 2개씩

(1.09%)이고, 모시실, 양털, 식물섬유, 모시풀, 삼의 씨, 삼밭, 감자균이 각각 1개씩(0.55%)이다.

(3) 방적의 내용에 등장하는 객체는 중복되는 것이 많아 그 수는 376개로 늘어난다. 이들도 많이 분포된 순으로 살펴보려 한다.

실이 35개(9.31%), 무명이 19개(5.05%), 솜이 15개(3.99%), 식물인 목화가 13개(3.46%), 피륙이 10개(2.66%), 삼과 모시가 각각 9개씩(2.39%), 가락이 8개(2.13%), 물레가 7개(1.86%), 모직물, 목화씨, 삼실, 나무, 삼껍질이 각각 6개씩(1.6%), 고치, 털, 잉아가 각각 5개씩(1.33%), 면화, 용두머리, 방적업, 무명실, 모시풀, 실꾸리, 삼베가 각각 4개씩(1.06%), 베틀, 눈썹줄, 잉앗대, 솜반, 베틀다리, 베틀신, 씨아, 북, 바디, 말코, 앉을깨, 도투마리, 동식물의 섬유, 양털, 베틀신대가 각각 3개씩(0.8%), 식물성섬유, 물렛줄, 눈썹대, 털실, 기름, 괴머리, 자새, 실의 올, 다래, 씨실, 쇠막대, 바디집, 바디집비녀, 나무오리, 부티끈, 눌림대, 시침대, 아마, 황저포, 명주, 북바늘이 각각 2개씩(0.53%)이다.

그리고 물레바퀴, 동줄, 눈썹노리, 방적, 솜틀, 솜채, 돗자리, 솜조각, 솜돗, 가락토리, 가리랑나무, 물렛줄, 솜고치, 수수목대, 솜방망이, 솜털, 가스불, 외짝신, 베틀신끈, 섬유소, 알칼리성, 대마잎, 마닐라삼, 동물섬유, 인조섬유, 합성섬유, 나사실, 견직물, 인조직물, 명주실, 목화송이, 목화농사, 목화모, 씨아의 손잡이, 활시위, 활꼭지, 솜의 직물, 솜의 잡물, 타면실, 타면업, 수공업, 속대, 북꾸리, 북길, 대오리, 굴레, 최활, 쳇발, 가죽, 부티, 베틀뒷기둥, 밀치깃대, 가로대, 눌림끈, 비경이, 베틀앞기둥, 대나무, 베틀앞다리, 채머리, 뱁댕이, 옷감, 옷, 외올, 붕대, 가제, 쐐기풀, 마약, 아마인, 한산, 장성, 안동지방,

경상북도, 황마, 삼의 잎, 삼칼, 삼굿, 메리노면양, 양모업, 조명충나방, 솜명충나방, 솜벌레, 솜진딧물, 목화꽃, 삼벌레, 감자균, 백견병, 옷좀나방, 모피가 각각 1개씩(0.27%)이다.

(4) 방적의 내용 중 바람직한 긍정적인 내용은 173개(96.11%)이고, 바람직하지 못한 부정적인 내용은 병과 병충해의 내용으로 7개(3.89%)가 있다. 따라서 긍정적인 내용이 절대 우세하다.

(5) 어종별로 보면 토박이말이 124개(46.97%)이고, 한자말은 115개(43.56%)이며, 한자말과 토박이말이 융합된 혼종어는 24개(9.09%)이다. 그리고 서구외래어는 라믹(ramic)과 울(wool) 2개(6.61%)가 있다.

Ⅲ. 결론

　(1) 농사의 총 어휘 1735개에서 유의적인 내용 570개를 제외하면 순수한 내용은 1,165개이다. 이들의 내용별 분포를 살펴보면 아래 표와 같다.

<표13> 농사어휘의 내용별 분포도.

내용	논농사	방적업	경작	밭농사	농사
어휘수	227	180	177	153	142
백분율	23.78%	15.45%	15.19%	13.13%	12.19%

내용	작황	인삼농사	담배농사	겸업	계
어휘수	116	52	38	30	1165
백분율	9.96%	4.46%	3.26%	2.78%	100%

　위의 표로 보아 논농사가 제일 많다. 이는 우리나라의 주된 농업이 벼농사임을 입증하고 있으며, 방적업이 두 번째로 많은데 여기에는 목화농사로 무명을 생산하고 삼베와 모시 및 모직물까지 포함되어 있다. 여기에서도 무명의 생산이 가장 많은데 이것도 우리민족의 주된 의류는 무명이었음을 알 수 있다. 그리고 경작이 세 번째로 많은 것은 실제로 농사를 짓는 내용이기 때문이다.

　그리고 밭농사의 내용이 네 번째로 많은 것은 밭에서 재배하는 농작물의 종류가 많기 때문이며, 농사의 내용은 총괄적인 농사와 관련된 내용이다. 작황은 농작물을 재배하여 추수하고 방아찧고 또 그 용량을 가늠하는 용기의 사용과 농기구의 사용이 많이 포함되어 있고, 인삼농사의 내용이 많은 것은 우리나라 특용작물로 예로부터 많이 재배한 것으로 이해된다. 여기에서 겸업은 농사를 지으며 부업으로 다른 직업을 가지는 내용이다.

　(2) 농사의 내용 1,165개 내용에서 바람직한 긍정적인 내용과 바람직하지 못한 부정적인 내용은 다음 표와 같다.

〈표14〉 긍정적·부정적 내용의 분포도

내용	겸업	일반 농사	경작	작황	논농사
긍정적	30	133	169	87	269
백분율	100%	93.66%	95.48%	75%	97.11%
부정적	0	9	8	29	8
백분율	0	6.34%	4.52%	25%	2.89%

내용	밭농사	담배농사	인삼농사	방적업	계
긍정적	137	29	49	173	1076
백분율	89.54%	76.32%	94.23%	91.25%	92.36%
부정적	16	9	3	7	89
백분율	10.46%	23.68%	5.77%	8.75%	7.64%

　부정적인 내용 중 작황이 가장 많은데 이는 흉년, 수해와 가뭄의 피해가 많기 때문이며, 밭농사의 부정적인 내용은 지기가 메말라 토

박해진 밭과 밭의 토질이 좋지 못한 내용 및 수해를 입은 내용이다.
그리고 일반적인 내용은 각종 피해와 병충해 등의 내용이다.

(3) 농사의 어휘는 모두 1,735개이다. 이들의 어종별로 살펴보면
다음과 같다.

<표15> 어종별 분포도

내용	겸업	일반 농사	경작	작황	논농사
한자어	33	160	127	108	180
백분율	100%	73.39%	47.57%	63.91%	41.19%
토박이말	0	45	129	45	218
백분율	0	20.64%	48.31%	26.63%	49.89%
혼종어	0	13	11	16	39
백분율	0	5.96%	4.12%	9.47%	8.92%
서구외래어	0	0	0	0	0
백분율	0	0	0	0	0

내용	밭농사	담배농사	인삼농사	방적업	계
한자어	86	31	50	115	890
백분율	37.07%	58.49%	80.65%	43.56%	51.3%
토박이말	127	17	5	124	710
백분율	54.74%	32.08%	8.65%	46.97%	40.92%
혼종어	19	5	7	24	135
백분율	8.19%	9.43%	11.29%	9.09%	7.78%
서구외래어	0	0	0	2	1
백분율	0	0	0	0.74%	0.22%

　어종별 분포에서 토박이말이 우세한 낱말밭은 경작·논농사·방적업 부분이다. 이러한 현상은 농사일이나 논농사 및 방적업이 전통적으로 재래식 농법으로 농사를 지어 왔기 때문으로 이해된다. 그리고 다른 낱말밭이 모두 한자어가 우세하며 특히 농사와 겸업의 낱말밭은 모두 한자어뿐이다. 서구외래어는 방적업 낱말밭에 2개(라믹 : ramic, 울 :wool)뿐인데 이는 재래식 농업에 서구의 농법이 도입되지 않았기 때문이다.

참고문헌

강경민(1987), "화제와 초점의 의미론", 『언어연구』 4, 한국현대언어학회.

강규선(1997), 『國語의 敬語法 研究』, 보고사.

강기룡(1991), "현대국어의 술(酒) 명칭에 대한 연구", 고려대학교 교육대학(석사).

______(1993), "술잔 명칭의 낱말밭 고찰", 『우리어문연구』 8집, 우리어문연구회, 국학자료원.

______(1995), "무덤 명칭의 낱말밭 고찰", 『우리말내용연구』 창간호, 우리말내용연구회.

______(1997), "달(月) 명칭에 대한 고찰", 『一鹿金應模敎授華甲紀念論叢』, 동 간행위원회.

姜琪鎭(1985), "國語多義語의 意味構造", 『東國文學研究』 9, 東國大學校.

______(1987a), "國語多義語 研究의 方法論", 『장태진 박사 회갑기념 국어국문학논문』, 삼영사.

______(1987b), "國語多義語의 意味構造", 『論文集』 18, 弘益工傳.

姜吉云(1961), "代用語 '하다'에 對하여-『고등국어』를 中心으로-", 『국어국문학』 23, 국어국문학회.

강무학(1985), 『한국의 세시풍속기』, 청화.

강보유(1997), "'N1+N2'형 합성명사에 대한 의미구조 분석", 『국어학 연구의 새 지평』, 태학사.

강상식(1987), 『현대국어의 집짐승 이름씨에 대한 연구』, 고려대학교 대학원 국어국문학과(석사).

강신항(1991), 『현대국어 어휘사용의 양상』, 太學社.

강위규(1990), "우리말 관용표현 연구", 부산대 대학원(박사).

강은국(1995), 『조선어 문형연구』, 도서출판 박이정.

姜憲圭(1968), "音聲象徵과 Sense 및 Meaning의 分化에 依한 語彙擴張研究", 『國語敎育』 4, 國語敎育研究會.

______(1988), 『韓國語語源研究史』, 集文堂.

______(1993), "단어의 의미변화와 어사 분화 고찰", 『웅진어문학』 창간호, 웅진어문학회.

고광주(1995), "<냄새>이름씨 낱말밭", 『우리말 내용연구』 2, 우리말내용연구회.

고명균(1991), "의미자질에 의한 어휘의 성분분석", 『우리어문학연구』 3, 한국외대 한국어교육과.

高永根(1974), 『現代國語의 接尾辭에 대한 構造的研究』, 百合出版社.

______(1990), 『북한의 말과글』, 을유문화사.

______(1994), 『통일시대의 언어문제』, 길벗.

______(1996), 『단어 · 문장 · 텍스트』, 한국문화사.

고창수(1992), "고대국어의 구조격 연구", 고려대학교 대학원(박사).

______(1992), "국어의 격이론", 『홍익어문』 10 · 11, 홍익어문연구회.

과학, 백과사전출판사 편(1984), 『조선속담』, 평양.

과학원 조선어 및 조선어학연구소(1954), 『조선어철자법』, 과학원출판사.

곽재용(1994), "단음절 신체어휘의 통시적 고찰", 『국어국문학』 111, 국어국문학회.

곽재일(1993), "유해류 계통의 분류집에 나타난 신체어(Ⅱ)", 『영남어문학』 24, 영남어문학회.

______(1993), "유해류 계통의 분류집에 나타난 신체어(Ⅲ)", 『경남어문논집』 6, 경남대 국어국문학과.

郭忠求(1996), "국어사전의 방언 표제어와 그 구성에 대한 고찰", 『국어교육연구』 3, 국어교육연구회.

______(1998), "육진방언의 어휘", 『國語 語彙의 基盤과 歷史』, 태학사.

구현정(1984), "한국어 요리동사의 의미연구", 『건국대 대학원 논문집』 19, 건국대 대학원.

______(1995), "남성형-여성형 어휘의 형태와 의미연구", 『國語學』 25, 國語學會.

權寧秀(1990), "이동동사 kommen, gehen /「오다」「가다」 대조 연구", 경북대 대학원 독어과(박사).

권미정(1996), "<밭>명칭에 대한 고찰",『한국어내용론』4, 한국어내용학회.

권재선(1989),『국어학 발전사』, 우골탑.

奇周衍(1991), "近代國語의 派生語硏究", 漢陽大 大學院(博士).

______(1994),『近代國語造語論硏究(Ⅰ)』, 太學社.

김건환(1977), "우리말과 독일어의 의미면에서 대조연구",『언어』2-2, 한국언어학회.

______(1994),『대비언어학』, 청록출판사.

김경숙(1993), "시간 개념어에 나타난 한국인의 의식구조에 관한 연구",『효성어문학』1, 효성어문학회.

金璟姬(1995),『性格』, 민음사.

김광언(1982),『한국의 민속놀이』, 인하대 출판부.

김광해(1989),『고유어와 한자어의 대응현상』, 탑출판사.

______(1989), "現代國語의 類意現象에 대한 硏究-固有語對 漢字語의 一對多 對應現象을 中心으로-", 서울大 大學院(博士).

______(1990), "어휘교육의 방법",『국어생활』22, 국립국어연구소.

______(1990), "어휘소 간의 의미관계에 대한 재검토",『국어학』20, 국어학회.

______(1993),『국어어휘론 개설』, 집문당.

______(1993), "국어사의 시대구분과 국어 어휘사",『안병희선생화갑기념논총』, 문학과지성사.

______(1994), "문체와 어휘",『국어문체론』, 대한교과서(주).

______(1994), "한자 합성어",『國語學』24, 國語學會.

______(1998), "國語 數詞의 발달",『國語 語彙의 基盤과 歷史』, 태학사.

김계곤(1976), "현대국어의 조어법연구",『한글』157, 한글학회.

______(1978), "현대국어의 조어법연구",『눈뫼 허 웅 박사 환갑기념논문집』, 동 간행위원회.

______(1996),『현대 국어 조어법 연구』, 도서출판 박이정.

金圭善(1987), "國語親族語의 研究", 慶北大 大學院(博士).

김기수(1993), "은유의 언어 구조", 경북대 대학원 영어영문학과(박사).

김기종(1989), 『조선말속담연구』, 동북조선민족교육출판사.

김기혁(1981), "국어 동사류의 의미구조", 『말』 6, 연세대 한국어학당.

______(1994), "국어 동사 연속구성의 통어의미론", 『우리말글연구』 1, 우리말학회.

______(1994), "문장접속의 통어적 구성과 합성동사의 생성", 『國語學』 24, 國語
    學會.

______(2005), 『언어의 인식과 분석』, 도서출판 박이정.

______(2005), 『언어의 생성과 응용』, 도서출판 박이정.

김기홍(1993), "감정개념의 정의", 『언어와언어학』 19, 한국외국어대.

김기찬(1986), "전제의 화용론적 연구", 효성여대 대학원(박사).

김남탁(1991), "의미의 중화현상", 『문학과 언어』 12, 경북대 국어국문학과.

金大植(1998), 『國語語彙史의 原理』, 보고사.

金東昭(1968), "國語疊用 및 疊語研究", 慶北大 大學院(碩士).

김동수(1983), 『조선말례절집』, 과학,백과사전출판사.

金東彦 편(1993), 『國語를 위한 言語學』, 太學社.

______(1994), "남북 국어사전의 뜻풀이 비교연구", 「語文論集」 33, 고려대 국어
    국문학연구회.

______(1995), "뜻풀이로 본 국어사전 편찬사", 『한국어학』 2, 한국어학회.

______(1995), "국어사전과 방언", 「牛山李仁燮敎授華甲紀念論文集」, 同 刊行
    委員會.

______(1996), "개화기 번역문체 연구", 『한국어학』 4, 한국어학회.

______(1997), "19세기 후기 황해도방언의 음운론적 연구", 『一庵金應模敎授華
    甲紀念論叢』, 도서출판 박이정.

金東旭 外(1990), 『韓國民俗學』, 새문사.

김동환(1991), 『단어조성론』, 대제각.

金得榥(1989), 『韓國宗敎史』, 大地文化社.

김명숙(1992), "영향동사의 의미확대 현상에 대한 연구", 연세대학교 대학원 영어영문학과(박사).

金明姬(1974), "韓國語 動詞의 意味構造에 關한 研究", 梨花女大 大學院(碩士).

______(1984), "국어동사구 구성에 나타나는 의미관계 연구-V1+어+V2 구조를 중심으로-", 梨花女大 大學院(博士).

김무림(1989), "북한의 표준발음",『북한의 어학혁명』, 백의.

______(1995), "어원론과 음운론",『강릉어문학』, 강릉대 국어국문학과.

______(1997), "古典的 音韻論의 展開",『一霦金應模敎授華甲紀念論叢』, 도서출판 박이정.

______(2004),『국어의 역사』, 한국문화사.

金文昌(1974), "國語慣用語의 研究",『國語研究』30, 國語研究會.

______(1983), "「손」의 語彙體系에 對하여",『國語學資料論文集』, 大提閣.

______(1990), "국어어휘의미론 연구 약사", 국어학회, 공동토론회 주제발표 요지.

金敏洙(1972),『新國語學』, 一潮閣.

______(1983),『國語意味論』, 一潮閣.

______(1986), "國語辭典:그 表題語의 選定과 排列問題",『국어생활』7, 국립국어연구소.

______(1989),『북한의 어학혁명』, 白衣.

______(1991),『북한의 조선어 연구사』, 1·2·3·4권, 노진.

______편(1993),『현대의 국어연구사』, 서광학술자료사.

______편저(1997),『김정일시대의 북한 언어』, 태학사.

______(1997),『北韓의 國語研究』, 一潮閣.

김민정(1996), "어휘화의 정도에 관한 연구",『국어국문학』14, 동아대 국어국문학과.

金芳漢(1981), "기층에 대하여",『한글』172, 한글학회.

______譯(1984),『一般言語學槪要』, 一潮閣.

______(1986),『韓國語의 系統』, 民音社.

______외 3인(1987),『일반언어학』, 형설출판사.

______(1992), 『언어학의 이해』, 民音社.

김병균(1988), "國語同音異義語硏究", 원광대 대학원(박사).

김병제(1991), 『조선어학사』, 대제각.

김보균(1996), "<하늘>명칭에 대한 고찰", 『한국어내용론』 4, 한국어내용학회, 국학자료원.

김봉근(1994), "문체론의 발달", 『국어문체론』, 대한교과서(주).

김봉주(1984), 『형태론』, 한신문화사.

______역(1986), 『意味의 意味』, 한신문화사.

______(1988), 『개념학-의미론의 기초』, 한신문화사.

김상대(1995), "문장 성분론과 관련한 몇 문제에 대하여", 『牛山李仁燮敎授華甲紀念論文集』, 同 刊行委員會.

金尙敦(1990), "近代國語의 表記와 音韻變化 硏究", 高麗大學校 大學院(博士).

______(1997), "훈민정음의 삼분적 요소에 대하여", 『一蓑金應模敎授華甲紀念論叢』, 도서출판 박이정.

金相泰·朴德根(1994), 『文體論』, 法文社.

김석득(1971), 『국어조어론』, 연세대 출판부.

______(1988), "구성요소의 뜻과 총합체의 뜻과의 관계", 『동방학지』 59, 연세대학교.

김석득 외2인(1995), 『당신은 우리말을 얼마나 아십니까?』, 샘터.

김석빈(1995), 『우리나라에서의 어휘정리』, 한국문화사.

金善豊(1993), 『민속문학이란 무엇인가』, 집문당.

김선희(1987), "현대국어의 시간어 연구", 연세대 대학원(박사).

______(1990), "감정동사에 관한 고찰", 『한글』 208, 한글학회.

김성대(1977), "이조 중세 및 근세의 색채어 낱말밭에 대하여-독일 내용문법을 중심으로-", 고려대 대학원(박사).

______(1979a), "우리말 색채어 낱말밭 -조선시대를 중심으로 -", 『한글』 164, 한글학회.

______(1979b), "세계의 언어화의 대하여", 『한글』 166, 한글학회.

______(1991), 『도이치 언어학개론』, 檀國大學校 出版部.

김성렬(1995), "신소설 어휘 연구", 『인문논총』 6, 아주대 인문과학연구소.

김성환(1994), "<코> 명칭에 대한 고찰", 『우리말 내용연구』 2, 우리말내용연구회.

김세중(1994), "국어 심리술어의 어휘의미 구조", 서울대 대학원(박사).

김승곤(1984), 『한국어의 기원』, 건국대 출판부.

______(1986), 『한국어 조사의 통시적 연구』, 대제각.

______외4인 공역(1986), 『단어통어론』. E.O.Selkirk(1984), 『The Syntax of word』, M.I.T. 10.

______(1992), 『한국어의 토씨와 씨끝』, 서광학술자료사.

김승호(1993), "어휘사 기술과 언어의 화석", 『국어국문학』 12, 동아대 국어국문학과.

김양진(1994), "<다툼>을 나타내는 동사의 말낱밭", 『우리말내용연구』 1, 우리말내용연구회.

金烈圭(1981), 『韓國民俗과 文學硏究』, 一潮閣.

김영길 외(1986), 『조선말소사전』, 학우서방.

김영선(1995), 『한국어 맞선말 연구』, 세종출판사.

김영신(1982), " '釋譜詳節'의 어휘연구", 『부산여대 논문집』 15, 부산여자대학교.

김영일(1988), "「벼(稻)」와 그 단어족 연구", 『부산교대논문집』 24-1, 부산교육대학.

金英俊 譯(1974), 『意味論』, S.I.Hayakana 原著, 民衆書館.

김영진(1995), "<비>명칭에 대한 고찰", 『우리말 내용연구』 2, 우리말내용연구회.

______(1995), "<비> 명칭의 낱말밭 연구-한자말을 중심으로", 고려대 교육대학원(석사).

김영황(1978), 『조선민족어 발전 력사연구』, 과학, 백과사전출판사.

______(1999), 『조선언어학사연구』, 도서출판 박이정.

김영희(1973), "한국어의 주관동사에 대하여", 『연세어문학』 4, 연세어문학회.

______(1985), "도이치말 내용중심 문법의 소고-어휘의 사실을 토대로-", 고려대 대학원(석사).

김옥녀(1994), "동사 유의어의 의미분석", 『어문학교육』 16, 어문학교육회.
김용석(1972), "산천포, 승주, 여천지방의 어휘", 『연세어문학』 3, 연세대학교.
______(1981), "유의어 연구 - 그 개념규정과 유형분류 -", 『배달말』 5, 배달말학회.
金容煥(1986), 『宗敎現象의 理解』, 나무.
김원경(1997), "'에게'와 격", 『一庵金應模敎授華甲紀念論叢』, 도서출판 박이정.
김유정(1994), "<물>명칭의 말낱밭", 『한국어내용연구』 1, 한국어내용연구회.
김윤학 외3인(1988), 『가게 · 물건 · 상호 · 상품 이름 연구』, 과학사.

김응모 저서

1.(1989.9.30), 『國語 平行移動自動詞 낱말밭』, 翰信文化社.
2.(1993.5.5), 『國語 移動自動詞 낱말밭(Ⅰ) 平行移動篇』, 書光學術資料社.
3. (1993.5.5), 『國語 移動自動詞 낱말밭(Ⅱ) 垂直移動篇』, 書光學術資料社.
4.(1995.11.1), 『韓國語 宗敎 冠婚喪祭 自動詞 낱말밭』, 도서출판 박이정.
5.(1996.9.1), 『韓國語 身體關聯 自動詞 낱말밭』, 도서출판 박이정.
6.(1997.5.1), 『韓國語 運動競技 動詞의 낱말밭』, 도서출판 박이정.
7.(1997.9.1), 『韓國語 球技競技 動詞의 낱말밭』, 도서출판 박이정.
8. (1997.9.27), 編著, 『어문학에 담긴 술의 멋』, 도서출판 박이정.
9. (1997.9.27), 編著, 『한국어학의 이해와 전망』, 도서출판 박이정.
10.(1998.3.1), 『韓國語 餘暇善用 自動詞 낱말밭』, 도서출판 박이정.
11.(1999.5.10), 『술어휘의 내용연구』, 세종출판사.
12.(1999.6.5), 『한국어 싸움 · 국방의무 자동사 낱말밭』, 도서출판 박이정.
13.(1999.12.10), 편저 『통일대비 남북한어 이해』, 세종출판사.
14.(2000.5.1.), 『일상언어 자동사 낱말밭』, 한국문화사.
15.(2000.5.1), 『언어표현 자동사 내용연구』, 한국문화사.
16.(2000.8.15), 『國語學 特講』, 세종출판사.
17.(2002.12.30), 『한국어 몸동작 자동사 낱말밭』, 세종출판사.

18.(2002.12.30), 『한국어 정서 자동사 낱말밭』, 세종출판사.

19.(2002.12.30), 『한국어 심리 자동사 낱말밭』, 세종출판사.

20.(2002.12.30), 『한국어 인지심리 자동사 낱말밭』, 세종출판사.

김응모 논문

1.(1975.12.15), "現代時調의 語彙論的 分析硏究", 高麗大學校 敎育大學院(석사).

2.(1987.2.10), "국어순화", 『휘문』 55, 휘문고등학교.

3.(1987.12.11), "상승이동 자동사에 대한 고찰", 『語文論集』 27, 高麗大學校 國語國文學硏究會.

4.(1988.10.9), "평행이동 자동사 연구(2)-<수단> 표현을 중심으로-", 『우리어문연구』 2, 우리어문연구회.

5.(1989.2.10), "평행이동 자동사 연구-<수반이동>을 중심으로-", 『휘문』57, 휘문고등학교.

6.(1989.2.28), "전진이동 자동사에 대한 고찰-<속도> 표현을 중심으로-", 『語文論集』 28, 高麗大學校 國語國文學硏究會.

7.(1989.6.30), "평행이동 자동사 연구(4)-<경로> 표현을 중심으로-", 『한글』 204, 한글학회.

8.(1989.7.20), "國語移動 自動詞의 낱말밭 硏究", 高麗大學校 大學院(박사).

9.(1990.2.28), "수직이동 자동사 연구(2)-<태도>표현을 중심으로-", 『語文論集』 29, 高麗大學校 國語國文學硏究會.

10.(1990.4.28), "수직이동 자동사 연구(1)-<수단>표현을 중심으로-", 『韓國語學新硏究』, 翰信文化社.

11.(1991.2.28), "수직이동 자동사 연구(10)-<목적>표현을 중심으로-", 『外大論叢』 9, 釜山外國語大學校.

12.(1991.3.20), "수직이동 자동사 연구(7)-<동반이동>을 중심으로-", 『牛岩語文論集』 창간호, 釜山外國語大學校 國語國文學科.

13.(1991.3.30), "수직이동 자동사 연구(8)-<과정>표현을 중심으로-", 『한글』 211, 한글학회.

14.(1991.10.9), "수직이동 자동사 연구 -<속도>표현 중 상승이동을 중심으로-", 『우리어문연구』 4 · 5합집, 우리어문연구회.

15.(1992.2.28), "수직이동 자동사 연구-<속도> 표현 중 하강이동을 중심으로-", 『外大論叢』 10, 釜山外國語大學校.

16.(1992.3.25), "평행이동 자동사 연구-<시간> 표현을 중심으로-", 『牛岩語文論集』 2, 釜山外國語大學校 國語國文學科.

17.(1992.4.15), "수직이동 자동사 연구-<속도> 표현 중 상하이동을 중심으로-", 『홍익어문』 10 · 11합집, 홍익대 국어국문학연구회.

18.(1992.7.30), "수직이동 자동사 연구(5)-<방향> 표현을 중심으로(2)-", 『民族文化研究』 25, 高麗大學校 民族文化研究所.

19.(1992.11.30), "수직이동 자동사 연구-<속도> 표현 중 하강이동을 중심으로-", 『外大語文論集』 제8輯, 釜山外國語大學校 語文學研究所.

20.(1993.2.28), "수직이동 자동사 연구(3)-<방향> 표현을 중심으로①-", 『語文論集』 31, 高麗大學校 國語國文學研究會.

21.(1993.3.30), "수직이동 자동사 연구-<양태> 표현을 중심으로-", 『한글』 219, 한글학회.

22.(1993.10.9), "수직이동 자동사 연구(16)-<시간> 표현을 중심으로-", 『우리어문연구』 6 · 7합집, 우리어문연구회, 국학자료원.

23.(1993.12.30), "農事性 自動詞의 意味研究(1)", 『語文論集』 32호, 高麗大學校 國語國文學研究會.

24.(1994.2.15), "농사성 자동사의 의미연구(3)", 『우리말내용연구』, 창간호, 우리말내용연구회

25.(1994.2.25), "喪禮에 관련된 自動詞의 낱말밭 研究", 『牛岩語文論集』 4, 釜山外國語大學校 國語國文學科.

26.(1994.2.28), "婚姻과 관련된 自動詞의 낱말밭 연구", 『外大論叢』 12, 釜山外國語大學校.

27.(1994.3.18), "종교에 관련된 자동사의 의미연구(1)", 『한국어학』 창간호, 한국어학회.

28.(1994.10.9), "불교에 관련된 자동사의 의미연구", 『우리어문연구』 8집, 우리

　　　　어문연구회.

29.(1994.12.12), “祭禮에 關聯된 自動詞의 낱말밭 硏究”, 『二重言語學會誌』 11
　　　　號, 二重言語學會.

30.(1994.12.30), “農事性 自動詞의 意味硏究(2)”, 『語文論集』 33집, 高麗大學
　　　　校 國語國文學硏究會.

31.(1994.12.30), “疾病 發生에 關聯된 自動詞 語彙의 意味硏究”, 『外大語文論
　　　　集』 10輯, 釜山外國語大學校 語文學硏究所.

32.(1995.2.15), “불교에 관련된 자동사의 의미연구(2)”, 『우리말 내용연구』 2호,
　　　　우리말내용연구회.

33.(1995.2.25), “睡眠에 關聯된 自動詞의 意味硏究”, 『牛山 李仁燮敎授 華甲記
　　　　念論文集』, 同 刊行委員會, 太學社.

34.(1995.2.25), “皮膚科, 耳鼻咽喉科, 泌尿器科 疾病에 關聯된 自動詞의 意味
　　　　硏究”, 『牛岩語文論集』 5, 釜山外國語大學校 國語國文學科.

35.(1995.2.28), “婦人科, 小兒科, 眼科, 齒科의 疾病에 關聯된 自動詞 語彙의
　　　　意味硏究”, 『外大論叢』 13輯, 釜山外國語大學校.

36.(1995.2.28), “外科, 內科의 疾病에 關聯된 自動詞 語彙의 意味硏究”, 『比較
　　　　文化硏究』 6, 釜山外國語大學校 比較文化硏究所.

37.(1995.4.20), “神經科, 精神科, 傳染病에 關聯된 自動詞 語彙의 意味硏究”,
　　　　『韓南語文學』, 韓南大學校 韓南語文學會.

38.(1995.5.18), “姙娠과 出産에 關聯된 自動詞 語彙의 意味硏究”, 『松菴 鄭僑
　　　　煥博士 華甲紀念論叢』, 同 刊行委員會.

39.(1995.6.1), “民俗信仰에 關聯된 自動詞 語彙의 意味硏究”, 『한국어학』 2호,
　　　　한국어학회.

40.(1995.9.30), “몸치장에 관련된 자동사 어휘의 낱발밭 연구”, 『한글』 229호,
　　　　한글학회.

41.(1995.10.9), “疾病의 治療와 動物의 疾病에 關聯된 自動詞의 意味硏究”,
　　　　『우리어문연구』 제9집, 우리어문학회, 국학자료원.

42.(1995.11.25), “불교에 관련된 자동사의 내용연구(3)”, 『語文論集』 34, 高麗大
　　　　學校 國語國文學硏究會.

43.(1995.12.25), "着用에 關聯된 自動詞의 意味硏究", 『二重言語學會誌』第12號, 二重言語學會.

44.(1995.12.30), "書藝·印刷·出版에 關聯된 自動詞의 意味硏究", 『外大語文論集』11, 釜山外國語大學校 語文學硏究所.

45.(1996.2.25), "身體에 關聯된 自動詞 語彙의 內容硏究", 『牛岩語文論集』6호, 釜山外國語大學校 國語國文學科.

46.(1996.2.28), "잡기(도박, 바둑, 장기)에 관련된 자동사의 내용연구", 『外大論叢』14집, 釜山外國語大學校.

47.(1996.2.28), "藝術에 關聯된 自動詞 語彙의 意味硏究(1)", 『比較文化硏究』7호, 釜山外國語大學校 比較文化硏究所.

48.(1996.3.18), "餘暇善用에 關聯된 自動詞 語彙의 意味硏究", 『한국어학』3호, 한국어학회.

49.(1996.10.9), "예술용어 자동사의 내용연구", 『우리어문연구』제10집, 우리어문학회.

50.(1996.11.30), "놀이 自動詞 內容硏究", 『부산한글』15호, 한글학회 부산지회.

51.(1996.12.13), "傳承놀이 自動詞의 內容硏究", 『民族文化硏究』29호, 高麗大學校 民族文化硏究所.

52.(1996.12.30): "낚시·사냥·등산·야영에 관련된 동사의 내용연구", 『外大語文論集』12집, 釜山外國語大學校 語文學硏究所.

53.(1997.2.15), "술에 취하는 용어에 대한 내용연구", 『교육과학연구』, 제2호, 부산여자대학교 교육과학연구소.

54.(1997.2.20), "弓術·射擊·씨름에 關聯된 自動詞의 內容硏究", 『外大論叢』16집, 釜山外國語大學校.

55.(1997.2.25), "국방의무 자동사 내용연구(1)", 『한국어학』5, 한국어학회.

56.(1997.2.25), "국방의무 자동사의 내용연구(2)", 『牛岩語文論集』제7호, 釜山外國語大學校 國語國文學科.

57.(1997.2.25), "싸움 자동사의 내용연구", 『睡蓮語文論集』第23輯, 睡蓮語文學會.

58.(1997.3.31), "일방 가격(加擊) 자동사의 내용연구", 『比較文化硏究』제8집, 釜山外國語大學校 比較文化硏究所.

59.(1997.5.13), "국방정책 자동사 내용연구", 『由南 申碩煥博士 回甲紀念論文集』, 동 간행위원회.

60.(1997.6.30), "전쟁 자동사 내용연구", 『嶺南語文學』 31輯, 嶺南語文學會.

61.(1997.8.25), "전투 자동사의 내용연구(1)", 『한국어학』 6, 한국어학회.

62.(1997.8.30), "군사작전 자동사 내용연구", 『外大論叢』 第17輯, 釜山外國語大學校.

63.(1997.9.27), "談話 自動詞 內容硏究", 『一蒙金應模敎授華甲紀念論叢』, 동 간행위원회.

64.(1997.9.30), "전투 자동사의 내용연구(2)", 『어문논집』 36, 안암어문학회.

65.(1997.10.30), "침입·반란·의거·토벌·방어 동사의 내용연구", 『한국어의미학』 1, 한국어의미학회.

66.(1997.11.19), "언쟁·논쟁 자동사의 내용연구", 『牛岩語文論集』 8호, 釜山外國語大學校 國語國文學科.

67.(1997.11.30), "논의 자동사의 내용연구", 『부산한글』 16집, 한글학회 부산지회.

68.(1997.12.25), "言語表現 自動詞의 內容硏究", 『우리어문연구』 11집, 우리어문학회.

69.(1997.12.30), "전쟁의 승패 자동사의 내용연구", 『二重言語學會誌』 14호, 二重言語學會.

70.(1998.1.10), "격퇴·공략·정벌 자동사의 내용연구", 『추상과 의미의 실재-한결 승명박사화갑 기념논총』, 동 간행위원회.

71.(1998.2.28), "출전·대적·공격 자동사의 내용연구", 『比較文化硏究』 第9輯, 釜山外國語大學校 比較文化硏究所.

72.(1998.2.28), "質疑應答 自動詞의 內容硏究", 『外大論叢』 18-1, 釜山外國語大學校.

73.(1998.2.28), "분명하지 못한 언어표현 자동사의 내용연구", 『우리어문연구』 12집, 우리어문학회.

74.(1998.8.25), "거짓말·허풍·식언·아첨 자동사의 내용연구", 『順天鄕語文論集』 第5輯, 順天鄕語文學硏究會.

75.(1998.8.31), "혐오 자동사의 내용연구", 『어문논집』 38, 안암어문학회.

76.(1998.11.30), "공경 자동사의 내용연구", 『인문과학논집』 제5집, 강남대학교 인문과학연구소.

77.(1998.12.30), "사랑 자동사의 내용연구", 『한글』 242호, 한글학회.

78.(1998.12.30), "기쁨 자동사의 내용연구", 『이중언어학』 15호, 二重言語學會.

79.(1999.2.26), "울음·말참견·함구 자동사의 내용연구", 『比較文化硏究』 10, 釜山外國語大學校 比較文化硏究所.

80.(1999.2.28), "잔소리와 꾸지람 자동사의 내용연구", 『外大論叢』 19-2輯, 釜山外國語大學校.

81.(1999.2.28), "能辯·才談·壯談 自動詞의 內容硏究", 『外大論叢』 19-3輯, 釜山外國語大學校.

82.(1999.2.28), "所聞·報告 自動詞의 內容硏究", 『外大論總』 19-4輯, 釜山外國語大學校.

83.(1999.2.28), "억지·약속 자동사의 내용연구", 『外大論總』 19-5輯, 釜山外國語大學校.

84.(1999.2.28), "수다스런 언어표현 자동사의 내용연구", 『牛岩語文論集』 9호, 釜山外國語大學校 國語國文學科.

85.(1999.2.28), "直言·呼訴·怨望·絶叫 自動詞의 內容硏究", 『外大語文論集』 14, 釜山外國語大學校 語文學硏究所.

86.(1999.4.30), "아부 자동사의 내용연구", 『한국어 의미학』 4, 한국어의미학회.

87.(1999.6.30), "두려움 자동사의 내용연구", 『한국어학』 9, 한국어학회.

88.(1999.8.30), "전투 자동사의 내용연구(2)", 『어문논집』 제40집, 안암어문학회.

89.(1999.9.30), "굴복 자동사의 내용연구", 『先淸語文』 27집, 서울大學校 師範大學 國語敎育科.

90.(1999.10.30), "약속 자동사의 내용연구", 『韓民族語文學』 34輯, 한민족어문학회.

91.(1999.11.20), "술(酒)의 전문용어 연구", 『제2회 전문용어언어공학 심포지움 : 정보·지식 사회에 있어서의 전문용어』 1, KORTERM 전문용어언어 공학연구센터.

92.(1999.12.30), "증오·시기 자동사의 낱말밭 연구", 『한국말글학』 제16집, 한

국말글학회.

93.(1999.12.30), "괴로움 자동사의 내용연구", 『이중언어학』 16호, 二重言語學會.

94.(1999.12.31), "놀람 자동사의 내용연구", 『우리어문연구』 14집, 우리어문학회.

95.(2000.2.21), "즐거움 자동사의 내용연구", 『江南語文』 제10집, 강남대학교 어문학부 국어국문학전공.

96.(2000.2.25), "못된 언어표현 자동사의 내용연구", 『比較文化硏究』 11輯, 釜山外國語大學校 比較文化硏究所.

97.(2000.2.25), "고발 · 심문 · 진술 자동사 낱말밭 연구", 『牛岩語文論集』 10집, 牛岩語文學會.

98.(2000.2.28), "人事 · 祝辭 · 稱讚 自動詞의 內容硏究", 『외대어문논집』 15집, 부산외국어대학교 어문학연구소.

99.(2000.2.29), "원망 자동사의 내용연구", 『어문논집』 41, 안암어문학회.

100.(2000.2.29), "명령 · 청취 자동사의 분절구조 연구", 『外大論叢』 20輯, 釜山外國語大學校.

101.(2000.6.30), "호감 자동사 낱말밭 연구", 『한국어학』 11, 한국어학회.

102.(2000.6.30), "초조 자동사의 분절구조 연구", 『한국어 의미학』 6, 한국어의미학회.

103.(2000.8.29), "요구, 허락, 거절 자동사의 내용연구", 『外大論叢』 21, 釜山外國語大學校.

104.(2000.8.31), "욕망 자동사의 내용연구", 『한국말글학』 17집, 한국말글학회.

105.(2000.11.30), "판단 · 결정 자동사의 내용연구", 『부산한글』 19집, 한글학회 부산지회.

106.(2000.11.30), "음주 동사의 전문어 연구", 『전문용어연구』 2, KORTERM 전문용어언어공학센터.

107.(2000.12.30), "실망 자동사의 내용연구", 『이중언어학』 제17호, 이중언어학회.

108.(2000.12.30), "남한에서 북한어 교육", 『敎育論叢』 2집, 釜山外國語大學校 敎育大學院.

109.(2001.2.26), "의견 자동사의 분절구조 연구", 『比較文化硏究』 12집, 釜山外國語大學校 比較文化硏究所.

110.(2001.2.28), "흥분·안정 자동사 내용연구", 『외대어문논집』16집, 부산외국어대학교 어문학연구소.

111.(2001.2.28), "의기진작 의기소침 자동사의 분절구조 연구", 『外大論叢』22집, 釜山外國語大學校.

112.(2001.2.28), "생각 자동사 분절구조 연구(3)", 『우암어문논집』제11호, 우암어문학회.

113.(2001.2.28), "의기투합 자동사 분절구조", 『外大論叢』23집, 釜山外國語大學校.

114.(2001.8.31), "배례 자동사의 분절구조", 『한국말글학』제18집, 한국말글학회.

115.(2001.11.30), "사교 자동사의 분절구조", 『이중언어학』19호, 이중언어학회.

116.(2001.11.30), "은혜 자동사 내용연구", 『부산한글』20집, 한글학회 부산지회.

117.(2001.12.30), "변심자동사의 내용연구", 『한국어학』14호, 한국어학회.

118.(2001.12.30), "지조 자동사 분절구조 연구", 『한국어 의미학』9호, 한국어의미학회.

119.(2001.12.30), "남북한 어휘교육의 고찰", 『敎育論叢』제3집, 부산외국어대학교 교육대학원.

120.(2002.2.28), "반성과 용서 자동사의 내용연구", 『外大論叢』24집, 釜山外國語大學校.

121.(2002.4.30), "생각 자동사의 분절구조 연구", 『우리어문연구』17집, 우리어문학회.

122.(2002.8.30), "길쌈 자동사의 낱말밭 연구", 『外大論叢』25집, 釜山外國語大學校.

123.(2002.9.26), "분노 자동사 내용연구(1)", 『比較文化硏究』제13집, 釜山外國語大學校 比較文化硏究所.

124.(2002.9.30), "성격 자동사의 낱말밭 연구", 『외대어문논집』17집, 부산외국어대학교 어문학연구소.

125.(2002.11.5), "증오·시기 지동사의 내용연구", 박홍길 엮음, 『낱말의 이해』, 한국문화사.

126.(2002.11.30), "상거래 자동사 낱말밭 연구", 『外大論叢』25집, 釜山外國語大

學校.

127.(2002.12.28), "판매 자동사의 낱말밭 연구(2)", 『外大論叢』 25-Ⅱ, 釜山外國語大學校.

128.(2003.5.15), "인지 자동사 낱말밭 연구", 『국어학 연구의 점과 선』, 潚齋 박희수 교수 정년퇴임기념 논문집, 동 간행위원회.

129.(2003.9.30), "물가 자동사의 낱말밭 연구", 『외대어문논집』 18집, 부산외국어대학교 어문학연구소.

130(2005.7.11), "양잠의 낱말밭 연구", 이원직 외 『국어연구와 의미정보』, 일월.

김인자(1984), "Leo Weisgerber의 인류 언어법칙에 대하여", 고려대학교 대학원(석사).

김일웅(1982), "우리말 대용어 연구", 부산대 대학원(박사).

김일환(1996), "국어 관계절 연구", 고려대학교 대학원 국어국문학과(석사).

김재봉(1988), "착용동사의 낱말밭 연구", 고려대학교 교육대학원(석사).

______(1991), "「먹다」의 의미연구", 『우리어문연구』 4·5합집, 우리어문연구회.

______(1993), "사회언어학의 이론에서 본 국어교육", 『우리어문연구』 6·7합집, 우리어문연구회.

김재영(1991), "Leo, Weisgerber의 「의의영역」에 대한 연구", 고려대학교 대학원 독어독문학과(박사).

______(1994) "어휘형성과 확대에 대한 내용중심적 고찰", 『우리말내용연구』 창간호, 우리말내용연구회.

______(1995), "언어 행위의 화용론적 해석과 문장서법", 『우리어문연구』 9, 우리어문학회.

______(1996), 『성능중심 어휘론』, 국학자료원.

______(1996), "G. Ipsen의 분절구조 이론", 『한국어내용론』 4, 한국어내용학회.

김재임(1994), "<떡>명칭의 대한 고찰", 『한국어내용연구』 1, 학국어내용연구회.

김정숙(1989), "남북한 어휘비교", 『북한의 어학혁명』, 백의.

金正午 역(1982), 『視覺的 思考』(루돌프 아른하임 著), 이화여자대학교 출판부.

김정은(1995), 『국어 단어형성법 연구』, 도서출판 박이정.

金濟鉉(1992),『시조 문학론』, 예전사.

김종록(1995), “스포츠 관련 어휘의 형태·의미론적 분석”,『국어교육연구』27, 국어교육연구회.

김종태(1976), “낱말과 어휘의 의미구조”,『부산대 문리과대학 논문집』13, 부산대학교 문리과대학.

______(1984), “어휘의 의미구조”,『人文論叢』25, 부산대학교.

金宗擇(1970), “同義語 意味平定”,『論文集』6, 大邱 敎育大.

______(1971), “意味衝突 (meaning clash) 現象에 대하여”,『국어국문학』51, 국어국문학회.

______(1982a),『國語活用論』, 형설출판사.

______(1982b), “국어의미론연구 30년”,『국어국문학』88, 국어국문학회.

______(1985), “국어 친족어휘의 대립체계”,『소당 천시권박사회갑기념논총』, 동 간행위원회.

______(1992),『국어 어휘론』, 탑출판사.

金鐘塤(1984),『國語敬語法硏究』, 集文堂.

______(1994),『國語語彙論硏究』, 한글터.

김종학(1996), “한국어의 기초어휘 연구”, 중앙대 대학원(박사).

金俊燮(1968), “Semantics에 있어서 意味分析의 問題”,『語學硏究』4-2, 서울大 語學硏究所.

金鎭奎(1993),『訓蒙字會語彙硏究』, 螢雪出版社.

金眞植(1991),『類義語의 生成要因 硏究』, 충남대 대학원(박사).

______(1994), “국어 유의어 생성고-언어적 요인을 중심으로-”,『연산도수희선생 화갑기념논총』, 동 간행위원회.

金鎭宇(1984), “말(言語)과 맘(心理)”,『말』9, 연세대학교 한국어학당.

______(1988),『言語와 心理』, 翰信文化社.

______(1994),『言語와 意思疏通』, 한신문화사.

金倉燮(1981), “現代國語의 複合動詞硏究”,『國語硏究』47, 國語硏究會.

______(1985), “시각 형용사 어휘론”,『관악어문연구』10, 서울대 국어국문학과.

김철남(1996), "국어 어휘화의 개념과 유형", 『부산한글』 14, 한글학회 부산지회.

______(1997), 『우리말 어휘소 되기』, 한국문화사.

金泰坤(1983), 『韓國民間信仰硏究』, 集文堂.

金泰琨(1989), 『중세국어의 다의어 연구 : 고유어를 중심으로』, 중앙대 대학원 (박사).

______(1994), "국어 어휘의 변천연구(1)", 『백록어문』 10, 제주대 국어교육학회.

______(1995), "18세기 국어의 다의어 연구", 『국문학보』 13, 제주대 국어국문학과.

______(1995), "국어 어휘변천 연구(2)", 『어문연구』 86, 한국어문연구회.

김태옥 엮(1994), 『인지적 화용론: 적합성 이론과 커뮤니케이션』, 한신문화사.

김태옥·이현호 공엮(1994), 『인지적 화용론』, 한신문화사.

______(1995), "담화생산과 분석", 『현대언어학 지금 어디로』, 한신문화사.

김태우(1992), "현대국어 시간부사의 낱말밭 연구", 부산외국어대학교 교육대학 원(석사).

김태자(1993), "맥락분석과 의미 탐색", 『한글』 219, 한글학회.

______(1994), 『발화분석의 화행의미론적 연구』, 탑출판사.

金韓坤(1967), "Korean Kinship Terminology : A Semantic Analysis", 『國語學 硏究』, 서울대 語學硏究所.

______(1969), "意味論의 對象과 方法", 『語學硏究』 5-2, 서울대 言語硏究所.

金炯國(1996), 『意味의 本質』, 成均館大學校 出版部.

______(1996), 『意味의 構造』, 成均館大學校 出版部.

______(1996), 「意味의 疏通」, 成均館大學校 出版部.

김한영 외2인 옮김(1998), 『언어본능』 상·하, 그린비.

金亨奎(1974), 『國語學槪論』, 一潮閣.

김형배(1997), 『국어 사동사 연구』, 도서출판 박이정.

김형주(1996), 『우리말발달사』, 세종출판사.

______(1997), 『우리말연구사』, 세종출판사.

김형철(1987), 『19세기말 국어의 문체 구문 어휘연구』, 경북대 대학원(박사).

______(1994), "개화기 신문의 어휘연구", 『어문논집』 5, 경남대 국어교육과.

김혜숙(1991), 『현대국어의 사회언어학적 연구 – 국어의 운용 실태와 방향』, 태학사.

김홍범(1993), "상징어의 형태와 의미구조 분석", 『연세어문학』 25, 연세대학교.

______(1996), "한국어 상징어의 통사·의미론적 연구", 『애산학보』 17, 애산학회.

金興洙(1989), 『현대국어 심리동사 구문연구』, 塔出版社.

김희수(1992), 『화술의 이론』, 전남대학교 출판부.

나익주(1995), "은유의 신체적 근거", 『담화와 인지』 1, 담화·인지언어학회.

南廣祐(1962), "語彙考 – 시간의 뜻을 가진 – ", 『慶北大論文集』 1, 慶北大學校.

______(1974), 『國語學論文集』, 一潮閣.

南基心(1974), "反對語考", 『國語學』 2, 國語學會.

______(1995), "어휘의미와 문법", 『東方學志』 87, 연세대학교 국학연구원.

______(1996), "어휘의 의미와 문법", 『동방학지』 88, 연세대학교 국학연구원.

남기심, 고영근(1983), 『국어의 통사·의미론』, 탑출판사.

남기심, 이정민, 이홍배(1985), 『언어학개론』, 탑출판사.

남성우(1972), "國語類意語考", 『國語學論集』 5·6합집, 檀國大.

______(1976), "中世 韓國語의 類意構造", 『言語와 言語學』 4, 韓國外國語大學校.

______(1981a), "後期 中世國語의 類意構造", 『論文集』 14, 韓國外國語大學校.

______(1981b), "近代國語의 意味構造", 『국어국문학』 76, 국어국문학회.

______(1985), 『國語意味論』, 永信文化社.

______(1986), 『十五世紀國語의 同義語研究』, 塔出版社.

______역(1988), 『意味論』, 탑출판사.

______(1990), "國語의 語彙變化", 『국어생활』 가을호, 국립국어연구소.

______(1997), "한국어의 형성 과정", 『語彙史研究』, 語彙史研究會.

남성우·정재영 공저(1990), 『북한의 언어생활』, 고려원.

노대규(1988), 『국어의미론 연구』, 翰信文化社.

______(1992), "국어의 입말과 글말의 의미론적 특성 연구", 『梅芝論叢』 9, 연세

대 매지학술연구소.

______(1996), 『한국어의 입말과 글말』, 국학자료원.

노명희(1998), "자연계 어휘의 변천사", 『國語 語彙의 基盤과 歷史』, 태학사.

노명환(1994), "문체 연구와 심리", 『국어문체론』, 대한교과서(주).

______(1994), "언어 교육과 문체", 『국어문체론』, 대한교과서(주).

노미숙(1991), "의미확장의 방법과 유형 : 동화에 쓰인 의미확장 표현을 중심으로-", 상명여자대학교 대학원(석사).

도원영(1995), "<알림>타동사의 낱말밭", 『우리말 내용연구』, 2호, 우리말내용연구회.

류영남(1994), 『말글밭』, 육일문화사.

류웅달 역(1993), 『의미론 입문』, 한신문화사.

류현미(1991), "보조동사의 의미분석-'가다/오다', '놓다/두다'에 대하여", 『어문연구』 21, 어문연구회.

리득춘(1993), 『한조언어문자 관계사』, 도서출판 박이정.

______(1994), "중국어에 기원을 둔 한국어 어휘의 유형", 『조선어한자어음연구』, 도서출판 박이정.

______(1996), 『조선어 어휘사』, 도서출판 박이정.

리상벽(1975), 『조선어 화술』, 사회과학출판사.

리서행 편수(1991), 『조선어 고어 해석』, 여강출판사.

리익선(1974), 『단어만들기 연구』, 사회과학출판사.

리형태,류은종(1994), 『동의어,반의어,동음어 사전』, 한국문화사.

리홍연(1983), 『문화어문장론』, 김일성종합대학 출판사.

마성식(1991), 『국어 의미변화 유형론』, 한남대학교 출판부.

______(1993), "「눈」바탕 어휘 생성에 관한 연구", 『한남대논문집』 23, 한남대학교 국어국문학과.

______(1993), "「입」바탕 어휘의 의미론적 생성 연구", 『국어국문학』 109, 국어국문학회.

문금현(1996), "국어 관용표현 연구", 서울대 대학원 국어국문학과(박사).

______(1998), "신체 어휘의 변천사".『國語 語彙의 基盤과 歷史』, 태학사.

문미선 외2인 역(1996),『새로운 의미론』, 한국문화사. Schwarz · Chur 原著.

문병태(1989), "도상성으로 본 영어조건문의 의미", 충남대 대학원 영어영문학과
            (박사).

文洋秀외 9인(1985),『現代言語學』, 翰信文化社.

문창덕 편(1988),『조선말 동의어사전』, 연변인민출판사.

문화어학습 편집부(1975),『주체사상에 기초한 언어이론』, 사회과학출판사.

閔賢植(1986), "開化期 國語의 語彙에 대하여 – 사라진 고유어 · 한자어를 중심
            으로–",『국어생활』4, 국립국어연구소.

______(1995), "양태부사의 의미에 대하여",『牛山李仁燮敎授華甲紀念論文集』,
            同 刊行委員會.

______(1995), "국어 어휘사의 시대구분에 대하여",『국어학』25, 국어학회.

______(1998), "시간어의 낱말밭",『한글』240 · 241호, 한글학회.

______(1998), "시간어의 어휘사",『國語 語彙의 基盤과 歷史』, 태학사.

박갑수(1971), "청록집의 어휘고",『김형규 박사 송수기념논총』, 동 간행위원회.

______(1994), "국어문체 연구사",『국어문체론』, 대한교과서(주).

박건식(1989), "북한의 어휘론",『북한의 어학혁명』, 북한언어연구회.

朴景燮(1994),『韓國의 禮俗硏究』, 서광학술자료사.

박경자 외 2인 역(1985),『심리언어학』, 한신문화사.

朴景賢(1986), "현대국어의 공간개념어의 의미연구", 명지대학교 대학원(박사).

______(1987),『現代國語의 空間槪念語硏究』, 한샘.

박금용(1986), "「주다」동사의 낱말밭 연구-현대국어를 중심으로-", 고려대 교육
            대학원(석사).

박기숙(1996), "중국어의 <모친>명칭에 대한 고찰",『한국어내용론』4, 한국어
            내용학회.

박덕유(1995), "담화분석 연구의 전개와 방향",『국어교육연구』7, 인하대학교 사
            범대학.

박명아(1993), "동음어에 관하여",『용운언어』3, 대전대학교.

朴文誠(1992), "現代國語敬語法의 社會言語學的 研究", 『大田語文研究』, 大田語文研究會.

박민규(1989), "어휘조사의 전산처리", 『국어생활』 16, 국립국어연구소.

박병수(1974). "The Korean Verb ha and Verb Complementation", 『語學研究』 10-1, 서울대.

박병익(1989), "동사 '주다'의 3가지 용법", 『한글』 203호, 한글학회.

朴炳采(1973), 『高麗歌謠의 語釋研究』, 宣明文化社.

______외 6인(1981), 『新國語學概論』, 螢雪出版社.

______(1989), 『국어발달사』, 世英社.

______(1991), 『論註 月印千江之曲』, 世英社.

朴秉喆(1997), 『韓國語 訓釋 語彙 研究』, 이회문화사.

______(1997), "動詞類語 訓에 관한 通時的 考察", 『국어학 연구의 새 지평』, 태학사.

박상훈 외2인(1989), 『우리나라에서의 어휘정리』, 白衣.

박선자(1994), "국어 한정 표현의 의미론적 특성 연구", 『부산한글』 13, 한글학회 부산지회.

______(1996), 『한국어 어찌말의 통어의미론』, 세종출판사.

박양규(1985), "국어의 再歸動詞에 대하여", 『國語學』 14, 國語學會.

박여성(1984), "어휘소 구조에 대한 연구 – 특히 E.Coseriu의 어휘소론을 중심으로 –", 고려대 대학원(석사).

朴英燮(1994), 『開化期 國語 語彙資料集(1) : 독립신문 篇』, 서광학술자료사.

______(1994), 『開化期 國語 語彙資料集(2) : 新小說 篇』, 서광학술자료사.

______(1995), 『國語漢字語彙論』, 도서출판 박이정.

朴英順(1984), 『韓國語統辭論』, 集文堂.

______(1986), "國語文法 教育으로서의 意味論에 대하여", 『한국어문교육』 창간호, 고려대 사범대 국어교육학회.

______(1992), "國語 指示語의 類型", 『홍익어문』 10・11, 홍익어문연구회.

______(1993), 『현대 한국어 통사론』, 집문당.

______(1994),『한국어 의미론』, 고려대 출판부.

______(1994), "'대다, 가다, 보다, 서다, 들다'의 의미에 대하여",『한국어학』창간호, 한국어학회.

______(1994), "문체론의 본질",『국어문체론』, 대한교과서(주).

______(1995), "국어 청유문의 구조와 의미",『牛山李仁燮敎授華甲紀念論文集』, 同 刊行委員會.

______(1995), "이중언어 능력과 인지기능",『二重言語學會誌』12, 二重言語學會.

박영준(1991), "국어 명령문연구", 고려대 대학원(박사).

______(1993), "국어 관용어 사전편찬을 위하여",『우리어문연구』, 우리어문연구회.

______(1994),『명령문의 국어사적 연구』, 국학자료원.

______최경봉 편(1996),『관용어사전』, 태학사.

박영환(1990), "'본인'의 의미 기능",『한남대 논문집』21, 한남대학교.

______(1991a),『指示語의 意味機能』, 韓南大 出版部.

______(1991b),『국어학의 전개양상』, 韓南大 出版部.

박옥숙 옮김(1993),『의미의 논리를 위하여』, 한국문화사.

박용순(1978),『조선어 문체론연구』, 과학, 백과사전출판사.

박이문(1997), "기호와 의미",『언어·진리·문화』1, 철학과현실사.

박인현(1992), "동사 '뜨다'의 의미 분석", 경북대학교 대학원(석사).

박정숙(1994), "상품 이름 연구", 건국대학교 교육대학원(석사).

박정한(1990), "E.Coseriu의 구조의미론 연구-어휘구조와 음운구조의 대비를 중심으로-", 부산대학교 대학원 독어독문학과(박사).

______(1994), "내용연구 토대로서의「밭」개념",『우리말 내용연구』창간호, 국학자료원.

박종갑(1996),『국어의미론』, 도서출판 박이정.

방종갑·오주영(1996),『언어학개론』, 경성대학교 출판부.

朴鍾榮(1994),『心理學槪論』, 大旺社.

박지홍(1978), "우리말 의미구조 연구",『눈뫼 허웅 박사 회갑 논문집』, 서울대

　　　　출판부.

______(1984), 『우리말의 의미』, 문성출판사.

박창해(1991), 『한국어 구조론 연구』, 탑출판사.

朴亨達(1968), "Signifie의 機能理論", 『語學硏究』 4-1, 서울대.

박홍길(1997), 『우리말 어휘 변천 연구』, 세종출판사.

박효명(1995). "이동동사 run, walk와 creep의 의미확대에 대한 연구", 전남대학
　　　　교 대학원 영어영문학과(박사).

박희봉(1985), "의미연구의 방향과 어휘분절에 대하여", 고려대학교 대학원 독어
　　　　독문학과(석사).

裵大溫(1993), 『吏讀語彙論』, 螢雪出版社.

배도용(1994), "<주다>류 어휘의 의미분석", 부산외국어대학교 대학원(석사).

______(1997), "한국어 머리(頭髮) 낱말밭의 내용 분석", 『一庵金應模敎授華甲
　　　　紀念論叢』, 도서출판 박이정.

______(2002), 『우리말 의미확장 연구』, 한국문화사.

배범석(1994), "용비어천가의 문체에 대한 일 고찰", 『國語學』 24, 國語學會.

배성우(1996), "<그릇>명칭에 대한 고찰", 『한국어내용론』 4, 한국어내용학회.

배승호(1993), "현대국어 도의어 연구", 영남대 대학원(석사).

배해수(1981a), "홍길동전에 나타난 생명종식어의 고찰 - 자동사를 중심으로 -",
　　　　『全南大學校 論文集』, 全南大.

______(1981b), "현대국어 웃음 동사에 대하여", 『한글』 172, 한글학회.

______(1982a), 『현대국어의 생명종식어에 대한 연구』, 태양출판사.

______(1982b), "냄새 형용사에 대하여", 『語文論集』 6, 全南大.

______(1983), "넓이 그림씨에 대한 고찰", 『한글』 182, 한글학회.

______(1984a), "빈부 그림씨에 대한 고찰", 『文理大論文集』 2, 高麗大學校.

______(1984b), "관계 그림씨에 대한 고찰", 『한글』 185, 한글학회.

______(1990), "국어내용연구-성격 그림씨를 중심으로", 『民族文化硏究』, 高麗
　　　　大學校 民族文化硏究所.

______(1991), "어버이 명칭에 대한 고찰", 『우리어문연구』 4 · 5합집, 우리어문

연구회.

______(1992), 『국어내용연구(2)』, 국학자료원.

______(1994), 『국어내용연구(3)』, 국학자료원.

______(1995), "동적언어이론의 이해", 『한국어 내용론』 3호, 국학자료원.

배현숙(1989), "남북한 외래어 표기법 비교", 『북한의 어학혁명』, 백의.

______(1992), "언어에 나타난 성별 정형화", 『홍익어문』 10 · 11, 홍익어문연구회.

裵禧任(1988), 『國語被動硏究』, 高麗大學校 民族文化硏究所.

봉일원(1980), "언어와 언어공동체- Leo Weisgerber의 동적언어관에 입각하여", 고려대학교 대학원 독어독문학과(석사).

봉일원 · 박여성(1996), "텍스트유형에 대한 구조 · 기능주의적 고찰", 『한국어내용론』 4, 한국어내용학회.

북한언어연구회 편저(1989), 『북한의 어학혁명』, 백의.

______(1992), 『조선말대사전』 2권, 사회과학출판사.

徐炳國(1975), 『國語造語論』, 慶北大 出版部.

______(1975), "現代國語의 語構成硏究", 慶北大 大學院(博士).

______(1981), 『응용국어학 논고』, 학문사.

서상규(1997), 『飜譯老乞大 語彙索引』, 도서출판 박이정.

______(1997), 『老乞大諺解 語彙索引』, 도서출판 박이정.

______(1997), 『平安監營重刊 老乞大諺解 語彙索引』, 도서출판 박이정.

______(1997), 『重刊老乞大諺解 語彙索引』, 도서출판 박이정.

______(1997), 『淸語老乞大諺解 語彙索引』, 도서출판 박이정.

______(1997), 『蒙語老乞大諺解 語彙索引』, 도서출판 박이정.

徐淵昊(1991), 『서낭굿 탈놀이』, 열화당.

서우석 역(1988), 『기호학이론』, 文學과知性社.

徐在克(1975), 『新羅鄕歌의 語彙硏究』, 啓明大 韓國語學硏究所.

______(1980), 『中世國語의 單語族硏究』, 啓明大 出版部.

______(1990), 『국어어형론고』, 계명대 출판부.

徐廷國(1968), "國語基本語彙 研究", 高麗大學校 大學院(석사).

______(1973), "어린이 노래歌詞의 語彙研究",『江陵敎大論文集』5, 江陵敎大.

서정범(1989),『우리말의 뿌리』, 고려원.

서정수(1975a), "동사 '하'의 기능",『국어국문학』 68 · 69합본, 국어국문학회.

______(1975b),『동사 '하' 문법』, 형설출판사.

______(1978a), "국어조동사연구",「언어」 3-2, 서울대.

______(1978b),『국어구문론연구』, 탑출판사.

______(1981), "합성어에 관한 문제",『한글』 173 · 174호, 한글학회.

______(1989),『존대법의 연구』, 한신문화사.

______(1995),『국어문법』, 뿌리깊은나무.

徐貞媛(1990), "국어사동문의 사동성 정도연구", 高麗大學校 大學院(석사).

서태길(1994), "<자름>타동사 말낱밭",『한국어 내용연구』 1, 한국어내용연구회.

______(1996), "어휘 정보에 기초한 국어문법기능에 대한 연구", 고려대학교 대
        학원(박사).

成光秀(1976a), "不完全名詞 + {하다, 이(다)}에 대한 生成論的 分析",『語文論
        集』17, 高麗大學校 國語國文學研究會.

______(1976b), "국어 간접피동에 대하여",『문법연구』 3, 문법연구회.

______(1977), "意味保存과 語彙分解의 문제점",『國語學資料集』, 大提閣.

______ 외 2인(1986),『國語意味論』, 開文社.

______(1986), "同意性과 反意性의 限界 - 意味記述 問題를 中心으로 -",『師
        大論集』 11, 高麗大學校 師範大學.

성낙수(1993), "대학생들의 은어 고찰",『한국어문교육』 3, 한국교원대.

______(1994), "대학생 은어의 조어법",『우리말글연구』 1, 우리말글학회.

成煥甲(1973), "同音異義語考-固有語의 調和-意味領域의 分化 -",『國語學新
        研究』, 塔出版社.

______(1990), "借用語에 의한 意味擴大",『國語學資料集』, 大提閣.

______(1991a), "意味의 上向과 卑下",『도곡 정기호박사 회갑기념논총』, 인하
        대 국어국문학과. 회갑기념논문집』, 집문당.

손남익(1989), "약어표기법", 『북한의 어학혁명』, 백의.

______(1994), "<온도>그림씨 말낱밭", 『한국어내용연구』 1, 한국어내용학회.

______(1995), "국어부사어 연구 : 정도부사의 통사 · 의미론적 연구를 중심으로", 고려대학교 대학원(박사).

______(1997), "낱말밭 연구사", 『一庵金應模敎授華甲紀念論叢』, 동 간행위원회.

손용주(1999), 『국어 어휘론의 연구방법』, 문창사.

손희하(1997), "15세기 새김 어휘 연구", 『국어학 연구의 새 지평』, 태학사.

宋基中(1998), "語彙 生成의 특수한 類型, 「漢字借用語」", 『國語 語彙의 基盤과 歷史』, 태학사.

宋順康(1993), 『國語 構造論』, 圓光大 出版部.

송 민(1990), "어휘변화의 양상과 그 배경", 『국어생활』 22, 국립국어연구소.

______(1997), "어휘사의 시대 구분", 『語彙史硏究』, 語彙史硏究會.

송영구 역(1993), 『담화분석』, 한국문화사.

송영주(1991), 『발화의 시간의미연구』, 한신문화사.

송영채(1992), "대중매체 속에서의 은유", 『언어학 논집』 6, 언어정보연구회.

송향근(1996), "남한과 북한의 국어사연구에 대한 고찰", 『한국어학』 4, 한국어학회.

______(1997), "언어의 재구-방법론과 문제점", 『一庵金應模敎授華甲紀念論叢』, 도서출판 박이정.

손호민(1976), "Semantics of Compound Verd in Korea", 『언어』 1-1, 한국언어학회.

______(1978), "긴 형과 짧은 형", 『語學硏究』 14-2, 서울대.

宋秉鶴(1974), "「하」에 관한 연구", 忠北大 大學院(박사).

______(1983), "한국어의 Deictics 분석", 『충남대 언어』 4, 충남대학교.

______옮김,(1989), 『언어와 언어학』, 한신문화사.

송영석(1974), "A Grammer of Coming", 『언어』 3-1, 한국언어학회.

宋喆儀(1985), "派生語形成에 있어서 語基의 意味와 派生語의 意味", 『震檀學報』 60, 震檀學會.

시정곤(1994), 『국어의 단어형성원리』, 국학자료원.

______(1994), "'X를 하다' 'X하다'의 상관성", 『國語學』 24, 國語學會.

______(1995), "어휘적 접미사와 의미결합의 긴밀성", 『牛山 李仁燮敎授華甲紀念論文集』, 同 刊行委員會.

______(1996), "형태·통사론의 최근 동향", 『한국어학』 3, 한국어학회.

______(1997), "인칭접미사의 의미구조에 대하여", 『一庵金應模敎授華甲紀念論叢』, 도서출판 박이정.

신경철(1993), "數名어휘 고찰", 『어문연구』 24, 어문연구회.

______(1994), "「능엄경언해」주석문의 어휘 고찰", 『국문학논집』 14, 단국대 국어국문학과.

______(1996), "住生活 字釋語彙의 변천 고찰", 『한국어학』 4, 한국어학회.

______(1998), "內訓 註釋文의 漢字語 語彙", 『國語 語彙의 基盤과 歷史』, 태학사.

신난다(1993), 『재미있는 어원 이야기』, 서광학술자료사.

신수송(1980), "현대 독일어의 의미론 연구", 『독일문학』 24, 한국독어독문학회.

______(1981), "범주문법 이론에 의한 현대 독일어의 통사구조의 어휘해석 연구", 『독일문학』 26, 한국독어독문학회.

______(1982), "몬테규문법이론에 의한 현대 독일어의 동사의미론 연구", 『독일문학』 28, 한국독어독문학회.

신수송·이병찬(1984), 『독어학 개론』, 한신문화사.

신수종·류수진(1995), 『어휘기능문법』, 서울대학교 출판부.

신용태(1994), 『재미있는 어원 이야기』, 서광학술자료사.

신익성(1972), "한국어 어휘연구를 위한 통계언어학의 원리와 방법", 『語學硏究』 8-1, 서울大.

______(1974), "Weisgerber의 언어이론 - 해석과 주석적 비판 - ", 『한글』 153, 한글학회.

______(1979), "Humboldt의 언어관과 변형생성이론의 심층구조", 『語學硏究』 15-1, 서울大.

______(1985), "한국말의 구조의미론을 위한 서설", 『서울대 인문론총』 14, 서울

대 인문과학연구소.

신인철(1989), 『영어통사론』, 한신문화사.

신현숙(1987), "의미와 의미연구의 위치정립을 위하여", 『부암 김승곤박사 화갑 기념논문집』, 동 간행위원회.

______(1989), "한 의미영역의 동사와 그 분석", 『한글』 179, 한글학회.

______(1984), "동사 받다/얻다/버리다/잃다의 의미연구", 건국대 대학원(박사).

______(1986), 『의미분석의 방법과 실제』, 한신문화사.

______(1990), "장(field)이론과 한국어의 의미연구", 『자하어문논집』 6 · 7, 상명 여대 국어교육과.

______(1991), 『한국어 현상의미 연구』, 상명여대 출판부.

______(1991), "감각동사「보다」의 의미분석", 『김영배 선생 회갑기념논총』, 경 운출판사.

______(1994), "Revist on Privative as a Semantic Feature", 『언어』 19-1, 한국 언어학회.

______(1995), "명사 [집]의 형식과 의미 확장", 『말』 20, 연세대 한국어학당.

______(1996), "명사 [밥]의 형식과 의미 확장", 『紫霞語文論集』 11, 詳明語文學會.

심선우 · 박순혁 옮김(1996), 『의미의 영역』, 한신문화사.

沈在箕(1976), "The Construction of Word-Meaning Structure", 『語學硏究』 3-2, 서울大.

______(1971), "國語의 同意複合現象에 對하여", 『國語學資料集』, 大提閣.

______(1983), 『國語語彙論』, 集文堂.

______外二人(1981), "大學院 國語語彙論 敎材 開發을 위한 基礎的 硏究(1)", 『국어교육』 36, 국어교육학회.

______外二人(1989), 『意味論序說』, 集文堂.

______(1989), "漢字語 受容에 關한 通時的 硏究", 『國語學』 18, 國語學會.

______(1990), "국어어휘의 특성에 대하여", 『국어생활』 22, 국립국어연구소.

______(1993), "우리말 사전의 한자어 처리에 관하여", 『안병희선생 화갑기념논 총』, 문학과지성사.

______(1994), "어원", 『국어 어원연구 총서(I)』, 태학사.

______(1995), "국어어휘의미론", 『현대언어학 지금 어디로』, 한신문화사.

______(1997), "국어 어휘의 구조와 특징", 『語彙史硏究』, 語彙史硏究會.

______編(1998), 『國語 語彙의 基盤과 歷史』, 태학사.

안동환 옮김(1995), 『과학과 인간의 목표』, 한국문화사.

안옥규(1996), 『어원사전』, 한국문화사.

안인희(1976), "국어어휘의 의미론적 분류연구", 『한글』 157, 한글학회.

안정오(1985), "낱말 내용과 분절에 대한 연구", 고려대학교 대학원(석사).

______(1994), " 'Energeia-언어학'의 실용적 요소", 『텍스트언어학』 2, 텍스트연
　　　구회.

양궁양석(1996), "중국어의 <붕우>명칭에 대한 고찰", 『한국어내용론』 4, 한국
　　　어내용학회.

양동휘(1988), 『한국어의 대용화』, 韓國硏究院.

梁明姬(1990), "서술성완결의 동사 '하' ", 『周時經學報』 6, 탑출판사.

양영희(1994), "국어 대용어의 특성과 기능", 『國語學』 24, 國語學會.

양오진(1995), "<불>이름씨의 낱말밭 분석", 『우리말 내용연구』 2, 우리말내용
　　　연구회.

양인석(1971), "Neutralizability in Antonymy : A Semantic Analysis", 『영어영
　　　문학』 38, 영어영문학회.

______(1972), "Pragmatics of Going-Coming Compound Verb in Korean", 『語
　　　文集』 11, 韓國外大.

______(1995), "어휘의미론", 『현대언어학 지금 어디로』, 한신문화사.

양정석(1995), 『동사의 의미분석과 연결이론』, 도서출판 박이정.

______(1997), "어휘 잉여규칙과 동사 어휘들의 조직", 『由南申碩煥博士回甲紀
　　　念論文集』, 창원대학교출판부.

양태식(1982), "어휘소와 의미소", 『논문집』 28, 부산 수산대학교.

______(1983), "어휘의 의미구조", 『논문집』 30, 부산 수산대학교.

______(1985), 『국어차원 낱말의 의미구조』, 태화출판사.

______(1988), "우리말 온도 어휘소무리의 의미구조", 『한글』 201·202합집, 한 글학회.

______(1992), 『국어구조의미론』, 서광학술자료사.

어문학연구소 편(1991), 『단어만들기 연구』, 대제각.

______(1961), 『말과 글의 문화성』, 과학원출판사.

여찬영(1994), "우리말 나비 명칭 연구", 『우리말글연구』 1, 우리말연구회.

______(1994), "우리말 물고기 명칭어 연구", 『한국전통문화연구』 9, 효성여대 한국전통문화연구소.

______(1995), "우리말 패류 명칭어 연구", 『한국학논집』 22, 계명대 한국학연구원.

______(1998), "우리말 거미 명칭의 연구", 『추상과 의미의 실제』, 한결 이승명박 사 회갑기념논총, 동 간행위원회.

염선모(1985), 『국어문장의미의 연구』, 경북대 대학원(박사).

______(1987), 『國語意味論』, 螢雪出版社.

______(1990), "의미의 성분분석에 대하여", 『國語學資料論文集』, 大提閣.

______(1991), "국어어휘구조 연구", 『국어국문학연구』 19, 영남대 국문과.

오명옥(1995), "<냄새>명칭에 대한 고찰", 『우리말 내용연구』 2, 우리말내용연 구회.

오승신(1996), "한국어 간투사 연구", 이화여대 대학원(박사).

와다 다카시로(1989), "북한의 국어사전", 『북한의 어학혁명』, 백의.

왕한석(1990), "북한의 친족어", 『國語學』 20, 國語學會.

외국문교육도서출판사(1972), 『국한문독본』, 과학,백과사전출판사.

우형식(1990), "국어타동구문에 관한 연구", 연세대학교 대학원(박사).

______(1991), "인지동사구문의 유형 분석", 『국어의 이해와 인식』, 한국문화사.

______편저(1994), 『국어정서법』, 부산외국어대학교 출판부.

______(1994), "'내리다' 동사 구문연구", 『우리말글연구』 1, 우리말학회.

______(1996), "의미역의 이중성 문제", 『송암정교환박사회갑기념논총』, 동 간행 위원회.

______(1997), "국어 분류사의 의미 범주화 분석", 『一鹿金應模敎授華甲紀念論

叢』, 도서출판 박이정.

원영섭(1994), 『同音同意異字語』, 세창출판사.

______(1995), 『同字異音異意語』, 세창출판사.

원영옥(역), 『어휘론의 이론과 응용』, Ronald Carter(저), 한국문화사.

원진숙(1994), 『작문교육의 이론적 기초와 방법론 연구』, 고려대학교 대학원(박사).

______(1995), 『논술 교육론』, 도서출판 박이정.

원훈의(1996), 『국어과 교육연구』, 국학자료원.

柳龜相(1976), "同意重疊語의 構造", 『語文論集』 17, 高麗大學校 國語國文學硏
      究會.

兪息善(1993), 『家庭生活寶鑑』, 신나라.

유성렬·지유애 공저(2000), 『21C 최신외래어사전』, 크로바출판사.

柳亨善(1995), "국어의 주격중출 구문에 대한 통사·의미론적 연구", 고려대학
      교 대학원 국어국문학과(박사).

유송영(1990), "{을}의 통사·의미기능 연구", 고려대학교 대학원 국어국문학과
      (석사).

______(1994), "<아픔>그림씨에 대한 고찰", 『한국어내용연구』 1, 한국어내용연
      구회.

______(1996), "국어 청자 대우의미의 교체사용과 청자 대우법체계", 고려대학교
      대학원(박사).

劉昌惇(1966), "同音語와 同義語", 『靑坡文學』 6, 淑明女大.

______(1978), 『語彙史硏究』, 二友出版社.

유형선(1994), "현대국어 <밥>명칭에 대한 연구", 『한국어내용연구』 1, 국학자
      료원.

______(1995), "국어의 중출구문에 대한 통사·의미론적 연구", 고려대학교 대학
      원 국어어국문학과(박사).

尹元徹 譯(1984), 『宗敎學』, 展望社.

윤희수(1992), "낱말의 의미해석에 관한 심리언어학적 해석", 『金烏工科大學校
      論文集』 13, 금오대학교.

윤희원(1993), "의성어·의태어의 개념과 정의", 『새국어생활』 3-2, 국립국어연구원.

이건원 역(1987), 『언화행위』, 한신문화사(Searle, J.R.).

이경자(1994), "물형 낱말의 밭 구조", 『언어』 15, 충남대 어학연구소.

______(1994), "곡물 낱말 의미의 대립구조 고찰", 『이화어문논집』 13, 이화대학교.

이경희(1997), "현대국어의 음성상징에 나타난 부분중첩", 『一庵金應模敎授華甲紀念論叢』, 도서출판 박이정.

______(1997), "현행 북한의 맞춤법 규정에 대하여", 『김정일시대의 북한언어』, 태학사.

李寬珪(1986), "語彙意味의 成分分析 方法", 『한국어문교육』 창간호, 고려대학교.

______(1986), "國語補助動詞 硏究", 高麗大學校 大學院(석사).

______(1990), "國語 對等構成에 대한 硏究", 高麗大學校 大學院(박사).

______(1992), "對等素의 再分析과 辨別資質", 『홍익어문』 10·11, 홍익어문연구회.

______(1992), 『국어대등구성 연구』, 서광학술자료사.

______(1993), "기본문형의 몇 가지 문제", 『우리어문연구』 5, 우리어문연구회.

______(1995), "합성동사 구성에 대한 고찰", 『한국어학』 2, 한국어학회.

______(1995), "국어의 문장구성 방법", 『牛山李仁燮敎授華甲紀念論文集』, 同刊行委員會.

李光來 譯(1997), 『말과 사물』, 민음사.

이광호(1997), "청각장애아 일기문의 통시적 오류 고찰", 『牛岩語文論集』 7, 釜山外國語大學校 國語國文學科.

李光政(1987), 『國語品詞分類의 歷史的 發展에 관한 硏究』, 翰信文化社.

______(1990), "고유어와 한자어의 어휘적 특성", 『국어의미론』, 개문사.

이광호(1992), "국어 유의어의 통시적 연구", 경북대 대학원(박사).

______(1994), "정몽유어의 어휘·의미분류 체계", 『우리말의연구』, 우골탑.

______(1995), 『類義語 通時論』, 이회문화사.

李奎浩(1978), 『말의 힘』, 第一出版社.

이기갑(1983), "유추와 의미", 『한글』 180, 한글학회.

______(1990), "방언 어휘론", 『방언학의 자료와 이론』, 지식산업사.

이기동(1977), "동사 '오다' '가다'의 의미분석", 『말』 2, 연세대학교.

______(1978), "조동사 '지다'의 의미연구", 『한글』 161, 한글학회.

______(1981), "언어와 의식", 『말』 6, 연세대학교.

______(1981), "언어와 지각", 『정형국교수정년기념논문집』, 연세대학교 영어영
        문학과.

______(1982), "언어와 인지", 『언어』 7-2, 한국언어학회.

______(1984), "다의어와 의미의 일관성", 『人文科學』 52, 연세대학교 인문과학
        연구소.

______(1985), "낱말풀이의 개념상의 일관성", 『羨烏堂 金炯基先生 紀念 國語學
        論叢』, 동 간행위원회.

______(1986), "낱말의 의미와 범주화", 『東方學志』 50, 연세대학교 국학연구소.

______(1987), "사전 뜻풀이의 검토", 『人文科學』 57, 연세대학교 국학연구소.

______(1991), "동사 '하다'의 문법", 『국어의 이해와 인식』, 한신문화사.

______(1986), 『언어와 인지』, 한신문화사.

______(1992), "다의 구분과 순서의 문제", 『국어생활』 2-1, 국립국어연구원.

______(1995), 『영어동사의 의미 上·下』, 한국문화사.

이기문(1978a), "語彙借用에 대한 一考察", 『언어』 3-1, 한국언어학회.

______(1979), 『國語史 概說』, 民衆書館.

______(1991), 『國語語彙史硏究』, 東亞出版社.

______(1992), 『俗談辭典』, 一潮閣.

이기용(1992), "계산의미론에 입각한 한국어 분석", 『언어학과 인지』, 한국문화사.

______(1995), "상황의미론", 『현대언어학 지금 어디로』, 한신문화사.

이기우 옮김(1994), 『인지 의미론』, 한국문화사.

이기우/안병호 옮김(1996), 『시와 인지』, 한국문화사.

이남덕(1987), 『한국어어원연구』, Ⅰ·Ⅱ·Ⅲ·Ⅳ, 이화여대 출판부.

이동혁(1997), "북한의 문체론 연구", 『김정일 시대의 북한언어』, 태학사.

이덕호(1980), "언어차용에 관한 연구", 『한글』 169, 한글학회.

이동석(1995), "<때림> 동사의 분절구조", 『우리말 내용연구』 2, 우리말내용연구회.

李敦柱(1979), 『漢字學總論』, 博英社.

______(1990), "漢字意味의 辨別性과 國語字釋의 問題", 『國語學資料論文集』, 大提閣.

李杜鉉(1971), "辟邪進慶의 歲時風俗", 『金亨奎博士 頌壽紀念論叢』, 一潮閣.

李杜鉉 外二人(1988), 『韓國民俗學槪說』, 學硏社.

이만기(1993), "북한 숙어의 개념론", 『인천국어교육』 9, 인천 국어교육연구회.

______(1994), "북한의 은어", 『극동문제』 181, 극동문제연구소.

이미영(1995), "<눈>명칭에 대한 고찰", 『우리말 내용연구』 2, 우리말내용연구회.

李秉根(1988), "開化期 語彙整理와 辭典編纂", 『周時經學報』 2, 탑출판사.

______(1997), "고양이(猫)의 語彙史", 『국어학 연구의 새 지평』, 태학사.

이병우(1985), "Leo Weisgerger의 어휘론 연구에 대하여", 고려대학교 대학원 (석사).

이봉원(1997), "북한 표준발음의 실상", 『김정일 시대의 북한언어』, 태학사.

이상규(1991), "경북, 충북 접경지역의 어휘 분화", 『들메 서재극박사 환갑기념논문집』, 동 간행위원회.

이상률 역(1994), 『놀이와 인간』, 문예출판사.

李相億(1972), "動詞의 特性에 對한 理解", 『語學硏究』 8-2, 서울大.

______(1991), 『言語學新論』, 開文社.

李相殷(1956), "祭祀의 意味 : 祖上崇拜思想의 再吟味", 『思想界』 2月号, 思想界社.

이상태(1995), 『국어 이음월의 통사·의미론적 연구』, 형설출판사.

이상혁(1994), "<돌>이름씨에 대한 고찰", 『한국어내용연구』 1, 한국어내용연구회.

______(1997), "우리말글 명칭의 역사적 변천과 그 의미", 『一蓭金應模敎授華甲

紀念論叢』, 도서출판 박이정.

이서래(1986), 『한국의 발효식품』, 이화여대 출판부.

李珨周(1987), 『국어어구성연구 : 복합어와 파행어의 의미구조를 중심으로』, 중앙대 대학원(박사).

이선영(1998), "음식명의 어휘사", 『國語 語彙의 基盤과 歷史』, 태학사.

이성만(1995), "언어학적 텍스트 이해의 의미론적 과제", 『텍스트언어학』 3, 텍스트연구회.

이성범(1999), 『언어와 의미』, 태학사.

이성준(1978), "독일어 어휘분절에 대한 소고", 고려대학교 대학원(석사).

_____(1984), "L. Weisgerber의 월구성안에 대한 연구", 고려대학교 대학원 독어독문학과(박사).

_____(1993), 『언어내용이론』, 국학자료원.

_____(1994), "작용중심 언어연구에 대한 개관", 『우리말 내용연구』 창간호, 국학자료원.

_____옮김(1994), 『언어학 개론』, 국학자료원.

_____(1996), "빌헬름 폰 훔볼트의 언어관에 나타난 언어의 본질", 『한국어 내용론』 4, 한국어내용학회.

_____(1998), 『현대의미론의 방법』, 국학자료원.

이승렬(1994), "담화 표상구조에서 함의 영역", 『한국항공대논문집』 32, 한국항공대학교.

이수련(1988), 『한국어 풀이씨의 공간론적 의미연구』, 부산대학교 대학원(박사).

_____(1991), " '바뀌다' '달라지다' '변하다'의 의미", 『국어국문학』 28, 부산대 국어국문학과.

_____(1996), "인지와 은유", 『동의어문논집』 9, 동의대학교 국어국문학과.

_____(1997), "견줌월의 의미·통사적 특성", 『一庵金應模敎授華甲念論叢』, 도서출판 박이정.

_____(2001), 『한국어와 인지』, 도서출판 박이정.

이수식 외2인 편역(1997), 『생활 속의 적응』, 양서원.

李崇寧(1954), "音聲象徵論-語感의 硏究", 『서울文理大學報』2, 서울大.

______(1962), "國語의 Polysemy에 대하여", 『서울文理大學報』16, 서울大.

______(1967), "韓國語發達史 – 語彙史 –", 『韓國文化史大系』V, 高麗大學校 民族文化硏究所.

______(1984), 『韓國造語論考』, 乙酉文化社.

李勝明(1972), "國語類意攷(其 一)", 『語文學』27, 한국어문학회.

______(1972), "國語類義攷(其 二)", 『어문논총』7, 경북대학교.

______(1978), "국어 상대어의 구조적 양상", 『어문학』37, 한국어문학회.

______(1978), 『國語語彙의 意味構造의 대한 硏究』, 螢雪出版社.

______(1992), "국어 색상어 연구", 『홍익어문』10 · 11, 홍익어문연구회.

______(1995), "사회문맥과 의미변화", 『二重言語學會誌』12, 二重言語學會.

______(1998), "국어 색채표시어군의 구조에 대한 연구", 『추상과 의미의 실제』, 한결 이승명박사 회갑기념논총, 동 간행위원회.

이승연(1995), "<잠>명칭에 대한 고찰", 『우리말 내용연구』2, 우리말내용연구회.

이양혜(1997), "의미형태소의 파생접미사화", 『一庵金應模敎授華甲紀念論叢』, 도서출판 박이정.

______(2002), 『한국어 파생명사 사전』, 국학자료원.

李英憲(1995), 『形式意味論』, 한신문화사.

이오덕(1990), 『우리글 바로쓰기』, 한길사.

이옥련 외3인(1997), 『남북한 언어연구』, 도서출판 박이정.

이용성(1997), "최적성이론 개관", 『一庵金應模敎授華甲紀念論叢』, 도서출판 박이정.

李庸周(1969), "韓國語 어휘체계의 특징", 『국어교육』15, 국어교육연구회.

______(1972), 『意味論槪論』, 서울大 出版部.

______(1974), 『國語漢字語에 관한 硏究』, 三英社.

______(1983), "韓國漢字語系 動詞의 語彙論的 機能", 『國語學資料論文集』, 大提閣.

______(1983), "韓國語 動詞의 意味論的 分類와 '-ㄴ다/-는다' 形의 意味에 관

한 연구", 『師大論叢』 27, 서울사대.

______外 四人(1990), 『國語意味論』, 開文社.

______(1993), 『한국어의 의미와 문법(1)』, 三知院.

이용주·이을한(1985), 『國語意味論』, 玄文社.

이원직(1992), "Hintika의 게임이론적 의미론", 『홍익어문』 10·11, 홍익어문연구회.

______(1994), "명제논리의 소고", 『한국어학』 창간호, 한국어학회.

______(1996), "어휘의미론의 현황과 전망", 『한국어학』 4, 한국어학회.

______(1997), "충남방언 연구", 『一厓金應模敎授華甲紀念論叢』, 도서출판 박이정.

______외(2005), 『국어 연구와 의미정보』, 일월.

李胤杓(1985), "國語親戚用語의 硏究- 그 形態 및 意味分析을 中心으로-", 高麗大 大學院(석사).

______(1989), "國語空範疇의 硏究", 高麗大 大學院(박사).

______(1996), 『韓國語 空範疇論』, 태학사.

이은정(1988), 『한글맞춤법 표준어해설』, 대제각.

李乙煥(1973), 『一般意味論 – 言語思考 傳達의 理論- 』, 開文社.

______(1974), 『言語學槪論』, 宣明文化社.

______(1980), 『國語의 一般意味論的 硏究』, 淑明女大 出版部.

______(1985), 『國語學 硏究』, 淑大 出版部.

______외 5인 (1989), 『國語學新講』, 開文社.

李翊燮(1985), "國語造語論의 몇 問題", 『東洋學』五, 檀國大.

______(1986), 『國語學 槪論』, 開文社.

______(1992), 『國語表記法 硏究』, 서울大 出版部.

李益煥(1985), 『現代意味論』, 民音社.

______(1986), 『意味論槪論』, 翰信文化社.

______(1992), "국어사전 뜻풀이와 용례", 『새국어생활』 2-1, 국립국어연구원.

______(1995), "형식의미론", 『현대언어학 지금 어디로』, 한신문화사.

李仁燮(1981), "聯想語彙의 意味構造", 『해암 김형규 박사 고희기념론총』, 동간행위원회.

______(1986), "韓國兒童의 言語發達硏究", 高麗大學校 大學院(박사).

______(1992), "語彙意味論", 『國語學硏究百年史』, 一朝閣.

이일호(1993), "의미현상으로서의 일치의 문제: 정보기반 접근방식", 경희대학교 대학원(박사).

이점출 옮김(1991), 『언어학개론』, 한신문화사.

______________, G. Grewendorf, F. Hamm, W. Sternefeld(1987): Sprachliches Wissen Eine Einführung in morderne Theorien der grammatischen Beschreibung. Frankfurt, Suhrkamp.

이정모 외17인(1994), 『인지심리학』, 학지사.

이정민(1973), "Presupposition of theme for Verbs of chang(in Korean   and English). 『Foundation of Language』 9.

이정식(1994), "<슬프다>류 그림씨 말낱밭", 『한국어내용연구』 1, 한국어내용연구회.

______(1994), "국어 부정구문의 기저구조와 의미해석", 고려대학교 대학원 국어국문학과(석사).

______(1997), "「조선말대사전」의 특징", 『김정일 시대의 북한언어』, 태학사.

______(2003), 『다의어 발생론』, 영락

이정희(1983), "Leo Weisgerber의 기능중심적 언어고찰에 대하여", 고려대 대학원(석사).

이종선(1993), "술[酒] 영칭에 관한 낱말밭 연구", 『牛岩語文論集』 3호, 釜山外國語大學校 國語國文學科.

______(1995), 『현대국어의 중의구문 연구』, 부산외국어대학교 교육대학원(석사).

이종은(1995), "한국어 수분류사의 의미 분석", 상명여대 대학원 국어국문학과(석사).

이종철(1994), "과장표현의 화용론적 고찰", 『호서어문연구』 2, 호서대 국어국문학과.

이주행(1995), "朴景利의 '土地'에 쓰인 語彙 硏究", 『牛山 李仁燮敎授 華甲紀念論文集』, 同 刊行委員會.

이창덕(1985), "동사 '하'의 연구", 『우리말 연구』 Ⅷ, 弘文閣.

이철용(1993), "의약서 어휘의 국어사적 연구", 한양대학교 대학원(박사).

이충우(1994), 『한국어 교육용 어휘연구』, 국학자료원.

이태영(1988), 『국어동사의 문법화 연구』, 한신문화사.

이현근(1992), "개념구조에 의한 단어의 다의성 연구", 『언어연구』 8, 한국현대언어학회.

______(1994), "단어의 개념구조와 인지 : hand의 경우", 『언어연구』 10, 한국현대언어학회.

______(1995), "원형이론과 개념론에 의한 어의 비교연구", 『언어연구』 11, 한국현대언어학회.

______(1996), "英語 記義의 槪念論的 硏究", 충남대학교 대학원 영어영문학과(박사).

李鉉洙(1989), 『性格 및 個人差의 心理學』, 祐成文化社.

이현호(1993), 『한국 현대시 담화 - 화용론적연구』, 한국문화사.

이혜영(1994), "단화표지 '글쎄'의 담화기능과 사용의미", 『이화어문논집』 13, 이화여대 국어국문학과.

李昊烈(1997), "念素<文>의 意味 體系", 『국어학 연구의 새 지평』, 태학사.

이환묵·이석무 옮김(1987), 『오토예스퍼슨 문법철학』, 한신문화사.

이환묵 外二人 편(1993), 『80년대 통사의미이론』, 한신문화사.

이효상(1993), "담화-화용론적 언어분석과 국어연구의 새 방향", 『주시경학보』 11, 탑출판사.

임경순(1994), "알타이제어 기초어휘의 의미망 내 항목 대응고", 『전남대어문논총』 14·15합집, 전남대학 국어국문학과.

任東權(1983), 『韓國 民俗學 文化論』, 集文堂.

임소영(1994), "한국어 '중의성'의 유형과 그 특성",『상명논집』1, 상명여대 대학원.

______(1997),『한국어 식물이름의 연구』, 한국문화사.

임여균(1996), "국어 정도부사의 의미에 대한 연구", 군산대 대학원(석사).

임지룡(1985), "어휘체계의 빈자리에 대하여",『素堂 千時權 博士 화갑기념 국어학논총』, 동 간행위원회

______(1989a),『국어대립어의 의미 상관관계』, 형설출판사.

______(1989b), "국어 분류어휘집의 체계와 상관성",『國語學』19, 國語學會.

한희수 역(1989),『어휘의미론』, 경북대 출판부.

______(1990), "의미의 성분분석에 대한 종합적 검토",『국어교육연구』22, 경북대 사범대 국어교육학회.

______(1991), "의미의 상하관계에 대하여",『들메 서재극박사 환갑기념논문집』, 동 간행위원회.

______(1991), "국어 기초어휘에 대한 연구",『국어교육연구』23, 경북대 사대 국어교육학회.

______(1993),『국어의미론』, 탑출판사.

______(1995a), "유사성의 인지적 의미분석",『문학과 언어』16, 문학과 언어연구회.

______(1995b), "은유의 의미특성",『韓國學論集』22, 계명대학교 한국학연구소.

______(1995c), "환유의 인지적 의미특성",『국어교육연구』27, 국어교육연구회.

______(1995d), "어휘·의미연구의 성과와 전망",『광복50년의 국학, 성과와 전망 논문집』, 한국정신문화연구원.

______(1996a), "의미의 인지 모형에 대하여",『語文學』57, 한국어문학회.

______(1996b), "말실수의 인지적 의미분석",『문학과 언어』17, 문학과 언어연구회.

______(1996c), "다의어의 인지적 의미특성",『言語學』17, 한국언어연구회.

______(1996d), "혼성어의 인지적 의미특성",『言語硏究』13, 大邱言語學會.

______(1996e), "은유의 인지언어학적 의미분석",『국어교육연구』28, 국어교육연구회.

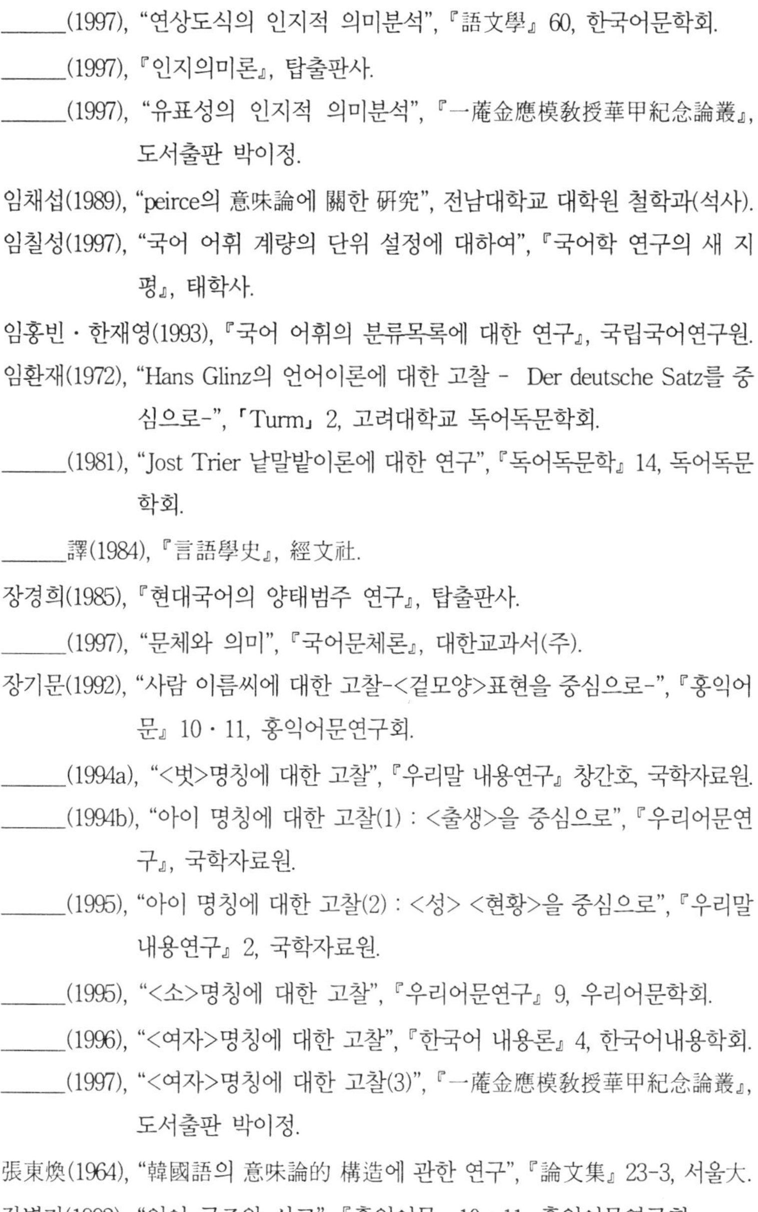

______(1997), "연상도식의 인지적 의미분석", 『語文學』 60, 한국어문학회.

______(1997), 『인지의미론』, 탑출판사.

______(1997), "유표성의 인지적 의미분석", 『一庵金應模敎授華甲紀念論叢』, 도서출판 박이정.

임채섭(1989), "peirce의 意味論에 關한 硏究", 전남대학교 대학원 철학과(석사).

임칠성(1997), "국어 어휘 계량의 단위 설정에 대하여", 『국어학 연구의 새 지평』, 태학사.

임홍빈·한재영(1993), 『국어 어휘의 분류목록에 대한 연구』, 국립국어연구원.

임환재(1972), "Hans Glinz의 언어이론에 대한 고찰 - Der deutsche Satz를 중심으로-", 「Turm」 2, 고려대학교 독어독문학회.

______(1981), "Jost Trier 낱말밭이론에 대한 연구", 『독어독문학』 14, 독어독문학회.

______譯(1984), 『言語學史』, 經文社.

장경희(1985), 『현대국어의 양태범주 연구』, 탑출판사.

______(1997), "문체와 의미", 『국어문체론』, 대한교과서(주).

장기문(1992), "사람 이름씨에 대한 고찰-<겉모양>표현을 중심으로-", 『홍익어문』 10·11, 홍익어문연구회.

______(1994a), "<벗>명칭에 대한 고찰", 『우리말 내용연구』 창간호, 국학자료원.

______(1994b), "아이 명칭에 대한 고찰(1) : <출생>을 중심으로", 『우리어문연구』, 국학자료원.

______(1995), "아이 명칭에 대한 고찰(2) : <성> <현황>을 중심으로", 『우리말 내용연구』 2, 국학자료원.

______(1995), "<소>명칭에 대한 고찰", 『우리어문연구』 9, 우리어문학회.

______(1996), "<여자>명칭에 대한 고찰", 『한국어 내용론』 4, 한국어내용학회.

______(1997), "<여자>명칭에 대한 고찰(3)", 『一庵金應模敎授華甲紀念論叢』, 도서출판 박이정.

張東煥(1964), "韓國語의 意味論的 構造에 관한 연구", 『論文集』 23-3, 서울大.

장병기(1992), "언어 구조와 사고", 『홍익어문』 10·11, 홍익어문연구회.

장석진 엮음(1995),『현대언어학 지금 어디로』, 한신문화사.

장세경(1990),『고대 차자 복수인명 표기연구』, 국학자료원.

張籌根(1988),『韓國民俗學槪說』, 學研社.

장영준(1999),『언어의 비밀』, 한국문화사.

장영천(1983), "현대독어의 조어론 연구-특히 Leo Weisgerber의 이론을 중심으로-", 고려대학교 대학원(박사).

______譯(1987),『構造意味論과 낱말밭理論』, 集賢社.

장영희(1996), "현대국어 화식부사의 의미연구", 숙명여대 대학원(박사).

장은자(1996), "<눈>이름씨에 대한 고찰",『한국어내용론』4, 한국어내용학회.

장은하(1997), "북한의 언어예절",『김정일 시대의 북한언어』, 태학사.

장태진(1995),『국어 변말의 연구』, 太學社.

______(1998),『국어 변말의 어휘 개설』, 한국문화사.

장향실(1994), "전통옷 명칭 말낱밭",『한국어내용연구』1, 한국어내용연구회.

장경욱(1993),『민속극』, 한샘.

田秀泰(1986), "「가다」,「오다」의 의미연구",『韓國言語文學」24, 韓國言語文學會.

______(1987),『國語 移動動詞의 意味研究』, 翰信文化社.

______(1989), "「國語文法」 '짬듬갈'의 意味研究",『周時經學報』3, 탑출판사.

______(1989), "북한어 화술연구",『남북한 언어비교』, 녹진.

______(1992), "주시경의 의미이론",『홍익어문』10 · 11, 홍익어문연구회.

______(1997), "시간 개념어의 반의 연구",『一庵金應模教授華甲紀念論叢』, 도서출판 박이정.

______(1997),『國語 反意語 意味構造』, 도서출판 박이정.

전수태 · 최호철(1989),『남북한 언어비교』, 녹진.

田恩娃(1993), "국어동사결합에 대한 연구", 고려대학교 대학원(석사).

全在昊(1987),『國語 語彙史研究』, 慶北大 出版部.

______(1990),『韓國語學論考』, 螢雪出版社.

______(1991), 『國語語彙史硏究資料篇-歷代文獻의 語彙索引』(Ⅰ)·(Ⅱ)·
(Ⅲ), 弘文閣.

鄭卿一(1997), "『華東正音』東音의 특성과 韻母 체계", 『一庵金應模敎授華甲紀
念論叢』, 도서출판 박이정.

정 광(1995), "국어사 자료의 전산화와 말모음(corpus)", 『牛山李仁燮敎授華甲
紀念論文集』, 同 刊行委員會.

______(1997), "한국어의 형성 과정", 『語彙史硏究』, 語彙史硏究會.

______(2006), 『훈민정음의 사람들』, 제이엔씨.

______외(2006), 『역학서와 국어사 연구』, 태학사.

정근원 역(1994), 『인간의 행동과 커뮤니케이션』, (B.D. 루벤 저), 인문사.

정길남(1992), 『19세기 성서의 우리말 연구』, 서광학술자료사.

정동환(1991), "국어대등합성어의 의미 관계연구", 『한글』 211, 한글학회.

______(1993), 『국어 복합어의 의미 연구』, 서광학술자료사.

정두영(1987), "言語 思考 : 범주화를 중심으로-", 『李鐘贊敎授 華甲紀念論文
集』, 동 간행위원회.

정명숙(1997), "북한의 띄어쓰기 규정과 실제 그리고 전망", 『김정일 시대의 북
한언어』, 태학사.

鄭炳昱(1966), 『時調文學事典』, 新丘文化社.

鄭相珍(1995), 『우리 民俗의 理解』, 부산외국어대학교 출판부.

정순기 외(1981), 『현대조선말사전』, 과학,백과사전출판사.

정승혜(1997), "國語의 重疊에 대한 理論的 說明", 『一庵金應模敎授華甲紀念論
叢』, 도서출판 박이정.

______(1997), "김일성 교시와 김정일의 언어이론", 『김정일 시대의 북한언어』,
태학사.

鄭時鎬(1979), "Leo Weisgerber의「言語硏究의 네 段階」에 관한 고찰", 서울大
大學院(석사).

______(1981), "Leo Weisgerber의 語階層개념", 『독어독문학』 11, 慶北大.

______(1982a), "어장이론에 대한 연구-그 개념 규정을 중심으로-", 『語文硏究』

7, 慶北大.

______(1982b), "語場硏究 - 意味素에 의한 分析을 중심으로-", 『독어독문학』 12, 慶北大.

______(1983), "언어기호모델과 Henne/Wiegand의 어휘분석 원리", 『語文硏究』 8, 慶北大.

______(1984), "계열적 장이론연구-형성과 배경 전개-", 서울大 大學院(박사).

______(1994), 『어휘장이론의 연구』, 경북대학교 출판부.

______(1996), "현대언어학의 이론적 배경 :W. von Humboldt, L. Wittgentein, N. Chomsky 간의 상호 관련성을 중심으로-", 『省谷論叢』 27-1, 省谷學術文化財團.

______(1997), "세계관이란 무엇인가?", 『一庵金應模敎授華甲紀念論叢』, 도서 출판 박이정.

정재도(1999), 『국어 사전 바로잡기』, 한글학회.

鄭在潤(1981), "國語動詞 意味構造 硏究", 高麗大 大學院(석사).

______(1989), 『우리말 감각어연구』, 한신문화사.

______(1991), "國語溫度 感覺動詞의 語彙體系", 『국어교육』 75 · 76, 한국국어 교육연구회.

정원수(1992), 『국어의 단어 형성론』, 한신문화사.

鄭元容(1996), 『隱喩와 換喩』, 新知書院.

정유진(1997), "북한의 말다듬기", 『김정일 시대의 북한언어』, 태학사.

정인수(1995), "국어 수행동사의 의미 기능", 『영남어문학』 28, 영남어문학회.

정인수(1996), "정도 형용사 구문의 의미", 『嶺南語文學』 29, 嶺南語文學會.

鄭珠里(1994), "國語 補文動詞의 統辭 · 意味論的 硏究", 고려대학교 대학원 국 어국문학과(박사).

______(1994), "<발화>류 동사의 내용 연구", 『한국어내용연구』 1, 국학자료원.

______(1995), "동사의 문장 관련성에 대하여", 『한국어학』 2, 한국어학회.

______(1995), "{은}, {기}의 의미특성과 분포제약", 『牛山李仁燮敎授華甲紀念 論文集』, 同 刊行委員會.

_____(1995), "동사의 의미구조 기술", 『어문론집』 33, 고려대학교 국어국문학
      연구회.

_____(1997), "의미와 구조의 상관성에 대하여", 『一庵金應模敎授華甲紀念論
      叢』, 도서출판 박이정.

정철남(1996), "우리말 어휘소 되기 연구", 동아대학교 대학원 국어국문학과(박사).

정철영(1993), "인지문법과 영어 기본동사의 의미확대 분석", 부산대학교 대학원
      영어영문학과(박사).

鄭春會(1987), "범주의 원형이론과 의미 변화", 『공주대학교 논문집』 14, 공주대
      학교.

_____(1989), "元型 範疇論에 依한 記義硏究 : 英語 head, falt, cut를 중심으로-",
      忠南大學校 大學院 英語英文學科(박사).

_____(1995), "형용사 hot의 의미 분석", 『언어연구』 11, 한국현대언어학회.

정태구(1994), "'-어 있다'의 意味와 論項構造", 『國語學』 24, 國語學會.

정태륭 편저(1994), 『우리말 상소리 사전』, 프리미엄 북스.

정태현(1987), 『한국어와 철학적 분석』, 이화여대출판부.

정혜령(1995), "'바람' 명칭에 대한 고찰", 고려대학교 교육대학원(석사).

정호완(1988), 『낱말의 형태와 의미』, 대구대 출판부.

_____(1996), 『우리말의 상상력』, 정신세계사.

정희자(1997), "이, 그, 저의 담화 기능", 『一庵金應模敎授華甲紀念論叢』, 도서
      출판 박이정.

_____(1999), 『담화와 문법』, 수정증보판, 한신문화사.

조경숙(1994), "어휘의미 연구와 의미 성분분석", 『어학교육』 23, 전남대.

조남신(1993), "다의어의 어휘의미 계층과 의미배열", 『人文科學』 69 · 70, 연세
      대학교 인문과학연구소.

조남호(1990), "국어 어휘수집과 정리", 『국어생활』 22, 국어연구소.

_____(1998), "內外 槪念語의 변천사", 『國語 語彙의 基盤과 歷史』, 태학사.

趙明翰(1981), 『言語心理學』, 正音社.

曺錫鍾(1988), 『言語와 言語學』, 한신문화사.

조숙환·이현호(1992),『언어학과 인지』, 한국문화사.

조숙환(1992), "심리 언급성과 국어:동사 양태소를 중심으로",『언어학과 인지』, 한국문화사.

趙信鎬(1985), "범주 분석과 단어의 의미 구조",『言語論叢』3, 啓明大學校 言語研究所.

조용신(1988), "우리말 동사 '들다'의 다의성에 대한 연구",『한글문화』2, 한글학회 전라북도지회.

조의연(1996), "의미란 무엇인가? : 인지의미론과 해체주의",『담화와 인지』2, 담화·인지언어학회.

조일영(1994), "국어 양태소의 의미기능 연구", 고려대학교 대학원 국어국문학과(박사).

______(1995), "선어말어미 '-더-'의 양태적의미",『牛山李仁燮敎授華甲紀念論文集』, 同 刊行委員會.

______(1997), "계약문 문체 시론",『一庵金應模敎授華甲紀念論叢』, 도서출판 박이정.

曺章煥 外 四人(1991),『農學槪論』, 先進文化社.

조재수(1995),『남북한말 비교사전』, 토담.

趙載潤(1988), "韓國俗談의 構造分析硏究", 高麗大學校 大學院(박사).

조준학 외(1981), "한국인의 언어의식",『어학연구』17-2, 서울대 어학연구소.

趙恒範(1984), "國語類義語의 通時的 考察",『國語硏究』58, 서울大.

______(1988), "국어어휘론 연구사",『國語學』19, 國語學會.

______編(1994),『國語語源硏究叢說(1)』, 太學社.

______(1994), "20세기 초의 국어어원 연구에 대하여",『개신어문연구』10, 개신어문학회.

______(1996),『國語親族語의 通時的 硏究』, 태학사.

______(1998), "동물 명칭의 어휘사",『國語 語彙의 基盤과 歷史』, 태학사.

주신자·신현숙 옮김(1994),『언어개념』, 한국문화사.

지인자(1995), "성공적인 의사소통의 기본 전제들",『텍스트언어학』3, 텍스트연구회.

池春相(1978), 『韓國의 民俗藝術』, 韓國文化藝術振興院.

車載銀(1992), "선어말어미 {-거-}의 변천연구", 고려대학교 대학원(석사).

蔡 琬(1986), 『國語 語順의 研究 : 反復 및 竝列을 중심으로-』, 탑출판사.

千璣哲(1983), "國語의 動作動詞와 狀態動詞의 體系研究", 慶北大 大學院(박사).

______(1986), "漢字語 죽음표지 動詞類의 意味論的 分析", 『語文論叢』 20, 慶
     北大學校.

______역(1986), 『論理意味論』, 정음사.

______역(1986), 『수리언어학개론』, 진명문화사.

______(1997), "우리말 고유어 다항동사의 특성", 『由南申碩煥博士回甲紀念論
     文集』, 창원대학교출판부.

千素英(1990), 『古代國語의 語彙研究』, 高麗大 民族文化研究所.

______(1992), 『아리수리고마』, 문화운동.

______(1994), 『부끄러운 아리랑』, 현암사.

______(1996), 『언어의 이해』, 와우.

______(2003), 『한국 지명어 연구』, 이회.

千時權·金宗澤(1973), 『國語意味論』, 螢雪出版社.

千時權(1977), "다의어의 의미분석", 『국어교육연구』 9, 경북대 사대 국어교육
     학회.

______(1978), "최근 의미론의 동향", 『국어교육연구』 10, 경북대 사대 국어교육
     학회.

______(1979), 『國語意味構造의 分析的研究』, 一心社.

______(1982), "국어 미각어 구조", 『어문연구』 7, 경북대 어학연구소.

______(1983a), "신체 착탈어휘의 구조체계", 『국어교육연구』 15, 국어교육연구회.

______(1983b), "국어 가열 요리동사의 체계", 『국어교육연구』 25, 국어교육연구회.

천인순(1995), "일간신문의 표제어휘의에 관한 연구", 인하대학교 교육대학원
     (석사).

青山秀夫(1992), "音聲象徵語의 意味表示에 대하여", 『國語學研究百年史』, 一

潮閣.

최경봉(1994), “관용어의 의미구조”,『어문론집』33, 고려대학교 국어국문학연구회.

______(1995), “<흙> 명칭에 대한 고찰”,『우리말 내용연구』2, 우리말내용연구회.

______(1996), “명사의 의미 분류에 대하여”,『한국어학』4, 한국어학회.

______(1996), “국어 명사의 의미구조”, 고려대학교 대학원 국어국문학과(박사).

______(1998),『국어 명사의 의미연구』, 태학사.

최규수(1990), “우리말 주제어 연구”, 부산대 대학원(박사).

최규일(1984), “한국어 화용론의 기술과 의미 해석”,『새결 박태권선생회갑기념
　　　　　논총』, 동 간행위원회.

______(1990), “우리말 {뜻}의 의미기능”,『국어국문학』100, 국어국문학회.

최기호(1995),『사전에 없는 토박이 말』, 토담.

최낙복(1988), “주시경 말본의 형태론 연구”, 동아대 대학원(박사).

최범훈(1985), “국어색채어의 기원어 탐색”,『이을환교수 화갑 논문집』, 동 간행
　　　　　위원회.

최병우(1991),『조선어학개론』, 대제각.

최보일(1978), “우리말 유의어에 관한 연구”, 부산대 대학원(석사).

崔常壽(1985),『韓國民俗놀이의 硏究』, 成文閣.

崔尙鎭(1988),『國語意味論의 易學的 方法論硏究 : 국어의미론의 문법화를 위
　　　　　한 시론』, 경희대 대학원(박사).

崔承烈(1987),『韓國語의 語源』, 한샘.

최영수(1984), “Leo Weisgerber의 조어론에 대하여”, 高麗大學校 大學院(석사).

최완호・문영호(1990),『조선어 어휘론 연구』, 탑출판사.

최윤갑 외6인(1994),『중국・조선・한국・조선어 차이연구』, 한국문화사.

崔銀圭(1985), “現代國語 類義語의 意味構造”,『國語硏究』67, 國語硏究會.

崔恩淑(1994), “현대국어 중첩구문 연구”, 부산외국어대학교 교육대학원(석사).

최응구(1982),『조선어문체론』, 료녕인민출판사.

崔在洪(1987), “現代國語語彙의 意味對立 類型에 대한 硏究”,『韓國語硏究』

39, 경북대학교.

최정후(1991),『조선어 어학개론』, 대제각.

崔昌烈(1979), “動詞의 語彙的 意味와 文法性”,『전북대학교 논문집』21, 전북대학교.

______(1981), “개념의 구조와 어휘의 상관체계”,『전북대학교 논문집』28, 전북대학교.

______(1983),『韓國語의 意味構造』, 翰信文化社.

______(1985), “우리말 시간계열어의 어원적 의미”,『한글』188, 한글학회.

______(1988),『우리말 語源硏究』, 一志社.

______(1993),『어원산책』, 한신문화사.

______(1995), “우리말 속담의 변이형과 의미”,『한글』229, 한글학회.

______(1995), “우리말 속담의 어원과 의미”,『새국어교육』51, 한국국어교육학회.

______(1999),『말의 의미』, 집문당.

崔昌祚(1984),『韓國의 風水思想』, 民音社.

최호완·문영호(1980),『조선어 어휘론연구』, 과학,백과사전출판사.

崔鎬哲(1984), “現代國語의 象徵語에 對한 硏究”, 고려대학교 대학원(석사).

______(1989), “북한의 어휘정리”,『북한의 어학혁명』, 북한언어연구회.

______(1991), “북한의 어휘론사”,『북한의 조선어 연구사』, 녹진.

______(1993),『현대국어 서술어의 의미연구』, 고려대학교 대학원(박사).

______(1994), “현대국어 가의소의 의미분석(1)”,『한국어학』창간호, 한국어학회.

______(1994), “어휘부의 의미론적 접근”,『어문논집』32, 高麗大學校 國語國文學硏究會.

______(1994), “현대국어 규정소의 의미체계”,『우리말 내용연구』창간호, 국학자료원

______(1995), “意素와 異意에 대하여”,『國語學』25, 國語學會.

______(1996), “어휘의미론과 서술소의 의미분석”,『한국어학』4, 한국어학회.

______(1997), “현대국어 제한소의 의미체계(1)”,『一菴金應模敎授華甲紀念論叢』, 도서출판 박이정.

추신자(1995), "미국에서의 텍스트언어학의 연구 동향", 『텍스트언어학』 3, 텍스트연구회.

表聖洙(1983), "神 稱號의 諸槪念에 關한 言語學的 硏究", 『삼육대논문집』 15, 삼육대.

河鐘吉(1997), "현대 한국어 비교구문의 의미연구", 고려대학교 대학원 국어국문학과(박사).

______(1995), "<힘>명칭에 대한 고찰(1)", 『우리말 내용연구』 2, 우리말내용연구회.

하치근(1989), 『국어파생 형태론』, 남명문화사.

______(1993), 『남북한 문법 비교연구』, 한국문화사.

한송화(2002), 『현대 국어 자동사 연구』, 한국문화사.

한인희(1973), "국어어휘의 의미론적 분류연구 - 그림씨 어휘론 중심으로-", 『한글』 157, 한글학회.

韓政翰(1990), "국어 비유어 연구 : 차원 이론을 중심으로", 고려대학교 대학원(석사).

______(1994), "둥근모양 그림씨 말낱밭 연구", 『한국어 내용연구』 1, 한국어내용학회.

허동진(1998), 『조선어학사』, 한글학회.

허 발(1974), "Leo Weisgerber - 특히 그의 言語觀 言語理論과 그것에 대한 批判에 대하여-", 高麗大學校 大學院(박사).

______(1976a), "Weisgerber의 Wortfeld Theorie의 동적 고찰에 대하여", 『한글』 157, 한글학회.

______(1976b), "Humboldt - Weisgerber의 언어본질론에서 본 언어 문제에 대하여", 『高大文化』 16, 高麗大學校.

______(1976c), "낱말밭과 개념밭에 대하여", 『한글』 158, 한글학회.

______(1977a), "낱말밭이론", 『한글』 160, 한글학회.

______(1977b), "Coseriu의 어휘연구와 낱말밭", 『언어』 2, 한국언어학회.

______(1983), "세계의 언어화에 대하여", 『한글』 182, 한글학회.

______(1985a), 『낱말밭이론』, 고려대 출판부.

______(1985b), 『언어내용의 핵심문제』, 고려대 출판부.

______(1985c), 『구조의미론』, E.Coseriu원저, 고려대 출판부.

______(1986), 『언어내용론』, 고려대 출판부.

______(1989), 『언어내용연구』, 허 발 박사 환갑기념 논문집.

______(1997), 『현대 의미론의 이해』, 국학자료원.

허발 옮김(1993), 『모국어와 정신형성』, 文藝出版社.

허 웅(1975), 『言語學槪論』, 正音社.

______(1981), 『언어학 - 그 대상과 방법』, 샘문화사.

______(1988), 『국어학 - 우리말의 오늘·어제 -』, 샘문화사.

허진순(1996), "프랑스 언어학에서 의미론의 대상과 방법", 『부산한글』 15, 한글학회 부산지회.

홍기선(1995), "이동동사와 장소명사 표시". 『어학연구』 31-3. 서울대 어학연구소.

홍대식 편역(1994), 『인간관계의 심리』, 養英閣.

洪琡基 譯(1992), 『性格心理學』, 博英社.

홍미랑(1989), "남북의 한자음 표기법 비교", 『북한의 어학혁명』, 백의.

洪思滿(1984), "下義關係(hyponymy)와 含意", 『牧泉兪昌均博士還甲紀念論文集』, 동 간행위원회.

______(1985), 『國語語彙 意味硏究』, 학문사.

______(1996), "'마리/머리' 고", 『한국어학』 3, 한국어학회.

홍선희(1982), "우리말 색채어 낱말밭", 『한성어문학』 1, 한성대.

홍승욱(1989), "영어 은유의 개념론적 해석", 충남대학교 대학원 영문과(박사).

홍승우(1988), 『의미론 입문』, 청록출판사.

홍윤표(1993), 『國語史 文獻資料硏究(近代篇 1)』, 태학사.

______(1994), 『근대국어연구(1)』, 태학사.

홍재성(1983), "이동동사와 행로(parcours)의 보어", 『말』 3, 연세대.

홍종선(1990), 『國語體言化構文』, 高麗大學校 民族文化硏究所.

______(1992), "국어의 위치어 연구", 『홍익어문』 10 · 11, 홍익어문연구회.

______(1997), "국어사전 편찬, 그 성과와 과제(2): 올림말(1)", 『一庵金應模敎授華甲紀念論叢』, 도서출판 박이정.

和田隆博(1990), "한국어의 '自感性' 感覺語 연구 – 日本語와 대조를 중심으로 –", 高麗大學校 大學院(석사).

황금연(1997), "현대 한자어휘의 기원에 대한 고찰", 『국어학 연구의 새 지평』, 태학사.

黃炳淳(1987), 『國語의 相表示 複合動詞硏究』, 螢雪出版社.

황병순(1989), "감각동사 「보다」와 행위동사 「보다」", 『배달말』 14, 배달말학회.

황인권(1989), "남북한의 분장부호법 비교", 『북한의 어학혁명』, 백의.

황화상(1994), "국어 체언서술어의 연구", 고려대학교 대학원 국어국문학과(석사).

국립국어연구소(1985), 『한자 · 외래어 사용실태조사1』, 서울.

______(1986), 『외래어 표기법 용례집(지명 · 인명)1』, 서울.

______(1987), 『한자어 · 외래어 사용실태조사2』, 서울.

______(1988), 『외래어 표기 용례집(일반용어)』, 서울.

______(1988), 『한글 맞춤법해설』, 서울.

______(1989), 『남북한 언어 차이조사1(발음 · 맞춤법 편)』, 국립국어연구원.

______(1989), 『남북한 언어 차이조사2(고유어 편)』, 국립국어연구원.

______(1994), 『신어의 조사연구』, 국립국어연구원.

______(1995), 『95년 신어』, 국립국어연구원.

______(1996), 『신어 조사연구』, 국립국어연구원.

______(1998), 『북한 문학작품의 어휘』, 국립국어연구원.

문화부(1991), 『국어 어문 규범집』, 대한교과서주식회사.

황희숙(1997), "은유와 의미", 『언어 · 진리 · 문화』 1, 철학과현실사.

황희영(1978), "한국 관용어 연구", 『성곡논총』, 성곡학술문화재단.

高麗大學校 民族文化硏究所編(1978), 『韓國文化史大系』I · II · III · IV · V 卷.

高麗大學校 民族文化硏究所編(1982), 『韓國民俗大觀』三 · 四卷.

古事成語刊行委員會 編(1982), 『古事成語事典』, 學院社.

古事成語刊行委員會 編(1987),『古事成語事典』, 明文堂.

金光海(1987),『類意語·反意語辭典』, 한샘.

김민수 편(1997),『우리말 語源辭典』, 태학사.

南廣祐(1975),『古語辭典』, 一潮閣.

남영신(1989),『우리말 분류사전(1) (이름씨편)』, 한강문화사.

______(1989),『우리말 분류사전(2) (풀이말편)』, 한강문화사.

______(1992),『우리말 분류사전(3) (꾸밈씨편)』, 한강문화사.

東亞出版社 編輯局(1987),『漢韓大辭典』, 東亞出版社.

동아일보사 편(2000),『현대 시사용어사전』, 동아일보사.

美術學會 編(1978),『美學』, 문명사.

민중서관편집국편(1983),『심리학소사전』, 현음사.

민속학회(1994),『한국민속의 이해』, 문학아카데미.

民音社編(1977),『康熙玉篇』, 民音社.

박용수(1989),『우리말 갈래사전』, 한길사.

신기철·신용철(1980),『새 우리말 큰사전』, 삼성출판사.

안옥규(1996),『어원사전』, 한국문화사.

이은정(1994),『국어학 언어학 용어 사전』, 국어문화사.

趙成植(1990),『英語學辭典』, 新雅社.

조재수(1995),『남북한말 비교사전』, 토담.

耘虛龍夏(1980),『佛敎辭典』, 東國譯經院.

柳昌惇(1990),『朝鮮語辭典』, 延世大 出版部.

李家源·張三植 編著(1973),『詳解韓字大典』, 裕庚出版社.

이정민·배영남(1982),『언어학사전』, 한신문화사.

이희승(1975, 1986),『국어대사전』, 민중서관.

최경남·송천식(1993),『조선말 성구사전』, 한국문화사.

崔學根(1987),『韓國方言辭典』, 明文堂.

한국정신문화원 편(1994),『한국민속문화대백과사전』, 한국정신문화원.

한글학회편(1992), 『우리말 큰사전』, 어문각.

한춘섭 외2인 편저(1985), 『한국시조큰사전』, 은지출판공사.

Aitchison, J. (1987). Words in the Mind : An Introduction to the Mental Lexicon. Oxford : Basil Blackwell.

______(1990). "Language and Mind : Psycholinguistics". In Colling, E(ed), An Encyciolopedia of Language. London : Routledge.

Alerton, D. J.(1982). Valency and The English Verbs. Academic Press.

Allan,K(1986). Linguistic Meaning. Vol 1-2. London and New York ; Routledge & Kegan Paul.

Allen, R. L.(1966), The Verb System of Present day American English. The Hague.

Allenwood, J. Anderson, L. G. Dahlö(1977). Logic in Linguistics. Cambridge Textbook.

Allport, G. W.(1961), Pattern and growth in personality. New York ; Holt, Rinehart & Winton.

Aristotle, (1968). "Poetics". L. Golden & O. B. Haedison

Austin, J. L.(1962). How to do things with Word. New York. Oxford Univ Press.

Baldinger, K.(1988), Semantic Theory. Oxford. Basil Backwell. In:Satz und Wort im heutigen Deutschen Sprache der Gegenwart, Bd.1. Düsseldorf.

Bierwisch, M.(1966). Grammatik des deutschen Verb. 4. Aufl. Berlin.

_____(1970). "Semantics", In Lyons, J(ed), New Horizons in Linguistics, Penguin Books.

Bloomfield, L.(1933). Language. London.

Bolinger, D,(1977). Meaning & Form. New York. Longman.

Cary,S.(1982). "Semantic development", In Wamer, E. & Gleitman, L. R.(eds), Language Acguisition, Cambridge University Press.

Chafe, W. L.(1973). Meaning and the Structure of Language. Chicago Univ.

Press.

Clark, E.V(1972). "On the child's acquisition of antonyms in two semantic field", Journal of Verbal Behavior 11.

Clark, H. H & Clark, E.V(1977). Psychology and Language, New York ; Harcourt, Brace Jovanovich.

Clawson, M(1964). "How Much Leisure, Now and in the Future?" (in) Charles worth, ed. Leisure in America; Blessin or Curse?

Coseriu, E.(1964). Pour une semantique diachronique Struturale. Travaux de Linguistique et de Littérature II.

______(1966). Structure lexicale et enseignement du vocabulaire. Actes du Premier Colloque International de Linguistique Appliquée.

______(1975). Vers une typologie champs lexicaux. Cahiers de Lexicologie 27.

______(1976). Die funktionelle Betrachtung des Wortschatzes. In:Probleme der Lexikologie und Lexikographie. Sprache der Gegenwart 39. Schwann Düsseldorf.

Coseriu, E. & Geckeler, H(1981). Trends in Structural Semantics, Gunter Narr Verlag Tübingen.

Cowie, A. P(1982). "Polysemy and the structure of lexical field", Nottinggbam Linguistic Circular 11.

Cruse, D. A(1975). "Hyponymy and Lexical hierarchies." Linguistcum (N.S.)6.

______(1982). "On lexical ambiguity" Nottiggbam Linguistics circular 11.

______(1986). Lexical Semantics, Cambridge Univ Press.

______(1990). "Language, Meaning and sense : Semantics", In Colling N. E (ed), An Encyclopedia of Languase, London and New York : Routledge.

Crystal, D. (1987). The Cambridge Encyclopedia of Language, Cambridge University Press.

Dewty, D. R.(1979). Word Meaning and Montague Grammar. Dordrecht. Holland:D. Reidel.

Eysenk, H. J & Eysenck, M. W. (1985). Personality and Individual Difference
: A National Science Approach. New York ; Plenum Press

Farmer, A. K.(1984). Modularity in Syntax : A Study of Japanese and English.
The MIT Press.

Fillmore, C. J.(1971). Coming and Going. From lecture on deixis. University of
California, Summer Program in Liguistics, Santa Cruz.

Geckeler, H.(1973). Strukturelle Semantik des Französischen. Max Niemeyer
Verlag. Tübingen.

Giese, H. & Schmidt, A. (1968). Studenten Sexulitiest. Hamburg ; Rowohst.

Gipper, H.(1973). Der Inhalt des Wortes und die Gliederung des Wortschatzes.
In : Duden. Bd. 4. Mannheim.

______(1994). The Poetics of Nind: Figurative Thought, Language and
Ungerstanding. Cambridge : Csmbridge University Prees.

______(1996). What's cognitive abaut cognitive lingustics. In Casad, E.H.(ed).
(1996).

Greenberg, J. H.(1978). Universal of Human Language. Vol 3, Words Structure.
Stanford University Press.

Greimas, A. J.(1971). Sémantique Structurale. Paris, Librairie Larousse.

Grice, H. P.(1968). Utter's meaning, Sentence-meaning and word-meaning.
Foundation of Language.

Gruber, J. S.(1965). Studies in Lexical Relation. MIT Doctorial Dissertation.

______(1976). Lexical Structure in Syntax and Semantics. Amsterdam
:North-Holland.

Halle, M.(1973). Prolegomena to a Theory of Word Formation. Lingulstic
Inquiry, 4-1.

Harris, R.(1973). Synonymy and Linguistic Analysis. Basil Blackwell.

Hayakawa, S. I.(1974). Language in Thought and Action. New York: Harcourt,
Brace & World. Inc.

Helbig, Gerhard(1974). Geschichte der neueren Sprachwissenschaft, Leipzig.

München.

Henne(1972). Semantik und Lexikographie Walter de Gruyter, Berlin. New York.

Henne, H. und Wiegand, H. (1969). Geometrische Modelle und das Problem der Bedeutung. In:Zeitschrift für Doalektologie und Linguistik 36.

Horberg, (1970). Sprachliches Feld. (Die Lehre vom Sprachlichen Feld. Ein Beitrag zu ihrer Geschichit, Methodik und Auswendung). Düsseldorf.

Hock, H. H. (1986). Principles of Historical Linguistics, New York.

Hurford, J.R.& B. Heasley(1983). Semantics : A Coursebook. Cambridge University Press.

Humboldt, W.V.(1979). Werke Band 3, Schriften Zur Sprachphilosophie, Cottasche Buchhandlung. Stuttgart.

Ikagami, Yoshiko.(1974). The Semisiological Structure of the English Verb of Motion. Tokyo: Saneido.

Ivič, Mika(1965). Trends in Linguistics. The Hague.

Jackendoff, R.(1972). Semantic Interpretation in Generative Grammar. The M.I.T. Press.

______(1975). Morphological and Semantic Regularities in the Lexicon. Language. 51.

Jackson, H. (1988) : Words and Their Meaning. New York : Longman.

Jespersen, Otto. (1964). Language : Its Nature, Development and Origin. New York: The Norton Library.

Kaplan, M. (1960). Leisure in America. A Social Inguiry.

Kastovsky, D. (1982) : "'Privative opposition' and lexical semantics", Stydia Anglica Posnaiensia 14

______(1982) : Wortbildung und Semantik. Düsseldorf : Schwann- Bagel.

Katz, J.J.(1972). Semantic Theory. New York : Harper & Row Publishers.

______& Forder(1963). The Structure of a Semantic Theory. Language 39-1.

______& P. M. Postal(1964). An Interated Theory of Lingustic Description. The
        M.I.T. Press.

Kempson, R. M. (1977). Semantic Theory. Cambridge University Press.

______(1979). "Ambiguity and word meaning", In Greenbaum, S. et la.(eds),
        Studies in English Linguistis, Longman.

Kuno, S. (1973). The Structure of Japanese Language. The M.I.T. Press.

Ladusaw, W. A.(1988). "Semantic Theory", In F.J. Newmeyer(ed) Linguistics.
        The Cambridge Survey Vol 1, Cambridge Univ Press.

Lakoff, G. & M. Johnson. (1980). Metaphors We Live By. Chicago University
        Press.

Langaker, R. (1991). Concept, Image and Symbol. New York ; Mouton de
        Gruyter.

Lazarus, R. S.(1969). Patterns of adjustment and human effectiveness. New
        York ; McGraw-Hill

Leech, J.(1974, 1981). Semantics. Harmondsworth : Penguin Books Ltd.

Leher, A. (1974). Smantic Fields and Lexical Structure. Amsterdam :
        North-Holland.

Lutzeier, P. R.(ed.)(1993). Studies in Lexical Field Theory. Tübingen : Max
        Niemeyer.

Lyons, J. (1977). Semantics, I · II. Cambridge Univ. Press.

______(1981). Language, Meaning and Context. Bungay, Suffolk : The
        Chaucer Press.

McCawley (1973). Grammar and Meaning. Tokyo : Taishukan Publishing Co.

Martin, S. (1954). Korean Morphoponemies. Baltimore. Linguistic Sosiety of
        America.

Martin, A. (1971). Grundzüge der Allgemeinen Sprachwissenschaft W. Kohlhammer.
        Verlag.

Nida. E. A.(1975). Exploring Semantic Structure. München : Wilhelm Fink Verlag.

______(1979). Componential Analysis of Meaning. (Approaches to Semantics). Moution Publishers. New York.

Ogden, C. K. & I. A. Richards(1923). The Meaning of Meaning. New York : Harcourt Brace. Jovanovich.

Palmer, F. R. (1965). A Lingustic Study of the English Verb. Longman.

(1976). Semantics. London. Cambridge Univ, Press.

Porzig, W. (1934). Wesenhafte Bedeutungsbeziehungen. in Beitrage zir Geshichte der Deutschen Sprache und Literature, 58.

Pottier, B. (1964). Vers une sémantigue morderne. Travaux de Lingustigue et de Litterature, Ⅱ.

______(1976). Semantique et logique. Paris. Ramstedt, G. J. (1939). A Korean Grammar. Helsink.

______(1957). Einfuhrung in die Altaische Sprachwissenschaft. MSFOU, 104.

Sapir, E. (1921). Language. New York. (dt Übers : Die Sprach. München. 1961).

Saussure, F. de. (1916). Course de linguistique générale, Paris.

Schaff, A. (1973). Einführung in die Semantik. RoRoRo Studium 31.

Searles, J. R.(1979). Expression and Meaning. Cambrige University Press.

Selkirk, E. O. (1982). The Syntax of Words. The M.I.T. Press.

Seuren, P. A.(1985). Discourse Semantics. New York ; Basil Blackwell.

Shinha, A. K.(1972). On the Deictic Use of 'Coming' and 'Going' in Hindi. CLS Vol 8.

Slobin, D. I. (1978). Psycholinguistics. Second edition.

Stern, G. (1965). Meaning and Change of Meange. Indiana Univ. Press.

Strelau, I.(1983). Temperament, Personality, Activity. New York ; Academic Press.

Taft,R.(1967). Extraversion, neuroticism and expressive behavior : An application of wallach's moderator effect to handwritting analysis. Journal of Presonality.

Talmy, L. (1975). Semantic and Syntax of Motion. Academic Press.

Tarski, A.(1956). Logic, Semantics, Metamathematics. London : Oxford Univ. Press.

Trier, J. (1934). Das Sprachliche Feld. In : Neue Jahrbücher für Wissenschaft und Jugendlbildung 10.

______(1973). Der deutsche Worschatz im Sinnbezirk des Verstandes. Heidelberg.

Tondle Ladislav(1981). Problem of Semantics. London ; D.Liedel Pub Co.

Turner, V,(1969). Ritual Presses. Aldine Publishing Co.

Ullmann, S. (1957). The Principales of Sempntics. Oxford : Basil   Blackwell.

______(1962). Semantics : An Introduction to Science of Meaning. Oxford Basil Blackwell.

______(1973). Meaing and Style. Oxford Basil Blackwell.

Water,L.K & Kirk, W.E.(1968). Stimulus seeking motivation and risk taking behavior in a gambling situation. Educational and Psychological Measurement.

Weinreich, U. (1972). Exporation in Semantic Theory. The Hague : Mouton.

______(1980). On Semantics. Univ of Pennsylvania Press.

Wunderlich, D. (1977). Foundation of Linguistics. (tranaled form German Grundlagen der Linguistik by Roger Lass). Cambridge University Press.

Weisgerber, L. (1957). Die Erforschung der Sparch "Zugiff" 1, Grundlinien einer inhaltbezogenen Grammatik. Wirkendes Wort, Heft 2.

______(1962). Die Sprachliche Gestaltung der Welt. Pädagogischer Verlag. Schwann. Düsseldorf.

______(1964). Das Menschheitsgesetz der Sprache. Quelle & Meyer Verlag.

Heidelberg.

______(1971). Grundzüge der Inhaltbezogenen Grammatik. Düsseldorf.

______(1971). Die Muttersprache in Aufbau unserer Kultur. Pädagogicher Verlag. Schwann. Düsseldorf.

Wesselle, M.G.(1982). Cognitive Psychology. New York : Harper & Row, Publishers, Inc.

______(金慶麟 譯(1984). 「認知心理學」.中央適性出版社).

Yates, A.(1973). Abnormality of psychomotor function : In H. J. Eysenck(ed), Handbook of Abnormal Psychology. London ; Pitman.

Zuckerman, M. (1971). Dimension of sensation - seeking. Journal of Consulting and Clincal Psychology.